河圖

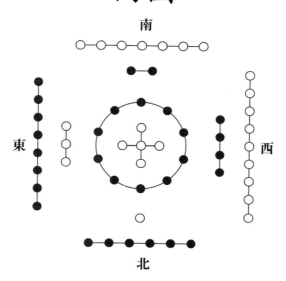

洛書

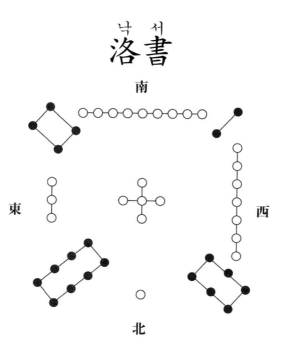

伏羲先天八卦方位之圖

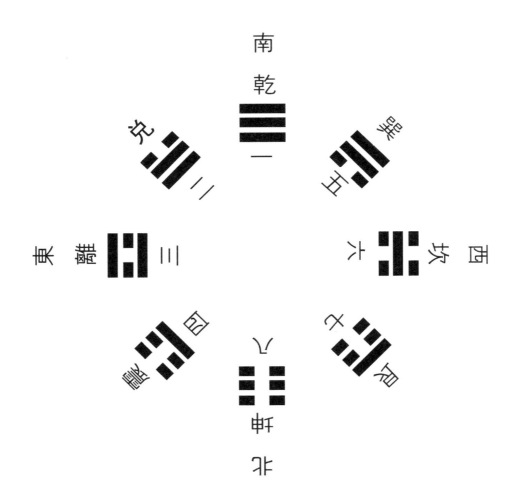

文王後天八卦方位之圖

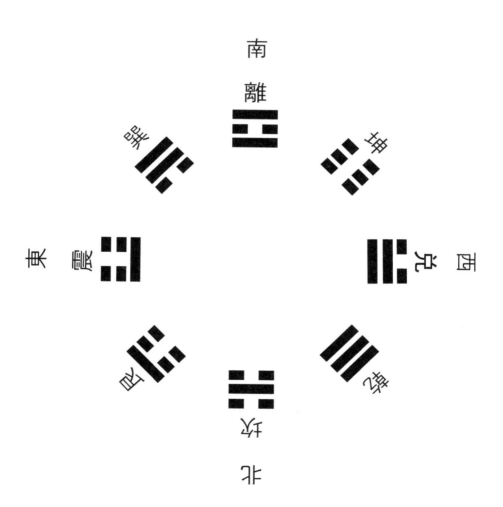

伏羲六十四卦方位之圖

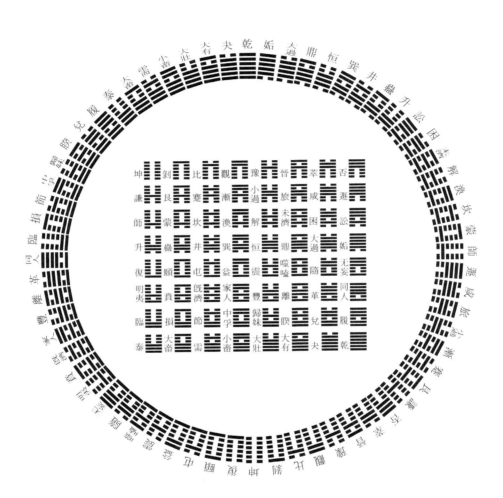

太極圖

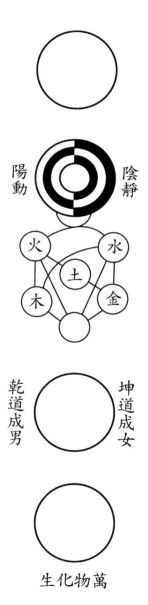

陽動　　　　　陰靜

乾道成男　　坤道成女

生化物萬

한국연구재단 학술명저번역총서
동양편 **613**

(정괘井卦䷯~미제괘未濟卦䷿) / # 주역내전 **4**
Zhou Yi Nei Zhuan

왕부지(王夫之) 지음 | 김진근(金珍根) 옮김

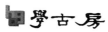

學古房

역자서문

　올해가 30년째다. 왕부지가 홀연히 내게 철학의 심오함을 일깨워주는 이로 다가온 뒤 어언 이만큼의 세월이 흘렀다. 그동안 나는 왕부지를 통해 동양철학의 정수(精髓)를 섭렵할 수 있었고, 학인(學人)으로서의 자세가 어떠해야 한지를 어렴풋이나마 엿볼 수 있었다. 그래서 대학원 학업 과정에서 왕부지의 역학(易學)을 연구하여 석사·박사학위를 얻었으며, 『왕부지의 주역철학』이라는 저서도 냈다. 뿐만 아니라 왕부지의 역학을 주제로 하여 10편이 넘는 논문을 써서 국내 학계는 물론 중국 학계에서 발표하기도 했다. 그리고 강단에 자리를 잡고 후학들에게 강의도 할 수 있게 되었다. 이러한 점에서 볼 때, 왕부지는 나의 사숙(私淑) 스승이요 학문적 은인이라 할 수 있다. 그리고 나의 평생 공부는 이 왕부지의 역학 속에 있다.

　이 세월 동안 왕부지의 『주역내전』을 읽은 것을 바탕으로 이제 이 번역을 내놓는다. 한국연구재단의 2011년도 명저번역사업 분야에서 이 『주역내전』 번역으로 연구비를 지원받아 4년 동안 매진한 결과가 이 번역 속에 녹아 있다. 이 세월 동안 힘들었던 만큼 이제 뿌듯함으로 다가온다. 그리고 두렵다. 동양철학사 3천 년에서 걸작 중의 걸작인 이 작품을 우리말로 옮기면서 내가 얼마나 많이 훼손했을까를 생각하니! 완전 번역을 지향하면서 매달렸지만, 진행하면 할수록 그것은 이상일 뿐이라는 느낌을 번역자로서 처연하게 받았기 때문이다. 왕부지의『주역』은 그만큼 어렵고 무거운 것이었다. 그래도, 완전 번역을 이루지는 못하더라도, 그만큼 내 손에 의해 훼손된 것이 많다손 치더라도, 우리말로 된 것이 있는 것이 없는 것보다는 낫다는 전제에서 용기를 내서 진행하였다. 독자 제현께서 혜량해주시기를 바란다.

이『주역내전』은 왕부지가 67세 때 완성한 것이다. 그가 37세 때 쓴『주역외전』과는 달리, 이『주역내전』은『주역』의 경(經)·전문(傳文)을 축자적으로 충실하게 풀이하고 있다. 이『주역내전』은 원래 왕부지가 제자들에게『주역』을 강의하는 데서 교재로 활용하기 위해 저술한 것이다. 이에 비해『주역외전』은 경·전문이 없이 단지『주역』의 틀만을 준수하며 왕부지가 자신의『주역』철학을 체계적으로 서술한 것이다. 따라서 우리는, 그가 '내(內)'·'외(外)'라는 말을 사용하여 이들을 구별 짓고 있는 점을 대강 짐작할 수 있다. 즉『주역내전』은『주역』속에 들어가서 속속들이 그 풀이를 시도한 것이고, 『주역외전』은『주역』 밖에서 그것을 전체적으로 조망하며 쓴 풀이글이라는 것이다. 이들 『주역내전』과『주역외전』은 쌍벽을 이루며 왕부지 철학의 정수(精髓)를 보여주고 있다. 이들은 중국철학사에서 '인식 체계의 대전환(paradigm shift)'이라 부르기에 충분한 철학적 독창성과 혜안을 여실히 보여주고 있다. 이들 외에도 왕부지는『주역대상해(周易大象解)』, 『주역고이(周易考異)』, 『주역패소(周易稗疏)』 등을 저술하여『주역』에 대한 그의 입체적인 이해와 포괄적인 설명을 내보이고 있다.

그런데 왕부지의『주역』은 독자에게 무거움을 요구한다. 그 이유는 이러하다. 첫째, "『주역』은 군자가 일을 도모하는 데 활용하기 위해 만든 것이지 소인이 무슨 일을 도모하는 데 활용하도록 만들어진 것이 아니다."(『正蒙』, 「大易」: 『易』爲君子謀, 不爲小人謀)라는 장재(張載)의 말을 그가 금과옥조(金科玉條)로 운용하기 때문이다. 이는 왕부지가 『주역』을 읽는 이에게 선결 요건으로 군자가 되라고 요구함을 의미한다. 그렇지 않으면, 즉 군자의 요건을 갖추지 못한 채 자신의 이익 따위나 도모하기 위해 시초점을 치면, 정작 거기에서 나온 괘·효사의 의미가 점친 이에게 해당되지 않는다고 하기 때문이다. 왕부지는 『춘추좌씨전』 에 나오는 목강(穆姜)의 예를 들어 이를 강조하고 있다. 따라서 자신이 군자가 아니고 또 시초점에게 묻는 일이 의로움(義)이 아니라 이로움(利) 에 관련된 것이라면, 아예 『주역』은 손에 잡아서도 안 된다고 하는 의미가 된다. 왕부지는 이러한 관점에서 『주역』이 "의로움을 점치는 것이지 이로움을 점치는 것이 아니다(占義不占利)."고 하였고, "군자에게 권하여 경계하도록 하는 것이지 자신을 모독해가면서까지 소인에게 고해주지 않는다(勸戒君子, 不瀆告小人)."고 하였다. 이처럼 왕부지의 역학은 의리역학의 정수(精髓)를 보여주고 있는 것이다. 이는 공자가 항상된 덕이 없으면 점을 치지 말라고 하였던(『論語』, 「子路」: 子曰, "南人有言曰, '人而無恆, 不可以作巫醫.' 善夫!" "不恆其德, 或承之羞." 子曰, "不占而已矣.") 가르침을 그대로 이어받은 것이라 할 수 있다. 그래서 무겁지 않을 수가 없다.

둘째, 왕부지의 한평생이 『주역』 속에 녹아 있기 때문이다. 그는 오늘날 우리 한국인의 관점에서 보면 지나치다 싶을 정도로 한족(漢族) 과 다른 민족들을 구별하였다. 이른바 '이하지변(夷夏之辨)'에서 그는 주변의 다른 민족들을 동등한 인간으로 보려 하지 않는 점이 너무나 두드러지는 것이다. 이러한 관점을 가진 그가 만주족에게 중원이 지배당한 수모 속에 지식인으로서 한평생을 살았으니, 그 열패감이 어떠했으리라는 것은 짐작키에 어렵지 않다. 그런데 그는 자신의 '이하지변'을 정당화하는 차원에서 한족의 문화적 우월성을 든다. 짐승과 구별되는 사람 세상을 운용할 수 있도록 하는 체제인 예(禮)를 가졌다는 측면에서 그렇다는 것이며, 그 장구한 역사 속에서 성현(聖賢)들의 가르침을 많이 축적하고 있다는 점에서 그렇다는 것이다. 이러한 점들을 그대로 온축하고 있는 것이 이『주역』이다. 그는 이제 한족에 의한 중원 회복 가능성이 완전히 사라져버렸다고 여긴 상황에서 이렇게 이민족에게 지배를 당함이 하늘의 뜻이라 보고는, 자신의 서실에 "육경이 나를 다그치며 새로운 면모를 열라 하니, 이 한 몸 하늘의 뜻을 좇으며 산 채로 묻어 달라 애걸하네!(六經責我開生面, 七尺從天乞活埋)"라는 대련(對聯)을 붙이고 경전 연구에 자신의 남은 평생을 걸었다. 이렇게 하여 탄생한 것이 이『주역내전』이다. 그만큼 그의『주역』은 독자들에게 숙연함을 요하고 있다.

　　셋째,『주역내전』에는 중국 고전에 대한 왕부지의 해박함이 그대로 녹아 있기 때문이다. 이『주역내전』을 읽다 보면, 문(文)·사(史)·철(哲) 모두에 달통한 그의 지식이 총망라되어 있다는 것을 금방 알아차릴 수 있다.『주역』풀이에서 이들 고전의 관련 구절을 인용하며 풀이하는 곳이 너무나 많기 때문이다. 13경은 물론이요, 24사(史)로 통칭할 수 있는 중국의 역사적 사건들이 그 풀이에 끊임없이 동원되고 있는 것이다. 따라서 독자로서도 이러한 배경 지식이 없으면, 오리무중(五里霧中)을 헤매는 답답함에 애가 닳기 십상이고, 읽고 또 읽어도 격화소양(隔靴搔

癢)의 미진함이 남기 마련이다. 그만큼 왕부지의 『주역』은 독자들에게 무거움으로 다가온다고 할 수 있다.

넷째, 왕부지의 글이 너무나 압축이 심하고, 어휘가 풍부하기 때문이다. 그가 중국의 그 방대한 고전을 꿰고서 그것들을 『주역』 풀이에 적절하게 활용한다는 데서 이미 들어난 사실이기도 하지만, 왕부지의 천재성이 이 『주역내전』에는 남김없이 발휘되어 있다. 따라서 그에 못 미치는 수준의 사람으로서는 이 『주역내전』을 읽는 것이 여간 힘든 일이 아니다. 그가 60대에 들어서는 잔병치레 하느라 끊임없이 시달렸고 지병이었던 천식 때문에 몸을 가누기조차 어려운 상황인지라, 제자들에게 말로 『주역』을 설명하기가 어려워 글로 풀이를 제시하기 위해 이 『주역내전』을 썼다는데, 그의 천재성이 녹아 있는 압축과 풍부한 어휘가 그만 범연한 사람으로서는 따라 읽는 것을 너무나 어렵도록 하는 것이다. 도대체 풀이가, 풀이가 아닌 것이다. 이 풀이를 이해하기 위해서 우리는 다시 공부하지 않으면 안 되고, 그가 하고자 하는 말이 무슨 의미를 지닌 것인지 몇 날이고 곱씹어보지 않으면 안 된다. 그래서 왕부지의 『주역』이 독자들에게 무거움으로 다가온다고 하지 않을 수가 없다.

역자로서 나는 내가 읽으면서 느낀 이 무거움을 가능하면 독자들은 겪지 않도록 하겠다는 차원에서 최선을 다해 번역에 임하였다. 그래서 왕부지가 『주역』 풀이에서 동원하고 있는 관련 고전의 구절과 역사적 사실들을 일일이 전거를 찾아서 각주의 형식을 빌려 설명하였다. 아울러 압축이 심한 구절의 의미를 재삼재사 곱씹으며 나름대로 풀이하여 제시하였다. 그러다 보니, 각주의 수가 엄청나게 불어났고, 각주 하나하나의 양도 한없이 늘어나기만 했다. 그런데 관점에 따라서는 필요하지 않는 각주들이 있다고 여길 수도 있고, 각주가 너무 장황하다고 여길 수도 있을 것이다. 그러나 역자로서는 독자들에게 하나라도 더 배경 지식을 전해준다는 차원에서 시도해본 것이니, 역자의 각주가 필요 없는 수준의 독자들로서는 이 점을 양해하길 바란다.

이 『주역내전』의 독창적인 면 몇 가지를 약술하고자 한다. 첫째, 왕부지의 태극관(太極觀)이다. 왕부지는 태극을 '음·양이 나뉘지 않은 채 뒤섞여 있는 것(陰陽之渾合者)'이라 한다. 즉 음·양이라는 본체가 인(絪)·온(縕) 운동을 하면서 서로 함께 어울려 합동으로 지어내고(合同而化) 하늘과 땅 둘 사이를 가득 채우고 있는 것을 태극이라 한다. 다시 말해서 '음·양 둘이 합하여 함께 이루어내는 합동의 조화(合同之之和)'를 태극이라 한다. 이렇게 보면, 왕부지에게서 태극은 음·양이라는 두 본체의 기(氣)가 인(絪)·온(縕) 운동을 통해 만물을 지어내면서 이루고 있는 전체적인 조화의 양태를 의미한다. 그러므로 이 태극은 따로 독립된 장(場)을 갖거나 자기 정체성(identity)을 갖는 또 하나의 존재가 아니다. 이렇듯이 왕부지는 이 태극을 우주 만물의 총 근원·근거로서의 본체라 하지 않는다. 왕부지에게서 이러한 본체는 어디까지나 음·양의 기(氣)다. 그는 이것을 '인·온 운동을 하는 속에 거대하게 조화를 이루고 있는 기(太和絪縕之氣)'라고 명명하였다. 이러한 왕부지의 태극관은 주희(朱熹)의 태극관과 명확하게 비교된다. 주희는 태극을 형이상자(形而上者)로서의 도(道), 음·양을 형이하자(形而下者)로서의 기(器)라 하면서, 양태로 보면 휑하고 아득하여 아무런 조짐이 없는(沖漠無朕) 태극 속에 음·양의 리(理)가 다 갖추어져 있다고 하였다.(朱熹, 『太極圖說解』 참조) 따라서 주희에게서는 우주 만물의 총 근원·근거로서의 본체가 이 태극이다. 그리고 주희는 이 태극을 리(理), 음·양을 기(氣)라 하면서, 이 둘 사이에는 본래 선후가 없는 것이지만 논리적·개념적으로 소종래(所從來), 즉 어디로부터 왔는가를 추론해보면 태극인 리(理)가 먼저 있고 그것으로부터 기(氣)가 왔다고 해야 한다고 하였다. 그러나 왕부지에게서 이러한 태극은 없다. 태극이 결코 음·양의 본체나 근거가 될 수 없는 것이다. 태극이 자기 정체성을 지닌 독립된 존재가 아니기 때문이다. 이것이 이 『주역내전』의 태극에 대한 설명에서 분명하게 제시되어 있다.

둘째, 왕부지는 이 세계의 본체인 음·양을 『주역』에서 표상하고 있는 것이 건괘▉·곤괘▉▉ 두 괘요, 음(陰)·양기(陽氣)가 천지 만물을 낳는 것처럼 이들 두 괘가 나머지 62괘를 낳는다고 하고 있다. 왕부지는 이를 '건괘·곤괘 두 괘가 아울러 다른 괘들을 세움(乾坤竝建)'이라 명명하고 있다. 따라서 왕부지의 역학(易學)에서는 태극이 본체가 되지도 않고, 건괘▉만이 홀로 본체가 되지도 않는다. 어디까지나 이들 건괘·곤괘 두 괘가 아울러서 『주역』 64괘의 본체가 된다고 하고 있다. 이를 논증하기 위해 왕부지는 한 괘의 여섯 효 낱낱의 뒤쪽(背)에는 앞쪽(嚮)과 상반되는 효가 자리 잡고 있다고 하였다. 즉 앞쪽에 양효(—)가 있으면 뒤쪽에는 음효(--)가 있고, 앞쪽에 음효(--)가 있으면 그 뒤쪽에는 양효(—)가 자리 잡고 있다는 것이다. 따라서 왕부지에게서 한 괘는 6위(位)가 아니라 12위(位)가 된다. 이 12위(位)를 고려하면 『주역』의 64괘는 모두 건괘·곤괘 두 괘로 환원된다. 다시 말해서 64괘가 모두 건괘·곤괘 두 괘로 이루어져 있다고 함을 확인할 수 있는 것이다. 이 '건곤병건'설은 그의 기철학(氣哲學)을 역학에서 정합적으로 운용한 것이라 할 수 있다.

셋째, '사성동규(四聖同揆)', 또는 '사성일규(四聖一揆)'론이다. 이는, 오늘날 우리가 접하는 『주역』을 복희씨(伏羲氏), 문왕(文王), 주공(周公), 공자라는 네 성인이 각기 시대를 달리하면서도 동일한 원리를 좇아서 만들었다고 하는 주장이다. 복희씨는 팔괘를 그렸고, 문왕은 이를 육십사괘로 연역하고는 각각의 괘에 괘사(卦辭)를 붙였으며, 그 아들 주공은 육십사괘 각각의 여섯 효들에 효사를 붙였다는 것이다. 효사는 모두 386개다. 그리고 공자는 『주역』의 원리 및 괘·효사들에 담긴 의미를 풀이해주는 전(傳)으로서의 '십익(十翼)'을 지었다는 것이다. 다만 왕부지는 전통 주역관에서 말하는 것과는 달리 역전(易傳) 가운데 「서괘전(序卦傳)」만은 공자의 저작이 아니라고 단언하며 이 『주역내전』에서 그 원문만을 덩그러니 그대로 둔 채 아예 풀이조차 하지 않고 있다. 그리고는 '십익'에서 이 「서괘전」을 빼낸 자리에, 이제 「상전(象傳)」에서 「대상전」을 분리하여 추가함으로써 '십익'의 숫자 '10'을 채우고 있다. 왕부지는 그의 천재성으로 말미암아 「서괘전」의 조악함을 벌써 눈치챈 것이다. 사실 냉엄하게 보면, 이 「서괘전」만큼은 그 횡설수설 및 논의의 일관성 결여 때문에 십익 가운데서도 너무나 격이 떨어진다. 그래서 이것을 『역전』 속에 포함시키는 것이 민망스러울 정도다. 그런데 왕부지는 그 학문적 엄밀성과 객관성에 입각하여, 전통적으로 경전의 의심스러운 점들에 대해 자신의 관점에서 함부로 재단하지 않고 그대로 두는 '존이불론(存而不論)'의 태도를 지양하면서, 이렇게 과감하게 자신의 입장을 개진하고 있는 것이다. 그리고 왕부지는 '사성동규'론에 입각하여 팔괘, 육십사괘, 괘·효사, 『역경』과 『역전』 사이 등에 정합성과 일관성이 자리 잡고 있다고 본다. 즉 이들 사이에 어떤 모순도 존재하지 않는다고 보는 것이다. 따라서 괘·효사들 사이에 더러 상충되어 보이는 것들에 대해서 그는 어떻게든 그 정합성과 일관성을 역설하며 풀이를 시도하고 있다. 이것을 왕부지 자신은 '단효일치(彖爻一致)'라는 말로 부르고 있다.

넷째, 『역학계몽』의 『주역』 풀이 관점과 도설(圖說)들을 철저하게 배격하는 점이다. 주지하다시피 『역학계몽』은 채원정(蔡元定)과 주희(朱熹)가 함께 지은 것으로서, 주자학이 동아시아에서 관학으로 자리 잡은 뒤에는 주희의 권위에 실려 『주역』 풀이에서 거의 교조(敎條)처럼 자리매김 되어 있었다. 이 『역학계몽』의 핵심을 이루는 것은 소옹(邵雍)의 『주역』 관련 저작들과 한대(漢代)부터 거의 정설처럼 내려오는 괘변설이다. 그런데 왕부지는 소옹이 그린 도(圖)들을 거의 모두 부정하고, 가일배법(加一倍法)도 신랄하게 비판한다. 우주 변화의 법칙은 이처럼 정연하게 점진적으로, 또 도식적으로 변화하지 않는다는 이유에서다. 즉 우주는 인간의 입장에서까지 예측 가능할 정도로 이와 같은 필연의 과정을 밟으며 변화하지 않는다고 보는 것이다. 물론 왕부지 자신이 "수의 밖에는 상이 없고, 괘·효상의 밖에는 괘·효사가 없다.(無數外之象, 無象外之辭)"라고 하며 『주역』을 풀이하는 데서 괘·효상과 수를 고려함이 필수불가결함을 역설하고는 있다. 그리고 그는 이를 논거로 하여 왕필의 유명한 "뜻을 얻었거들랑 말은 잊어버리고, 말을 얻었거들랑 상은 잊어버려라(得意忘言, 得言忘象)"라는 설을 비판하고도 있다. 왕부지 자신도 상(象)과 수(數)를 『주역』의 핵심 요소로 보고 있는 것이다. 그럼에도 불구하고 왕부지는 『역학계몽』에서 내세우는 도(圖)나 상(象)·수(數) 및 관련 이론들에 대해 철저하게 부정하는 입장을 취하며 자신의 관점에서 정치(精緻)한 대안들을 제시하고 있다. 『역학계몽』의 관점과 해석틀이 당시 동아시아에서 절대적 권위를 확보하고 있었다는 배경을 감안할 때, 이러한 면은 왕부지 역학의 대단히 두드러진 특징이라 하지 않을 수 없다. 그리고 우리는 여기서 왕부지의 학문적 순수성과 객관성을 충분히 짐작할 수 있다.

왕부지는 이『주역내전』에 대해서 장문의 '일러두기'에 해당하는『주역내전발례(周易內傳發例)』를 붙이고 있다. 그런데 이『주역내전발례』에는『주역내전』에 대한 단순한 일러두기를 넘어 왕부지의 주역관이 소상하게 개진되어 있다. 따라서 어떤 측면에서는 이것이『주역내전』의 길잡이 역할을 한다고도 할 수 있다. 이러한 이유에서 역자인 나는 독자들이 본격적으로『주역내전』을 읽기에 앞서 이『주역내전발례』를 먼저 읽을 것을 권하고 싶다.

이제 이 성과를 책으로 내면서 역자로서 나는 한국연구재단에 감사하지 않을 수 없다. 피상적으로만 보면 전혀 돈이 될 리가 없는 이『주역내전』의 번역과 출판을, 이 재단에서 명저번역사업의 일환으로 전격 지원해주었기 때문이다. 이 지원이 없으면 거의 빛을 보기 어려웠을 이 작업성과가 이렇게 하여 세상에 드러날 수 있었다. 따라서 번역자의 입장에서 한국연구재단에 아무리 감사해도 지나치지 않다고 본다.

또 있다. 우리 한국교원대학교의 대학원 석·박사 과정에서 나에게 지도를 받고 있고 또 받았던 김경주·김명희 선생께 나는 감사해야 한다. 이들은 나에게 이『주역내전』을 디지털로 옮겨 줌으로써 내가 그만큼 편하게 번역을 진행할 수 있도록 해주었다. 그리고 이들은 일부의 교정에도 흔쾌히 시간을 내주었다. 이제 이 성과를 출간하면서 이들의 노고를 기리며 마음속 깊이 고마움을 느낀다. 아울러 이 번역의 출간에 흔쾌히 응해준 학고방 출판사의 하운근 사장과 직원들에게 깊이 감사한다. 특히 나의 다양한 요구들을 말없이 수행해 준 박은주 차장에게 감사하다는 말씀을 올린다.

독자 제현들의 눈에 이 번역물이 한두 곳에만 문제가 있는 것이 아닐 것이다. 이에 대해 독자 여러분들의 따뜻하면서도 준엄한 질정(質正)을 바란다. 그리고 이러함이 모여 우리나라에 왕부지의 역학이 더욱 정확하게 알려지고 그에 대한 수준 높은 연구가 지속될 수 있기를 바란다.

2014년 11월 24일
문수·보현봉이 바라보이는 작은 서실에서
김진근 쓰다

XV

목 차

주역내전 (건괘乾卦䷀～비괘否卦䷋)

주역내전 (동인괘同人卦䷌～이괘離卦䷝)

③

주역내전 (함괘咸卦☷ ~ 곤괘困卦☷)

주역내전 (정괘^{井卦}䷯～미제괘^{未濟卦}䷿)

⑤

주역내전 (계사전繫辭傳)

주역내전 (설괘전設卦傳 · 서괘전序卦傳 · 잡괘전雜卦傳 · 附 발례)

● 잡괘전雜卦傳　　　　　　　　　　　　　　　　　　1956

附 발례

일러두기

- 이 번역은 중국 장사(長沙)의 악록서사(嶽麓書社)에서 1992년에 발행한 선산전서(船山全書) 가운데 『주역내전(周易內傳)』과 『주역내전발례(周易內傳發例)』를 저본으로 하였다.

- 『주역』 본문의 끊어 읽기와 풀이는 저자의 것을 기준으로 하였다. 따라서 우리나라의 전통 끊어 읽기와 다른 곳이 있을 수 있고, 우리나라의 전통 풀이와 다른 곳이 있을 수 있다. 괘 이름에서도 저자의 풀이를 근거로 하였다. 예컨대 우리나라에서는 遯卦䷠를 '돈괘'라고 읽지만, 왕부지가 철저하게 '은둔'의 의미로 풀고 있음을 존중하여 이 번역에서는 '둔괘'로 읽었다.

- 가능하면 순수한 우리말로 풀자는 관점에서 우리말로 표기한 것들이 있다. 예컨대 '剛‧柔'를 '굳셈[剛]‧부드러움[柔]'으로, '動‧靜'을 '움직임(動)‧고요함(靜)'으로 표기한 것들이 그것이다. 이 외에도 가능하면 순수한 우리말로 풀자는 시도를 의식적으로 하였다. 따라서 이것들이 일반 서술어들과 혼동을 줄 수 있는 여지가 있지만 독자 제현의 양해를 바란다.

주역내전

(정괘井卦☵~미제괘未濟卦☲)

● ● ●

井卦巽下坎上

정괘☵☴

井. 改邑不改井, 无喪无得, 往來井井. 汔至亦未繘井, 羸其瓶, 凶.

정괘: 읍은 바뀌지만 우물은 바뀌지 않는다. 잃어버림도 없고 얻음도 없이 '井(정)' 자 모양으로 정연(井然)하게 오고 간다. 우물 바닥에 이르러서는 또한 두레박줄이 짧아 물을 길어내지 못한다. 그 병이 깨져버림이다. 흉하다.

'井'·'革'·'鼎'三卦皆取物象以肖卦畫; 卦名立, 而義因以起. 「繫傳」曰, "以制器者尚其象." 象所有而器制, 器成而用行, 用之有得失, 而義存其中矣.

정괘(井卦)☵☴·혁괘(革卦)☱☲·정괘(鼎卦)☲☴ 이 세 괘는 모두 물(物)의 모양에서 취하여 괘의 획을 그리고 있다. 그래서 이들 괘 이름으로부터 이 괘들의 의미가 곧 드러난다. 「계사전」에서는 "기물을 제작하는 이는 괘의 상(象)을 높이 친다."고 하니, 상(象)에 드러나 있어서 기물을 제작하고, 기물이 이루어져서 쓰임이 행해진다. 그리고 쓰임에 득·실이 있는데, 괘의 의미는 그 속에 담겨 있다.

'井'之爲井也, 有數義焉. 木之在水必浮, 而水上木下, 木入水中而載水以上, 以罍汲水之象. 汲水之瓶, 或用木, 或用瓦, 而瓦虛以浮, 有木道焉, 引而上之, 以致養於人, 此一義也. 水者五行之初氣, 內剛而體陽, 陽爲水, 陰爻中虛而爲空; 水待空而流, 凡水皆附於空之下而依地, 唯井則水方旁流, 穴空而使之聚, 其下則黃泉之位焉. 此卦上四爻一陰一陽相迭, 空而又空, 水盈其中; 初·二水上而空下, 黃泉之區域也; 故自三以上, 人之所汲, 而初·二水下灌於泥滓之竅, 人不可用; 其淸濁用舍, 於此分焉, 此又一義也. 自黃帝始制井田, 三代因之, 井之爲字, 象其形. 井九百畝, 中爲公田, 廬舍在焉, 而中有井, 汲者漑者取給於此, 而遠近均. 井井分而畝首異嚮. 四井爲邑, 四邑爲邱, 四邱爲甸, 甸方八里, 旁加一里爲成, 出長轂一乘. 公私之田畝·貢助之制, 以井爲經界, 而兵賦車乘之出, 以四井之邑爲準式. 井井旣各有塍埓, 四井之邑, 又殊其塍埓, 以合於邱甸嚮背之殊, 步卒七十二人之迭賦在焉, 與九百畝之井疆又異. 此卦之象, 陽象塍埓, 陰象田畝. 上四爻一陽一陰, 分明界畫以外嚮; 下二爻一陰一陽, 又殊畫以內嚮; 各成乎經界, 分田出賦, 不一其疆理, 有井邑之象焉. 邑雖殊, 而井在其中者不遷, 此又一義也. 象與爻辭雜取其義, 故釋者未易通焉. 約而言之, 木汲水而出以利人用, 所以養人; 而能吸其上之渟凝者, 不能窮其泉之所自來, 欲窮之則水濁而瓶傷, 明淸而利物者爲宜登進, 沈濁而敗物者爲

不可用; 故田有井以交足於上下而致養, 爲九州攸同‧古今利賴之大
法, 宜爲人所利用, 而非如黃泉之暗流, 不爲功於人物. 則數義相通, 象
皆有焉, 而協於一, 勿疑於三聖之所取不同, 而曰文王有文王之『易』,
周公有周公之『易』, 孔子有孔子之『易』也. 周流六虛, 神而明之, 存乎
其人爾.

정괘(井卦)䷯가 왜 우물을 상징하는가에 대해서는 여러 가지 의미에서
확인할 수 있다. 우선 나무가 물에 있으면 반드시 뜬다. 그러나 물이
위에 있고 나무가 아래에 있으면 나무가 물속으로 들어가서 물을 퍼가지
고 위로 올라옴을 의미하니, 이는 두레박으로 물을 긷는 상(象)이다.
물을 긷는 두레박은 나무로도 만들고 기와로도 만드는데, 기와는 비어서
물에 뜬다. 그래서 물에 뜨는 것에 관한 한 기와는 나무와 같은 원리를
지니고 있다. 이들을 이용하여 우물 속의 물을 위로 끌어올려 사람들에게
생명을 유지하도록 해주니, 이것이 첫째 의미다.
물은 오행에서 첫째 기(氣)로서 속은 굳세고[剛] 체질은 양(陽)이다.
그래서 이 정괘(井卦)에서 양효는 물이 되고, 음효는 가운데 비어서
비어 있음이 된다. 물은 이 비어 있음에 의거하여 흐른다. 일반적으로
물은 모두 이 비어 있음의 아래‧땅의 위로 흐른다. 그런데 오직 우물만은
물이 막 옆으로 흘러가려 하는데 구멍을 파서 모아놓은 것이다. 그
아래는 황천(黃泉)802)이 자리 잡고 있다. 이 정괘(井卦)의 위 네 효는
양효와 음효가 하나씩 하나씩 서로 번갈아가며 비었다가 또 비었다가

---

802) 이 '황천(黃泉)'은 땅속에 있는 샘물을 의미한다. 일반적으로 말하는 저승을
　　의미하지 않는다.

한다. 그리고 물이 그 속을 가득 채우고 있다. 이에 비해 초효와 2효는 물이 위에 있고 비어 있음은 아래에 있다. 이는 곧 황천의 구역을 상징한다. 그러므로 3효 이상은 사람들이 길러서 마심에 비해 초·2효는 물이 우물 밑바닥에 쌓인 진흙 앙금의 구멍들 속으로 흘러들어가서 사람이 사용할 수가 없다. 맑은 물과 흐린 물로서 사람이 사용할 수 있느냐 버리느냐가 여기서 갈린다. 이것이 또 하나의 의미다.

황제(黃帝)[803]가 처음으로 정전제(井田制)를 만든 이래 삼대(三代)[804]는 이를 그대로 따랐다. '井(정)'이라는 글자가 이 형태를 드러내고 있다. 1정(井)은 900무(畝)[805]를 단위로 하는데 9등분하여 가운데를 공전(公田)으로 하고 거기에 주택들을 지었다. 그리고 그 가운데에 우물을 두어 마실 물을 긷는 것이나 농작물에 물을 대는 것이나 모두 여기서 취했다. 멀거나 가깝거나 균등하였다.[806] '井(정)' 자 형태로 정연(井然)하게 나누

---

803) 황제(黃帝)는 옛 전설 속의 제왕으로서 중원(中原) 각 부족들의 공동 조상으로 알려져 있다. 그래서 오늘날 한족(漢族)들은 이 황제를 자신들의 조상으로 여긴다. 소전(少典)의 아들로서 성은 공손(公孫)이다. 구릉지인 헌원(軒轅) 지역에 거주하였으므로 헌원씨(軒轅氏)라고 부르는데, 희수(姬水) 가에 살았기 때문에 희(姬)씨로 성을 고쳤다. 또 유웅(有熊)에다 나라를 세웠으므로 유웅씨(有熊氏)라고도 한다. 토(土)의 덕을 지닌 황제이기에 흙의 색인 황색을 드러내어 '황제(黃帝)'라고 불린다.

804) 하(夏)·은(殷)·주(周) 세 왕조를 말한다.

805) 1무(畝)는 요즘 단위로는 대략 200평쯤 된다. 우리나라에서는 나락 1말을 파종할 수 있는 넓이서 1마지기(1말지기에서 'ㄹ'이 탈락)라고도 한다. 주(周)나라 때는 사방 6척(尺)을 1보(步)로 하고 100보를 1무로 하였다. 진(秦)나라 때는 사방 5척(尺)을 1보로 하고 240보를 1무로 하였다. 한(漢)나라 이후로는 진(秦)의 제도를 따랐다. 오늘날의 단위로 1무는 6.6667a에 해당한다. 1a는 100㎡로서 약 30.25평쯤 된다. 그래서 1무는 200평이 된다.

어 무(畝) 단위로 경계를 정했다. 그래서 4정(井)이 1읍(邑)이 되고, 4읍이 1구(邱)가 되며, 4구가 1전(甸)이 된다. 전(甸)은 사방 8리(里)에다 곁에 1리를 더하여 이루어지는데, 이 전(甸)마다 전쟁에 쓰이는 전차 1대씩을 염출하였다. 공전(公田)·사전(私田)의 무(畝)의 수나 공(貢)· 조(助)의 제도는 정(井)을 기본 단위로 구분 지었다. 그리고 병역·부세 (賦稅)·전차의 염출은 4정(井)으로 된 읍(邑)을 기준으로 하였다. 정(井) 사이에는 각기 두둑을 쌓아 경계를 구분하였고, 4정으로 된 읍들 사이에 도 두둑·담장을 쌓아 경계를 구분하였다. 이렇게 하여 구(邱)와 전(甸)의 구분에 합치하도록 하였다. 보졸(步卒) 72명씩 교체하는 요역(徭役)은 이 전(甸) 단위로 실시하였다. 이는 900무로 된 정(井)과는 또 다른 점이다.

이 정괘(井卦)에서 양효는 두둑·담장을 상징하고 음효는 경작지인

---

806) 왕부지는 『주역패소』에서 '읍은 바뀌지만 우물은 바뀌지 않는다(改邑不改井)' 는 구절에 대해 설명하면서 '井(정)' 자에 대해 다시 풀이한다. 즉 고전(古篆)에서 는 井(정) 자를 '丼(정)'으로 썼는데, 이는 네 획을 서로 교차시켜서 9개의 구역으로 나누어 농지의 경계를 나타내고 가운데의 점 하나는 샘을 파서 물을 공급하는 모양을 드러내는 것이라고 하고 있다. 그리고 「사마법(司馬法)」 (이것은 전국 시대 초기에 齊나라의 威王이 대신들에게 고대의 司馬兵法을 되살려 놓으라고 명령하여 만들어졌다고 한다. 동시에 제나라 景公 때의 장군 司馬穰苴의 병법을 부록해 놓았다.)을 근거로, 4정(井)을 1읍(邑)으로 하고 그것을 누적하여 구(邱)·전(甸)으로 구분한 뒤 거기에 부세(賦稅)를 매기고 병제(兵制)를 시행한다고 하는데, 읍(邑)은 시기에 따라서 크기가 달라졌지만 정(井)은 시대가 바뀌어도 달라지지 않았다고 한다. 즉 1정은 900무라는 기본 단위가 불변이며, 이것을 '井(정)' 자로 나누는 방식이나 그 가운데 공전(公田)을 두는 방식, 그리고 거기에 집을 짓고 살면서 다시 그 가운데 우물을 두는 방식 등은 바뀌지 않았다는 것이다.

무(畝)를 상징한다. 그래서 위 네 효는 음·양효가 하나씩 하나씩 교체하여 대외적인 경계의 구분을 명확히 함을 상징하고, 아래 두 효의 음·양효들은 또 대내적인 구획을 상징한다. 이렇게 각기 경계를 구분하여 농지를 나누고 부세를 염출하는 데서 경계를 가르는 이치가 똑같지 않은 것에 정(井)과 읍(邑)의 상이 있다. 그런데 읍은 비록 다르다 할지라도 우물을 그 가운데 두는 것은 바뀌지 않는다. 이것이 또한 하나의 의미다. 그런데 이 정괘의 괘·효사에서 위 의미들을 뒤섞어서 취하고 있기 때문에 풀이하는 이들로서는 이에 대해 쉽게 통하지가 않는다. 이상을 요약하면 다음과 같다. 나무(두레박)는 물을 길어가지고 나와서 사람의 쓰임에 이로움을 주니 사람들에게 생명을 유지하게 한다. 그런데 우물의 위에 고인 맑은 물만을 퍼올릴 수 있을 뿐 그 우물물이 어디에서 오는지는 궁구할 수가 없다. 그런데도 궁구하고자 하여 더 깊숙이 들어가면 물은 흐려지고 두레박 병은 깨지고 만다. 그래서 깨끗하고 맑아서 물(物)들에게 이로움을 주는 것은 마땅히 위로 올려지고, 칙칙하게 가라 앉아 흐려서 물(物)들을 상하게 하는 것은 사용할 수가 없다. 그러므로 농지에 우물을 파서 위·아래로 발을 번갈아 움직여가며 퍼 올려 물을 공급하는 것은 중국에서 공통일 뿐만 아니라 예나 지금이나 이로움을 주어 의지할 수 있는 위대한 방법이다. 그래서 이는 마땅히 사람들에게 이롭게 쓰이고 있다. 이는 황천이 어둠 속에서 흐르며 사람과 물(物)들에게 어떤 공(功)도 이루지 않는 것과는 다르다.

이처럼 수리와 의미가 서로 통하고 상(象)들도 모두 갖추어져 있으며 하나로 정합(整合)한다. 그러므로 세 성인들께서 취하신 바가 같지 않다고 의심을 내며, "문왕에게는 문왕의 『역(易)』이 있고, 주공에게는 주공의 『주역』이 있으며, 공자에게는 공자의 『주역』이 있다."[807]고 말해서는 안 된다. 『주역』의 원리는 '비어 있는 여섯 위(位)에 두루 유행하는데[周流

六虛' 그것을 신명스럽게 밝혀내는 것은 전적으로 그 사람에게 달려 있을 따름이다.

'改邑不改井, 无喪无得, 往來井井', 以井田言也. 民有登耗, 賦有升降, 戶有遷徙, 出賦之經制圖籍或改, 而井居公田廬舍之中, 爲八家之標準, 九百畝相拱而形埒定; 田之不改, 井定之也, 其畫有準而無能堙塞也. 自黃帝以至周, 未之有改. 六代興而不與俱興, 五代革而不與俱喪. 自三以上, 形埒嚮外而往; 二與初, 形埒嚮內而來. 井井鱗次, 易知易辨. 故曰, "井', 德之辨也." 此贊井之德, 而言有定位者有定分, 剛柔自成其理, 而但在用之者得其宜也. '汔至', 至其底也. '未繘井', 太深入則繩不及引而未登其用也. '羸', 敗也. '井'之爲功, 至三而止, 往以利物者也. 深入其下, 則綆短而瓶觸於所礙以毀, 蓋嚮背之理殊, 則取舍之事宜異. 初・二不爲功, 而祇以取敗; 用之不宜, 則凶矣. 剛柔之升降有定體, 陰陽之浮沈有異情, 淸濁之得失有殊效, 用舍之利害有明徵; 立德立功, 用賢養民, 汙隆治亂, 大辨昭然矣.

---

807) 왕부지 역시 전통주역관을 갖고 있기 때문에 문왕은 괘사를 지었고, 그 아들 주공은 효사를 지었으며, 공자는 『역전』을 지었다고 여기고 있다. 그래서 이 말의 의미는, 괘사・효사・『역전』의 원리와 논리가 다 달라서 각기 다르다고 보는 것인데, 왕부지는 이를 비판하고 있는 것이다. 그는 이들이 하나로 통하며 정합(整合)한다고 보는 것이다.

"읍은 바뀌지만 우물은 바뀌지 않는다. 잃어버림도 없고 얻음도 없이 '井(정)' 자 모양으로 정연(井然)하게 오고 간다."는 것은 정전제(井田制)를 두고서 하는 말이다. 세월이 흐르면 백성들의 숫자에 증감이 있고 걷은 부세(賦稅)의 총액에도 오르내림이 있으며 가구가 이사를 가기도 하여, 부세를 거두는 제도와 강토의 지도 및 백성들의 호적부가 바뀌는 경우는 있다. 그러나 우물을 공전(公田)의 주택들 가운데에 두고, 8가구를 표준으로 하며, 900무(畝)를 함께 나누어 '井(정)' 자 모양으로 두둑을 획정하는 것은 바뀌지 않았다. 농지가 바뀌지 않으니 1정(井)은 정해진 그대로인 것이다. 그 구획지음에도 표준이 있기 때문에 제멋대로 메꾸어서 없애버릴 수가 없다. 그래서 황제(黃帝)의 시대로부터 주(周)나라에 이르기까지 이 정(井)은 일찍이 바뀐 적이 없다. 6대(代)[808]가 흥기한다고 하여 이 정(井)이 왕조들과 함께 새로운 모습으로 흥기하지도 않았고, 5대[809]가 바뀐다고 하여 이 정이 왕조들과 함께 없어지지도 않았다. 이 정괘(井卦)의 3효 이상은 경계 짓는 두둑이 밖으로 향해서 가고, 2·초효는 그것이 안으로 향해서 온다. 그리하여 정(井)들이 마치 물고기의 비늘처럼 정연(井然)하게 차례대로 배열해 있으니, 알기도 쉽고 구별

---

808) '6대(代)'가 어떤 왕조를 가리키는지에 대해서는 설이 분분하다. 이곳의 문맥상 하(夏)·은(殷)·주(周)·진(秦)·한(漢)·위(魏)로 보는 것이 타당할 것 같다. 그러나 여기서 구체적으로 어느 왕조를 가리키는지를 정확하게 가르는 것은 별로 중요하지 않다.

809) '5대'에 대해서도 설이 분분하다. 당나라 이전의 양(梁)·진(陳)·제(齊)·주(周)·수(隋)를 지칭하기도 하고(前五代), 당나라가 멸망한 뒤의 후량(後梁)·후당(後唐)·후진(後晉)·후한(後漢)·후진(後周)을 지칭하기도 한다.(後五代) 역시 여기서 구체적으로 어느 왕조를 가리키는지를 정확하게 가르는 것은 별로 중요하지 않다.

하기도 쉬웠다. 그러므로 "정괘는 구별함의 덕을 드러내고 있다."[810]고 말하는 것이다. 이는 정괘(井卦)의 덕을 찬양한 것이다. 그래서 정해진 위(位)를 가진 이는 정해진 몫을 가지고 있으며, 굳셈[剛]•부드러움[柔]이 저절로 이치대로 이룬다는 것을 말하고 있다. 다만 이를 사용하는 이가 올바르게 사용해야 알맞음을 얻는다.

'汔至(흘지)'는 그 바닥에 이르렀다는 의미다. '未繘井(미율정)'은 우물이 너무 깊으면 두레박줄이 미치지 못하여 두레박을 끌어올리는 데 사용할 수 없다는 의미다. '羸(리)'는 부숴지다는 의미다. 정괘(井卦)의 공력은 3효에 이르러서 그치는데, 이 공덕은 가서 물(物)들을 이롭게 함이다. 그런데 그 아래로 깊이 들어가게 되면 두레박줄이 짧고 두레박으로 쓰는 병이 무엇엔가 닿을 경우 깨지고 만다. 생각건대, 앞쪽과 뒤쪽의 이치가 이처럼 다르니 취하거나 버리는 일도 마땅히 다른 것으로 보인다. 그래서 초•2효는 어떤 공(功)도 이루지 못하기 때문에 단지 패(敗)함만

---

810) 「계사하전」 제7장에서 이괘(履卦)䷉•겸괘(謙卦)䷎•복괘(復卦)䷗•항괘 (恒卦)䷟•손괘(損卦)䷨•익괘(益卦)䷩•곤괘(困卦)䷮•정괘(井卦)䷯•손 괘(巽卦)䷸ 등 9괘의 덕을 세 번에 걸쳐 개진하는(일반적으로 '3陳 9卦'라고 한다.) 부분에 나오는 말이다. 그런데 원문에는 "곤괘는 구별함의 덕을 드러내 고 있다. 정괘는 땅의 덕을 드러내고 있다.('困, 德之辨也; 井, 德之地也.)"로 되어 있다. 그러나 왕부지는 옮겨 적는 과정에서 이 둘이 바뀌었다고 한다. 그래서 마땅히 이 둘을 바꾸어서 "곤괘는 땅의 덕을 드러내고 있다. 정괘는 구별함의 덕을 드러내고 있다.('困, 德之地也; 井, 德之辨也.)"로 해야 옳다고 하고 있다. 그 까닭은 곤괘(困卦)의 경우는 굳셈이 비록 부드러움에 가려져 있지만 땅이 있어서 거기에 편안히 거처하고 있기 때문이고, 정괘(井卦)의 경우는 올바름을 얻어서 선택할 줄을 알기 때문이라는 것이다.(按下云"困以寡 怨, '井以辨義", 此疑傳寫之誤. 當云, "困, 德之地也.", 剛雖爲柔揜, 而有地以自 處也.; "井, 德之辨也.", 得正而知所擇也.)

을 의미로 취하고 있다. 그리고 이렇게 마땅하지 않은 것을 사용하니 흉한 것이다.

군셈[剛]·부드러움[柔]의 오르내림에는 딱히 정해진 체(體)가 있고, 음·양의 부침(浮沈)도 각기 다른 실정에 따라 이루어지며, 맑음[淸]과 흐림[濁]이 보존되느냐 유실되느냐에 따라서 각기 다른 효과를 낸다. 사용하느냐 버리느냐에 따른 이로움과 해로움도 분명하게 징험된다. 그리고 덕을 세움과 공을 세움, 현명한 이를 기용함과 백성들을 부양함, 융성과 쇠퇴, 치세와 난세 등을 크게 분별하며 밝은 것이다.

「象」曰: 巽乎水而上水, 井. 井, 養而不窮也.

「단전」: 물로 들어가서 물을 위로 퍼 올리는 것이 우물이다. 우물은 생명을 길러주며 무궁하다.

此贊卦德, 而言用之之道也. '巽', 入也. '上', 引而出之也. 其入也有定所, 其出也必其所用, 則可以養而不窮矣. 天下豈乏賢才足以裕國安民於無窮哉! 側陋旁求, 汲引之若將不及, 而君子小人各有界畫, 類聚群分, 古今不易; 期於得賢, 而非期於求異. 若不辨於其淸濁之分, 則公孫彊以野人而亡曹, 主父偃以倒行而亂漢, 害且至而不足以興利久矣.

이 구절은 정괘(井卦)의 덕을 찬양한 것으로서 우물을 사용하는 방법과 원리에 대해 말하고 있다. '巽(손)'은 들어감을 의미하고, '上(상)'은 위로 퍼 올려서 나오는 것을 의미한다. 그 들어감에도 정해진 곳이 있고, 퍼 올려 나온 것에도 반드시 그 쓰일 곳이 있다. 그래서 생명을 길러줄

수 있으며 무궁하다. 이 세상에 어찌 현명한 재질을 지닌 이들을 궁핍하게
하면서도 족히 무궁토록 나라를 부유하게 하고 백성을 편안하게 하리오!
그래서 현재 누추하게 살아가거나 비천한 신분의 현인들을[811] 사방으로
널리 구해야 하는데[812], 마치 자신의 능력으로는 나라를 끌어가지 못할
듯이 하며 이들을 끌어들여야 한다.

그런데 군자와 소인에는 각기 경계가 있어서 자신의 무리들끼리 모이고
구분되니, 이는 예나 지금이나 변함이 없다. 그래서 현명한 이를 얻는
데 목표를 두어야지 자기와 다른 이를 구하는 데 목표를 두어서는 안
된다. 만약에 맑음[淸]과 흐림[濁]에 대해 분별할 줄 모른다면, 공손강(公
孫彊)이 야인으로서 조(曹)나라를 멸망하게 했던 것이나[813], 주부언(主
父偃)이 상규에 어긋나는 행동으로 한(漢)나라를 혼란에 빠뜨렸던 것과
같은 결과를 초래할 것이다.[814] 이렇게 되면, 해로움도 이르러 오래도록

---

811) '側陋(측루)'라는 말을 이렇게 번역하여 보았다. 이 말은 『서경』의 「요전(堯典)」
편에 나오는 말이다.(明明, 揚側陋.)

812) '旁求(방구)'라는 말을 이렇게 번역하여 보았다. 이 말 역시 『서경』의 「태갑상
(太甲上)」편에 나온다.(旁求俊彦, 啓迪後人, 無越厥命以自覆.)

813) 공손강은 춘추시대의 사냥꾼이었다. 당시 조(曹)나라의 마지막 왕인 조백(B.
C. ?~B.C.487)이 사냥을 너무나 좋아한 나머지 이 공손강을 끌어들였다. 그리
고 조백은 이 공손강에게 높은 벼슬을 주고 국정에 대한 조언을 들을 정도로
이끌림이 컸다. 그러나 그 설익은 조언을 따르다가 결국 조나라는 멸망하고
말았다. 자세한 것은 주132)를 참고하라. 왕부지는 여기서 조백이 공손강의
인물됨을 몰라봐서 나라를 멸망으로 이끈 것을 지적하고 있다.

814) 주부언(?~B.C.126)은 한무제의 대신이다. 미천한 신분의 출신으로서 어려서는
종횡가의 술을 배웠는데, 중년에 이르러서는 한무제가 유술(儒術)을 좋아한다
는 말을 듣고 『주역』과 『춘추』등으로 학문 방향을 바꾸었다. 그래서 고향
유생들로부터는 배척을 받았다. 이에 주부언은 고향을 떠나 여러 나라를

나라에 이로움을 일으킬 수 없을 것이다.

'改邑不改井', 乃以剛中也.

'읍은 바뀌지만 우물은 바뀌지 않는다.'는 것은 굳셈[剛]들이 득중하였기 때문이다.

배회하였지만 끝내 적당한 예우를 받지 못하였다. 떠돌던 주부언은 원광(元光) 원년(B.C.134) 장안(長安)으로 갔는데, 직접 한무제에게 상서를 올려 그날로 바로 한무제를 알현하게 되었다. 그리고 서락(徐樂)·엄안(嚴安)과 동시에 낭중(郎中)이 되었다. 그리고는 한무제에게 「추은령(推恩令)」을 올려서 시행하게 함으로써 한무제의 환심을 샀다. 이 「추은령」은 문제(文帝) 때 가의(賈誼)가 처음으로 만든 것인데, 제후들의 권력이 점점 강해짐에 따라 한(漢)의 황제들의 권력이 상대적으로 약해지는 것을 방지하기 위해 제후들의 은혜를 미루어 그 자식들에 베푼다는 명분으로 제후들의 봉지(封地)를 그 자식들에게 잘게 쪼개 주게 한 것을 말한다. 그래서 그 봉지가 점점 작아지다가 없어지면 끝났다. 그리고 제후국의 봉지가 너무 큰 경우에는 허명(虛名)으로 봉해두었다가 새로운 자손이 생기면 그에게 봉해주는 방식이었다. 이 추은령의 시행으로 한무제의 전제(專制)와 한나라의 중앙집권은 공고해졌다. 그래서 마음이 매우 흡족하였던 무제는 주부언을 내조(內朝)의 대신으로 중용하였다. 이 내조는 '중조(中朝)'라고도 하는데, 무제가 황제의 권력을 강화하기 위해 궁내에 설치하였던 또 하나의 조정이었다. 승상(丞相)을 수반으로 하는 정식 행정 기구가 궁외에 설치되어 있어서 '외조(外朝)'라 하던 것에 비해 이렇게 부른다. 무제는 파격적으로 주부언을 한 해에 네 번이나 승진시킴으로써 주부언에 대한 그의 총애가 얼마나 두터운지를 잘 보여주었다. 그래서 주부언은 이 내조의 실권자가 되어 막강한 권력을 행사하게 되었고, 수많은 뇌물을 챙겼다. 왕부지는 역시 여기서, 한무제가 주부언의 인물됨을 몰라보고 그를 중용한 나머지 나라를 혼란에 빠뜨렸음을 지적하고 있다.

水, 陽也, 而中以定井疆之經界, 不可改也. 五居中而上行, 二居中而下行; 大辨立, 不可易矣.

물은 양(陽)이다. 그런데 중앙에 자리 잡아서 '井(정)' 자 모양으로 된 강토의 경계를 확정한다. 그리고 이는 바꿀 수가 없다.[815] 이 정괘䷯에서 구오효는 가운데 자리 잡고서 위로 올라가고, 구이효는 중앙에 자리 잡고서 아래로 내려간다. 이렇게 하여 커다란 변별이 서며 바뀔 수가 없는 것이다.

'汔至亦未繘井', 未有功也.

'우물 바닥에 이르러서는 또한 두레박줄이 짧아 물을 길어내지 못한다.'는 것은 공을 세우지 못함을 의미한다.

舍其淸者不汲, 而求之愈下, 徒勞而無功.

우물의 위에 고인 맑은 물을 긷지 않고 더 아래로 내려가서 구하려 하니, 한갓 수고롭기나 할 뿐 결코 공은 세우지 못한다.

---

815) 이에 대해서는 주806)을 참고하라.

'贏其甁', 是以凶也.

'그 병이 깨져버림'이기 때문에 흉한 것이다.

> 非徒無功, 而抑足以致敗. 不明於往來淸濁之定分, 則以敗國亡家而
> 有餘.

> 그저 공을 세우지 못하는 정도에 그치는 것이 아니라 경우에 따라서는
> 패망을 초래하기에도 충분하다. 오는 것과 가는 것, 맑은 것과 흐린 것으로
> 정해진 분수에 어둡다면 나라를 무너뜨리고 가문을 멸망케 하고도 남는다.

「象」曰: 木上有水, '井', 君子以勞民勸相.

「대상전」: 나무 위에 물이 있음이 정괘다. 군자는 이를 본받아 백성들을 위로하고
서로 돕기를 권장한다.

> '相, 助也. '坎', 勞卦. '巽爲命令, 所以勸民而助其勤, 蓋言農事也. 木以
> 上水, 用力勞而得水少, 然而以養則不窮. 稼穡之事, 勞於畋漁, 匪勤弗
> 獲, 積日月而僅飽終歲. 君子申警之於'于耜'·'擧趾'之日, 而以田畯之
> 官·「豳」·「雅」之吹, 勸而相之, 使不逸不諺, 生於此養, 俗於此淳也.
> 然爲民則然, 非君子自勞自勸之道, 故學稼學圃, 則爲小人.

> '相(상)' 자는 돕는다는 뜻이다. 이 정괘(井卦)䷯의 회괘(悔卦)인 감괘☵는
> '수고롭다'는 의미를, 정괘(貞卦)인 손괘☴는 '명령하다'는 의미를 담고
> 있다. 그래서 이 정괘(井卦) 전체로는 백성들을 권면하여 그들이 부지런

히 일하도록 도우라는 의미를 드러내고 있다. 이는 농사일에 관련된 것이다. 나무로써 물을 위로 퍼 올리는 데서는 피곤할 만큼 힘이 드나 얻는 물은 적다. 그러나 마실 물을 제공하고 농작물에게 필요한 수분을 공급하여 생명을 유지하는 것으로서는 결코 궁하지 않다. 농사일은 사냥이나 어로보다는 훨씬 힘이 들며, 부지런히 몸을 움직이지 않으면 수확이 없다. 그리고 몇 달 동안의 긴 시간을 들여서 애를 써야만 겨우 배를 채우며 한 해를 버틸 수 있다.

군자는 이러한 농민들에게 농기구를 정비하는 날이나 겨우내 들뜬 땅을 밟아주고 갈아엎는 날816)에 대해 일깨워주어야 한다. 그리고 권농관으로서, 또 「빈풍(豳風)」이나 「소아(小雅)」·「대아(大雅)」와 같은 시가(詩歌)로써 그들을 고취하며 권면하여 서로 돕도록 해야 한다. 그래서 그들로 하여금 게으름에 빠지거나 상스럽지 않도록 하고, 이러한 보살핌 속에서 생명을 유지하며 이러한 순박함을 풍속으로 갖도록 해야 한다. 그러나 백성을 위한다는 측면에서 이렇게 해야 한다는 것이지, 결코 군자가 스스로 애써 가며 농사일을 하거나 스스로 부지런을 떨도록 권면하라는 것이 아니다. 그러므로 곡식을 가꾸고 채소를 가꾸는 것에 대해 배우는 것은 소인이라고 하였다.817)

---

816) 『시경』, 「빈풍(豳風)」 편의 「칠월(七月)」이라는 시에 나오는 구절이다. 원문은 "3의 날에는 보습과 같은 농기구를 돌보아야 하네, 4의 날에는 들뜬 땅을 밟아주고 흙을 뒤집어야 하네(三之日于耜, 四之日擧趾)"로 되어 있다. 여기서 '3의 날(三之日)'·'4의 날(四之日)'이라 한 것은 주력(周曆)에 의한 것으로서, 하력(夏曆), 즉 오늘날 우리들이 사용하는 음력으로는 각기 정월과 2월에 해당한다.

817) 이는 번지(樊遲)가 물은 것에 대해 공자가 내비친 관점이다. 번지가 공자에게

初六, 井泥不食, 舊井无禽.

초육: 우물 밑바닥에 쌓인 진흙 앙금이라 먹지 못하며, 오래된 우물이라 마실 물을 얻지 못한다.

'禽', 獲也, 謂得水也. 陰空在下, 二漏而入, 浚治之所不及, 泥滓不堪食矣. '舊井'謂舊所嘗鑿者; 井水下漏, 則其上無水, 雖汲而必不可得. 小人濁亂於下, 君子道廢, 民不興行, 天下無可用之材, 不言凶而凶固可知, 朱子所謂"占在象中"也.

'禽(금)'은 '손에 넣다[獲]'는 의미로서 마실 물을 얻는다는 말이다.[818]

곡식을 가꾸고 채소를 가꾸는 것에 대해 물었으나, 공자는 자신은 이들 일에 숙련된 농부들보다 못하다며 대답을 유보하였다. 머쓱해진 번지가 나가자 공자는 번지를 소인이라고 칭한 뒤, 윗사람으로서의 군자는 이러한 일에 힘쓸 것이 아니라, 공동체 속에서 그 유지 규범인 예(禮)·의(義)·신(信) 등을 어떻게 하면 잘 실현할 수 있을까에 대해 최우선적으로 골몰해야 한다고 하였다. 그래서 이러한 규범이 잘 실현되어 민초들도 그 일원으로 잘 살아갈 수 있는 세상을 만들어 놓으면, 농사 잘 짓는 이들이 저절로 찾아와서 농사일은 더 잘 하게 될 테니 군이 군자가 이러한 일에 애쓸 필요가 없다고 하였다.(『論語』, 「子路」: 樊遲請學稼, 子曰, "吾不如老農." 請學爲圃. 曰, "吾不如老圃." 樊遲出. 子曰, "小人哉, 樊須也! 上好禮, 則民莫敢不敬; 上好義, 則民莫敢不服; 上好信, 則民莫敢不用情. 夫如是, 則四方之民襁負其子而至矣, 焉用稼?")

818) 왕부지는 『주역패소』에서 이 '禽(금)' 자를 '새[鳥]'로 새길 수 없는 이유에 대해 자세히 논하고 있다. 우선, 우물은 새들이 깃들이고 살 만한 곳이 못되며 설사 새가 살고 있다 하더라도 이는 황폐한 우물일 뿐이라 한다. 황폐한 우물은 사람의 인적이 끊겨서 새들이 잠시 깃들이고 있을 수 있으나, 날마다 사람들이 물을 길어먹는 우물에는 결코 새들이 깃들일 수 없다는 것이다.

초육효는 음(陰)으로서 빈 채로 아래에 있으니 구이효가 상징하는 물이 그리로 새어 들어가는데, 그것이 준설하는 정도로는 미치지 못하게 되자 진흙 앙금이 잔뜩 쌓여 마실 수 없게 되어버린 것이다. '오래된 우물'이란 오래 전에 판 우물이라는 의미다. 그런데 우물물이 아래로 새버려서 그 위에는 물이 없으니 비록 긷는다 할지라도 틀림없이 얻을 수가 없다. 이는 소인들이 아래에서 혼탁하게 어지럽히니, 군자의 도(道)는 폐기되고 백성들도 흥이 나서 실행할 일이란 없으며 세상에 쓸 만한 인재가 없어져버린 것을 상징한다. 그러므로 효사에서 '흉하다'고 말하지 않았지만 본디 흉하다는 것을 알 수가 있다. 주자(朱子)가 "점친 일에 대한 답이 상(象) 속에 있다."[819]고 한 말은 바로 이 말이다.

그리고 이 초육효사에 대해 "물이 흐려서 새도 마시지 않는다!"고 새기며 여전히 '새'라고 할 반론에 대해서는, 새는 맑은 물만을 가려서 마시지는 않는다고 반박하고 있다. 그래서 그는 이 '禽(금)' 자를 '손에 넣다'는 의미의 '獲(획)'으로 본다. 즉 물을 길어서 얻고 그래서 이로움을 얻는다는 의미라는 것이다. 이 초육효가 상징하는 것은 우물 밑바닥에 쌓인 진흙 앙금이다. 그런데 이것이 쌓여 우물물을 마실 수 없게 되어 버리자 사람들은 다시 이 우물을 정비하지도 않고 방치하니 날로 이것이 더 쌓여가 마침내 천맥(泉脈)조차 막혀버렸다는 것이다. 그래서 비록 이 우물에 가서 물을 길으려 한들 물을 얻을 수 없다는 것이다. 그러므로 이 초육효의 의미는, 처음에는 아직 물이 있었음에도 사람이 마실 수 없었지만 그것이 오래되어서는 물을 긷고자 하여도 마침내 물이 없어져버렸다는 의미라고 한다. 그리고 그는 이러한 관점에서 「상전」의 '時舍(시사)'라는 말을 풀이하고 있다. 그 의미는 사람들이 버렸기 때문에 마침내 물을 얻을 수 없게 되어버렸다는 것이다.

819) 주희는『주역본의』에서 간괘(艮卦) 육이효사를 풀이하면서 이렇게 말하고 있다.

「象」曰: '井泥不食', 下也; '舊井无禽', 時舍也.

「상전」: '우물 밑바닥에 쌓인 진흙 앙금이라 먹지 못하며'라는 것은 아래에 있기 때문이며, '오래된 우물이라 마실 물을 얻지 못한다'는 것은 때가 버렸다는 의미다.

'下謂下漏而濁也. '時舍'者, 時所不尙也. 古者士之子恆爲士. 世綠之 家以禮傳世, 修其訓典, 而又登進之於學校, 則賢才足用. 迨嬖倖之小 人用, 而相習於下流, 『詩』『書』絃誦之風, 時所不尙, 則華胄之子弟皆 移志於耕商, 詭隨於罵訟, 雖欲用之, 而無可用之材矣. 學士之家, 父兄 不誠, 使子弟狎小人而遠君子, 習焉而相安於猥下, 故家大族, 夷爲野 人, 侵以衰絶, 皆可傷也.

'下(하)'라는 것은 아래로 새서 흐리게 한다는 의미다. '時舍(시사)'는 시대가 숭상하지 않는다는 의미다. 옛날에 '사(士)' 계급의 자제는 늘 '사(士)'가 되었다. 그리고 대대로 녹을 먹는 가문은 예(禮)를 대대로 전하였는데, 그 훈전(訓典) 대로 인품을 닦고 또 학교에 나아가서 더욱 고양시키니, 이렇게 하여 이룬 훌륭한 자질이 족히 쓸 만하였다. 그런데 이런 사람들은 배척당하고 윗사람에게 아첨을 떨어 총애를 받는 간사한 소인들이 기용됨에 이르러서는, 앞다투어 비천한 부류들이 즐기는 것에 나 젖어들게 되었다. 그래서 『시경』·『서경』을 현악기를 타며 노래로 부르거나 배경음악 없이 운율을 넣어 송독(誦讀)하는 고아한 풍습은 이 시대에 숭상을 받지 못하게 되었다. 그 결과 존귀한 가문의 자제들이 모두 농업과 상업으로 뜻을 옮기게 되고, 겉으로는 어리숙해 보이면서도 마음은 교활하여 송사나 벌이는 이들을 무턱대고 따르게 되었다.820)

이러다 보니 비록 기용하고자 하여도 쓸 만한 재목이 없는 것이다. 아울러 사(士) 가문에서도 부형들이 사(士)의 자질은 가르치지 않고 자제들로 하여금 소인들과 어울리며 군자는 멀리 하도록 하니, 이들이 이에 익숙해져서 비천한 부류들과 어울려 다님에 서로 편안해진다. 그러므로 명문거족이 평이하게 야인이 되어버리고, 나아가 점점 쇠락하다가 끊어져버리기조차 한다. 모두 슬픈 일이다.

九二, 井谷射鮒, 甕敝漏.

구이: 우물 한쪽이 골짜기처럼 움푹 파인 곳으로 물이 쫄쫄 흘러 그곳 붕어에게 적셔줌이며[821], 우물의 독이 깨져 줄줄 샘이다.

---

820) 원문의 '詭隨(궤수)'와 '囂訟(은송)'을 이렇게 번역하여 보았다. '詭隨(궤수)'는 『시경』, 「대아(大雅)」편의 「민로(民勞)」라는 시에 나오며(無縱詭隨, 以謹無良.) '囂訟(은송)'은 『서경』, 「요전(堯典)」편에 나오는 말이다.("吁! 囂訟, 可乎?)

821) 『주역패소』를 참고로 한 풀이다. 사실 '井谷(정곡)'과 '射鮒(석부)'라는 말은 글자 그대로 놓고 보면 풀이가 쉽지 않다. '우물[井]'과 '골짜기[谷]'가 하나의 어구(語句)로 잘 연결이 되지 않고, 일반적으로 '붕어'라는 물고기를 의미하는 '鮒(부)' 자와 그것을 목적어로 하는 동사인 '射(석)' 자와의 연결도 쉽지 않기 때문이다. 이 '석(射)'을 '注(주)' 자로 풀이하고 있으니, 마치 연적(硯滴)에서 벼루에 물을 따르는 것처럼 아주 좁다란 물줄기로 쪼르르 내리 붓는 것을 의미한다. 왕필 이래로 대부분은 이 효사에 대해, 우물의 물이 위로 솟구치지 않고 아래로 새서 흘러버리는데, 그 밑에 있는 공간이 '정곡(井谷)'이라 풀이하였다. 특히 '우물의 독이 깨져 줄줄 샘이다甕敝漏.'는 말과 연관시켜 보면 그럴듯하다. 그리고 「상전」의 '함께함이 없다无與'는 것과 함께 연관 지어 보더라도 이렇게 풀이하는 것이 일반적이라 할 것이다. 이 구이효에 대해서는

水旁出曰'井谷', '射', 注也. '鮒', 鰂也, 得少水卽活. 井底堅實, 則水上涌
而給於用; 下空而漏入谷中, 旁出涓涓, 僅堪注潤鮒魚而已. 此言小人
下達, 雖有小慧, 不足用也. '甕敝漏', 亦水下洩也. 汲之者非其器, 則不
得水. 此言用人者無引拔賢才之實, 則雖有君子, 亦不爲其用也. 九二
下空而陽泄, 故象如此, 凶可知已.

물이 옆으로 흘러나가는 것을 '井谷(정곡)'이라 한다. '射(석)'은 연적에서

위의 구오효가 서로 응하지 않기 때문에 이렇게 밑으로 새 버린다는 것이다.
참고로 왕필의『주역주』를 보면, "계곡에서 물이 나오는 것을 보면 위에서
아래로 쏟아지니, 물이 늘 내리붓듯 한다. 그리고 우물의 원리는, 아래에
있는 우물물을 위로 퍼 올려서 필요한 이들에게 공급하는 것이니, 아래에
있는 것을 가지고 위로 공급하는 것이다. 그런데 지금 위에는 이 구이효에
응하는 이가 없으니 거꾸로 아래로 내려가 초육효와 어울린다. 그래서 '정곡석
부(井谷射鮒)'라 한 것이다. '鮒(부)'는 초육효를 가리킨다. 지금 우물의 원리를
잃어버렸으니 물이 위로 올라가지 않고 거꾸로 아래로 내려가며 졸졸 따르고
있다. 그래서 '독이 깨져서 줄줄 샌다'라고 한 것이다.(谿谷出水, 從上注下,
水常射焉. 井之爲道, 以下給上者也. 而无應於上, 反下與初. 故曰'井谷射鮒'.
鮒謂初也. 失井之道, 水不上出而反下注, 故曰甕敝漏也.)"라 하고 있다.
왕부지는『주역패소』에서 특별히 이 구이효사에 대해 새로운 논의를 하고
있다. 그는 이 '鮒(부)'라는 것이 '鰂(즉)'으로서 '鯽(즉)'을 의미한다고 한다.
역시 우리말로는 '붕어'를 의미한다. 그런데 일반적으로 물고기는 물이 깊고
넓어야 살 수 있음에 비해, 이 鯽魚(즉어)는 겨우 적실 정도의 물만 있어도
산다고 한다. 경우에 따라서는 물기에 젖은 종이로 싸서 수십 리를 간 뒤에
다시 연못에 놓아주어도 산다고 한다. 그리고 '井谷(정곡)'에 대해서는 우물의
한쪽이 무너져서 마치 골짜기처럼 패인 것을 의미한다고 한다. 그래서 우물에
물이 고여 있을 수가 없으니, 물줄기가 이리로 가느다랗게 졸졸 흘러나가서
거기 살고 있는 붕어에게 물을 쏘아주는 것이라고 이 효사를 풀이하고 있다.

벼루에 물을 따르듯 가느다랗게 물을 졸졸 따르는 것을 의미한다. '鮒(부)'
는 鰂(즉)이다. 이 물고기는 아주 적은 양의 물만 있어도 산다. 우물의
밑바닥이 견실하면 물이 위로 솟아올라서 필요한 이들에게 공급해준다.
그런데 지금 이 우물 밑이 푹 꺼져서 그 골짜기처럼 생긴 곳으로 새
들어갔다가 옆으로 좁다랗게 쫄쫄 흘러나가는데, 그것이 겨우 붕어에게
적셔줄 정도나 될 따름이다. 이는 소인이 아래에서 영달함을 상징한다.
그래서 비록 그가 작은 지혜를 가지고 있다 하더라도 큰 직책과 임무에
쓰이기에는 부족한 것과 같다.

'우물의 독이 깨져 줄줄 샌다'는 말 역시 물이 아래로 새나감을 의미한
다. 이는, 물긷는 이가 알맞은 도구를 사용하지 않으니 물을 길을 수가
없음을 상징한다. 그리고 이 말 속에 담긴 뜻은, 사람을 쓰는 이에게
현재(賢才)를 끌어당겨 자기 사람으로 할 수 있는 실질이 없으면 비록
군자가 있다 하더라도 그에게 쓰일 수가 없다는 것이다. 이 구이효는
아래가 텅 비어서 양(陽)이 그리로 줄줄 새 나간다. 그러므로 상(象)이
이와 같은 것이다. 비록 효사에는 없다 할지라도 얼마나 흉한지를 알
수 있을 따름이다.

「象」曰: '井谷射鮒', 无與也.

「상전」: '우물 한쪽이 골짜기처럼 움푹 파인 곳으로 물이 쫄쫄 흘러 그곳 붕어에게
적셔줌'이란 도와주는 이가 없다는 뜻이다.

'與'猶助也. 無爲塞其下流之防, 而汲之以上, 則必竭. 不釋'甕敝漏'者,

言'无與', 則咎在汲者可知. 若節之初九, '不出戶庭', 則上不失臣, 臣不
失身矣.

'與(여)'는 도와준다는 것과 비슷한 말이다. 우물물이 아래로 흘러가는
것을 막아서 위로 길어먹을 수 있도록 해주는 이가 없으면, 우물은
반드시 고갈하게 되어 있다. 그런데 이 「상전」에서 '우물의 독이 깨져
줄줄 샘이다'는 것에 대해서는 언급하지 않고 있는 까닭은, '도와주는
이가 없다'고만 하여도 물긷는 이에게 허물이 있음을 알 수 있기 때문이다.
만약에 절괘(節卦)☷의 초구효사처럼 '집 밖으로 나가지 않는다'고 하면
윗사람도 신하를 잃어버리지 않을 것이고 아랫사람도 제 신분을 잃어버
리지 않을 것이다.

九三, 井渫不食, 爲我心惻, 可用汲. 王明, 竝受其福.

구삼: 우물을 준설하여 정비하였음에도 그 물을 길어다 먹지 않는다면 나의
마음이 아플 것이다. 길어다 마셔도 된다. 왕이 현명하여 아울러 그 복을 받는다.

九三陽剛當位, 本有可用之才, 下陽實而不漏, 上空瓮而不泥, 徒以深
隱而不易汲耳. '不食'者, 設辭, 言使其不爲人所汲用, 則憐才者心傷之
矣. 言'我'者, 周公自言其求賢之情也. '可用', 急之之辭. '王明', 謂上六
之'勿幕'而與相應也. 賢者榮而國亦昌, 上下竝受福矣.

이 구삼효는 양(陽)이자 굳셈[剛]으로서 제자리를 마땅하게 차지하고
있으니, 본래 기용할 수 있는 자질을 갖추고 있다. 그리고 그 밑의 양구이

효도 튼실하니 밑으로 새지 않고, 위로는 허공인데 빙 둘러 벽돌을
쳐서 찌끼가 끼어 있지 않다. 다만 이 우물이 깊이 숨어 있기 때문에
쉽게 길어먹을 수 없을 뿐이다.

'길어다 먹지 않는다'는 것은 가정하여 한 말이다. 즉 그를 다른 사람이
길어다 사용하지 않는다면, 그 현명한 자질을 아끼는 사람이 마음에
상처를 입을 것이라는 말이다. '나'라고 한 것은 주공 스스로 현명한
이를 구하는 그 마음을 표현한 것이다.[822] '(길어다) 먹어도 된다'는
것은 시급함을 드러내는 말이다. '왕이 현명하여'라고 한 것은 상육효의
'가림막을 치지 마라!'는 말과 서로 응한다. 현명한 이가 영달하고 나라도
번창하니, 위ㆍ아래가 아울러 복을 받는 것이다.

「象」曰: '井渫不食', 行惻也. 求王明, 受福也.

「상전」: '우물을 준설하여 정비하였는데도 그 물을 길어다 먹지 않는다'는 것은
길을 가는 사람도 안타까워함이다. 왕이 현명하기를 구하니 복을 받는다.

賢而不用, 豈徒明君哲相之心惻哉, 行道之人皆所深惜矣. 曰'可用汲',
士亦有待時求沽之意焉. 自求福, 所以使王受福也.

현명한 자질을 지녔는데도 기용되지 않고 있으니, 어찌 꼭 명철한 군주와
재상들만 안타까워하리오! 길 가는 사람들도 모두 마음속 깊이 애석해하

---

822) 이는 효사를 주공이 지었다고 하는 전통 주역관에 입각하여 한 말이다.

는 것이다. '길어다 먹어도 된다'는 것은 선비 역시 때가 되어 기용되기를 바라는 뜻이 있다는 것이다. 스스로 복을 구하는 것은 곧 왕으로 하여금 복을 받게 하는 것이기도 하다.

六四, 井甃, 无咎.

육사: 우물 벽을 빙 둘러 친 벽돌이니, 허물이 없다.

四居井中, 而陰虛函水, 井旁之甃也; 柔當其位, 退而砌治之象. 不卽汲用, 嫌於有咎, 而養才者務老其才, 使潔淸而愼密, 作人之所以需壽考也.

이 육사효는 우물 가운데 자리 잡고 있음을 상징하며, 음(陰)으로서 가운데가 비어서 물을 함유하고 있다. 그래서 우물 벽을 빙 둘러 친 벽돌이다. 이것이 부드러움[柔]으로서 제자리를 마땅하게 차지하고 있는데, 이는 물러나 벽돌을 쌓아 올리며 우물을 수리하고 있는 상(象)이다.

「象」曰: '井甃无咎', 脩井也.

「상전」: '우물 벽을 빙 둘러 친 벽돌이니, 허물이 없다.'는 것은 우물을 수리함이다.

三物六行, 所以敎士之修而大用之, 雖不卽食, 所造就者多矣.

세 가지 일의 여섯 가지 행위[823]는 사(士) 계급의 수양을 가르쳐 크게 쓰고자 하는 것이다. 그래서 비록 즉시 먹지는 않더라도 이를 통해 성취함이 많은 것이다.

九五, 井洌寒泉食.

구오: 우물에서 맑고 시원한 샘물이 솟아나니 마시게 한다.

水以淸洌而寒爲美; 推之於人, 則潔己而有德威者. '泉', 其有本者也,
是人所待養而澤被生民者也. 九五剛中而上出, 故其德如此. 夫君子
之德施能溥者, 豈有他哉! 有一介不取非義之操, 則能周知小民之艱
難而濟其飢渴. 無私之心, 人所共凜, 則除苛暴而無所撓屈. 諸葛孔明
曰, "澹泊可以明志", 洌寒之謂也. 杜子美稱其伯仲伊呂, 有見於此與!

물은 맑고 차가우며 시릴 정도인 것을 좋은 것으로 친다. 이를 사람에
비유하면, 자기 자신을 깨끗하게 하고 덕(德)으로써 위엄을 보이는 인물
이다. '泉(천)'은 우물의 근본에 해당한다. 사람으로 말하자면 덕성을
함양하여 그것이 백성들에게 은택으로 미치게 하는 이다. 이 구오효는

---

823) 옛날 고을에서 백성들을 가르치던 세 가지 것을 말한다. 첫째는 여섯 가지
덕(德)으로서 지혜로움[知]·어짊[仁]·성스러움[聖]·의로움[義]·충심[忠]·
어울림[和] 등이 여기에 속하고, 둘째는 여섯 가지 행위로서 효도[孝]·우애[友]·
화목[睦]·혼인[婣]·믿음성[任]·궁휼[恤] 등이 여기에 속하며, 셋째는 여섯
가지 기예로서 예(禮)·악(樂)·활쏘기[射]·말타기[御]·글씨쓰기[書]·셈
[數] 등이 여기에 속한다. 『주례(周禮)』, 「지관(地官)·대사도(大司徒)」 편에
그 출전이 있다.

굳셈[剛]이 득중하여 위로 나와 있기 때문에 그 덕이 이와 같은 것이다. 무릇 군자의 덕이 널리 베풀어질 수 있게 하는 것에 어찌 다른 것이 있으리오! 옳지 않음을 취하지 않겠다는 굳은 지조를 지니고 있으면 일반 백성들이 부닥치고 있는 어려움과 고통을 두루 알아서 그 굶주리고 갈증 나는 것을 구제할 수 있는 것이다. 그에게 자기만을 위하는 사사로운 마음이 없다는 것을 사람들이 다 알아서 범접하기 어렵게 여기니, 백성들에게 덧씌워진 가혹하고 폭압적인 것들을 제거하며 추호도 꺾이거나 흔들림이 없다. 그래서 제갈공명은 말하기를 "욕심이 없고 마음이 깨끗하여야 자신의 뜻함을 실현할 수 있다."고 하였다. 이는 다름 아니라 마음을 시릴 정도로 냉정하게 갖는다는 의미다. 두자미[824]가 이러한 제갈공명을 이윤(伊尹)·여상(呂尙)과 맞먹는다고 칭한 것[825]은 바로 이러한 면을

---

824) 두보(杜甫; 712~770)를 가리킨다. 자미(子美)는 그의 자(字)다. 스스로를 '소릉야로(少陵野老)'라고 불렀다. 두보는 성당(盛唐) 시기에 활약하였는데, 새삼 설명이 필요 없을 정도로 유명한 시인이다. 사람들은 그를 '시성(詩聖)'이라 존칭한다. 이백(李白)과 나란히 이름을 날렸기 때문에 사람들은 이들을 아울러 '이두(李杜)'라 부른다. 이백은 '시선(詩仙)'으로 불린다. 두보는 당나라 숙종(肅宗) 때 벼슬이 좌습유(左拾遺)에 올랐다. 그리고 40대 후반에 안사(安史)의 난을 피해 촉(蜀) 지역으로 들어갔는데, 엄무(嚴武)라는 친구의 추천으로 검남절도부(劍南節度府)의 참모로 들어갔고, 거기에 검교공부원외랑(檢校工部員外郞)이라는 직책이 더해졌다. 그래서 사람들은 그를 또 '두습유(杜拾遺)'·'두공부(杜工部)'라고도 부른다. 두보의 시에 드러난 핵심 사상은 유가의 인정(仁政) 사상이다. 그는 백성을 사랑하였고, 중국의 산하를 사랑하여 이들을 주제로 한 많은 작품들을 남겼다. 그리고 악(惡)을 원수처럼 미워하였으며, 조정의 부패와 사회의 병리 현상에 대해서는 날카롭게 비판해 마지않았다. 평생을 빈한(貧寒)하게 살았다.

825) 두보의 『고적을 답사하고 마음에 이는 감상을 읊은 5수[詠懷古跡五首]』 가운데

보았기 때문일 것이로다!

「象」曰: '寒泉之食', 中正也.

「상전」: '맑고 시원한 샘물의 마시게 함'은 득중하고 올바르기 때문이다.

다섯 번째 시에 나온다. 그 전문은 "제갈공명의 위대한 이름은 온 세상에 가득 차 오늘에 전하는데, 일대(一代) 명신의 남긴 초상이 맑고도 고아하여 날 숙연하게 하네. 천하를 셋으로 나눈 정립(鼎立) 정책으로 촉(蜀)나라의 안정을 꾀하더니, 그 손에 쥐고 애용하던 새털부채[羽毛扇]는, 만고 이래 저 하늘 높이 나는 난새·봉새(鸞鳳)의 깃털일런가. 그와 맞먹을 이는 이윤과 여상일까, 천군만마를 지휘하는 태연자약함이 소하(蕭何)와 조참(曹參)을 한참 뛰어넘는구나. 그러나 어쩌랴, 한(漢)나라의 명운은 이미 다해 끝내 회복할 수 없는 지경이던 것을, 그래도 뜻함을 견결히 하며 군무(軍務)에 매진하다 목숨을 바쳤다네!(諸葛大名垂宇宙, 宗臣遺像肅清高. 三分割據紆籌策, 萬古雲霄一羽毛. 伯仲之間見伊呂, 指揮若定失蕭曹. 運移漢祚終難復, 志決身殲軍務勞)"로 되어 있다. 이 시는, 성도(成都)에 제갈공명을 기리는 무후사(武侯祠)가 있는데 두보가 이를 답사한 뒤 읊은 시로 보인다. 여기서 인용한 '난봉(鸞鳳)'은 전설상의 새인 난새와 봉황을 가리키는 말로서 현인을 비유한다. 두보는 제갈공명이 사용하던 새털부채가 이들의 깃털을 가지고 만든 것이라 은유함으로써 제갈공명의 현명함을 묘사하고 있다. 이윤(伊尹)은 탕(湯) 임금을 도와 상(商)나라를 세우게 했던 인물이고, 여상(呂尚)은 무왕(武王)을 도와 주(周)나라가 중원을 석권하게 하였던 인물이다. 소하(蕭何)와 조참(曹參)도 한(漢)나라의 개국공신이다. 그런데 왕부지는 여기서, 제갈공명이 이윤·여상과 맞먹는 현명함을 발휘하였던 것은, 이 구오효의 효사처럼 마음을 추호도 사심 없이 담백하고 냉정하게 가졌기 때문이라 하고 있다.

無倚無邪, 德威自立矣.

기울어짐도 사악함도 없어서 덕(德)과 위엄이 저절로 서는 것이다.

上六, 井收勿幕, 有孚元吉.

상육: 우물의 도르래 설치용 두 기둥에 가림막을 치지 않음이니, 믿음이 있고 원래 길하다.

'收', 架轆轤之兩柱也. 勿, 无通. 古者井不汲, 則幕其上, 以避禽穢. 上六柔得位, 而虛己以屢汲; 四旣甃治之, 上乃汲之, 相孚而求洌寒之 賢以大用, 善之長而吉大矣.

'收(수)'는 두레박줄을 내리고 올리는 데 편리하도록 도르래를 설치한 두 기둥을 의미한다. '勿(물)'은 '无(무)'와 통한다. 옛날에 우물의 물을 긷지 않을 적에는 그 위에 가림막을 쳐서 새똥 등으로 우물이 더러워지는 것을 피했다.

이 상육효는 부드러움[柔]으로서 제자리를 얻고 있으니, 자기를 비운 채 자주 물을 긷는 이를 상징한다. 그리고 육사효가 이미 우물의 벽돌을 말끔하게 정비하였고 상육효가 이에 물을 긷는 것이니, 상육효는 육사효 르 믿으며 담백하고 냉정한 마음을 지닌 현인(육사효가 상징함)으로 구하여 크게 쓴다. 그 결과 선함은 자라나고 길함은 커지는 것이다.

「象」曰: 元吉在上, 大成也.

「상전」: 원래 길함이 위에 있으니, 크게 이루는 것이다.

> '井'之用, 至此乃登. 下成其德, 上成其治, 謂之'大成'. '井'之君位不在五
> 而在上, 亦所謂"周流六虛, 不可爲典要"也.

이 정괘(井卦)䷯에 드러난 쓰임은 이 상육효에 이르러서 최고조에 이른
다. 아래에서는 그 덕을 이루고, 위에서는 그 다스림을 이루는 것을
'크게 이룸'이라 한다. 이 정괘에서 임금의 위(位)는 5효에 있지 않고
이 상효에 있다. 이것 역시 "비어 있는 여섯 위(位)에 두루 유행하니[周流六
虛] 일정불변한 틀을 만들어 모든 괘들에 개괄적으로 적용해서는 안
된다[不可爲典要]."고 하는 예에 해당한다.

●●●

革卦離下兌上

혁괘䷰

革. 巳日乃孚, 元亨利貞, 悔亡.

혁은 사시(巳時)의 태양이니 이에 믿음이 있다. 으뜸되고 형통하고 이롭고
올곧으며, 후회함이 없다.

'革'者, 治皮之事, 漬諸澤而加之火上, 內去其膜, 外治其毛, 使堅靭而成用. 此卦內'離'外'兌', 旣有其義: '離'之中虛, 乳爐竈之象; 四・五二陽, 皮之堅靭者也, 覆于竈上, 而陽爲文・陰爲質; 上六減其文而昭其質; 皆革象也. 其義爲改也, 變也. 獸之有皮, 已成乎固然之文質, 而當其旣殺而皮欲敝壞, 乃治之而變其故, 質雖存而文異, 物之不用其已然而以改革爲用者也. 故曰'革故'也. 卦自'離'而變, 明至再而已衰, 故'離'五有泣涕戚嗟之憂. '革'陽自外而易主于中, 以剛健勝欲熄之明, 五陰出而居外, 寄於無位以作賓, 故殷・周革命有其象焉. 然唯其在下也, 有文明順正之德, 而剛之來爲主也, 陽道相孚, 故卒成乎'兌', 而天下悅之. 商・周之革命也, 非但易位而已, 文質之損益俱不相沿, 天之正朔・人之典禮・物之聲色臭味, 皆懲其敝而易其用, 俾可久而成數百年之大法. 若其大本之昭垂者, 百王同道, 則亦皮雖治而仍其故之理, 所易者外, 而內無改也. 革者, 非常之事, 一代之必廢, 而後一代以興; 前王之法已敝, 而後更爲制作. 非其德之夙明者, 不敢革也, 故難言其孚, 而悔未易亡也. 道之大明, 待將盛之時以升中, 於時爲已. 日在禺中而將午, 前明方盛, 天下乃仰望其光輝而深信之, 六二當之. 故三陽協合, 以戴九五於天位, 而受命賓陰, 改其典物, 故曰'已日乃孚', 非如日之加已, 未足以孚, 言時之難也. '元亨利貞', '乾'之四德. 自三至五, '乾'道以成, 然後虎變而小人莫不悅順, 悔乃可亡, 德之難也. 有其德, 乘其時, 以居其位, 而後可革. 非大明於內, 衆正相孚, 德合於天, 而欲遽革, 王莽簒而亂舊章, 衆叛親離, 雖悔何及乎? 先言'悔'而後言'亡', 固有悔而能亡之, 亦所謂'有慚德'也.

'혁(革)'이란 가죽을 다루는 일이다. 짐승의 가죽을 연못에 담가 두었다가 불 위에 올려놓아 속에 붙은 막을 그슬려서 제거하고 겉에 있는 털을 다스림으로써 단단하고 질기게 만들어서 사용하는 것이다. 이 혁괘는 내괘가 이괘(離卦)☲, 외괘가 태괘(兌卦)☱로 되어 있으니, 벌써 거기에 이러한 의미가 담겨 있다. 이괘의 속은 비어 있어서 그것에는 화로와 부뚜막의 상이 있고, 태괘의 4효·5효 두 양효는 가죽의 단단하고 질김을 상징한다. 이 태괘를 부뚜막(離卦) 위에 덮어 놓으면 양(陽)은 문채가 되고 음(陰)은 바탕[質]을 상징하는 것이 된다. 그런데 상육효가 그 문채를 삭감하여 그 바탕을 빛나게 하니 모두가 '변혁'의 상이다. 그 뜻은 '고침[改]·'변함[變]'이다. 짐승들은 가죽이 있어서 이미 본디의 문채와 바탕을 이루고 있지만 죽은 뒤에는 벌써 가죽이 문드러지고 삭으니, 여기에 사람의 손길을 가미하여 원래의 것을 변화시켜야 한다. 그러면 바탕은 비록 그대로지만 문채는 달라지니, 이것은 벌써 이전 그대로의 것을 사용하지 않고 고치고 바꾸어서 사용하는 것이다. 그래서 '옛것을 변혁함'이라 한다.

이 혁괘䷰는 이괘(離卦)䷝에서 변한 것인데, 그 밝음이 거듭되면서 벌써 쇠미해졌다. 그러므로 이괘의 육오효에는 눈물을 줄줄 흘리며 슬퍼 탄식하는826) 근심함이 있는 것이다. 그리고 혁괘의 양효(九五爻)는 밖(離卦의 상육효)에서 온 것이지만 지금은 바뀌어 가운데서 주인 노릇을 하며 굳세고 튼튼함으로써 꺼져 가는 밝음을 이기고 있다. 그리고 이괘의 육오효였던 음효는 혁괘에서는 나가서 밖에 거처함으로써 아무런 지위도 없이 빌붙어 손님이 되어 있다. 그러므로 은(殷)·주(周)의 혁명에 이러한 상이 있다. 그러나 오로지 그 아래에 있는 것에 밝게 빛남과

---

826) 이괘(離卦) 육오효사는 "出涕沱若, 戚嗟若, 吉."이다.

순종함·올바름의 덕이 있었는데[827], 굳셈[剛]이 와서 주인이 되자 양(陽)
의 원리와 방식을 신뢰하기 때문에 마침내 태괘(兌卦)☱를 이루어 천하의
사람들이 그에 대해 기뻐하는 것이다.

상(商)과 주(周)의 혁명에는 자리바꿈만 있었던 것이 아니라 문채와
바탕에서 덜어내고 보탠 것이 모두 이전 것을 그대로 답습하지 않았다.
그래서 천체의 운행을 관측하여 역법을 만드는 것, 인류 공동체의 여러
가지 의식, 물(物)들의 소리·색깔·냄새·맛 등에서 모두 그 피폐해진
것들을 바로잡아서 오래갈 수 있게 함으로써 수백 년 동안 유지될 위대한
법으로 만들었던 것이다. 그러나 밝게 드리우고 있는 그 위대한 근본은
모든 왕들에게 동일한 원리를 이루니, 이는 또한 가죽이 비록 사람의
손길을 탔다 하더라도 여전히 옛것을 간직하고 있음과 같은 이치다.
혁명이란 비상한 사태로서 하나의 왕조가 반드시 폐하고 뒤에 또 반드시
다른 왕조가 흥기하는 것이며, 이전 왕들의 법이 쓸모없는 것이 되어
뒤에 다시금 제작하는 것이다. 그러니 그 덕이 일찍부터 밝지 아니한
자는 감히 혁명을 하지 못한다. 그러므로 그 믿음을 어렵사리 말하는
것이고 후회함도 쉽게 사라지지 않는 것이다.

도(道)의 위대한 밝음이 장차 왕성한 때를 기다렸다가 한가운데로 올라가
니 시간으로서는 사시(巳時; 9~11시)다. 이때 태양은 거의 우중(禺中)에
있으며[828] 곧 정오가 된다. 그래서 눈앞에 드러난 밝음이 바야흐로

---

827) 혁괘(革卦)䷰의 정괘(貞卦)인 이괘(離卦)☲를 풀이한 말이다. 이괘는 자체가
'밝게 빛남(文明)'의 의미를 지니고 있고, 육이효는 음효로서 순종함과 올바름
의 의미를 지니고 있다.

828) 양무제 이전에는 낮을 조(朝)·우(禺)·중(中)·포(晡)·석(夕) 등 다섯으로
구분하고, 밤을 갑(甲)·을(乙)·병(丙)·정(丁)·무(戊) 등 다섯으로 구분하

왕성하여 온 세상 사람들이 그 찬란하게 빛남을 우러러보고 마음속
깊이 믿는다. 육이효가 이에 해당한다. 그러므로 세 양효는[829] 뜻이
맞아 화합하여서 구오효를 하늘의 지위에 추대하고는 명을 받들며 음(陰)
을 손님으로 모신다. 그리고 제도와 문물을 바꾼다. 그러므로 "사시(巳時)
의 태양이니 이에 믿음이 있다."고 말한 것이다. 태양이 사시(巳時)에
있지 않다면 믿음을 주기에 부족하다. 이는 시간의 어려움을 말한 것이다.
"으뜸되고 형통하고 이롭고 올곧음"이라는 것은 건괘(乾卦)䷀의 네 덕이
다. 이 혁괘䷰의 삼효로부터 오효까지는 건(乾)☰의 원리로써 이루어졌는
데, 이러한 뒤에 호랑이의 가죽 무늬처럼 곱게 변하여 빛나니, 소인들이
누구 하나 기뻐하며 순종하지 않는 이가 없다. 그래서 후회함도 없어질
수 있다. 이는 덕의 어려움에 해당한다. 이제 이러한 덕이 있고, 이러한
시(時)를 탐으로써 이러한 지위에 앉은 뒤에라야 혁명을 할 수가 있다.
이와는 달리 속에 위대한 밝음이 없어서 민중이 진정으로 서로 믿지도
않고 덕이 하늘에 합치되지도 않는데 급거히 혁명을 하고자 한다면,
이는 왕망이 찬탈하여 옛 전장 제도를 어지럽히자 민중들이 반란을

였다. 그러다 양무제 천감(天監) 6년(507)에 이르러 이것이 하루의 길이와
잘 안 맞는다고 보고는 하루를 100각(刻)으로 하고 이를 12진(辰)으로 나누었다.
그리고 매 시(時)에는 8각(刻)이 배당되었다. 그래도 여전히 4분이 남았으니,
100각은 우수리를 맞춘 정수(整數)일 따름이고 실제로 하루는 96각(刻)이라
한다.(趙與旹, 『賓退錄』卷一 : 按古之漏刻, 晝有朝・禺・中・晡・夕, 夜有甲・
乙・丙・丁・戊. 至梁武帝天監六年, 始以晝夜百刻布之十二辰, 每時八刻, 仍
有餘分. 故今曆家百刻, 擧成數爾, 實九十六刻也.) 이렇게 보면 우중(禺中)은
아침에서 정오 사이, 즉 12진으로는 사시(巳時; 9~11시)에 해당함을 알 수
있다.

829) 구삼・구사・구오효를 가리킴.

일으키고 친족들도 흩어지게 되었던 것에 해당한다. 이러한 경우에 비록 후회해본들 어찌 미칠 수가 있겠는가! 그런데 여기서 먼저 '후회함(悔)'을 말하고 뒤에 그것이 '없어짐(亡)'을 말하고 있으니, 본디 후회함이 있지만 이를 없앨 수 있다는 것이다. 그래서 또한 "부끄러워함의 덕이 있다."고 함에 해당한다.830)

「象」曰: 革, 水火相息. 二女同居, 其志不相得曰革.

「단전」: 혁괘는 물과 불이 서로 꺼지게 함이다. 두 여자가 함께 거처하면서도 서로 그 뜻을 얻지 못하기에 '혁(革)'이라 한 것이다.

變澤言'水'者, 澤非能息火, 澤中之水乃息之也. 然兩間固有之水火, 日流行而不相悖害. 唯澤之所瀦, 斛之以息火, 而火之所爆乾之水, 亦人所挹於澤之水也. 二女之志不同與睽同, 但'睽'止相背, '革'則相爭, 以少加長, 故不但睽而必爭. '不相得'者, 爭也. 爭則有不兩存之勢, 非但桀・紂之惎湯・武; 逢・比欲存夏・殷而伊・呂欲亡之, 亦不相得之

---

830) 여기서 "부끄러워함의 덕이 있다[有慚德]."고 한 것은 탕(湯) 임금이 스스로의 소행에 대해서 한 말을 인용한 것이라 할 수 있다. 탕임금은, 방탕하며 갖은 악행을 저지르던 하(夏)나라의 마지막 왕 걸(桀)을 핍박하여 남소(南巢; 지명인지 아닌지에 대해서는 설이 분분함)라는 곳으로 도망가게 한 뒤, 후세에 그 임금을 시해한 이들이 나와 자신을 구실로 삼을까 부끄러워하였다고 한다. 이에 대해 '부끄러워함의 덕'이라 하는 것이다.(『書經』, 「仲虺之誥」: 成湯放桀於南巢, 惟有慚德, 曰, "予恐來世以台爲口實.")

甚矣. 有道者勝焉, 則革.

연못을 바꾸어 '물'이라 한 것은, 연못 자체는 불을 끌 수 없지만 연못의 물은 끌 수 있기 때문이다. 그러나 하늘과 땅 사이에 본래부터 있는 물과 불은 날마다 두루 행하면서도 서로 해를 끼치지 않는다. 오직 연못에 저장된 물을 퍼다가 불을 끄는 것이고, 불이 말려버리는 물도 역시 사람이 연못에서 길어온 물이다.

이 혁괘䷰를 이루는 두 여자의 뜻이 같지 않음은 규괘(睽卦)䷥와 같다. 그런데 규괘에서는 서로 등을 돌리는 정도에 그치지만831) 이 혁괘에서는 서로 싸운다. 왜냐하면, 셋째 딸을 상징하는 태괘☱를 둘째 딸을 상징하는 이괘☲보다 더 높이 놓았으니, 단지 그저 서로 어긋남에 그치는 것이 아니라 반드시 싸우게 되는 것이다. '서로 그 뜻을 얻지 못함[不相得]'이란 싸운다는 의미다. 이렇게 싸우게 되면 둘이 함께는 존립할 수 없는 형세를 이루게 된다. 그래서 단지 걸(桀)・주(紂)가 탕(湯)・무(武)를 해치는 정도에 그치지 않는다. 관룡봉(關龍逢)832)과 비간(比干)833)이

---

831) 규괘(睽卦)의 「단전」에서는 "두 여자가 함께 거처하는 데서는 그 뜻함이 함께 가지 않는다(二女同居, 其志不同行)."라 하고 있다.

832) 관룡봉은 하나라 걸왕 때의 대부(大夫)다. '환룡봉(豢龍逢)'이라고도 하는데, 이는 그가 옛 환룡씨(豢龍氏)의 후예이기 때문이다. 당시 걸왕은 알콜 중독에 빠져 매일 술로 보냈고, 백성들을 가렴주구(苛斂誅求)하며 노역(勞役)에 동원하였다. 그래서 백성들의 형편은 피폐해질 대로 피폐해져서 견딜 수 없었지만, 그들은 그저 "저 태양이여 언제쯤 없어지려나, 너와 내가 함께 없어져버렸으면 좋겠다(『書』, 「湯誓」: 時日害喪, 予及女偕亡. 맹자도 이 말을 인용하고 있다.)"라는 말로 그 절망을 표현할 뿐이었다. 이러한 상황에 대해 직언으로 간언(諫言)한 사람이 관룡봉이다. 그래서 걸왕으로부터 미움을 사게 되었는데, 나중에는

하(夏)나라와 은(殷)나라를 보존하려 함에 대해 이윤(伊尹)[834]과 여상(呂
尙)이[835] 멸망시키려 들었던 것과 같은 형세다. 역시 혁괘☲☱의 위(☱)·아

걸왕이 걷잡을 수 없이 나아간 나머지 심지어 술로 연못을 만들고자 하는
지경에까지 이르자 관룡봉은 이를 애써 막으려다 결국 죽임을 당하였다.
관룡봉의 이러한 행위에는 하나라 백성들의 형편을 차마 두고 볼 수 없다는
것과, 그렇게 지속할 경우 뻔히 보이는 하나라의 멸망을 어떻게든 막아보려는
고심(苦心)이 담겨 있었다. 왕부지는 이렇게 보고 있는 것이다.

833) 비간은 은나라 왕 태정(太丁)의 둘째 아들이며 마지막 왕인 주왕(紂王)의
숙부다. 그는 어려서부터 매우 총명하였으며 20세에 벌써 태사(太師)의 지위에
올라 왕 제을(帝乙)을 보좌했다. 그리고 제을로부터 나중에 자신이 죽은 뒤
주왕(紂王)을 잘 보좌해 달라는 부탁을 받았다. 비간은 40여 년 동안 정치에
종사하면서 백성들의 부세(賦稅)와 요역(徭役)을 줄여주고, 농업생산을 발전
시키며, 청동기와 철기의 주조에서도 일정한 성과를 거둠으로써 은나라를
부국강병으로 이끌었다. 다만 주왕이 달기(妲己)와의 애정행각에 빠져 그녀의
말만을 받아들이고 갖은 음란한 짓을 다하며, 학정을 베풀어 백성을 도탄에
빠지게 한 것이 문제였다. 이에 비간은 사흘 밤낮을 궁궐을 떠나지 않고
직접 주왕을 대면하여 간언하였다. 그 내용은, 달기가 천하를 어지럽히고
있다는 것과, 주왕(紂王)이 새로워져서 조정의 기강을 바로잡지 않으면 은나라
의 미래는 없다는 것이었다. 그런데 이것이 역효과를 내서 주왕의 뇌리에
미움으로 자리 잡았다. 그래서 훗날 주왕은 비간에게 "내 듣자하니 성인의
심장에는 구멍이 7개가 있다는데!(『史記』, 「殷本紀」: 吾聞聖人心有七竅"라고
조롱하며 비간의 심장을 도려내어 죽였다. 공자는 미자(微子)·기자(箕子)와
함께 이 비간을 은나라의 '세 어진 사람(三仁)'으로 꼽았다.(『論語』, 「微子」:
微子去之, 箕子爲之奴, 比干諫而死. 孔子曰, "殷有三仁焉.") 왕부지는 비간(比
干)의 이러한 충정이 멸망으로 치닫고 있는 은나라를 어떻게든 구해보겠다는
갸륵한 마음의 소산으로 보고 있는 것이다.

834) 이윤(伊尹)에 대해서는 주19)를 참고하기 바람.

835) 주(周)나라 초기에 활약하였던 인물로서 성은 강씨(姜氏)였지만 그의 조상이
하우씨(夏禹氏)에게 공을 세워 여(呂) 땅의 제후로 봉해졌기 때문에 여씨(呂氏)

래괘(☳)는 서로 받아들일 수 없을 심한 것이다. 이러한 상황에서 도(道)를 지닌 자가 승리하는 것이 혁명이다.

‘巳日乃孚’, 革而信之.

‘사시(巳時)의 태양이니 이에 믿음이 있다’는 것은 혁명을 하였는데 믿는 것이다.

天下信之, 唯其大明之德已盛於內也.

천하의 사람들이 믿는다는 것은 오직 그 위대하게 밝은 덕이 이미 속에서 왕성하기 때문이다.

라고도 한다. 이름이 ‘상(尙)’이었다. 속칭 ‘강태공(姜太公)’이라 불린다. 『사기(史記)』, 「제태공세가(齊太公世家)」 편에 그의 행적이 실려 있다. 그는 위(渭) 강에서 낚시질을 하며 곤고한 노년을 보냈는데, 어느 날 사냥 나온 문왕을 만나 서로 이야기를 나눈 결과 문왕이 그의 됨됨이에 대경실색(大驚失色)하며 반겼다. 그리고는 “나의 부친께서 선생님과 같은 분을 갈망한 지 오래되었습니다.”라 하게 되었다. 그래서 ‘태공망(太公望)’이라 불리게 되었고 그의 성씨와 연칭하여 ‘강태공’이라 불리게 되었다. ‘태공(太公)’은 당시 자신이나 남의 아버지를 존경하여 부르는 칭호였다. 함께 수레를 타고 돌아온 문왕은 그를 태사(太師)로 옹립하였는데, 나중에 강태공은 무왕을 도와 은나라를 멸망시키는 데서 큰 공을 세웠다. 그래서 나중에 제(齊) 땅에 봉해졌다.

文明以說, 大亨以正. 革而當, 其悔乃亡.

환하게 밝아서 기뻐하고 크게 형통하여서 올바르다. 변혁하여 정당하니, 이에 그 후회함이 없어진다.

> '文明'者, 其德也. '說'者, 人信而說之. 時可革也. '大亨以正', 不言利者, 正而固者必合義之利, 故「象傳」每統利於正. 備天德之全, 道可革也. 如是而革, 則當矣. '乃'者, 其難之辭.

> '환하게 밝다'는 것은 그 덕에 대해 하는 말이다. '기뻐함'이란 사람이 믿으며 기뻐하는 것이다. 이때에는 혁명을 할 수 있다. 그런데 여기서 '크게 형통하여 올바르다'고 할 뿐 '이롭다'고는 말하지 않은 까닭은, 올바르며 굳은 이라야 반드시 의로움에서 오는 이로움에 합치하기 때문이다. 그러므로 「단전」에서는 늘 이로움을 올바름에 통괄시킨다. 하늘의 덕의 온전함을 완비하여야 도는 변혁될 수 있다. 이와 같이 하여 혁명을 하면 정당한 것이다. '이에(乃)'라고 한 것은 이것이 그만큼 어렵다는 것을 말한 것이다.

天地革而四時成, 湯·武革命, 順乎天而應乎人. 革之時大矣哉!

천지가 변혁하며 사계절이 이루어지고, 탕왕과 무왕은 혁명을 하여 하늘에 순종하고 사람에게 응하였다. 이처럼 변혁의 시(時)는 위대하도다!

四時之將改, 則必有疾風大雨居其間, 而後寒暑溫涼之侯定. 元亨利
貞, 化之相禪者然也. 湯·武體天之道, 盡長人, 合禮, 利物, 貞幹之道
以順天, 文明著而人皆說以應乎人, 乃革前王之命. 當革之時, 行革之
事, 非甚盛德, 誰能當此乎!

사계절이 바뀌려 하면 반드시 폭풍과 큰비가 그 사이에 있게 된다.
그러한 뒤에라야 추위와 더위, 따뜻함과 서늘함의 기후가 정해진다.
으뜸됨[元]·형통함[亨]·이로움[利]·올곧음[貞]은 천지의 지어냄[造化]
이 서로 물려줌이 그러하다는 것이다. 탕왕과 무왕은 하늘의 도를 체득하
여 사람을 다 길러 주었고 예에 합치하였으며 물(物)들을 이롭게 하였다.
그리고 중임을 맡아 큰일을 이루어 내는 도로써 하늘에 순종하였고,
환하게 밝음이 드러나서 사람들이 모두 기뻐하게끔 사람들에게 응하였
다. 이렇게 하여 이전 왕조에게 내리던 천명을 변혁해낸 것이다. 이렇듯
혁명을 해야 할 때에 혁명의 일을 해내자면 너무나도 융성한 덕이 아니고
서 그 누가 이를 감당할 수 있겠는가!

「象」曰: 澤中有火, 革, 君子以治歷明時.

「상전」: 연못 속에 불이 있음이 혁괘다. 군자는 이를 본받아 역법836)을 제정하고

---

836) 원문에는 '歷(력)' 자로 되어 있으나 왕부지는 이를 '曆(력)' 자로 보고 있다.
　　그가 자주(自主)에서 "歷(력)' 자와 '曆(력)' 자는 같다. 옛날에는 '曆(력)' 자가
　　없었다.(歷與曆同, 古無曆字)"라 하고 있기 때문이다.

시간을 밝힌다.

'澤', 因自然之高下, 濬治其條理, 而後疏通不滯. '火', 以燭乎幽暗者也. 澤通而火炤之, 知其敝而改之, 不恃成法也. 治歷者因歷元而下推, 若川之就下, 理四時之軌度, 幽微未易測者, 而顯著其定候. 天之有歲差, 七政之有疾徐盈縮, 不百年而必改. 此不可不革者, 非妄亂舊章以强天從己也. 君子當治平之代, 非創制之時, 而可用'革'者, 唯此.

'연못'은 저절로 이루어진 지형의 높낮이대로 그 물길을 내든지 물의 이용에 편리하도록 손을 보든지 한 뒤에라야 정체하지 않고 소통한다. '불'은 그윽하고 어두운 곳을 밝히는 것이다. 그래서 연못의 물이 소통하고 불이 환히 비추듯이 그 잘못된 것을 알아차려서 고치는 것이지, 꼭 한 번 이루어진 법에만 의존하는 것이 아니다.

역법을 제정하는 이들은 마치 개울물이 아래로 내려가듯이 기산점이 되는 역원(曆元)[837]으로부터 미루어 내려가 사계절의 궤도를 계산해낸다. 그래서 은미하여 쉽게 관측할 수 없는 것들을 현저하게 드러내 절후를 정한다. 하늘에는 세차(歲差)[838]가 있고, 칠정[839]에는 빠름과

---

837) '역원(曆元)'은 고대 동아시아의 역법에서의 기산점(起算點)이 되는 시간이다. 일반적으로 정월 초하루의 시작과 동지가 함께 자정에 있는 날을 역원으로 삼았다. 만약에 이날이 갑자일이면 더욱 이상적인 것으로 여겼다.

838) 태양과 달의 인력이 지구의 적도에 대해 미세하게 영향을 미치기 때문에 황도대(黃道帶)의 축에 있는 지축 주위가 원뿔꼴의 운동을 하게 하는데, 매우 서서히 서쪽으로 움직여 약 26,000년 동안 한 바퀴를 돈다. 동시에 춘분점도 매년 $\frac{50.2}{60}$ °만큼씩 서쪽으로 이동한다. 이러한 현상을 '세차(歲差)'라고 부른다. 고대 중국에서 최초로 비교적 정확한 세차의 값을 정하였던 인물은 진대(晉代)

더딤, 참과 이지러짐의 차이가 있기 때문에 100년이 못가서 반드시 고쳐야 한다. 그러나 이는 어쩔 수 없이 개혁해야 하는 것이지, 망령되이 옛 전장 제도를 어지럽혀서 하늘로 하여금 억지로 자신을 따르게 하는 것이 아니다. 군자가 맑은 통치로 안정된 시대에 살고 있다면 이는 창제해야 할 시기가 아니니, 혁괘의 원리를 사용할 수 있는 것은 오직 이것뿐이다.

初九, 鞏用黃牛之革.

초구: 황소의 가죽을 공고히 사용한다.

'鞏', 固守也, 固守其素而不革也. '黃', 中色; '牛', 順物; 離之德也, 六二 以之. 初九之德未著, 且宜固守爲下不倍之義, 以堅貞定志, 待六二順 天應人之道, 文明已著, 而後革之. 其鞏也, 乃所以革也. 有文王之服 事, 而後武王可興. 修德以俟命, 無容心焉.

의 우희(虞喜)다. 그는 "50년마다 1°씩 물러난다."고 결론을 내려 항성년(恒星) 과 태양년(太陽)을 구별하였다. 그는 『지림(志林)』이라는 저술을 남겼다. 최초 로 세차를 계산에 넣었던 역법은 조충지(祖沖之)의 「대명력(大明曆)」이다.
839) '칠정(七政)'에 대한 설은 여러 가지다. 해와 달, 금(金), 목(木), 수(水), 화(火), 토(土) 5성을 가리킨다는 설이 있고, 천・지・인과 사계절을 가리킨다는 설이 있으며, 북두칠성을 가리킨다는 설이 있다. 북두칠성의 각각 별들이 해와 달 및 5성을 주관하기 때문에 '칠정'이라 부른다. 그런데 왕부지는 여기서 첫째 의미인 해・달, 오성으로 '칠정'의 의미를 구사하고 있다.

'공고함(鞏)'은 굳게 지킴이다. 그 바탕을 고수하며 변혁하지 않음이다. '노란색'은 중앙의 색이고, '소'는 순종하는 물(物)이다. 이괘(離卦)☲의 덕에서는 육이효가 이에 해당한다. 초구효의 덕은 잘 드러나지 않으니 마땅히 '아랫것으로서 배반하지 않음'의 의로움을 굳게 지켜야 한다. 그렇게 함으로써 정조를 굳게 하고 지조를 확정한다. 그리고 하늘에 순종하고 사람에게 응하는 육이효의 도에 기대어 문명이 이미 현저해진 뒤에 변혁한다. 그렇기 때문에 그 '공고함'을 기반으로 하여 변혁을 하는 것이다. 문왕의 복종한 일이 있은 뒤에야 무왕이 떨쳐 일어날 수 있었음이 이에 해당한다. 자신의 덕을 닦아서 천명을 기다리되, 여기에 조금도 사심을 들여서는 안 된다.

「象」曰: '鞏用黃牛', 不可以有爲也.

「상전」: '황소의 가죽을 공고히 사용함'은 무슨 짓을 해서는 안 됨을 의미한다.

時未可爲, 雖盛德, 能亟於求革乎?

어떤 짓을 할 수 없는 때인데, 비록 융성한 덕을 가졌다 한들 급거히 혁명을 추구할 수 있겠는가!

六二, 巳日乃革之, 征吉无咎.

육이: 사시(巳時)의 태양이어서 이에 혁명을 하니, 원정을 나가서는 길하며

허물이 없다.

二爲'離'明之主, 雖未登乎天位, 而已宅中當位, 此正所謂禹中之日也. '乃革之', 統其後而言之. 旣爲巳日, 光輝昭著, 而方升乎中, 從此而革, 其往必吉, 吉斯无咎矣. '革'之美, 必備四德, 而以明爲本. 知之明, 然後 行之備善, 所謂"大明終始, 然後利貞"也. 故湯曰'懋昭', 文王曰'克明'. 有天錫之智, 然後有日躋之聖, 乃可以順天應人而行非常之事, 得无 咎焉.

육이효는 이 혁괘䷰의 정괘(貞卦)인 이괘☲의 밝음의 주체다. 이 효는 비록 하늘의 지위에는 오르지 못했으나 이미 중앙의 마땅한 자리에 위치하고 있다. 이는 바로 위에서 '우중(禹中)의 태양이라고 한 그것이다. '이에 혁명을 하니'라는 말은 그 뒤에 진행되는 것을 통틀어서 말한 것이다. 이미 이것이 사시(巳時)의 태양이어서 광휘로움이 밝게 빛나는 데, 바야흐로 하늘의 한가운데로 올라가서는 이를 좇아서 혁명을 하는 것이다. 그래서 어디를 감에서는 반드시 길하고, 길하기 때문에 허물이 없다.

혁괘의 아름다움은 반드시 네 덕을 갖추고 있되, 밝음을 근본으로 한다. 앎이 밝은 뒤에라야 행함 속에 선함이 갖추어지니 이른바 "위대한 밝음으로 시종일관한 뒤라야 이롭고 올곧다."라고 함이 그것이다. 그러므로 탕왕에 대해서는 "힘써서 밝음을 펼치다"라 하고, 문왕에 대해서는 "능히 밝히다"라고 한다. 이들은 하늘이 부여한 지혜로움이 있고 날로 올라가서 성인의 반열에 이르렀다. 그래서 하늘에 순종하고 사람에 응하며 비상한 일을 할 수 있었던 것이고, '허물이 없음'을 얻은 것이다.

「象」曰: ‘巳日革之’, 行有佳也.

「상전」: ‘사시의 태양으로 혁명을 하다’는 것은 행함에 아름다움이 있음이다.

大明乎理, 而後天下皆嘉尙之.

이치에 크게 밝은 뒤에라야 하늘 아래 모든 사람들이 그를 훌륭하게
여기며 숭상한다.

九三, 征凶貞厲, 革言三就, 有孚.

구삼: 원정을 나가면 흉하며, 올곧더라도 위태롭다. 혁명하는 말은 세 번에
걸쳐 성취되니 믿음이 있다.

‘就’, 成也. 革之不可輕試也, 以九三剛而當位, 大明已徹, 然且不可自
謂知天人之理數而亟往以革, 征則必凶, 道雖正而猶危也. 所謂‘巳日
可革’者, 言乎知已明而行必盡善. ‘乾’德之成, 自三而四而五. 三爻純
就, 四德皆備, 仁義中正交協乎天人, 然後可以爲孚於下上, 而人說從
之. 今此方爲‘乾’道之始, 雖從其終而言之, 可就可孚, 而固未也. 九三
以剛居剛, 而爲進爻, 故先戒以凶危, 而後許其有成, 以使知徐待焉.

‘취(就)’ 자는 성취한다는 의미다. 혁명은 경솔하게 시험할 수 없다.
구삼효가 굳셈[剛]으로서 마땅한 자리를 차지하고 있으니 크게 밝음이
이미 환하기는 하다. 그렇다고 하여 제 스스로 “하늘과 사람의 이치를

안다.”고 말하며 재빨리 가서 혁명을 할 수는 없다. 원정을 나가면 반드시 흉하게 되어 있는데, 도(道)는 비록 올바르다 하더라도 오히려 위험한 것이다. 이른바 “사시의 태양으로 혁명을 할 수 있다.”는 것은 앎이 벌써 환하며 행하면 반드시 모두 다 훌륭함을 말한 것이다.

이 혁괘에서 건괘☰의 덕을 이루는 것은 3효로부터 4효·5효까지다. 이들 세 효가 순수하게 이루니 네 덕이 모두 갖추어지고, 인·의와 중(中)·정(正)으로 하늘과 사람 사이에 교접하며 화합한다. 이렇게 한 뒤에라야 천하 사람들에게 믿음을 줄 수 있으며 사람들도 기쁜 마음으로 그를 좇는다. 지금 이 효는 바야흐로 건괘(乾卦)☰의 도가 펼쳐지는 시초다. 그래서 비록 그 끝남의 관점에서는 ‘성취할 수 있다’·‘믿음을 줄 수 있다’라고 말할 수 있지만, 진실로 아직은 아니다. 구삼효는 굳셈[剛]으로서 굳셈[剛]의 자리를 차지하고 있고 나아감의 효다. 그러므로 먼저 흉함과 위험함을 경계해야 하며, 그러한 뒤에라야 그것에 혹시 성취함이 있다고 할 수 있으니, 이렇게 해서 ‘천천히 기다림’을 알게 하고 있다.

「象」曰: ‘革言三就’, 又何之矣?

「상전」: “혁명하는 말이 세 번에 걸쳐 성취된다.”고 하니, 또 어디를 가리요!

‘之’, 往也. 革以言乎三就而後, 則當三陽未就之初, 又何可輕往乎!

‘之(지)’ 자는 ‘가다’는 의미다. 혁명함에서는 세 번에 걸쳐 성취한 뒤에 말하는 것이니, 세 양(陽)이 아직 성취하지도 않은 시초에 또한 어디를 경솔하게 갈 수 있겠는가!

九四, 悔亡有孚, 改命吉.

구사: 후회할 일이 없고 믿김이 있으며, 천명을 개변하여 길하다.

九四當文明已著之後, 而於三陽爲得中, 雖不當位, 而剛柔相劑, 道足
以孚信天下. 兩陽夾輔於上下, 成大有爲之業. 於時卽未遑制作, 而變
伐以改命, 天與人歸, 宜其功成而吉.

구사효는 환하게 밝음이 이미 드러난 뒤에 해당하지만, 세 양효에서
득중하고 있다. 그래서 비록 당위(當位)는 아니라 하더라도 굳셈[剛]과
부드러움[柔]이 서로 잘 조화를 이루고 있으니, 도(道)가 천하에 충분히
믿음을 주고도 남는다. 이 구사효는 두 양효가 위·아래에서 끼고서
도움을 주어서 크게 위업을 이룬다. 시간적으로는 곧바로 아직 황급히
제작하지 않았다 하더라도 협동하여 정벌함으로써 천명을 개변해 냈으
니, 하늘도 사람도 모두 그에게 귀속한다. 마땅히 그 공이 이루어져서
길하다.

「象」曰: 改命之吉, 信志也.

「상전」: 천명을 개변함에서 오는 길함은 뜻함을 믿기 때문이다.

'改命'者, 聖人不得已之事, 於天下爲變. 當澤·火相接之際, 不能無
爭, 非吉道也. 唯自志足信其剛健无私, 而天下皆信之, 則順天者本乎
應人, 而宜其吉矣.

'천명을 개변함'은 성인들께서 어쩔 수 없어서 하는 일이지만, 세상 사람들에게는 변고가 된다. 연못과 불이 서로 교접하는 즈음에는 싸움이 없을 수가 없으니, 이는 길한 도가 아니다.[840] 이때는 오직 스스로의 뜻함에 흔들림이 없어야 하고, 그 굳세고 씩씩하면서도 사사로움 없음에 대해서 사람들에게 충분히 믿음을 주어야 한다. 그래야 세상 사람들이 모두 믿게 될 것이다. 하늘에 따르는 이는 사람들의 바람에 부응하는 것에 근본을 두니, 그 길함은 마땅한 것이다.

九五, 大人虎變, 未占有孚.

구오: 대인이 호랑이의 가죽 무늬처럼 변함이니, 꼭 점을 치지 않는다 할지라도 믿김이 있다.

此則革命而且改制矣. 自'離'而變者, 陽自上而來, 正天中之位, 承天之祐, 而爲建極之'大人'矣. '虎變', 亦於'革'取象. 治虎皮者, 振刷其文而宣昭之. 陽爲文, 文敷於天下矣. '變'則損益前制而救其敝也. '未占'者, 不待此爻之旣驗乎占, 自九三以來, 知明行美, '乾'德已純, 內信諸己, 外信諸人, 本身徵民, 則裁成百王, 更無疑也. 若此類爻動應占, 非人之所可用; 筮而遇此, 爲世道文明, 禮樂將興之象, 占者決於從王可也.

---

840) 태괘☱가 연못을 상징하는데, 이 혁괘에서는 회괘(悔卦)가 태괘다. 그리고 이괘☲가 불을 상징하는데, 이 혁괘에서는 정괘(貞卦)가 이괘다. 이 구사효는 태괘와 이괘가 교접하는 즈음을 상징한다. 그래서 이렇게 풀이하고 있다.

이는 혁명을 하고서 또 제도를 바꿈에 대한 것이다. 이 구오효는 이괘(離卦)☲에서 변한 것으로서, 양효가 상효의 자리에서 와서 하늘의 한가운데 자리를 올바르게 차지하고 있고, 또 하늘의 도움을 받음으로써 표준이 되는 인물인 '대인'을 세움이 되어 있다. '호랑이의 가죽 무늬처럼 변함'이란 역시 이 혁괘☱에서 상(象)을 취한 것이다. 호랑이 가죽을 다루는 이들은 그 무늬를 잘 가다듬어서 환히 드러나게 한다. 양(陽)은 무늬를 상징하는데, 그 무늬가 온 세상에 널리 퍼지는 것이다. '변함'이란 이전에 만들어진 것에 손질을 가해 그 헤진 것을 고쳐낸다는 의미다. '꼭 점을 치지 않는다 할지라도'라는 것은 이 효가 점에서 징험됨에 꼭 의존할 필요가 없다는 것이다. 구삼효부터 이 효에 이르기까지 앎이 환하고 행함이 아름다워서 건괘☰의 덕은 벌써 순수해졌다. 그래서 안으로는 스스로에게도 믿기고 밖으로는 남들에게도 믿겨서 그 자체로 백성들을 불러들이니, 역대 제왕들의 치적을 이루어냄을 더 이상 의심할 여지가 없다. 이 혁괘 구오효와 같은 따위의 효(爻)는 보통 사람이 사용할 수 있는 바가 아니다. 그런데도 점을 쳐서 이러한 효를 얻었다면, 세상의 도가 환히 밝아지고 예악이 장차 흥기할 상이다. 그래서 점친 이가 왕이 되기로 결단을 하여도 된다.

「象」曰: '大人虎變', 其文炳也.

「상전」: '대인이 호랑이의 가죽 무늬처럼 변함'이란 그 무늬가 밝게 빛난다는 의미다.

'炳'者, 光輝盛著, 人所共覩, 所謂考三王·俟百世而成一代之美也.

'밝게 빛남'이란 광휘로움이 왕성하게 드러나 모든 사람들이 함께 우러러 본다는 의미니, 이른바 "위로 '삼왕'[841]에도 부합하고 아래로 백 세대에 이르기까지 지속될 수 있는, 일대를 풍미하는 아름다움을 이룬다."는 말이다.

上六, 君子豹變, 小人革面, 征凶, 居貞吉.

상육: 군자가 표범 무늬 변하듯 하고 소인이 안면을 바꿈이니, 원정을 가면 흉하고 거처함이 올곧으면 길하다.

陰自五而遷於上, 時已革矣. 其君子雖修先代之事守, 而其文物非時王之所尙, 不足以爲法於天下. 豹之爲獸, 隱於霧以濡其毛, 其文較虎爲闇. '二王'之後, 所以雖善而無徵也. 若其在下之小人, 則已改面異嚮, 而從虎變之大人, 不可使復遵故國之典物矣. 爲君子者於此而不安於已廢, 欲有所行則凶, 武庚之所以終殄; 唯知時而自守其作賓之正, 則微子之所以存商也.

---

841) '삼왕(三王)'에는 여러 가지 의미가 있다. 첫째, '하(夏)・상(商)・주(周) 삼대의 창건 임금'을 가리키는 말로서, 우(禹)・탕(湯)・문왕(文王)이나 우・탕・무왕(武王)을 가리킨다. 둘째, 주(周)나라를 창건한 무왕의 입장에서 그 조상들인 태왕(太王)・왕계(王季)・문왕(文王)을 가리킨다. 셋째, 왕(王) 씨 성을 가진 세 사람을 연칭하는 말이다.

이 상육효의 음효는 이괘(離卦)☲의 5효에서 위로 옮겨온 것인데, 시(時)가 벌써 변혁된 것이다. 그래서 그 군자가 비록 선대(先代)의 일을 고수하며 잘 닦고 있다 하더라도 그 문물이 벌써 당대 왕들이 숭상하는 바가 아니니, 천하에 본보기가 되기에 부족하다. 표범이라는 짐승은 안개 속으로 숨어 그 털이 젖기 때문에 그 무늬가 호랑이에 비해 더욱 어둡다. '두 왕'의 뒤이기 때문에 비록 선하다 하더라도 신하들을 불러 모음이 없다. 더욱이 밑에 있는 소인들이 벌써 안면을 바꾸고 다른 곳으로 가서 호랑이의 가죽 무늬처럼 변한 대인을 따르고 있으니, 그들로 하여금 다시 고국의 전장 제도를 따르게 할 수가 없다. 군자가 이러한 상황에서 이미 나라가 없어져 버렸음에 불안해하며 무엇인가 행동하려 하면 흉하다. 그래서 무경(武庚)842)은 마침내 처절한 죽임을 당하였다. 이에 비해 오로지 시(時)를 알고 스스로 손님으로서의 올바름을 지켰기 때문에 미자(微子)843)는 상(商)나라를 보존할 수 있었다.

---

842) 무경(武庚)은 주왕(紂王)의 아들이다. 무왕(武王)이 은(殷)나라를 멸망시킨 뒤 그를 은나라의 옛 도읍에 봉(封)하여 은나라의 제사를 받들게 하였다. 무왕은 또 자신의 동생들인 관숙(管叔), 채숙(蔡叔), 곽숙(霍叔) 등으로 하여금 각기 동·남·북쪽을 맡아 무경을 감시하게 하였다. 그런데 무왕이 죽고 그 아들 성왕(成王)이 아직 어린 틈을 타 무경은 무왕의 이들 세 동생들과 함께 반란을 일으켰다가 주공에게 진압되고 죽임을 당하였다. 자세한 것은 주451)을 참고하라.

843) 미자는 주(周)의 한 부속국인 송(宋)나라의 시조다. 이름은 계(啓)다. 주왕(紂王)의 배다른 형이었는데 주왕의 음란함 때문에 나라가 망할 것을 염려하여 수차례 간하였으나 듣지 않자 그를 떠났던 인물이다. 주(周)의 무왕이 은나라를 멸망시키고 그의 관직을 회복하여 주었고, 주공은 성왕(成王)의 명을 받아 무경의 반란을 진압한 뒤 그에게 명을 내려 은나라 후예들을 통솔하게 하며 은나라의 제사를 받들게 하였다. 그리고 '송(宋)' 땅에 그를 봉하였다.

「象」曰: ‘君子豹變’, 其文蔚也, ‘小人革面’, 順以從君也.

「상전」: ‘군자가 표범 무늬 변하듯 하다’는 그 무늬가 풍성함하면서 뭉쳐 있음을
의미하고, ‘소인이 안면을 바꿈’이란 순종하여 임금을 따름을 의미한다.

ㅤ‘蔚’, 盛而不舒也, 與鬱同義. ‘君’謂九五. ‘變離而‘兌’, 君子之文抑而不
宣·小人之情從時而悅, 不可以征, 而唯宜居貞, 明矣. ‘君子’·‘小人’,
以位言, 然此僅爲商·周之際言也. 韓亡而張良必報, 莽簒而翟義致
死, 豈以居貞爲吉哉!

ㅤ‘울(蔚)’은 풍성하지만 쫙 펴지지 못함을 의미하니, ‘울(鬱)’과 그 뜻이
같다. ‘임금’이란 구오효를 가리킨다. 이 혁괘䷰에서는 이괘☲가 변하여
태괘☱가 되었으니 군자의 무늬가 눌려서 쫙 펴지지 못하고, 소인들의
마음씀이 시대의 주인을 좇으며 기뻐하지만 그들을 정벌할 수가 없다.
그러니 오로지 마땅히 올곧게 살아가야 함이 분명하다.
ㅤ‘군자’니 ‘소인’이니 하는 것은 그 지위를 가지고 말한 것이다. 그러나
이는 단지 상(商)나라와 주(周)나라의 교체기에 적용하여 한 말일 뿐이다.
한(韓)나라가 멸망하자 장량(張良)이 반드시 보복하려 들었고[844], 왕망

---

844)ㅤ장량(張良; ?~B.C.168)은 한(韓)나라의 명문 출신이다. 기원전 218년 한(韓)나라
ㅤㅤ를 멸망시킨 시황제에게 보복하기 위해 박랑사(博浪沙. 지금은 河南省 博浪縣
ㅤㅤ에 속함)에서 쇠몽둥이를 가지고 그를 습격했으나 실패하자 하비(下邳. 지금의
ㅤㅤ河南省 下邳縣에 속함)에서 은신하였다. 숨어 살던 중 이교(坭橋)에서 황석공
ㅤㅤ(黃石公)을 만나 그로부터 『태공병법서(太公兵法書)』를 물려받았다고 한다.
ㅤㅤ나중에는 유명한 장수가 되어 유방(劉邦)을 도와 한(漢)의 건국에 혁혁한
ㅤㅤ공을 세웠다. 소하(蕭何), 한신(韓信) 등과 함께 ‘삼준(三俊)’, 또는 ‘삼걸(三傑)’

이 천자의 지위를 찬탈하자 적의(翟義)[845]는 죽음을 불사하였으니, 어찌 올곧게 거처함을 꼭 길함으로 여기겠는가!

●●●

鼎卦 巽下離上

정괘 ䷱

鼎. 元吉亨.

정괘: 원래 길하며 형통하다.

'鼎'以卦畫取象, 則初爲足, 二·三·四爲腹, 五爲耳, 上爲鉉. 以'巽'·'離'二體言之, 則木下火上, 爲烹飪以登於鼎之象, 而義因以立焉. 陰之德主養, 柔居五而以養道撫羣陽; 初陰在下, 效所養以奉主, 五資之以養陽. 君之所以養聖賢·享上帝者, 固無不取之於民. 民非能事天養

로 꼽힌다.
845) 적의(翟義)는 전한(前漢) 말에 왕망(王莽)이 섭황제(攝皇帝)를 자칭하자 이를 주살(誅殺)하기 위해 거병하였던 인물이다. 당시 동군태수(東郡太守)였던 적의는 엄향후(嚴鄕侯) 신(信)과 함께 뜻을 맞추어 거병하였으나 실패하여 삼족(三族)이 몰살당하고, 이미 죽은 조상들은 관곽(棺槨)과 함께 불태워져 같은 구덩이 속에 처박히는 보복을 당하였다.

賢者, 從君而養也. 其所致養者, 有得有失. 而卦之諸爻, 唯三爲得位, 則揀別所宜養而不失者, 恃離明在上之擧錯得宜. 五柔爲離主, 而不自用, 則資於上之陽剛外發以達其聰明, 故五麗之而不濫於所施; 如鼎之有鉉, 擧而升之, 以登堂載俎而致養者, 其功大矣. 卦以柔居尊而撫剛, 與'大有'略同, 故象辭亦同. 特'鼎'得初六之柔, 承上意而效其養, 於事爲順, 故加'吉'焉. 卦以陰爲主, 而二陰皆失其位; 自'巽'變者, 柔離其本位而登於尊, 二・四・上皆非位而不安, 爲天下未寧・君臣易位之象. 時未可以剛道沴物而息其爭, 故養之所以安之, 而取新凝命之義存焉矣. 然柔道行, 而抑必資於剛, 乃克有定, 則卦德之美, 在陽之元, 而以上之剛以範柔爲亨, 亦與大有上九之祐同也.

이 정괘(鼎卦)䷱는 괘의 획으로부터 상(象)을 취했다. 즉 초효는 발을, 2・3・4효는 배를, 5효는 귀를, 상효는 솥귀를 상징한다. 손괘☴・이괘☲가 이 정괘(鼎卦)를 이루고 있음을 바탕으로 말하면, 나무는 아래에 있고 불은 위에 있으니, 솥에다 음식을 삶고 익혀서 윗사람에게 바치는 모습이다. 괘의 뜻은 이를 바탕으로 해서 붙여졌다.

음(陰)의 덕은 길러냄을 위주로 한다. 그래서 이 정괘(鼎卦)에서는 부드러움(柔)이 5효에 자리 잡고서 길러냄의 도(道)로써 뭇 양(陽)들을 어루만지고 있다. 그리고 초효의 음은 밑에서 길러냄의 효과를 드러내며 주인을 받들고 있는데, 육오효는 이를 바탕으로 하여 양(陽)들을 길러내고 있다. 임금이 성인과 현인을 길러내고 하느님께 제사를 받드는 것치고 본래 백성들에게서 취하지 않은 것이 없다. 그리고 백성들은 하늘을 섬기거나 현인을 길러내는 것을 할 수 없는 이들이니 임금을 좇아서 길러낸다. 이렇게 길러낸 것에는 득(得)에 해당하는 것도 있고 실(失)에 해당하는 것도 있다. 그런데 이 정괘(鼎卦)의 여러 효들 가운데서는 오직 구삼효만이 마땅하게 제자리를 잡고 있다. 그래서 길러내기에 알맞은 것을 골라서 잃어버리지 않고 있는데, 위에 있는 이괘☲의 밝음에 의거하여 행동과 조치가 알맞음을 얻고 있다. 육오효의 부드러움은 이괘(離卦)의 주체다. 그런데 스스로를 위해서는 사용하지 않고 상구효가 양(陽)의 굳셈[剛]을 밖으로 발휘하고 있는 것에 힘입어서 자신의 총명함을 다 이루어낸다. 그러므로 육오효는 상구효에 함께 붙어 있으며 베풂을 남용하지 않는다. 이는 마치 솥에 솥귀가 있어서 그것을 붙잡고 들어 올려 당상에 올라가 솥에서 익힌 고기를 꺼내 적대(炙臺)에 올려서 봉헌(奉獻)하는 것과 같다. 그래서 그 공(功)이 큰 것이다.

이 정괘(鼎卦)에서 부드러움이 존귀한 자리를 차지하고서 굳셈을 어루만지고 있는 것은 대유괘䷍와 대략 비슷하다. 그러므로 괘사도 같다. 다만 이 정괘(鼎卦)는 초육효의 부드러움을 얻었기에 윗사람의 뜻을 받들어 길러냄의 효과를 드러내며 일을 하는 데서 순종한다. 그러므로 '길함'을 덧붙인 것이다.

이 정괘(鼎卦)에서는 음(陰)을 주체로 하고 있는데, 음효 둘이 모두 자신의 마땅한 자리를 잃고 있다. 육오효는 손괘☴로부터 변하여 부드러움[柔]이 그 본래의 자리를 떠나 존귀한 자리로 올라간 것이다. 그리고 2・4・상효도 모두 제자리가 아니어서 편안하지 않다. 그래서 세상이 아직 안정되지 않고 임금과 신하 사이에 위치가 뒤바뀐 상(象)이다. 이러한 때에는 뻣뻣한 굳셈의 원리와 방식으로 물(物)들에 임하여서는 그 다툼을 종식시킬 수가 없다. 그러므로 길러줌으로써 편안하게 하는 것이다. 여기에는 새로이 명령을 엄정하게 해야 하는 의미가 담겨 있다. 그런데 부드러움의 도(道)가 행해질 때에는 경우에 따라서 반드시 굳셈에 힘입어야만 안정시킬 수가 있다. 그래서 이 정괘(鼎卦)의 덕이 지닌 아름다움은 양(陽)의 으뜸됨에 있는데, 상구효의 굳셈이 부드러움을 조절하여 형통하게 한다. 이 또한 대유괘의 상구효가 도움을 주는 것과 같다.

「象」曰: 鼎, 象也, 以木巽火, 亨飪也.

「단전」: 정괘(鼎卦)는 상(象)을 드러내고 있다. 나무가 불로 들어가서 삶고 익히는 모습이다.

> 爲足, 爲腹, 爲耳, 爲鉉, 其象也. '巽', 入也. 火然而益以木, 烹乃熟. 備此二義, 故兼言之.

> 이 정괘(鼎卦)䷱의 효들이 각기 발이 되고, 배가 되고, 귀가 되고, 솥귀가 됨이 모두 상(象)이다. 손괘☴는 들어감을 의미한다. 불이 타고 있는데 땔나무를 더 집어넣어 삶고 익히는 것이다. 이 두 가지 의미를 갖추고 있기 때문에 지금 「단전」에서 겸해서 말하고 있는 것이다.

聖人亨以享上帝, 而大亨以養聖賢.

성인들께서는 하느님께 제사를 올려 형통하고, 성현을 길러내어 크게 형통하다.

> 郊用特牛, 故不言大. 饗賓之禮, 牛羊豕具焉, 故曰大. 言'聖人'者, 唯德位俱隆, 乃可以享帝; 而養賢以定陰陽失位之世, 非聖人莫能. 君子以名世自期, 不可以食愛虛拘也. 六五上養上九, 享帝之象; 下養三陽, 養賢之象.

교외에서 제사를 지낼 적에는 특별히 소만을 쓴다. 그러므로 크다고는 말하지 않고 있다. 이에 비해 큰손님들에게 향응을 베풀 적에는 소, 양, 돼지가 다 갖추어진다. 그러므로 '크다'고 한 것이다. 여기서 '성인(聖人)'이라 한 것은, 오직 덕(德)과 지위가 모두 우뚝하여 하느님께 제사를 올릴 수 있는 이를 지칭하는 말이다. 현명한 이를 배양함으로써 음·양이 제자리를 잃어버린 세상을 올바로 자리 잡게 하는 일은, 성인이 아니고서는 할 수가 없다. 군자는 세상에 자신을 밝히 드러냄을 목표로 삼으니, 먹을 것에 대한 애착만으로는 그를 헛되게 잡아둘 수가 없다. 이 정괘(鼎卦)에서 육오효가 위로 상구효를 봉양하는 것은 하느님께 제사를 지내는 상(象)이고, 아래로 세 양효를 길러내는 것은 현인을 길러내는 상(象)이다.

巽而耳目聰明,

공손하여서 귀와 눈이 밝아지며,

'巽以入人之情而達之. 目明而耳聰, 達矣. 入之情, 雖君子亦豈能違養乎? 此釋內卦.

손괘☴의 공손함으로 사람의 마음씀을 파고들어가 통달하게 한다. 귀가 밝아지고 눈이 밝아진 것이 통달한 것이다. 사람의 마음씀에 파고들어가서는 비록 군자라 할지라도 또한 어찌 길러냄을 어길 수 있겠는가! 이 구절은 정괘(鼎卦)☲의 내괘(內卦)를 풀이한 것이다.

柔進而上行, 得中而應乎剛.

부드러움[柔]이 위로 올라가서 가운데 자리를 차지한 채 굳셈[剛]에 응하고
있다.

'巽敵應而不相與, 變而柔進居中, 以與剛相應, 志通而養道行矣. 此釋
外卦.

위괘가 손괘☴일 경우에는 아래 손괘☴와 적으로서 서로 응하게 되니
서로 함께할 수가 없다. 그래서 위괘가 변하여 이괘☲가 되고 부드러움[柔]
이 나아가 중앙의 자리를 차지하여 굳셈[剛]과 서로 응하고 있다. 그
결과 뜻함이 통하고 길러냄의 도(道)도 행해지는 것이다. 이 구절은
정괘(鼎卦)의 외괘(外卦)를 풀이한 것이다.

是以元亨.

그래서 으뜸되고 형통하다.

具上二義, 故陽之元德伸而吉; 剛柔相應, 則志通而亨. 不言吉者, 文略爾.

위 두 구절의 의미를 갖추고 있기 때문에 양(陽)의 으뜸된 덕이 활짝
펴져서 길한 것이다. 그리고 굳셈과 부드러움이 서로 응하고 있으니
뜻함이 통하며 형통한 것이다. 그런데 이 「단전」에서 괘사에는 있는
'길함'에 대해서 말하지 않고 있는데, 이는 글자가 생략되었을 따름이다.

「象」曰: 木上有火, '鼎', 君子以正位凝命.

「대상전」: 나무 위에 불이 있는 것이 정괘니, 군자는 이를 본받아 자리를 올바르게 하고 명령을 엄정하게 한다.

> 火者, 兩間固有之化, 而遇木則聚. 木在下而火然於上, 火聚而得其炎 上之位也. '巽'爲命令, 位正則命凝矣. 正位凝命, 以柔道綏天下, 而靜 以安之. 不言大人, 不言后, 而言'君子'者, 天下初定, 弭失位之亂而大 定之, 以文明巽順爲君國子民之道也. 此類專以貞悔二卦相配取象, 義不繫於卦名, 不必强爲之說.

불이란 하늘과 땅 사이에 본디 있는 지어냄[造化]인데 나무를 만나게 되면 모인다. 그런데 이 정괘☰는 나무는 밑에 있고 불은 위에서 타는 상(象)이니, 불이 모여서 위로 타 올라가는 지위를 얻고 있다. 손괘☴는 명령을 의미하는 것으로서, 그 자리가 올바르면 명령도 엄정해진다. 그래서 이 정괘(鼎卦)는 자리를 올바르게 하고 명령을 엄정하게 하는 가운데 부드러움의 도(道)를 세상에 드리워서 고요하게 안정시킴을 나타내고 있다.

그런데 「대상전」의 다른 괘들에서와는 달리 이 정괘(鼎卦)에서는 '대인'도 말하지 않고 '제후'도 말하지 않으며 그저 '군자'라고만 하고 있다. 그 까닭은, 그가 이제 세상이 막 평정된 상황에서 제자리를 잃어버린 혼란상을 종식시키고 크게 안정시킴을 상징하기 때문이다. 그래서 사람 세상을 차원 높게 빛내는 것들인 인(仁)·예(禮)와 공손함·순종함으로써 나라의 임금 노릇을 제대로 하고 백성들을 자식처럼 보살피는 도(道)로 삼고 있음을 드러내고 있다. 그런데 이 정괘(鼎卦)의 「대상전」과 같은 부류는 전적으로 정괘(貞卦)와 회괘(悔卦) 두 괘를 서로 짝지어 이루는 상(象)을 취한 것으로서, 의미가 괘 이름에 그다지 구애받지는 않고 있다. 그러므로 꼭 괘 이름과 연관시켜 말을 만들어낼 필요는 없다.

初六, 鼎顚趾, 利出否, 得妾以其子, 无咎.

초육: 솥이 그 발이 뒤집어져서 엎어짐이니 속에 있는 것들이 쏟아짐에 이롭다. 첩을 얻어서 그 자식들을 돕게 함이라. 허물이 없다.

'顚', 覆也. '顚趾', 倒持其足而傾之也. '否', 實之積於內者也. '以其', 相助也. 初六卑柔居下, 爲民致養於上之象. 顚趾而盡出其所積以奉上, 爲養賢之具. 民貧而吝, 其中固有否塞不樂輸之情, 而能捐私竭力以致養, 如妾之賤而能佐主以輔助其子, 誰得以其卑屈也而咎之!

'顚(전)'은 엎어짐을 의미한다. '顚趾(전지)'는 그 발이 뒤집어져서 엎어지다는 뜻이다. '否(비)'는 솥 속에 담긴 것들을 의미한다. '以其(이기)'는 돕는다는 뜻이다.[846] 초육효는 지위가 낮고 부드러우며 아래에 자리

---

846) 왕부지는 『주역패소』에서 이 '得妾以其子(득첩이기자)'에 대해 특별히 주해를 하고 있다. 우선 '子(자)'는 자기가 낳은 아들・딸을 통칭하는데, 이 정괘(鼎卦) ䷱에서는 육오효를 가리킨다고 한다. 이 정괘(鼎卦)의 회괘(悔卦)는 이괘☲다. 그리고 이 육오효는 중효(中爻)에 해당한다. 그래서 이 효는 '어림(少)'을 의미하는데, 다만 이 정괘(鼎卦)의 초육효에 해당하는 손괘☴의 초효가 장녀(長女)를 의미하는 것에 비해 상대적으로 그렇다는 것이다. 그런데 초육효는 하나의 음효로서 아래에 자리 잡고 있음으로써 지위가 낮은 첩을 상징한다고 한다.

잡고 있어서 백성들이 윗사람을 봉양하는 상(象)을 이루고 있다. 그런데 솥을 뒤집어서 그 안에 담긴 것을 몽땅 쏟아내어 윗사람을 봉양하니, 이는 어진사람을 길러낸다는 의미를 갖고 있다. 백성들은 가난하고 아쉬워함이 많은 존재들이다. 그리고 본디 그 속에는 비색되어 즐거운 마음으로 쏟아놓으려 하지 않는 정서가 있다. 그런데도 지금 사사로움을 털어버린 채 온 힘을 다해 봉양하고 있으니, 이는 첩이 천한 신분으로서 주인을 보좌하며 그 자식들을 돕는 것과 같다. 그러니 그 누가 이를 비굴하다고 하며 매도할 수 있겠는가!

「象」曰: ‘鼎顚趾’, 未悖也, ‘利出否’, 以從貴也.

「상전」: ‘그 발이 뒤집어져서 엎어짐’이란 아직 잘못된 것은 아니다. ‘속에 있는 것들이 쏟아짐에 이롭다.’는 것은 귀한 이를 좇는다는 의미다.

나아가 왕부지는 “채후(蔡侯)가 오(吳)나라 제후의 아들을 도와 박거(柏擧)라는 곳에서 초나라 사람들과 전쟁을 벌였다.(蔡侯以吳子及楚人戰于柏擧)”는 『춘추좌씨전』정공(定公) 4년 조(條)의 구절 및 “제후들이 강성하고 제후들이 돕는다(侯彊侯以).”는 『시경』, 「주송(周頌)」편의 구절들을 전거로 들며, ‘以(이)’ 자를 ‘돕는다’는 의미로 풀고 있다. 그래서 초육효가 첩으로서 부드럽고 순종함의 미덕을 발휘하여 본처 소생의 자녀인 육오효가 밖에서 편안하게 자리 잡도록 돕고 있다는 의미로 풀이하고 있다. 그리고 이전의 설들에서는 이런 의미에 대해서 파악을 하지 못하고, 이 구절을 그저 ‘첩을 얻어 자식을 낳다’는 의미로 풀이하였는데, 이 효의 상(象)에 결코 이러한 의미가 담겨 있지 않기 때문에 이렇게 풀이해서는 글귀의 뜻이 통할 수가 없다고 비판한다.

下奉上, 力竭而義不悖也. '從貴', 從六五養賢之志也. 言從貴, 則得妾
以子'之義亦明矣. 在下而柔, 令無不從, 故五樂得之以從己之用.

아랫사람으로서 윗사람을 봉양하는 데서 온 힘을 다하는 것이 결코
의리상 잘못된 것이라 할 수 없다. '귀한 이를 좇는다'는 것은 육오효가
현명한 이들을 길러내려 하는 뜻을 따른다는 의미다. 이렇게 "귀한
이를 좇는다."고 하니, '첩을 얻어서 자식들을 돕게 함'이라는 의미가
더욱 분명할 것이다. 그래서 아래에 있으면서 부드러움[柔]을 다하고
영(令)이 내리면 그 어떤 영이든 좇지 않음이 없으니, 육오효로서도
기꺼이 그를 자신을 좇는 사람으로 기용하게 되는 것이다.

九二, 鼎有實, 我仇有疾, 不我能卽, 吉.

구이: 솥이 가득 차 있음이다. 나의 원수에게 병이 났으니 당장 나에게 싸움을
걸어올 수가 없음이다. 길하다.

二以剛中之德, 六五應之, 五擇其賢而輸誠以享之, '鼎有實'也. 怨耦曰
'仇'. 四與二均爲陽之同類, 而四比附於五, 擅爲己寵, 與二相拒, 乃以
折足致凶, 則爲'有疾', 而不能就我以爭, 二可安受五之鼎實矣, 故吉.

이 구이효는 굳셈으로서 득중한 덕을 지니고 있는데 육오효가 이에
응한다. 그리고 육오효는 그 현명함을 선택하여 정성을 쏟아 베풀며
길러낸다. 이것이 '솥이 가득 차 있음'의 의미다. 원수가 되는 짝을 '仇(구)'
라 한다. 구사효가 이 구이효와 똑같은 양(陽)의 부류인데, 지금 구사효는

육오효의 가까이에 바짝 붙어서 제멋대로 임금의 총애를 독차지하려한다. 그래서 구이효와는 서로 맞서게 된다. 그러나 이 구사효가 그만다리가 부러지는 흉함을 당하여 '병이 났음'이 되어 버렸다. 그래서당장 나에게 싸움을 걸어올 수가 없는 상황이니, 구이효는 육오효가주는 솥 속의 내용물을 편안하게 받을 수가 있다. 그러므로 길하다.

「象」曰: '鼎有實', 愼所之也. '我仇有疾', 終无尤也.

「상전」: '솥이 가득 차 있음'이란 어디를 가는 것에 신중해야 한다는 의미다. '나의 원수에게 병이 났음'이란 끝내 허물이 없다는 의미다.

'之', 往也; 往而授人也. 五之有鼎實, 必愼所授, 四安能與二争哉? 二固可安享而无尤.

'之(지)' 자는 가다는 의미로서, 어디를 가서 남에게 무엇인가를 받음을의미한다. 육오효의 솥은 가득 차 있으니 받아들임에서 반드시 신중해야하는데, 구사효가 어찌 여기서 구이효와 다툼을 벌일 수 있겠는가! 구이효는 주는 것을 편안하게 받아들일 수 있어서 허물이 없다.

九三, 鼎耳革, 其行塞, 雉膏不食, 方雨虧悔, 終吉.

구삼: 솥의 귀가 바뀜이니, 그 가는 것이 꽉 막히고 살진 꿩 고기가 있으나먹지 않는다. 바야흐로 비가 내리니 후회함을 누그려뜨리며, 끝내는 길하다.

卦唯此爻爲得位, 剛正之才, 可以有爲, 而受上之禮享者也. 三爲進爻,
則固有進而受享之意. 乃以卦變言之, 柔自四進而居五, 改革巽體, 爲
鼎耳, 陰陽不相比, 而志不相通, 四又怙貪以間阻之, 則五烹'雉膏'以待
士, 而三不得與. 時易世遷, 剛正道塞, 而君側有媚疾之臣, 賈生所以困
於絳・灌也. 但三與上爲應, 而上以剛柔有節爲道, 則釋疑忌而伸三
之直, 其悔可虧, 故終獲其吉. '雉', '離'之禽也. 『禮』, 陪鼎有雉腒. 旣雨
者, 陰陽之和; 上以剛居柔, 故曰'方雨'.

이 정괘(鼎卦)䷱에서는 오직 이 구삼효만이 제자리를 마땅하게 차지하고
있다. 그래서 이 구삼효는 굳세고 올바름의 자질로 무엇인가를 할 수
있고, 윗사람으로부터 예(禮)에 맞게 향응을 받는 이가 되어 있다. 3효는
나아감의 효다. 그래서 이 구삼효에게는 본디 나아가서 향응을 받아들일
생각이 있다.

그러나 괘변(卦變)의 관점에서 말하면, 부드러움이 4효에서 나아가 5효
에 자리 잡고 있으니[847] 손괘䷸의 체제가 바뀌어 솥의 귀가 되었다.
그래서 음・양이 서로 나란히 붙어있지 않게 되었고 뜻함이 서로 통하지
않게 되었다. 게다가 구사효가 탐욕심으로 이들 사이를 가로막으며
갈라놓고 있으니, 육오효가 '살진 꿩 고기'를 삶아서 사(士)를 대접하고
있다 한들 이 구삼효로서는 함께할 수가 없다. 이는 시대가 바뀌고
세상이 변한 나머지, 굳세고 올바름의 도(道)가 꽉 막히고 임금의 곁에는

---

847) 왕부지는 이 정괘(鼎卦)䷱가 손괘䷸로부터 변한 것이라 보고 있다. 그래서
　　손괘의 4효 자리에 있던 부드러움이 이 정괘에서는 5효의 자리로 올라가
　　있다고 여겨 이렇게 말하는 것이다.

질투하고 시기하는 신하들만 둘러싸고 있는 꼴이다. 가생(賈生)이 강후
(絳侯) 주발(周勃)과 영음후(潁陰侯) 관영(灌嬰)에게 곤욕을 당하던 것이
바로 이 형국이다.848)

---

848) 가생은 가의(賈誼; B.C.200~B.C.168)를 가리킨다. 가의는 서한시기의 인물로서
장사(長沙) 왕의 태부(太傅)를 지냈기 때문에 가태부(賈太傅)・가생(賈生)・
가장사(賈長沙)라고도 불린다. 가의는 서한의 대유(大儒)로서 저명한 사상가
요, 문학가였다. 어려서부터 총명하기로 소문이 나서 18세 때 하남군수(河南郡
守) 오공(吳公)의 문객으로 들어갔다. 오공은 가의를 대단히 높이 평가하였다.
그래서 한문제(漢文帝)가 등극하여 오공을 정위(廷尉)로 발탁하였을 적에,
오공은 문제에게 다시 가의를 천거하게 된다. 그리고 문제는 이를 받아들였다.
그래서 가의는 약관 22세의 나이에 박사가 되었다. 당시 박사는 정부의 문헌과
전적(典籍)을 관리하고 황제의 자문에 응하는 고위 고문(顧問)의 역할을 담당
하였다. 그런데 박사들 가운데 가장 나이가 어렸음에도 뛰어난 활약을 보인
가의에게 문제는 대단히 호감을 가져 1년 만에 파격적으로 태중대부(太中大夫)
로 승진시켰다.
가의는 이때 한대(漢代)의 예의(禮儀) 제도를 정비하여 당시까지 사용하고
있던 진(秦)의 제도를 대하고자 하였다. 그래서 문제는 그에게 더 높은 중책을
맡기고 싶어 중신들의 논의에 부쳤는데, 이것이 그만 화근이 되어 버렸다.
중신들이 대대적으로 반발하고 나섰기 때문이다. 강후(絳侯) 주발(周勃)・영
음후(潁陰侯) 관영(灌嬰)・동양후(東陽侯) 장상여(張相如)・어사대부(禦史
大夫) 풍경(馮敬) 등이 바로 그들이다. 이중에 주발은 원래 갈대로 돗자리를
짜서 생업을 유지하던 인물이었고, 관영은 포목상을 하던 인물이었다. 이들은
한고조 유방(劉邦)을 만나 유방이 중원의 쟁패에서 승리하여 한(漢)나라를
건국하는 데 공을 세워 출세한 인물들이다. 그리고 고조가 죽자 그 외척
세력인 여(呂)씨들을 한나라 황실에서 몰아냄으로써 문제가 등극하는 데
결정적인 공을 세운 인물들이다. 그래서 이들은 문제의 입장에서 소홀히
대할 수 없는 인물들이었다. 그런데 이들은 가의와 같은 나이 어린 지식인이
박사나 태중대부와 같은 실권이 없는 직책에서 활약하는 것은 묵인할 수
있었지만, 이제 중신의 대열에 올라서서 그들과 어깨를 나란히 하는 것은

결코 묵과할 수 없다는 입장이었다. 여기서 특히 주발과 관영의 반대로 가의의 승진 건은 무산되었다. 뿐만 아니라 이들은 가의를 장사(長沙) 왕의 태부(太傅)로 임명하여 외직으로 내침으로써 중앙의 무대에서 가의가 활약하는 것을 막아버렸다.(B.C.177) 가의는 당시 자신의 건강이 좋지 않아 수만리 머나먼 길을 가는 것에 두려움이 있었고, 특히 장사는 날씨가 덥고 습기가 많은 곳이어서 이곳으로 부임하는 것에 대해 굉장히 난감해 하였다고 한다. 자신의 원대한 계획이 무산되는 것과 외지로 쫓겨 가는 신세에 대해 대단히 억울하게 여기기까지 하였다고 한다. 왕부지가 여기서 지적하는 것은 바로 이 점이다. 장사에 부임하는 길에 이제 장사에 거의 도착하여 상강(湘江)을 건너게 되자, 이루 형언할 수 없는 감회를 느낀 가의는 『조굴원부(弔屈原賦)』를 지어 자신의 감상을 토로하였다. 장사는 굴원의 고향이요, 억울함에서는 자신도 굴원에 못지않다는 정한(情恨)을 담은 것이다. 또 부임한 뒤 3년 되던 해에 불길함을 상징하는 올빼미가 자신의 방 안으로 날아들자 자신이 일찍 죽을 수도 있다는 예감이 들어 그 감상을 읊은 『복조부(鵩鳥賦)』를 지었다. 이들 두 작품은 그의 조체부(騷體賦)의 대표작으로 꼽힌다.

문제(文帝)는 가의를 장사로 보내놓고도 잊지 못했다. 그리고 4년의 세월이 흐른 문제 7년(B.C.173), 그는 가의를 다시 낙양으로 불러들였다. 그리고 얼마 안 가서 다시 자신이 가장 사랑하는 아들 양회왕(梁懷王)의 태부(太傅)로 보냈다. 문제는 내심 이 양회왕을 태자로 삼아 자신의 뒤를 잇게 할 생각이었는데, 그것을 위해 먼저 가의에게 지도 받도록 한 것이다. 가의는 이 시기에 자신의 정치적 견해를 담은 『과진론(過秦論)』, 『치안책(治安策)』·『논적저소(論積貯疏)』 등을 지어 문제에게 보임으로써 문제가 이를 정치에 반영하도록 하였다. 그런데 양회왕이 그만 말에서 떨어져 죽는 사고가 발생하고 말았다.(B.C.169) 이에 가의는 이것이 자신이 소임을 제대로 하지 못한 결과라고 자책하며 하루 종일 통곡하였다고 한다. 그 이듬해 이 상심을 견디지 못한 나머지 가의는 그만 우울증으로 죽고 말았다.(B.C.168) 이때 그의 생년 나이는 겨우 33세였다.

장사(長沙)는 가의와 굴원(屈原) 때문에 '굴가지향(屈賈之鄕)'으로 불린다. 그리고 가의가 장사에서 생활하던 옛집은 그대로 보존되었다. 특히 남북조

다만 이 구삼효에 대해서는 상구효가 위에서 응하고 있고 또 그것이 굳셈[剛]·부드러움[柔]을 조절함을 원리와 방식으로 삼고 있으니, 이 구삼효에 대한 의심과 꺼림을 풀고 그 강직함을 신원(伸寃)해준다. 그래서 그 후회함을 누그러뜨릴 수가 있고 마침내 길함을 획득하게 된다. '꿩'은 이괘(離卦)가 상징하는 날짐승이다. 『주례(周禮)』에서는 어전 잔치에서 곁다리로 놓인 솥에 꿩의 포(脯)를 차려놓는다고 한다. 이미 비가 내린다는 것은 음·양이 어울림을 이루는 것인데, 상구효가 굳셈[剛]으로서 부드러움[柔]의 자리를 차지하고 있기 때문에 '바야흐로 비가 내림(方雨)'이라 한 것이다.

「象」曰: '鼎耳革', 失其義也.

「상전」: '솥의 귀가 바뀜'은 그 의로움을 잃어버림이다.

때까지만 하더라도 그가 판 우물과 앉아서 생활하던 석상(石床) 및 손수 심은 귤나무가 아직 그대로 남아 있었다고 한다. 송대에 이르러서 그를 제사지내는 '가의사(賈誼祠)'로 개축하였고, 명·청 시기에 이르러는 증축하여 굴원과 합사(合祀), '굴가사(屈賈祠)'로 변모하였다. 그래서 오늘에 이르고 있다. 활동하던 공간과 억울한 삶을 살았다는 점에서 이들 둘이 같다고 보아 함께 묶은 것으로 보인다. 사마천도 『사기』에서 이들을 함께 묶어 「굴원가생열전(屈原賈生列傳)」을 쓰고 있다. 가의에 대한 후인들의 평가는 대단히 높다. 『사기』의 열전 외에도 『한서(漢書)』에 「가의전(賈誼傳)」이 있을 정도다. 그리고 그의 사부(辭賦)는 위로 굴원을 잇고, 아래로 사마상여(司馬相如)로 이어지는 교량 역할을 한 것으로 평가받는다.

三剛正, 本持義以自居, 而鼎耳旣革, 則不與時遇而義不伸, 故終言'虧悔'. 特虧之耳, 未能無悔也.

이 구삼효의 굳셈은 올바른 것이다. 그래서 본래 의로움을 지키는 것으로 자처하였지만, 솥의 귀가 이미 바뀐지라 시대의 운과 함께하지 못하며 그 의로움을 펼치지 못한다. 그러므로 마침내 '후회함을 쉬다'라고 한 것이다. 그러나 특별히 쉰다고 하였을 따름이지 아직은 전혀 후회함이 없다고 할 수 없다.

九四, 鼎折足, 覆公餗, 其形渥, 凶.

구사: 솥의 다리가 부러져서 솥이 뒤집어지니 솥 속의 내용물이 엎질러짐이다. 그 모양이 젖어서 더럽다. 흉하다.

'覆, 傾也. '公餗', 上之所儲於民以足國者. '渥', 霑濡汙穢之貌. 四下應於初, 而忘其上, 取養於貧弱之民, 民不堪命, 折其足矣. 病民者, 病國者也. 民貧而貪不止, 汙穢露著, 所謂"害於而國, 凶於而家"者也. 占者遇此, 當速遠言利之人, 以免於禍.

'覆(복)'은 뒤집어진다는 의미다. '公餗(공속)'은 윗사람이 백성들에게 쌓아둔 것으로서 나라를 풍족하게 하는 것이다. '渥(악)'은 젖어서 더러워진 모양이다. 이 구사효는 아래로 초육효에게 응하며 그 윗사람들을 잊어버린다. 그리고는 가난하고 힘이 없는 백성들에게서 자양을 취하니, 백성들로서는 그 명(命)을 감당할 수가 없어서 그 다리를 부러뜨려버린 것이다. 백성들을 고통스럽게 하는 사람은 나라를 고통스럽게 한다. 백성들은 가난해지는데 그의 탐욕은 그치지 않으니, 그 더러움이 현저하게 드러난다. 이른바 "너의 가문에 해악이 되고 너의 나라에 흉함이 된다."[849]고 함이다. 만약에 점을 쳐서 이 구사효를 얻었거든 당신에게 이로움을 주겠다는 사람으로부터 속히 멀어져야만 한다. 그래야 화를 면한다.

「象」曰: '覆公餗', 信如何也!

「상전」: '솥이 뒤집어져서 솥 속의 내용물이 엎질러짐'이라 하니, 진실로 그 결과가 어떠하겠는가!

'信', 果然之辭. 小人之使爲國家, 以利爲利, 菑害竝至, 無如之何矣. 言當遠之於早.

---

849) 『서경』, 「홍범(洪範)」 편에 나오는 말이다. 무왕(武王)이 은나라를 멸망시키고 중원을 평정한 뒤, 기자(箕子)를 방문하여 이제 새롭게 나라를 다스려갈 가르침을 청했다. 이에 기자가 무왕에게 준 가르침이 '홍범구주(洪範九疇)'다. 그 가운데 여섯 번째로 제시한 것이 '삼덕(三德; 正直, 剛克, 柔克)'인데, 이에 대해 설명한 가운데 나오는 말이 이 말이다. 여기서 "오직 임금만이 복을 내리고 임금만이 위엄을 부리며 임금만이 산해진미를 먹을 수 있다. 그렇지 않고 만약에 신하가 복을 내리고 위엄을 부리며 산해진미를 먹는다면 그것이 너의 가문에 해악이 되고 너의 나라에 흉함이 될 것이다.(惟辟作福, 惟辟作威, 惟辟玉食. 臣無有作福作威玉食, 臣之有作福作威玉食, 其害于而家, 凶于而國.)"라 하고 있다.

'信(신)'은 '과연(果然)'을 의미하는 말이다. 소인에게 나라를 맡기면 이로움만을 이로움으로 여긴 나머지 재앙이 한꺼번에 몰려오니 도대체 어찌 해볼 도리가 없다.[850] 이러한 사람일랑 일찌감치 멀리하는 것이 마땅하다는 것을 강조하는 말이다.

六五, 鼎黃耳金鉉, 利貞.

육오: 솥의 누런색 귀와 금으로 된 솥귀니, 이롭고 올곧다.

五爲耳. '黃', 中色. '黃耳', 以黃金飾耳也. '金鉉'謂上九. 於上言玉, 而此言金者, 自五之柔視上之剛, 則金之堅而勝擧鼎之任者也. 五唯中正而柔, 以虛中待賢, 故得九二之大賢以力任國事, 於義合而情亦正. 其此二德, 吉可知矣.

5효는 귀가 된다. '누런색'은 중앙의 색깔이다. 그래서 '누런색 귀'는 황금으로 치장한 솥귀다. 여기서 '금으로 된 솥귀'라 한 것은 상구효를 가리킨다. 그런데 정작 상구효사에는 '옥(玉)'이라 하면서도 여기서는 '금(金)'이라 한 까닭은, 육오효의 부드러움으로부터 상구효의 굳셈을

---

850) 『대학』에 나오는 말을 원용한 것이다. 『대학』에서는 "소인에게 나라를 맡기면 재앙이 함께 몰려오니, 비록 훌륭한 사람이 있다 하더라도 어찌 해볼 도리가 없다. 이를 일러 '나라는 경영하는 데서는 이로움만을 이로움을 여기지 않고, 의로움을 이로움으로 여긴다.'고 하는 것이다."(小人之使爲國家, 菑害竝至, 雖有善者, 亦無如之何矣. 此謂"國不以利爲利, 以義爲利也".)라 하고 있다.

보면 금이 단단하여 솥을 들어 올리는 일을 충분히 감당하기 때문이다.
육오효는 오로지 중앙의 자기 자리를 올바르게 차지하고 있고 부드러움
의 덕을 지녔다. 그래서 자기 속을 비운 채 현명한 이들을 대우한다.
그러므로 구이효와 같은 대현(大賢)을 얻어 힘을 실어주며 나랏일을
맡긴다. 이는 의로움에도 부합하고 그 마음씀도 올바르다. 이 두 가지
덕을 갖추고 있으니, 길함을 알 수 있는 것이다.

「象」曰: '鼎黃耳', 中以爲實也.

「상전」: '솥의 황금 귀'는 중앙을 차지하여 실답다는 의미다.

陰本虛也, 得中位而虛以待陽, 則出於誠而實矣. 信賢而篤任之, 故金
鉉之利貞, 皆其利貞也.

음(陰)은 본래 빈 것이다. 그런데 지금 이 정괘(鼎卦)☲에서 중앙의
자리를 차지한 채 자신을 비우고서 양(陽)들을 대하고 있다. 그래서
정성스러움에서 나와서 실다운 것이다. 현명한 이들을 믿고 돈독하게
맡기기 때문에 황금 솥귀의 올곧음에 이로움이 되어, 모두 그 올곧음에
이로움이 된다.

上九, 鼎玉鉉, 大吉无不利.

상구: 옥으로 된 솥의 귀니, 크게 길하며 이롭지 않음이 없다.

文明外發, 力任國事, 而成君之美; 貴重華美, 師保之德, 宜受大烹之養, 吉矣. 利於國, 利于民, 无不利也.

이 상구효는 밝고 빛남이 밖에서 발휘되고 있으니 능력으로 나랏일을 맡기에 충분하며 임금의 아름다움을 이루어준다. 귀중한 신분으로 화려하게 빛나며, 태사(太師)・태보(太保)의 덕을 지녔다. 크게 삶아서 봉양함을 받기에 마땅하며 길하다. 나라에 이롭고 백성들에게도 이로우니, 이롭지 않음이 없는 것이다.

「象」曰: 玉鉉在上, 剛柔節也.

「상전」: 옥으로 된 솥귀가 위에 있으니, 굳셈[剛]・부드러움[柔]이 절도에 맞다.

以其剛節六五之柔, 乃能擧大器而成其美, 君所敬養而在上, 宜矣哉!

그 굳셈으로써 육오의 부드러움을 절도에 맞게 하고 있다. 그래서 육오효는 큰 그릇을 들어 올리며 그 아름다움을 이룰 수 있다. 임금이 공경과 봉양을 받으며 위에 있으니, 마땅하도다!

●●●

震卦 震下震上

진괘 ䷲

震. 亨, 震來虩虩, 笑言啞啞, 震驚百里, 不喪匕鬯.

진괘: 형통하다. 우레가 오니 거듭 두려움에 떨다가, 웃음꽃을 피우며 이야기하는 소리가 넘쳐난다. 백리에 이르는 이들을 진동으로 경각시켜 태평한 세상을 꾸려가야 함을 잊어버리지 않도록 한다.

震, 雷聲也. 雷之用在聲, 聲動而振起乎物也. 陰性凝滯而居其所, 喜於斂而憚於發, 非有心於錮陽, 而得其類以凝聚, 則遏陽而不受施. 於時爲春氣方萌之際, 陽欲起而陰閟於其上, 陽不能散見, 則聚於一而奮以求出, 乃以無所待而驟發. 陰愈凝, 則陽愈聚以出, 故雷恒發於陰雲寒雨之下, 而將霽, 則出之和而不震. 其出而有聲也, 非陽氣之聲也. 兩間之見爲空虛者, 人目力窮於微渺而覺其虛耳, 其實則絪縕之和氣, 充塞而無間. 陽氣旣聚而銳以出, 則劃破空中絪縕之氣. 氣與氣相排盪, 以裂而散, 於是乎有震之聲. 凡聲, 皆氣之爲也. 故雷始從地出, 地中無聲, 而地上有聲. 陽之銳氣, 旣劃裂空中絪縕之氣而散之, 於是陰陽之怙黨以相持者, 失其黨而相和以施, 故動植之物受之以發生而興起焉. 陰曀之日, 非無陽也, 而近乎地之上, 則陰之凝結也爲甚. 陽出而未及散, 因急聚而成形, 故或得物如斧如椎者焉, 陰急受陽施而成於俄頃者也. 萬物之生, 無不以俄頃之化而成者, 人特未之覺爾. 故或驚以爲異, 而不知震體之固然也. 其或驚殺人物者, 當其出之衝也, 出不擇地, 而人之正而吉者, 若或祐之而不與相値, 此抑天理之自然. 陰之受震, 和則爲祥, 乖則戾也.

'震(진)'은 우렛소리다. 우레의 쓰임은 소리에 있으니, 소리가 진동하여 물(物)들을 떨쳐 일어나게 한다. 음(陰)의 본성은 응체하여 제자리를 차지하고 있는 것인데, 움츠려드는 것을 기뻐하고 펼치는 것을 꺼린다. 그리고 의식적으로 양(陽)을 가두어 두려고는 하지 않지만, 음들이 제 부류를 만나 응취하게 되면 양을 가로막고서 그 베풂을 받아들이지 않는다. 시절로 봄의 기운이 막 싹트는 즈음에 양이 꿈틀거리며 일어나려 는데, 음이 그 위에서 내리누르고 있으니 양이 흩어지며 나타날 수가 없는 것이다. 그래서 양들이 하나로 응취해 있다가 분연히 떨치고 나오게 되는데, 망설임이 없이 일거에 피어난다. 음의 응취함이 더하면 더할수록 양은 더욱 응취해 있다가 나오게 된다. 그러므로 우레는 언제나 하늘을 음산하게 덮은 두꺼운 구름에서 세찬 빗줄기가 쏟아질 때 발생하며, 날씨가 개려 하면 화평함을 드러내며 진동하지 않는다.

그런데 우렛소리는 양기가 내는 소리가 아니다. 하늘과 땅 사이가 텅 비어 보이는 것은 그 미세하고 아득함에 대해 사람의 시력이 미치지 못하여 텅 빈 것으로 느껴질 따름이다. 그러나 사실은 인(絪)·온(縕) 운동을 하는 조화로운 기(氣)가 빈틈이 없이 그 사이를 꽉 채우고 있다. 그러다 양기가 벌써 다 응취하여 예리하게 나오게 되면 공중에서 인·온 운동을 하고 있는 기(氣)들을 확 가르며 깨뜨리게 된다. 이렇게 되면 기와 기가 서로 격렬하게 맞부딪혀 파열하며 흩어지게 된다. 바로 여기서 우렛소리가 생겨나게 되는 것이다.

무릇 소리는 모두 기가 만들어낸다. 그러므로 우레가 시작할 즈음에는 땅에서 나오지만 땅속에는 소리가 없고 땅 위에 소리가 있다. 양(陽)의 예리한 기가 공중에서 인·온 운동을 하고 있는 기들을 확 찢어발기며 흩어지게 하면, 제 당파끼리 의지하며 서로 지탱하고 있던 음·양이 그 당파를 잃어버리고 서로 화합(和合)하여 베풀게 된다. 그러므로 동·식물들이 이를 받아서 피어나고 생겨나며 제 모습을 드러내게 된다. 음산하게 구름이 짙게 낀 날이라 하여 양(陽)이 없는 것이 아니지만, 지상에 가까운 부분에서는 음(陰)의 응결함이 더욱 심하다. 그래서 양이 출현하여 미처 흩뜨리지 못한 상태에서는 급하게 응취하여 형체를 이룬다. 그 바람에 도끼 같기도 하고 뭉치 같기도 한 것이 생겨나게 되는데, 이는 음이 급하게 양의 베풂을 받아들여 잠깐 사이에 이루어진 것이다. 그러나 만물의 생겨남은 잠깐 사이의 지어냄[造化]으로써 이루어지지 않는 것이 없다. 사람이 다만 미처 깨닫지 못할 따름이다. 그러므로 그 이채로움에 놀라기도 하는데, 이는 진괘(震卦)☳에서 체현하고 있는 덕이 본디 그러하다는 것을 알지 못한 소치다.

이 우레가 어쩌다 사람과 물(物)들을 몹시 놀라게 하는 것은 그것이 출현하면서 일어나는 맞부딪힘이 지역을 가리지 않고 무차별적으로 일어나기 때문이다. 그런데도 이 우레가 올바르면서도 길한 사람들에게는 경우에 따라서 도움은 줄지언정 그 벼락을 맞게 하지는 않는 것처럼 보인다. 이는 아마 천리(天理)의 저자연스러움일 것이다. 음이 우레를 받아들여 조화를 이루면 상서로움이 되고 어긋나게 되면 재앙이 되는 것이다.

此卦二陰凝聚於上, 尢而怠於資生. 陽之專氣, 自下達上, 破陰而直徹 於其藏, 以揮散停凝之氣, 動陰而使不卽於康. 陰愈聚則陽愈專, 陽愈孤則出愈裂, 乃造化生物之大權, 以威爲恩者也, 故其象爲雷. 而凡氣運之初撥於亂, 人心之始動以興, 治道之立本定而趨時急者, 皆咠其德焉. 凡此, 皆亨道也. 不待詳其所以亨, 而但震動以興, 則陰受震而必懼, 陰知戒, 則陽亨矣.

이 진괘䷲는 두 음(陰)이 위에 응취한 채 목에 힘을 주고 맞서며 음으로서 마땅히 해야 할 '바탕이 되어주어 생겨나게 함資生'에 게으름을 피우고 있다. 이에 양(陽)의 전일(專一)한 기(氣)가851) 아래로부터 위로 음(陰)을 찢어발기며 그 감추어져 있던 상태로부터 곧장 뚫고 나옴으로써, 가만히 응결해 있는 기(氣)들을 내저으며 흩뜨린다. 그래서 음기를 격동하여 편안한 상태 그대로 있지 못하게 한다. 이때 음기의 응취함이 더하면 더할수록 양기는 더욱 전일(專一)하며, 양기가 고립되어 있으면 고립되어 있을수록 더욱더 격렬하게 찢어발기며 나온다. 이것이 바로 이 세상과 만물을 지어내는 거대한 권력인데, 이 위력을 은혜로 베푼다. 그러므로 그 상(象)이 우레인 것이다. 무릇 기(氣)가 운행하며 혼란함을 처음으로 다스리는 것이라든지, 사람의 마음이 막 움직여서 일어나는 것, 또 세상을

---

851) 「계사상전」 제6장에 "대저 건(乾)은 그 고요함에서는 專(전)하고 그 움직임에서는 곧다. 그래서 거대하게 생한다.(夫乾, 其靜也專, 其動也直, 是以大生焉.)"라 하는 구절이 있다. 이에 대해 왕부지는 "'고요함[靜]'은 그 본체[體]를 말한 것이고 '움직임[動]'은 그 작용[用]에 대해 말한 것이다. 이 '專(전)' 자와 摶(단), 團(단)은 통한다. 둥글게 응취한 것을 말한다. 양기가 이것저것 구분하지 않은 하나의 시원의 상태 그대로 전혀 빈틈이 없이 둥글게 뭉쳐있음을 말한다.(靜者言其體; '動, 其用也. '專與摶, 團通, 圜而聚也, 陽氣渾淪團合而無間之謂.)"라 풀이하고 있다. 역자는 이곳 '양(陽)의 전기(專氣)'라는 말을, 왕부지의 이 '전(專)' 자 풀이를 염두에 두고 그대로 번역한다.

태평하게 하는 도(道)가 세워져서 본래 정해져 있는데 시급한 것에로 나아감 등은 모두 이 진괘(震卦)☳의 덕을 닮았다. 무릇 이러한 것들은 모두 형통하게 하는 도(道)다. 굳이 왜 형통한지를 상세하게 따져 보지 않는다 하더라도, 단지 우레가 진동하며 일어나면 음은 그것을 받아들이며 반드시 두려워하는데, 음이 이렇게 경계할 줄을 알기 때문에 양이 형통한 것이다.

然陰方積而在上, 其勢不易動也. 雖剛直銳往之氣無所阻撓, 而抑豈 恣睢自任者之足以震之哉! 固必有怵惕而唯恐不勝之情, 則震之來, 陰虩虩也. 物無不虩虩也, 陽亦未嘗不虩虩也, 乃陽之震陰, 非傷陰也, 作其惰歸, 使散蔽固以受交, 成資生之用也, 則陽之志得, 陰之功成, 物之生以榮, 而'笑言啞啞', 二陰之所以安於上而無憂也.

그러나 음기가 한창 누적하여 위에 쌓여 있는 상태라면, 그 세력은 쉽게 움직여지지 않는다. 비록 강직한 양기가 전혀 막힘이 없이 예리하게 간다고 할지라도, 그것이 자신이 최고라며 제멋대로 방자하게 구는 것이라면 어찌 족히 진동할 수 있으리오! 진실로 반드시 두려움에 긴장하며 내가 이 일을 해낼 수 있을까 하는 오직 조심스러운 마음가짐으로 해야만, 이 우레가 옴에 음은 두려워하는 것이고 물(物)들도 모두 두려움에 떨지 않는 것이 없다. 그러니 양(陽)도 일찍이 두려워하지 않은 적이 없다.
그런데 양이 음을 진동하는 것은 음에게 상처를 주는 것이 아니다. 그로 하여금 이제 그만 그 태만함을 거두어들이고, 내리덮어 고착시키고 있던 것들을 흩어버림으로써, 사귐을 받아들여 물(物)들이 생겨나는

데 바탕이 되는 작용을 이루게 하려는 것이다. 그래서 양의 뜻함이
실현되고 음의 공력이 이루어지며 물(物)들이 생겨나 활짝 피어나기에,
"웃음꽃을 피우며 이야기하는 소리가 넘쳐난다."고 하는 것이다. 그러하
기에 두 음(陰)은 위에서 편안하며 아무런 근심이 없다.

凡雷聲之所至, 其氣必搖蕩, 而物之有心知者必驚. 雷之莕然而永者,
則聞於百里, 其殷殷而短者, 不能百里. 卦重二震, 內卦迅起, 外卦繼
之以永, 故百里皆驚焉, '震道之盛者也. '匕', 以升肉於鼎而載之俎.
'鬯', 秬黍釀酒以和鬱而灌者. 天子・諸侯祭則親執匕載牲而奠鬯. '不
喪'者, 一陽初起, 承'乾'而繼祚, 首出以爲神人之主, 受天命以奠宗社
也. 其德則震動恪共生於心, 而以振起臣民怠滯之情, 交於鬼神, 治於
民物, 莫不奮興以共贊敉寧也. '震之爲象, 德本如此.

무릇 우렛소리가 이르면 그 기(氣)가 반드시 동탕(動蕩)하니, 심지(心知)
를 지닌 존재들은 반드시 놀라게 되어 있다. 그런데 우렛소리 가운데서도
작은 파열음으로 길게 지속되는 것은 백 리를 가지만, 귓전을 울리는
요란한 소리로 짧게 끝나고 마는 것은 백 리를 못 간다. 이 진괘䷲는
두 개의 진괘☳가 중첩되어 있는데, 내괘는 신속하게 일어남을 상징하고
외괘는 그것을 이어받아 늘여 감을 상징한다. 그러므로 백 리 안에
있는 이들이 모두 이에 놀라는 것이다. 이는 이 진괘의 도(道)가 성대함을
나타낸다.
'匕(비)'는 희생으로 쓰는 고기를 솥에다 넣어 익힌 뒤 적대(炙臺)에
올려놓는 제사 절차를 상징한다. '鬯(창)'은 기장으로 빚은 술로서 따라
부어서 신의 강림(降臨)을 부르는 제사 절차를 상징한다. 천자나 제후들

이 제사를 지낼 적에는 친히 비(匕)를 사용하여 적대(炙臺)에 고기를 올렸으며 울창술을 부어서 제사 지낼 준비를 차렸다. '不喪(불상)'이란, 하나의 양(陽)이 처음으로 일어나서 건괘☰의 덕을 이어받아 조업(祚業)을 계승하고, 맨 먼저 출현하여 신(神)과 인간의 주(主)가 되어 천명을 받고 종묘·사직을 정함으로써 국가의 기틀을 잡는 것을 의미한다. 그 위력은, 사람들을 진동시켜 공경하고 삼가는 마음이 생기게 하고, 신하와 백성들의 게으름과 타성에 젖은 마음을 털어내게 하며, 귀신과 교접하고 백성과 물(物)들을 안정적으로 다스리게 하는 것이다. 그리하여 모두 함께 떨쳐 일어나 태평한 세상을 꾸려가도록 하는 것이다. 이 진괘가 상징하는 덕은 본래 이와 같다.

以筮者言之, 則時方不寧, 而得主以不亂, 雖驚懼而必暢遂, 當勿憂其可懼之形聲, 而但自勉於振作. 以學『易』者言之, '震·'巽'者, 天地大用之幾也, 君子以之致用; '艮'·'兌'者, 天地自然融結之定體也, 君子以之立體. 人莫悲於心死, 則非其能動, 萬善不生, 而惡積於不自知. 欲相暱, 利相困, 習氣相襲以安, 皆重陰凝滯之氣, 閉人之生理者也. 物或以因而任之, 恬而安之, 謂之爲靜, 以制其心之動, 而不使出與物感, 則拘守幽曖而喪其神明, 偸安以自怡, 始於笑言而卒於恐懼. 甚哉, 致虛守靜之說, 以害人心至烈也! 初幾之動, 惻隱之心, 介然發於未有思·未有爲之中, 則怠與欲劃然分裂, 而漸散以退. 由是而羞惡·恭敬·是非之心, 怵惕交集, 而無一念之敢康, 雞鳴而起, 孳孳以集萬善, 而若將不逮. 其情虩虩也, 則其福笑言也, 其及者遠也, 則其守者定也. 王道盡於無逸, 聖學審於研幾. '震'之爲用, 賢知所以日進於高明, 愚不肖所以救牿亡而違禽獸, 非'艮'之徒勞而僅免於咎者所可匹矣.

점치는 사람의 관점에서 말하자면, 시대가 한창 태평하지 않은데 제대로 된 임금을 만나 혼란을 수습하게 됨이니, 비록 놀라고 두려움에 떨기는 하지만 반드시 화창하게 이루어낸다. 그러므로 두렵게 하고도 남을 만한 형태와 소리라 하더라도 우려하지 않아야 마땅하며, 다만 스스로 떨쳐 일어나는 데 힘을 써야 한다.

『주역』을 공부하는 이들의 관점에서 말하자면, 진괘☳·손괘☴는 하늘 과 땅의 위대한 작용이 막 미미하게 시작되는 즈음을 상징한다.[852] 군자는 이들 괘들에서 터득한 것을 가지고 일상생활에서 잘 활용한다. 그리고 간괘☶·태괘☱는 하늘과 땅이 저절로 융합하여 정해진 형체로 응취함을 상징한다.[853] 군자는 이들 괘에서 터득한 것을 가지고 하나의 인격적 주체로 선다.

사람에게서 마음이 죽어버리는 것보다 더 비참한 일은 없다. 마음이 움직일 수 없으면 어떤 선함도 생기지 않으며 자신도 모르는 사이에 추악함만 쌓여간다. 그리고 욕구들은 서로 친해지고 이로움들은 서로를 옭아매며 습기(習氣)는 서로 파고들며 안일에 빠지게 한다. 이 모두가 음이 중첩하여 응체한 기(氣)가 사람을 살리는 이치를 폐쇄시켜버린

---

852) 진괘☳는 음으로 가득 찬 상황에서 이제 하나의 양이 막 돋아남을 상징하고, 반대로 손괘☴는 양으로 가득 찬 상황에서 이제 하나의 음이 막 돋아남을 상징한다. 그래서 진괘는 하늘의 작용을 상징한다면 손괘는 땅의 작용을 상징한다고 할 수 있다.

853) 간괘☶는 이제 하나의 양(陽)만 남아 있는 상태로서 이제 그마저 곧 사라지게 되면 곤괘☷가 되어 땅의 정해진 형체를 이루게 되고, 반대로 태괘☱는 이제 하나의 음(陰)만 남아 있는 상태로서 이제 그마저 곧 사라지게 되면 건괘☰가 되어 하늘의 정해진 형체를 이루게 된다는 의미다.

결과다. 그래서 혹은 물(物)들에 내맡긴 채 마음 편해 하면서도 "고요해지기 위함이다."라고 하지만, 이는 사실 마음의 움직임을 제지함으로써 나가서 물(物)들과 교감하지 못하도록 하는 것이다. 그리고 칙칙한 어둠 속에 틀어박힌 채 그 신명을 잃어버린 것일 뿐이다. 편안함을 탐하며 스스로 편안하다고 여기지만, 이렇게 하다가는 웃음 가득한 말들로 시작하였다가 두려움에 떠는 것으로 끝나고 만다. 심하구나, '마음을 텅 비우고 고요함을 지킨다'854)는 설이여, 사람의 마음에 해악을 끼침이 너무나도 극렬하도다!

마음이 막 움직여 나오는 즈음의 아직 사려도 없고 행함도 없는 속에서 측은지심이 꿋꿋하게 피어나오면 나태함과 욕구는 그것과 확연히 갈라지며 점점 흩어져서 물러나게 된다. 이로 말미암아 수오지심·공경지심·시비지심도 새삼 두려움에 젖어 교접하며 몰려드니, 감히 한 생각도 편안함을 탐하지 못한다. 새벽닭이 울면 바로 일어나 부지런히 온갖 선함을 모아들이며 마치 그 어느 것에도 내가 못 미치는 듯 정성을 다해야 한다. 그래서 마음가짐이 두려움에 떨면 떨수록 그로부터 복을 얻어 웃음꽃을 피우며 즐거운 대화를 나누게 된다. 그리고 미치는 범위가 멀수록 그 지키는 것도 더욱 공고해진다. 왕도(王道)는 안일함이 없음에서 다 이루어진다. 그리고 성인됨을 추구하는 학문을 하자면 막 비롯되는 기미[幾]에서 온 정성을 기울여 연마해야 한다. 이렇듯 진괘䷲의 작용은 현명하고 지혜로운 이들로 하여금 날로 고명함으로 나아가게 하고,

---

854) 『노자』 제16장에 나오는 말이다. 원문은 "致虛極, 守靜篤"으로 되어 있다. 그런데 왕부지는 노자의 이 허정(虛靜) 사상에 대해 극단적으로 비판하는 태도를 취하고 있다.

어리석고 못난이들에게는 제 욕망에 사로잡혀 사람의 본성조차 없애버린 상태를 구제하여 그 짐승 같음으로부터 멀어지게 한다. 그러니 겨우 허물이나 면하게 하는 간괘䷳의 한갓 수고로움 정도로는 이 진괘의 덕에 필적하지 못하는 것이다.

「象」曰: 震亨.

「단전」: 우레가 쳐야 형통하다.

『本義』云, "震有亨道.", 是也. 天下之能亨者, 未有不自震得, 而不震則必不足以自亨也.

『주역본의』에서 "우레에는 형통하게 하는 원리가 있다."고 하니, 이는 맞는 말이다. 세상에 형통할 수 있는 사람치고 스스로를 진동시키지 않은 이가 없다. 진동시키지 않는다면, 틀림없이 스스로를 형통하게 할 수가 없다.

'震來虩虩', 恐致福也. '笑言啞啞', 後有則也.

'우레가 오니 거듭 두려움에 떨다'는 말은 두려움이 복을 불러온다는 말이다. '웃음꽃을 피우며 이야기하는 소리가 넘쳐난다'는 것은 뒤에서 법칙에 맞게 행동함이다.

'恐'者, 非有畏於物; 使人恐者, 亦非威以攝之. 但專氣以出, 唯恐理不
勝欲, 義不勝利, 敬不勝怠, 發憤內省, 志壹氣動, 而物自震其德威, 致
福之道也. '有則'者, 如其震動恪共之初幾以行之, 自不違於天則.

'두려움'이란 나 밖의 것들에 대해 무서움을 갖는 것이 아니다. 사람을
두려움에 떨게 하는 것 또한 위력으로 다스리는 것이 아니다. 단지
우선 자신의 기(氣)를 전일(專一)하게 하며, 오직 자신에게서 이치가
욕구를 이기지 못하고 의로움이 이로움을 이기지 못하며 경건함이 태만
함을 이기지 못할까 두려워해야 한다. 그리고 분연히 떨쳐 일어나 스스로
를 돌아보며 수양에 매진하고[855) 뜻함의 전일함 속에서 기(氣)가 움직이
도록 해야 한다.[856) 이렇게 되면 나 밖에 있는 것들 스스로 그 덕과
위엄에 마치 우렛소리를 듣는 듯 깜짝 놀라며 수그러드는 것이다. 이것이
복을 불러오는 방법이요 길이다. '법칙에 맞게 행동함'이란 우렛소리를
듣고서 막 두려워하며 공경하는 마음이 일어나는 시초의 기미[幾] 그대로
행동하고 스스로 하늘의 법칙을 어기지 않는다는 의미다.

'震驚百里', 驚遠而懼邇也.

'백 리에 이르는 이들을 진동으로 경각시켜'라는 말은 멀리 있는 이들을 놀라게
하고 가까이 있는 이들을 두려움에 떨게 한다는 의미다.

---

855) 공자가 말한 학문 방식이다. 주24)를 참고하라.
856) 맹자가 부동심(不動心)을 이루는 학문 방법으로 말한 것이다.(『孟子』, 「公孫丑
　　 上」: 志壹, 則動氣, 氣壹, 則動志也, 今夫蹶者趨者, 是氣也, 而反動其心.)

所驚者及遠, 而非務遠也. 唯恐懼之心, 不忘於几席戶牖之間, 自足以
震動天下.

놀라는 이들의 범위가 저절로 멀리까지 미쳐가는 것이지 내가 멀리까지
미치도록 애쓰는 것이 아니다. 오로지 우리들 자신이 평상시 생활에서
두려워하고 조심하는 마음을 잊지 않고 늘 유지한다면, 저절로 온 세상을
진동시키기에 충분할 것이다.

出可以守宗廟社稷, 以爲祭主也.

마음이 움직여 나와서 종묘와 사직을 잘 지켜 임금 노릇을 제대로 할 수 있으니,
좨주가 된다.

此釋‘不喪匕鬯’之義. 『程傳』云, “有脫文.” ‘出’, 言其動而不括也. 凡人
之情, 怠荒退縮, 則心之神明閉而不發, 自謂能保守其身以保家保國,
不知心一閉塞, 則萬物交亂於前, 利欲乘之, 而日以偸窳. 唯使此心之
幾, 震動以出, 而與民物之理, 相爲酬酢而不寧, 然後中之所主, 御萬變
而所守常定. 孟子之以知言養氣而不動其心者如此. 嗣子定祚, 而孽
邪之黨自戢, 乃保其國而爲神人之主, 亦此道也. 卦一陽上承二陰, 故
有主祭之象.

이는 괘사의 ‘不喪匕鬯(불상비창)’이라는 말을 풀이한 것이다. 정자(程
子)의 『역전』에서는 “여기에 ‘不喪匕鬯’이라는 말이 빠져 있다.”고 말한
다. ‘出(출)’이란 우리들 마음이 무엇에 위축되지 않고 거침없이 움직여
나온다는 말이다. 무릇 사람들의 마음씀이 태만하여 늘어지거나 위축되

어 있으면 신명(神明)이 닫혀서 피어나지 않는다. 그래서 스스로 "내 한 몸을 지킬 수 있어야 내 가문이든 내 나라든 보위할 수 있다."고 말하며 제 마음이 딱 폐색되었다는 사실을 모르면, 만물이 앞에 와서 어지럽힐 적에 이욕(利欲)이 그것을 타고 날마다 그쪽으로 쏠리며 물들어 간다. 오직 이 마음이 막 움직이기 시작하는 기미[幾]에서 우렛소리에 놀란 듯 하며 움직여 나와야 백성 및 물(物)들의 이치와 서로 주고받으며 편안함에 안주하지 않게 된다. 이러한 뒤에라야 내 속의 주인인 마음이 나에게 닥치는 온갖 변함들을 통제하며 늘 안정되게 지켜낸다. 맹자가 말한 '지언(知言)'·'양기(養氣)'·'부동심(不動心)'이라 한 것들이 모두 이와 같다. 왕위를 계승한 이가 조업(祚業)을 안정시키면 사악한 무리들 이 저절로 수그리게 되니, 이것이 바로 그 나라를 지켜내고 신(神)과 사람들의 주(主)가 될 수 있는 방법이요 길이다. 한편 이 진괘䷲에서는 하나의 양효가 위로 두 음효들을 받들고 있기 때문에 제사를 주재하는 상이 있다.

「象」曰: 洊雷, '震', 君子以恐懼脩省.

「대상전」: 빈번하게 연거푸 우레가 침이 진괘니 군자는 두려워하고 두려워하며 또 안으로 자기를 돌이켜 살핀다.

'洊', 頻仍也. 君子之震, 非立威以加物, 亦非張皇紛擾而不寧, 乃臨深 履薄, 不忘於心, 復時加克治之功, 以內省其或失, 震於內, 非震於外 也. 內卦始念之憂惕爲恐懼, 外卦後念之加警爲脩省, 象洊雷之疊至.

'洊(천)'은 연거푸 계속된다는 의미다. 군자가 우레처럼 진동한다고 함은 권위를 내세워 나 밖의 것들에게 가하자는 것이 아니다. 또 번거롭고 지루하게 부산을 떨어서 편안하지 않도록 하는 것이 아니다. 그보다는 마치 깊은 물에 임하고 엷은 얼음을 밟는 듯이 하는 것이니, 이를 마음에서 잊어버리지 않고 때때로 되풀이하여 수기(修己)·치인(治人)의 공력을 더하면서 혹시라도 잘못이 없나 안으로 살펴보는 것이다. 그래서 안으로 내 자신을 진동하는 것이지 밖으로 남을 진동하는 것이 아니다. 이 진괘䷲의 내괘☳는 생각이 막 일어나는 시초에 근심하고 두려워함을 표상하고 있으니 '공구(恐懼)'에 해당하고, 외괘☳는 그 생각 이후에 혹시라도 잘못됨이 없을까 더욱 경계(警戒)함을 표상하고 있으니 '수성(修省)'에 해당한다. 이렇듯 진괘(震卦)의 상(象)은 연거푸 우레가 겹쳐서 이름을 드러내고 있다.

初九, 震來虩虩, 後笑言啞啞, 吉.

초구: 우렛소리가 들려옴에 두려움에 떨다가, 뒤에는 웃으며 대화하는 소리가 넘쳐난다. 길하다.

> 初九爲震之主, 故象占同象. 言後者, 非此爻有笑言之喜, 通二·三言之, 而初已裕其理也. 變亨言'吉'者, 此但具吉理, 待成卦而後亨通也.

초구효는 이 진괘䷲의 주체다. 그러므로 상(象) 및 점사가 괘사와 같다. 그런데 '뒤에는[後]'이라고 말한 까닭은, 이 초구효에 웃고 말하는 기쁨이 있는 것이 아니어서 육이·육삼효와 함께 통틀어서 말한 것인데, 초구효에 이미 그렇게 될 수 있는 이치가 넉넉하다. 그런데 괘사에서는 '형통하다고 한 것을 여기서는 '길하다'고 바꾼 까닭은, 이 초구효는 단지 길한 이치만을 갖추고 있을 뿐이고, 이 진괘 전체가 다 이루어진 뒤에라야 형통하기 때문이다.

'震初與四同, 而初吉', 四'泥', '艮'三與上同, 而三'厲', 上'吉'. 蓋人心初動之幾, 天性見端之良能, 而動於後者, 感物之餘, 將流於妄. 若遏欲閉邪之道, 天理原不舍人欲而別爲體, 則當其始而遽爲禁抑, 則且絶人情而未得天理之正, 必有非所止而强止之患; 逮乎陰柔得中之後, 內邪息而外未能純, 乃堅守以止幾微之過, 乃吉. 此震 · '艮'之所以異用也.

이 진괘(震卦)☳의 초효와 4효는 같다. 그런데도 초효에서는 '길하다'고 하면서 4효에서는 '진흙 수렁에 빠진다'고 하고 있다. 또 간괘(艮卦)☶의 3효와 상효는 같은데도 3효에서는 '위태롭다'고 함에 비해 상효에서는 '길하다'고 하고 있다. 이렇게 같은 것에 대해 효사들이 각기 다른 까닭은, 아마 사람의 마음이 막 움직이기 시작하는 기미[幾]의 단계에서는 천성(天性) 그대로의 양능(良能)이 단서를 드러내는 것임에 비해, 움직이고 난 뒤에는 외물에 감응한 나머지 장차 망령됨으로 흘러가기 때문인 것으로 보인다. 그런데 인욕을 틀어막고 사악함을 닫아버리는 방법이라 하여, 천리(天理)가 원래 인욕을 제쳐 두고 따로 몸을 갖게 되는 것이 아닌데도 그 시초에 급작스럽게 인욕을 금지하고 억누르게 되면, 사람의 마음씀을 끊어버려서 천리의 올바름을 얻지 못한다. 여기에는 금지해야 할 바가 아닌데도 억지로 금지해버린 잘못이 틀림없이 있다. 음(陰)의 부드러움[柔]이 득중한 뒤에도 안으로는 사악함이 멈추었다지만 밖으로는 아직 순일(純一)하지 못하다. 이에 굳게 지켜서 은미하던 시초의 기미[幾]에서 일어나는 과오를 금지한다면 길한 것이다. 이것이 진괘(震卦)의 초·4효, 간괘(艮卦)의 3·상효가 다르게 작용하는 까닭이다.

「象」曰: '震來虩虩', 恐致福也, '笑言啞啞', 後有則也.

「상전」: '우렛소리가 들려옴에 두려움에 떨다가'라고 한 것은 두려움이 복을 불러온다는 의미다. '웃으며 대화하는 소리가 넘쳐난다'는 것은 뒤에서 법칙에 맞게 행동하기 때문이다.

'後有則', 亦通二·三言之; 後之則, 初定之矣.

'뒤에서 법칙에 맞게 행동함'이라 한 것도 육이·육삼효를 통틀어서 말한 것이다. 뒤의 법칙은 초구효가 정한 것이다.

六二: 震來厲, 億喪貝, 躋于九陵, 勿逐, 七日得.

육이: 우렛소리가 들려옴의 매서움에 억 단위로 재물을 잃고, 구릉으로 올라가는데 쫓지 말지어다. 7일이면 된다.

初言'震來'者, 言其震而來也. 二言'震來'者, 言初之來震乎己也. 初與四之震, 自震也. 四陰之震, 爲陽所震也. 始出之動, 幾甚銳, '厲'言其嚴威之相迫也. 十萬曰'億', 大也. 陰主利, 故曰'貝'. 陽剛之來, 甚銳以嚴,使陰大喪其所積, 而無寧處, 遠躋於至高之地, 以避其銳. 以雷言之, 出於地上, 而驅迫陰氣之絪縕者, 直上而達於靑霄, 勢所激也. 其在人心, 一動於有爲, 而前此之懷來蘊積者, 一旦盡忘而不知其何往, 亦此幾也. 乃以雷言之, 旣震之餘, 陽氣漸彌漫散入於廖廓, 與陰相協, 則絪縕之氣仍歸其所. 其在人心, 震動之後, 天理仍與人情而相得, 則日用飮食·聲色臭味還得其所欲, 而非終於枵寂, 以遠乎人情. 乃若天下治亂之幾, 當戡亂之始, 武威乍用, 人民物産必有凋喪, 而亂之已戡, 則財固可阜, 流散者可還復其所, 皆勿逐自得之象也. 逐之, 則逆理數之自然, 而反喪矣. ‘七日’, 與‘復’同. ‘震’·‘復’皆陽生之卦.

초구효에서 ‘우렛소리가 들려옴’이라 한 것은 하늘에서 그 우렛소리가 온다는 것이고, 이 육이효에서 ‘우렛소리가 들려옴’이라 한 것은 초구효에서 온 것이 자기를 진동시킨다는 의미다. 그리고 초구효와 구사효의 진동은 자기들 스스로를 진동시킴이고, 이 밖의 네 음효들의 진동은 이들 초구·구사효의 양들에 의해 진동된다는 의미다. 우레의 막 쏟아져 나오는 움직임은 발생 초기부터 매우 예리하다. 여기서 ‘위태롭다’고 한 것은 이렇게 엄격한 매서움이 와서 핍박한다는 의미다.

만(萬)을 10배한 것이 ‘억’으로서, 이는 매우 큰 것이다. 음(陰)은 이로움을 주재하기 때문에 이 육이효에서 ‘재물[貝]’을 말하고 있다. 그래서 양의 굳셈이 매우 날카롭고 매섭게 와서 음(陰)으로 하여금 쌓아 둔 재물을 크게 잃게 한다는 것이다. 그리고 음은 평안하게 있을 곳이 없기 때문에 멀리 지극히 높은 곳[九陵]으로 올라가서 그 예리함을 피한다.

우레에 대해서 말하자면, 땅 위로 나와서 음기의 인온(絪縕)을 몰아내고 핍박하면서 곧장 위로 올라가 저 푸른 하늘에 이르는 것이니 그 기세가 정말 격렬하다. 이를 사람의 마음에서 말하자면, 무슨 일을 하기 위해 마음이 한 번 움직이는데 이전까지 마음에 품고 쌓아 왔던 것들을 일시에 다 잊어버리고 어디로 가야할지를 모르는 것이다. 이 또한 우레가 막 치기 시작할 때의 상황과 같다. 그런데 우레의 관점에서 말하면, 우레가 떨치고 난 뒤에 양기가 점점 퍼져 나아가 저 하늘로 흩어져 들어가서 음과 서로 협화(協和)하니, 인(絪)·온(縕) 운동을 하는 기(氣)들이 여전히 제자리로 돌아간다. 이를 사람의 마음에서 보자면, 사람의 마음이 크게 한 번 진동한 뒤 천리가 여전히 사람의 마음씀과 함께하여 일상생활의 먹고 마시는 것, 소리·색깔·냄새·맛 등에서 이전처럼 그 욕구하는 바를 얻게 됨이다. 그래서 끝내 텅 빈 고요 속에서 마침으로써 사람의 마음씀에서 멀어지지 않는 것이다.

이는 세상에서 혼란함을 막 바로잡기 시작할 때의 상황과 비슷하다. 혼란을 막 평정하기 시작할 때는 매서운 무력이 벼락처럼 사용되어 백성들의 물산(物産)에 필연코 손해를 끼치게 되지만, 그 혼란이 평정되고 나서는 재물이 진실로 더욱 풍부해지고 이리저리로 흩어졌던 이들도 다시 제자리로 돌아올 수 있는 것이다. 이는 모두 '쫓아내지 않아도 저절로 이루어짐'의 상(象)이다. 그런데도 쫓아낸다면 세상 돌아가는 법칙의 자연스러움과 거스리게 되어 오히려 잃어버리고 만다. 7일'이라 한 것은 복괘(復卦)䷗에서와 같다. 진괘(震卦)·복괘(復卦)는 모두 양(陽)이 생겨남을 드러내고 있는 괘들이다.

「象」曰: '震來厲', 乘剛也.

「상전」: '우렛소리가 들려옴의 매서움'은 이 육이효가 초구효라는 굳셈[剛]을 올라타고 있기 때문이다.

二居剛柔之衝, 首受震焉, 故見初之威嚴, 而不無自危之心, 然而無庸也.

육이효는 군셈과 부드러움이 충돌하는 지점에 자리 잡고서 그 진동함을 맨 먼저 받는다. 그러므로 초구효의 매서운 위엄을 보고서 스스로 위태롭게 여기는 마음이 없지 않지만, 그럴 필요가 없으니 쓸데없는 짓이다.

六三: 震蘇蘇, 震行无眚.

육삼: 우렛소리가 차조기처럼 느슨하고 부드럽게 다가옴이다. 진동하듯 가면 어떤 재앙도 없다.

'蘇, 柔艸也. '蘇蘇', 荏苒緩柔之貌. 三去初遠, 情漸懈散, 雖受震而猶蘇蘇, 柔而不可驅策也. 但所居之位, 本剛而居進, 則固可以'震行'者. 若因震以行, 則无眚矣. 蓋震之忽來, 在怠緩者見爲意外之眚, 而有與震俱動之情, 則見其本非眚而勉於行, 所謂聞雷霆而不驚也.

'蘇(소)'는 부드러운 풀이다. '蘇蘇(소소)'란 차조기의 느슨하고 부드러운 모양이다. 이 육삼효는 초구효로부터 멀리 떨어져 있다. 그래서 마음이 점점 해이해지고 산만해져서 비록 진동함을 당한다 할지라도 그것을 오히려 느슨하고 부드럽게 받아들인다. 이처럼 부드러워서 채찍을 휘두를 수도 없다. 다만 이 육삼효가 자리 잡고 있는 위(位)는 본래 군셈의 자리이고, 나아감의 자리라서 본디 '진동하듯 갈 수 있는 것이다. 그래서 만약에 진동함으로 말미암아 간다면 '재앙이 없다'는 것이다. 아마도 홀연히 우렛소리의 진동함이 올 적에 나태하고 느슨한 이에게는 이것이 뜻밖의 재앙으로 보일 테지만, 그가 우렛소리와 함께 움직일 마음을 낸다면 이것이 본래 재앙이 아님을 알 것이니 행동함에 더욱 힘쓸 것이다. 이른바 "벼락 치는 소리를 듣고서도 놀라지 않는다."고 하는 말이 그것이다.

「象」曰: '震蘇蘇', 位不當也.

「상전」: '우렛소리가 차조기처럼 느슨하고 부드럽게 다가옴'은 이 육삼효가 자리 잡고 있는 위(位)가 마땅한 것이 아니기 때문이다.

位剛而反柔, 非能因震而動者也.

자리는 굳셈의 자리인데 반대로 지금 부드러움이 와 있다. 그래서 이 육삼효는 우레의 진동함으로 말미암아 움직일 수 있는 이가 아니다.

九四: 震遂泥.

구사: 진동함이 마침내 진흙 수렁에 빠짐이다.

'泥', 滯濁而不能行也. 迅雷之出也甚厲, 後漸蘇蘇以緩, 及當將散之際, 又有爆然之聲, 而漸以息, 不能及遠矣. 九四, 震後復震之象也. 不出於地, 而震於空, 其震旣妄, 故不能動物而將衰. 人心一動, 而忽又再動, 是私意起而徒使心之不寧. 其於事, 則漢高帝之困於平城, '唐太宗'之敗於'高麗'也.

'泥(니)'는 진흙탕에 빠져 움직일 수 없는 상황을 유비하는 말이다. 이는 신속한 섬광으로 출현한 우레가 처음에는 몹시 매서웠지만 나중에는 마치 차조기처럼 점점 느슨하고 부드러워지다가 급기야 흩어지려 할 즈음 또 폭발음을 내며 번쩍하였다가 점점 꺼져서 멀리까지 미칠 수 없음을 상징한다. 이 구사효는 우레 뒤에 다시 우레가 치는 상(象)이다. 그런데 이것이 땅에서 나온 것이 아니라 공중에서 진동함이다. 그래서 이 진동함이 벌써 망령된 것이기 때문에 어떤 것도 움직일 수 없는 채 쇠미해지고 만다. 이는 사람의 마음이 한 번 움직였다가 홀연히 다시 움직이는 것과 같은데, 사사로운 의도가 일어나 한갓 마음을 평안하게 하지 않는 것이다. 이를 옛일에서 찾자면 한 고조 유방이 평성(平城)에서 곤욕을 당한 것이나857) 당 태종이 고구려에게 패퇴한 것858) 등을

---

857) 한(漢)나라 초기에 중원이 어느 정도 안정이 되자 한 고조 유방은 북방으로의 영토 확장을 꾀하였다. 그래서 한신(韓信)을 대(代)라는 곳으로 옮겨 그로 하여금 마읍(馬邑)을 중심으로 다스리게 하였다. 이에 불만을 품은 흉노가 마읍을 공격하여 포위하자 한신은 흉노에게 투항해버렸다. 이에 한신을 사로 잡고 기세등등해진 흉노족은 계속 남진하여 태원(太原)을 공격하고 진양(晉陽)에까지 진격하였다. 그러자 유방은 친히 군대를 이끌고 토벌에 나섰다. 그러다 겨울을 맞았는데, 이해 겨울은 유난히 춥고 눈이 많이 와서 병사들 가운데 열에 두셋은 다 동상에 걸리고 말았다. 흉노를 이끌던 모둔(冒頓)은 이 상황을 역이용하고자 하였다. 그래서 꾀를 내어 마치 흉노군이 이 악조건을 견디지 못하고 패주하는 체 하였다. 그런데 이를 알아차리지 못한 한 고조는 물실호기(勿失好機)라 싶어 앞뒤 살피지도 않고 곧장 흉노군을 추격하게 하였다. 이때 모둔은 정병(精兵)은 숨겨 놓은 채 마치 곧 무너질 것 같은 허약한 모습을

들 수 있다.

「象」曰: '震遂泥', 未光也.

「상전」: '진동함이 마침내 진흙 수렁에 빠짐'이란 아직 빛을 보지 못함이다.

動不以誠, 私意妄作, 而志不光.

정성스러움에서 움직인 것이 아니고 사사로운 의도가 망령되게 일어난 것이니, 뜻함이 결코 빛을 보지 못한다.

六五: 震往來厲, 億无喪, 有事.

육오: 우레가 가고 와서 위태롭기는 하지만 억대에 이르는 재물에 전혀 잃어버림

연출하였다. 그런데 32만의 유방 군대는 대부분 보병으로 이루어져 있었다. 그리고 주력이 미처 도착하기도 전에 고조는 먼저 평성(平城)에 진입하였다. 그러자 모둔은 40만의 기병을 풀어 평성을 포위하고 사방에서 압박하였다. 유방의 군대는 양단되었고, 평성에 갇힌 신세가 된 유방의 군대는 7일 동안이나 보급품을 받지 못해 황제가 기아선상에서 떠는 곤욕을 당했다. 이에 유방은 사신을 보내 모둔을 설득하여 겨우 난관을 타개할 수 있었고, 철군한 뒤에 흉노와 화친을 맺는 것으로 끝을 맺었다.(『사기』권110, 「흉노열전(匈奴列傳)」 제50) 왕부지는 여기서 유방의 군대가 흉노의 군대를 곧 일망타진할 성싶어 앞뒤 살피지도 않고 추격한 것을 이 진괘(震卦) 구사효에 빗대 설명하고 있다.

858) 자세한 것은 주652)를 참고하라.

이 없다. 할 일이 있다.

前震已往, 後震復來, 雖若嚴厲, 而威已黷, 不能撓散乎陰, 而陰可安於
尊位, ‘大无喪’也. 乃六五居中, 非無能爲者, 必有所興作, 以盡陰之才,
而致於用以見功. 不言吉者, 視其事之得失而未定也.

앞 선 우레가 지나가자 뒤의 우레가 다시 옴인데, 비록 이것이 매섭고
위태로워 보이기는 해도 그 위엄은 이미 더럽혀진 것인지라 음을 굴복시
킬 수도 없고 흩어지게 할 수도 없다. 그래서 음이 이 육오효처럼 존귀한
자리에서 평안할 수가 있다. ‘잃어버림 없음이 큰 것’이다. 그런데 이
육오효는 중앙의 자리를 차지한 채 아무런 일도 할 수 없는 존재가
결코 아니다. 반드시 무슨 일인가를 일으켜 음의 자질을 다 발휘하여
쓰임을 이룸으로써 공(功)을 세우게 되어 있다. 그런데 여기서 ‘길하다’는
말을 하지 않은 까닭은, 그 일의 득·실만 보는 것이지 아직 길함 여부는
정해지지 않았기 때문이다.

「象」曰: ‘震往來厲’, 危行也, 其事在中, 大无喪也.

「상전」: ‘우레가 가고 와서 위태롭다’는 것은 위험하게 행함이나, 그 일이 한
가운데서 이루어지니 잃어버림 없음이 큰 것이다.

震而不已, 雖无喪而行猶危, 居中盡道, 而有爲以應之, 則陰不待喪其
積, 而自居成物之功矣.

우레의 진동함이 끊이질 않으니 비록 잃어버림은 없다 할지라도 행동은

오히려 위태롭다. 그러나 한가운데서 할 도리를 다하며 할 일을 벌여 이러한 상황에 응하니, 음은 그 누적된 것을 잃어버리지 않고서도 스스로 무엇인가를 이루는 공(功)을 이룰 수 있는 것이다.

上六: 震索索, 視矍矍, 征凶. 震不于其躬, 于其鄰, 无咎. 婚媾有言.

상육: 진동된 나머지 신(神)·기(氣)가 소진되고 저상(沮喪)되어 생기를 잃은 모습이며 놀라서 눈을 휘둥그레 뜬 채 두리번거린다. 정벌을 나아가서는 흉하다. 진동됨이 내 몸에서 오지 않고 이웃에게서 오니 허물이 없다. 혼인을 하게 되어서는 무엇인가 말이 있다.

'震索索', 受震而神氣消沮也. '矍矍', 驚視貌. 上六陰居散位, 不能有爲, 受震而欲妄行, 必失措而凶. 顧其所受震者, 抑有辨矣. 上與四合, 爲外卦之體, 躬之震也, 初九則其鄰也. 四之震乃無端之怒, 可勿以爲驚懼; 初之震則君子之德威, 不容不悚惕者. 能不爲四所搖而凜承乎初, 則无咎矣. 柔而得位, 故可不至於'征凶', 而免於咎. 四與上, 陰陽合體, 又有夫婦之象, 故曰'婚媾'. 不爲四動而爲初動, 故四有相責之言, 雖然, 可弗恤也.

'震索索(진색색)'은 진동된 나머지 신(神)·기(氣)가 소진되고 저상되어 생기를 잃은 모습을 의미한다. '矍矍(확확)'은 놀라서 눈을 휘둥그레 뜬 채 두리번거림을 의미한다. 상육효는 음(陰)으로서 흩어져 사라지게 될 위(位)를 차지하고 있어서 무슨 일을 벌일 수가 없다. 그래서 진동을 받아 망령되이 행동을 하려 하면 틀림없이 차질을 빚게 되어 흉하다.
무엇에 의해 이 상육효가 진동되는지를 돌아보면 어느 정도 이해할
수 있을 것이다. 즉 이 상육효는 구사효와 합하여 외괘(☳)의 몸을 이루는
데, 이 구사효 때문에 진동됨은 곧 내 몸이 진동되는 것이다. 이에 비해
초구효는 그 이웃이다. 구사효의 진동은 까닭 없이 화를 냄이니 놀라거나
두려워하지 않을 수 있다. 그런데 초구효의 진동함은 이와 달리 군자의
덕과 위엄이 실린 것이어서 몸을 잔뜩 움츠린 채 두려워하지 않을 수
없다. 그래서 구사효의 진동함에 의해 흔들리지 않고 모골이 송연하게
초구효를 받들 수 있다면 허물이 없는 것이다. 이 상육효는 부드러움[柔]
으로서 제자리를 마땅하게 차지하고 있다. 그러므로 '정벌을 나아가서
흉함'에 이르지 않을 수 있고 허물을 면할 수 있다.
한편 구사효와 상육효는 음·양이 한 몸을 이룸이니 또한 부부의 상(象)을
지니고 있다. 그러므로 '혼인을 하다'라고 말하는 것이다. 그런데 이
상육효가 구사효에 의해 움직이지 않고 초구효에 의해 움직이기 때문에,
구사효에게는 서로 책망하는 말이 있는 것이다. 비록 그렇기는 하지만
마음에 담아두지 않을 수 있다.

「象」曰: '震索索', 中未得也, 雖凶无咎, 畏鄰戒也.

「상전」: '진동된 나머지 신(神)·기(氣)가 소진되고 저상(沮喪)되어 생기를
잃은 모습'이라 함은 가운데 자리를 얻지 못했기 때문이다. 비록 흉함이요
허물이 없다지만 이웃을 두려워하고 경계해야 한다.

遠於陽而無興起之情, 受震而自失, 心不能自得矣. '戒'者, 君子之以名
義相警責, 初九嚴厲, 震以其道之謂也.

이 상육효는 양(陽)으로부터 멀리 있으며 흥기하는 마음씀이 없다. 그래
서 진동함을 당하게 되어서는 스스로를 잃어버리며 마음이 자득할 수가
없다. '경계'란 군자가 명분과 의리로써 서로를 일깨우고 다그치는 것인
데, 초구효가 엄격하고 매섭게 그 정도(正道)로써 이 상육효를 진동시킴
을 말한다.

●●●

艮卦艮下艮上

간괘䷳

艮其背, 不獲其身, 行其庭不見其人, 无咎.

간괘: 그 등에서 굳고 확실하게 저지하고 있으니 그 몸을 얻지 못하며, 그
조정에서 행세하고 있으나 그 사람을 보지 못함이다. 허물이 없다.

'艮'者, 堅確限阻之謂. 四陰已長, 居中乘權而日進, 陽乃止於其上以遏
之, 使不得遂焉, 以是爲守之堅, 而阻其氾濫之勢, 爲頹流之砥柱也, 是
之謂'艮'. 夫天地之化機, 陰資陽以榮, 陽得陰而實, 於相與竝行之中卽
有相制之用, 無有陰氣方行, 忽亟遏之之理. 故五行・四序・六氣・百

物, 皆無'艮道, 而唯已成之形象有之, 則山是已. 水之嚮背·雲日之陰晴·艸木之異態·風俗之殊情, 每於山畫爲兩區, 限之而不踰於其域. 人之用心有如是者, 不爲俗遷, 不爲物引, 克伐怨欲, 制而不行, 同堂鄕鄰, 均之閉戶, 亦可謂自守之堅, 救過之强, 忍而有力矣. 故曰, "艮其背, 不獲其身, 行其庭不見其人, 无咎."也.

'艮(간)'이란 한계선에 서서 굳세고 확실하게 저지함을 말한다. 이 간괘䷳에서는 6효 가운데 네 효가 음(陰)으로서 이들이 이미 자라나서 중앙을 차지한 채 권력을 쥐고 날로 나아가는데, 양(陽)들이 그 위에서 저지하며 막아냄으로써 음(陰)들이 완수하지 못하도록 하고 있다. 양들은 이렇게 견고하게 지키며 음들이 범람하는 기세를 저지하고 있으니, 마치 도도히 빠져 나가는 물결의 흐름을 막아서고 있는 지주(砥柱)[859]와도 같은 역할을 하고 있다. 그래서 '艮(간)'이라 한 것이다.

하늘과 땅이 지어내는造化 체제를 보면 음은 양을 바탕으로 하여 꽃을 피우고 양은 음을 얻어서 열매 맺는다. 이처럼 서로 함께 병행하는 속에 곧 서로 제어하는 작용이 있다. 그래서 음의 기운이 한창 행해지는데 급작스럽고도 재빠르게 그것을 막아설 이치는 없다. 이렇듯 오행, 사계절, 육기(六氣), 백물(百物) 등에는 어느 것에나 모두 '간(艮)☶'의 원리나 방식이 없다. 오직 이미 이루어진 형상을 가지고 있는 산(山)에만 이러함이 있을 따름이다. 흘러가는 물의 앞쪽과 뒤쪽, 구름의 낌과 갬, 초목의

---

859) '지주(砥柱)'는 지주산(砥柱山)을 가리킨다. 이 지주산은 황하의 급류 속에 우뚝 솟아서 온몸으로 그 흐름을 막아내고 있는 것처럼 보인다. 그래서 '지주중류(砥柱中流)'라고도 한다.

다양한 자태, 풍속의 서로 다른 실정 등이 언제나 산을 경계로 하여
둘로 나뉘며 그것이 한계선을 이루어 그 영역을 뛰어넘지 못하게 한다.
사람 가운데는 마음 쓰는 것이 이러한 이가 있다. 이러한 사람들은
시속에 따라서 마음을 바꾸지 않고 외물에 이끌리지도 않으며, 남을
꼭 누르려 함·자기 과시를 해댐·원한을 품음·만족할 줄 모르는 탐욕
등 네 가지 악덕[860]을 억제하며 행하지 않는다. 같은 가족의 형제들이나
고을 사람들에게도 고루 문을 닫아걸고 휩쓸리지 않으니, 또한 "자기를
지킴이 굳고 과오를 구제함이 강하며 참는 데 힘이 있다."고 할 수
있을 것이다. 그러므로 "그 등에서 굳고 확실하게 저지하고 있으니
그 몸을 얻지 못하며, 그 조정에서 행세하고 있으나 그 사람을 보지
못함이다. 허물이 없다."고 한 것이다.

‘艮其背’者, 卦以內嚮者爲面, 外嚮者爲背. 背者, 具以成生人之體, 而
非所用者也. 卦之初爻, 幾之動也; 其中爻, 道之主也; 三與上在外,
以成乎卦體而無用. 陽峙乎上, 僅以防陰之溢, 而陽成乎外見, 故其卦
曰‘艮其背’. ‘艮’非必於背也, 此卦則‘艮’背之’艮’也. 夫處於陰盛之餘,
而欲力遏之以使之止, 是以無用而制有情, 則必耳不悅聲, 目不取色,

---

860) 『논어』, 「헌문」 편에 나오는 말이다. 원헌(原憲)이 이 네 가지를 행하는 것이
　　어짊을 행하는 것이라 할 수 있느냐고 묻자, 공자는 어려운 일을 해냈다고는
　　할 수 있어도 꼭 어짊을 행했다고 할 수 있는지는 모르겠다고 유보적인 태도로
　　답하고 있다.("克·伐·怨·欲不行焉, 可以爲仁矣?" 子曰, "可以爲難矣, 仁則
　　吾不知也.")

口絶乎味, 體廢其安, 有身而若無身, 抑必一家非之而不顧, 一國非之
而不顧, 槀然立於物表, 有人而若無人, 而後果艮也, 果艮其背也, 則不
見可欲, 使心不動, 而後可以无咎矣. '艮'之善, 止於此矣.

'그 등에서 굳고 확실하게 저지하고 있음'이란 다음과 같은 의미다.
간괘(艮卦)䷳의 안을 향하는 쪽은 앞면이 되고 밖을 향하는 쪽은 뒷면이
된다. 등이란 갖추어져서 사람을 생겨나게 하는 몸을 이루지만 쓸모가
있는 것이 아니다. 이 간괘의 초효들은 막 움직이기 시작함을 상징하고,
가운데 효들은 간괘의 원리를 실현하는 주체를 상징하며, 3효와 상효는
각기 밖에 있으면서 괘의 형체를 이루지만 쓸모가 없다. 양은 위에서
우뚝 솟아 있는 채 겨우 음들이 넘쳐나는 것을 가로막고나 있다. 그러나
양이 겉모습을 이루고 있기 때문에 '그 등에서 굳고 확실하게 저지하고
있음'이라 한 것이다.

그렇다고 '간(艮)'이 꼭 '등에서'만 그렇게 하는 것이 아닌데, 이 괘에서는
'물욕(物欲)에 의해 생각이 움직이게 하지 않음[艮背]'의 '간(艮)'861)을
의미한다. 말하자면 음들이 왕성한 끝자락에 처해 있으면서 온 힘을
다해 그것을 저지하는 것인데, 쓸모없음으로써 욕구의 발동을 저지하는
것이다. 그래서 반드시 귀가 욕구를 자극하는 소리를 듣지 않게 하고,
눈이 욕구를 자극하는 색을 보지 않게 하며, 입이 입맛을 추구함을
끊어버리게 한다. 그 결과 몸에서 편안함을 내던져버린 나머지, 몸이

---

861) 『한어대사전(漢語大詞典)』에서는 이 '艮背(간배)' 조에서 『주역』 간괘의 괘사
(艮其背, 不獲其身.)에 대한 왕필의 주석과 공영달의 주석을 인용한 뒤, 그
뒤로 '艮背(간배)'는 물욕(物欲)에 의해 생각이 동하지 않게 함을 칭한다고
하고 있다.

있으면서도 마치 몸이 없는 듯이 한다. 경우에 따라서는 온 가족이 비난하더라도 돌아보지 않고 온 나라 사람들이 비난하더라도 돌아보지 않으며, 세속 밖에 오만하게 서 있는 채 옆에 다른 사람이 있더라도 마치 없는 듯이 여긴다. 이러한 뒤에 과단성 있게 저지하는 것이다. 그래서 등[쓸모없음]에서 과단성 있게 저지하니, 욕구를 자극할 만한 것들을 보지 않아 마음이 움직이지 않게 한다. 이러한 뒤에라야 허물이 없을 수 있다. 간괘에서 드러내고 있는 좋은 점은 이 정도에서 그친다.

雖然, 旣有身矣, 撼一髮而頭爲之動, 何容不獲? 旣行其庭矣, 吾非斯人之徒與而誰與, 則何容'不見'? 吾恐'不獲'者之且獲, 而'不見'者之終見也, 則以免咎也難, 而況進此之德業乎! 故'震'·'坎'·'巽'·'離'·'兌', 皆分有乾'之四德, 而'艮'獨無. 夫子以原思爲難, 而不許其仁, 蓋此意也. 後世老莊之徒, 喪我喪耦, 逃物以止邪, 而邪益甚, 則甚哉艮而无咎以自免於邪, 而君子爲之懼焉.

비록 그렇다고는 하지만 이미 몸을 지니고 있는 것이니 머리카락 한 올이라도 흔들리면 머리가 움직이는데, 어찌 '(몸을) 얻지 못할 수' 있겠는가? 또 이미 조정에서 행세하고 있고, "내가 이 사람의 무리와 어울리지 않고 누구와 어울리겠는가!"862)라고 하는 것이니, 어찌 '보이지 않을

---

862) 공자의 말을 인용한 것이다. 『논어』, 「미자(微子)」 편에 나온다. 공자는 세상을 바꾸겠다고 동분서주 하는 자신을 장저(長沮)·걸익(桀溺)·접여(接與) 등 당시의 은자들이 조소한 것에 대해 이렇게 자신의 관점을 표현하였다. 특히 걸익은 세상의 도도한 흐름이 사람으로서 어찌할 수 없는 차원을 벗어나

수' 있겠는가? 나는 '(몸을) 얻지 못하는' 이들이 결국은 몸을 얻고, '보이지 않는' 이들이 마침내 보임으로써 허물을 면하기가 어려움을 두려워한다. 하물며 이보다 몇 걸음 더 나아간 덕성과 사업들이야! 그러므로 진괘(震卦)䷲·감괘(坎卦)䷜·손괘(巽卦)䷸·이괘(離卦)䷝·태괘(兌卦)䷹ 등에는 모두 건괘(乾卦)䷀의 네 덕이 있지만 유독 이 간괘(艮卦)䷳에만은 없는 것이다. 공자께서 원사(原思)가 묻는 일들에 대해서는 어렵다고 여길 뿐 어짊이 아니라 한 것도863) 아마 이러한 의미에서일 것이다. 그런데 후세에는 노장의 무리들이 '나를 상실함[喪我]'·'대상을 상실함[喪耦]' 등을 말하며 물(物)들로부터 도피하여 사악함을 멈추게 한다고 하는데, 사실은 사악함이 더욱 심해졌던 것이니, 심하도다! 굳고 확실하게 저지하여 허물을 없앰으로써 스스로 사악함으로부터 벗어난다고 하는 것을, 그래서 군자는 두렵게 여기는 것이다.864)

있으니 사람으로서 세상을 어찌해 보겠다고 하는 것보다는 세속을 벗어나서 사는 것이 낫다고 하며 공자를 비판하였다. 이에 대해 공자는 "사람이라면 이미 짐승들과는 더불어 같은 무리로 살 수 없는 것이거늘, 내가 이 사람의 무리와 어울리지 않고 누구와 어울리겠는가? 세상이 이치에 맞게 잘 돌아간다면 나 역시 애써 바꾸려들지 않을 것이다(鳥獸不可與同群! 吾非斯人之徒與而誰與? 天下有道, 丘不與易也.)"라고 하였다.

863) 앞 주860)을 참고하라. 원사(原思)의 '사(思)'는 원헌(原憲)의 본명이다.

864) 왕부지에게서 '몸을 얻지 못함[不獲其身]'은 정상적인 생명 활동을 하지 않음을 의미한다. 도교·불교도들이 고요함 속에서 하는 수련 방식을 왕부지는 이렇게 보고 있다. 그리고 '세계는 늘 움직이고 있다'는 항동론(恒動論)과 '사람의 본성은 날마다 이루어지고 날마다 생긴다[性日生而日成]'는 설을 견지하고 있는 전형적인 유학자의 입장에서 왕부지는 이를 비판적으로 보고 있다. 사람에게서 행동함[動]과 가만히 있음[靜]은 다 같이 요청되는 것인데, 그가 처한 시대적 맥락에 따라서 이 둘 가운데 어느 것을 택할지가 갈라진다고

「象」曰: 艮, 止也, 時止則止, 時行則行, 動靜不失其時, 其道光明.

「단전」: 간괘는 멈춤을 드러내고 있다. 때가 멈추어야 할 때면 멈추고 때가 행동해야 할 때면 행동하는 것이니, 이렇게 하여 행동함이나 고요히 있음이 때의 적절함을 잃지 않으며, 그 도(道)가 환히 빛난다.

此通論行止之道, 以見'艮'之一於止而未適於時也. 身世之有行藏, 酬酢 之有應違, 事功之有作輟, 用物之有豐儉, 學問之有博約, 心思之有存 察, 皆緣乎心之一動一靜; 而爲行爲止, 行而不爽其止之正, 止而不塞其 行之幾, 則當所必止, 一念不移於旁雜, 而天下無能相誘. 當其必行, 天 下唯吾所利用, 而吾心無所或吝, 行止無適, 莫之私意, 而天下皆見其 心, 非獨據止以爲藏身之固, 而忘己絶人, 以爲姑免於咎之善術矣.

이 구절은 행동함과 가만히 있음의 원리를 통틀어 논함으로써 이 간괘(艮 卦)䷳에서 드러내고 있는 '한결같이 멈추어 있기만 함'이 때에 딱 들어맞지 않음을 보여주고 있다. 세상을 살아가는 데서의 행동함과 은둔함, 누구랑 주고받는 데서의 응함과 거절함, 일을 하여 공을 세움에서의 벌임과 거둠, 물(物)들을 사용하는 데서의 풍요로움과 검소함, 학문함에서의 널리 배움과 간추림, 마음의 사려에서 보존함과 살핌 등이 모두 마음의 '한 번은 움직였다 한 번은 고요했다 함─動─靜'으로 말미암아 이루어

하고 있다. 그리고 이 둘은 '서로 함유하고 있어야 한다相函'는 입장에서, 행동할 적에는 가만히 있을 적에 함양한 체(體)가 발현되어야 하고, 가만히 있을 적에는 행동하게 되었을 때 발휘될 자질을 함양하고 있어야 한다고 하고 있다. 이것이 유가의 이상이고, 사람으로서 합당하다는 것이다.

진다. 그래서 행동하기도 하고 가만히 있기도 하는데, 행동하더라도 그 가만히 있음의 올바름을 어기지 않아야 하고, 가만히 있더라도 그 행동함의 기미[幾]조차 틀어막아버려서는 안 된다. 이렇게 하면 반드시 멈추어 있어야 할 때에는 한 생각도 곁가지 잡다한 것들로 옮기지 않으리니, 세상 그 누구, 그 무엇도 그를 유혹할 수 없다. 또 반드시 행동을 해야 할 때에는 세상 그 모든 것들을 오직 내가 이롭게 사용할 것들이라 여기며 내 마음에서도 전혀 인색함이 없다. 그래서 행동함과 가만히 있음이 모두 시대적 맥락에 딱딱 들어맞고 사사로운 의도란 전혀 없으니, 세상의 모든 사람들이 그 마음을 보게 되는 것이다. 이는 웅크리고 가만히 있음만이 내 몸을 굳건하게 감추어준다고 여기며, 자기도 잊어버리고 남과의 관계도 일절 끊어버림이 허물을 면하게 해주는 좋은 방법이라 보는 도(道)·불(佛)의 견해와는 다르다.

艮其止, 止其所也. 上下敵應, 不相與也. 是以不獲其身, 行其庭不見其人, 无咎也.

그 가만히 있음을 확실하게 저지하고 있음은 그곳에서 가만히 있음이다. 아래서는 위·아래가 적대적으로 응하고 서로 함께하지 않는다. 이러한 이유로 그 몸을 얻지 못하며 그 조정에서 행세하더라도 그 사람을 보지 못하여, 허물이 없는 것이다.

此言'艮其背'非時止時行之道, 必內不得已, 外不見人, 而後僅以无咎也. 凡言'无咎', 皆有咎而免者爾. 背止體, 故變背言'止'. '止其所'者,

據背以爲可止之地而止之, 以止爲其所安也. '乾'・'坤'六子, 皆敵應之
卦, 獨此言敵應者, 以其止而又相敵, 則終不相應也. 夫行止各因時以
爲道, 而動靜相函, 靜以養動之才, 則動不失靜之體, 故聖人之心萬感
皆應, 而保合太和, 陰陽各協於一. 今以止爲其所, 而與物相拒以不相
入, 則唯喪我喪耦, 守之不移, 而後成乎其止而无咎. 嗚呼, 難矣! 萬緣
息而一念不興, 專氣凝而守靜以篤, 異端固有用是道者. 而不能无咎,
唯不知動之不可已, 而陰之用爲陽之體, 善止者之卽行而止也.

이 구절에서는, ‘그 등에서 굳고 확실하게 저지하고 있음’이 때에 맞게
가만히 있음・때에 맞게 행동함의 원리와 방식이 아니기 때문에, 반드시
안으로도 자기 자신을 얻을 수 없고 밖으로도 남들에게 보이지 않은
뒤에라야 겨우 허물이 없게 된다는 사실을 말하고 있다. 무릇 ‘허물이
없음’이라는 말은 모두 허물이 있는데 그것을 면하는 것일 따름이다.
등은 우리의 몸을 멈추게 한다. 그래서 이 구절에서는 ‘背(배)’ 자를
바꾸어 ‘止(지)’라고 말하고 있다. 그래서 ‘止其所(지기소)’라는 것은 등에
기댄 채 멈추고 있을 만한 곳으로 여겨 가만히 있음이다. 이는 가만히
있음을 그 편안한 바로 여기는 것이다.
건괘・곤괘는 물론 나머지 여섯 자식괘도 모두 적대적으로 응하는 괘들
이다. 그런데 유독 이 간괘에서만 ‘적대적으로 응함’이라 한 까닭은,
이 간괘에서는 효들이 가만히 있으면서 또한 서로 적대한 나머지 끝내
서로 응하지 못하기 때문이다. 행동함이든 가만히 있음이든 모두 때에
기인함을 그 원리로 삼는다. 그리고 움직임・고요함은 서로 함유하고
있으니 고요한 속에서 움직임의 재질을 함양하게 되면 움직임에서 고요
함의 체(體)를 잃어버리지 않는다. 그러므로 성인들의 마음은 어떤 느낌
[感]에든 모두 응하며 이 세계의 거대한 조화[太和]에 보합한다. 그래서

음·양은 각기 하나 됨에 협화(協和)하는 것이다.

그런데 지금 이 간괘䷳에서는 '가만히 있음'을 제 있을 곳으로 여기며 외물과 서로 맞설 뿐, 도대체 들이지를 않는다. 그렇다면 오직 나를 잃어버리고 대상을 잃어버린 채로 이러함을 잘 지켜서 마음을 움직이지 않은 뒤에라야 그 가만히 있음에서 허물이 없음을 이룰 것이다. 아, 이 얼마나 어려울 것인가! 모든 인연이 다 스러지고 한 생각도 일어나지 않음이라든지(불교), 양의 전일한 기(氣)가 응취함에서 돈독하게 고요함을 지켜냄이라든지(도교), 이단들에서는 본디 이러한 방법을 사용하고 있는데 이러함에는 허물이 없을 수가 없다. 그런데 이들이 오직 모르는 것이 있다. 다름 아니라 움직임이 그렇게 할 수밖에 없음에서 나오며 음이 쓰는 것이 바로 양의 몸이라는 것865), 가만히 잘 있는 것이 곧 행동하다 그만둠이라는 사실이다.

「象」曰: 兼山, '艮', 君子以思不出其位.

「대상전」: 산을 중첩하여 있음이 간괘니, 군자는 이를 본받아 생각함이 자신의 위치를 벗어나지 않게 한다.

---

865) 고요히 있을 제[陰]에 이후 행동하게 되었을 때[陽]를 대비하여 자질과 덕성을 함양하고, 행동할 적[陽]에는 이전 고요히 있을 때[陰]에 함양한 자질과 덕성을 발휘한다는 의미다. 그래서 왕부지에게서 움직임·고요함은 서로 함유함[相函]의 관계가 된다. 그리고 이러한 관점에서 왕부지는 불·도 양가(兩家)가 고요함 속에서의 수련을 주장하며 행동함을 죽여 버린 점을 비판하고 있다.

崇山相疊, 而終古有定在, '其位'也. 山以蘊釀靈氣, 積之固而發生無
窮, 在人則爲心之有思. 然思此理, 則卽此理而窮之, 而義乃精; 思此
事, 則卽此事而硏之, 而道始定; 不馳騖於他端以相假借, 君子體'艮'以
盡心者如此, 非絕物遺事, 以頹然如委上也.

높은 산들이 서로 중첩된 채 아득한 옛날부터 딱 정해진 곳에 자리
잡고 있다는 것이 여기서 말하는 '자신의 위치[其位]'의 의미다. 산은
신령한 기운을 모으고 빚어내며 굳게 누적시켜서 무궁토록 피어나게
한다. 이것이 사람에게서는 마음의 생각함에 해당된다. 그러나 어떤
이치를 생각한다면 곧 그 이치에 입각하여 끝까지 궁구해야 하니, 이렇게
해야 의로움이 정심(精深)해진다. 그리고 이 일을 생각하였으면 곧 이
일에 입각하여 연구하여야만, 원리와 방법이 비로소 정해진다. 결코
다른 사단(事端)으로 치달리며 서로 왔다 갔다 하지 않는다. 군자가
간괘䷳에서 체득하여 온 마음을 다하는 것이 바로 이와 같다. 절대로
외물을 완전히 끊어버리고 일을 내팽개치며 마치 버려진 흙더미처럼
황량하게 가만히 있는 것이 아니다.

初六, 艮其趾, 无咎, 利永貞.

초육: 그 발가락을 굳고 확실하게 저지하고 있음이다. 허물이 없다. 영원한
올곧음에 이롭다.

初與二, 爲三所止者也, 而初在下爲趾. 陰之初生而不得其位, 故止之
於早, 則妄動之失免矣. '利永貞'者, 戒之之辭. 止邪於始易, 而保其終

也難. 未着異物, 則意不遷, 恐其旣感於外則且變, 得位以行則自恣.
常若此受止而不妄, 乃永貞而利.

간괘▦에서 초육·육이 두 음효는 구삼효에 의해 저지되고 있는 이들이
다. 그런데 초육효는 맨 밑에 있기 때문에 '발가락'이 된다. 이는 음이
맨 처음 생겨나 제자리를 얻지 못한 것이다. 그러므로 일찌감치 가만히
있는 것이다. 그래서 망령되이 행동함이 빚을 잘못을 면하고 있다.
'영원한 올곧음에 이롭다.'는 것은 경계하는 말이다. 사악함을 시초에
저지하기는 쉬워도 그 종국을 보장하기는 어렵다. 다른 것들에 마음을
갖다 대지 않으면 생각은 옮겨가지 않는다. 그래서 외물에 느껴서는
뜻함이 변하고, 지위를 얻어서 행동하면 스스로 방자해 지는 것을 두려워
해야 한다. 늘 이렇게 저지함을 받아들여서 망령되이 행동하지 않는
것, 이것이 바로 영원히 올곧아서 이롭다는 것이다.

「象」曰: '艮其趾', 未失正也.

「상전」: '그 발가락을 굳고 확실하게 저지하고 있음'이란 아직 올바름을 잃어버리
지 않았음이다.

三雖止不以道, 而當方動之初, 勸之進不如沮之止, 固可躊躇審慮, 以
得行止之正.

구삼효가 비록 도(道)로써 저지하고 있는 것은 아니지만, 이 초육효가
막 움직이려는 시초에 권하기를, 지금 나아가는 것은 저지된 채 가만히
있음만 못하다고 한다. 그래서 진실로 주저하며 한 번 더 살피고 사려해볼

수 있으니, 이렇게 하여 행동함과 가만히 있음의 올바름을 얻게 되는
것이다.

六二, 艮其腓, 不拯其隨, 其心不快.

육이: 그 장딴지를 굳고 확실하게 저지하고 있음이며, 그 수행하는 이들을
도와주지 않으니, 그들로서는 마음이 상쾌하지 않다.

'腓'居下體之中, 隨股以動而不躁, 順乎行止之常者也. 六二陰當位而
得中, 比於九三, 固願隨陽以行, 而得剛柔之節; 三不拯恤其情而固止
之, 失所望而不快, 必矣. 人之有情有欲, 亦莫非天理之宜然者, 苟得其
中正之節, 則被袗鼓琴, 日與萬物相取與, 而適以順乎天理. 不擇其善
不善而止之, 則矯拂人情, 雖被裁抑而聽其強禁, 安能無懟心哉! 甚矣,
三之違物而逞私意也.

'장딴지'는 우리들 몸의 아랫도리의 중앙을 차지하고 있는데, 다리를
따라서 움직이되 바스대지 않으며, 일상적으로 어디를 가거나 가만히
있음에 순응하는 존재다. 이 육이효는 음(陰)으로서 제자리를 마땅하게
차지한 채 득중하고 있다.
그런데 구삼효와 나란히 있어서 본디 구삼효의 양(陽)을 따라서 가기를
원하지만 굳셈[剛]・부드러움[柔]의 절도를 얻고 있다. 그런데 구삼효는
이 육이효의 그 간절한 바람을 도와주지도, 동정하지도 않은 채 본디
이를 저지하고 있다. 그래서 육이효로서는 실망하여 마음이 상쾌하지
않은 것은 필연적이다.

사람에게 마음씀이 있고 욕구가 있다는 것은, 또한 천리의 마땅히 그러함
이다. 그런데 이것들이 진실로 그 중정한 절도를 얻었다면, 화려한 천자의
의복을 걸치고 주변에서 연주해주는 음악 속에서 사는 것과 같을 것이
다.866) 그래서 날마다 만물과 서로 주고받는 것이 천리에 순종하는
것으로서 딱 들어맞을 것이다.

그런데 선한지 선하지 않은지를 전혀 가리지 않고 저지해버린다면 사람
의 마음씀에 어긋나는 것이니, 비록 당하는 입장에서 제재와 억누름을
받아 어쩔 수 없이 그 금지하는 것을 받아들인다 하더라도 어찌 원망하는
마음조차 없을 수 있겠는가! 심하도다, 구삼효가 물(物)들의 바람을
저버리면서까지 제멋대로 하며 자신의 사사로운 뜻을 실현하려 하는
것이!

「象」曰: ‘不拯其隨’, 未退聽也.

「상전」: ‘그 수행하는 이들을 도와주지 않으니’라 한 것은 아직 물러나 순종하지
않는다는 의미다.

---

866) 맹자가 순임금에 대해 묘사한 말이다. 그가 평민일 적에는 미숫가루나 타서
식사를 때우고 채소나 뜯어 먹고 사는 모습이 마치 그대로 한평생을 마칠
것만 같았다. 그러다가 천자가 되어서는 화려하게 수를 놓은 의복을 입고
주변에서 악단이 연주하는 음악 속에서 살며 요임금의 두 딸이 그 처첩으로서
옆에서 받드는데, 이 또한 본디 그가 그러하였던 모습 같았다고 한다.(『孟子』,
「盡心下」: 孟子曰, "舜之飯糗茹草也, 若將終身焉; 及其爲天子也, 被袗衣, 鼓琴,
二女果, 若固有之.")

本志隨三而順理以行, 不拯而止之, 勢必不能安心退聽. 騏驥豈終困
於鹽車哉!

이 육이효는 본래 구삼효를 따라서 이치에 순응하며 가려는 데 뜻을
두었는데, 구삼효가 이를 도와주기는커녕 저지하고 있으니, 기세 상
필연코 마음 편히 뒤로 물러날 수가 없는 것이다. 하루에 천 리를 갈
수 있는 뛰어난 말이, 어찌 끝내 소금이나 나르는 수레에 매인 채로
마칠 수 있으리오!

九三, 艮其限, 列其夤, 厲薰心.

구삼: 그 허리에서 확실하게 저지하고 있음이며, 그 척추를 벌리고 있음이다.
마음을 위태롭게 하고 졸이게 한다.

'限', 居上下分界之所, 謂腰也. '列', 橫陳於中. '夤', 脊也. 九三居四陰之
中, 隔絶上下, 橫列其間, 爲腰不能屈伸而脊亦受制之象. '厲', 危也.
欲止邪者, 必立身於事外, 耳目淸而心志定, 乃察其貞淫, 而動靜取舍
唯吾所裁, 而不爲邪所困. 今乃置身於陰濁繁雜之中, 橫施裁抑, 抑之
太甚而上下交逼, 則危其身; 所見所聞無非柔暗, 孤立不能而將爲所
移, 則危其心. 危心之害, 甚於危身. 一尺之練, 受無窮之烟塵, 欲以不
喪其潔也, 不亦難乎!

'限(한)'은 위・아래로 경계가 나뉘는 곳에 자리 잡고 있는데, 사람의
몸에서는 허리에 해당한다. '列(열)'은 가운데서 가로로 벌리고 있다는

의미다. '寅(인)'은 척추를 의미한다. 이 구삼효는 네 음효의 가운데에 자리 잡고 있다. 그래서 위·아래를 격절시키며 그 사이에서 가운데로 벌리고 있다. 이는 허리를 굽혔다 폈다 할 수 없고 척추도 제지를 받고 있는 상(象)이다. '厲(려)'는 위태롭다는 의미다.

사악함을 그치게 하고 싶은 사람은 반드시 혼탁한 세상 밖에 제 한 몸을 두고서 눈과 귀를 맑게 하고 마음의 지향함을 흔들리지 않게 딱 정해야 한다. 그리고서 도리에 맞음과 어긋남을 살핀 뒤, 행동을 해야 할지 가만히 있어야 할지, 취해야 할지 버려야 할지를 오직 내가 제어하며 사악함에 함몰하지 않아야 한다.

이 구삼효는 음의 흐리고 번잡한 속에 제 몸을 두고서 제멋대로 제재와 억압을 부려대는데, 그 억압함을 너무 심하게 하는 채 그 위·아래에 있는 것들과 교접하며 핍박해대고 있다. 그래서 그 몸을 위태롭게 하고 있다. 또 보고 듣는 것이 모두 유약하고 어두운 것들 일색이니 고립하여 그 무엇도 할 수 없는 상태에서 장차 마음까지 바뀌게 되면 이제는 그 마음조차 위태롭게 한다. 마음을 위태롭게 하는 데서 오는 해악은 몸을 위태롭게 하는 데서 오는 해악보다 더 심하다. 이는 한 자쯤 되는 흰색 명주 베를 자으면서 연기와 먼지는 무궁하게 뒤집어씀이니, 그 순결함을 잃어버리지 않고자 한들 또한 어렵지 않으리오!

「象」曰: '艮其限', 危薰心也.

「상전」: '그 허리에서 확실하게 저지하고 있음'이니, 마음을 위태롭게 하고 졸이게 한다.

所止非其時地, 如人腰脊之氣梗塞, 其病曰關格. 姚樞·許衡講性學
非其時, 受薰而爲道之賊, 似此.

이 구삼효의 상황은 그 저지하고 있는 바가 시간·공간적으로 맞지
않다. 마치 사람의 허리와 척추의 기(氣)가 경색되는 것과 같은데, 이러한
병을 '관격(關格)'이라 한다. 요추(姚樞)[867]·허형(許衡)[868] 등이 성리학
을 강구한다고 하였지만 그 때가 아니어서 마음 졸임을 당했고 유학의
도를 닦는 이들의 적이 되었던 것이 이와 비슷하다.

六四, 艮其身, 无咎.

육사: 그 몸통을 확실하게 저지하고 있음이니, 허물이 없다.

四與五, 受上止者也. 自腰以上爲身; 身者, 心之舍, 所繇以發五官之
靈, 制言行之樞者也. 有所受制, 而靜以馭動, 異乎腓足之職司動而被
錮者. 柔而當位, 樂聽裁抑, 上以其道止之, 愼於自持, 則由是以行焉,
可无咎矣.

간괘䷳의 육사·육오효는 상구효로부터 저지당하고 있는 이들이다.
우리 몸에서 허리 이상을 몸통이라 한다. 몸통은 마음의 집인데, 마음의
주재를 받아서 오관의 기능을 발휘한다. 이 몸통은 말과 행동을 제어하는

---

867) 요추(姚樞)에 대한 자세한 사항은 주106)을 참고하라.
868) 허형(許衡)에 대한 자세한 사항은 주107)을 참고하라.

중추에 해당한다. 그래서 제지를 당하면 고요히 자신의 움직임을 제어한
다. 이는 장딴지·다리와는 다르다. 이들의 직책은 사람의 움직임을
맡고 있는데 사람의 몸통에 붙들어 매여 있다. 그런데 지금 이 육사효는
부드러움[柔]으로서 제자리를 마땅하게 차지하고 있으며, 제재와 억누름
을 즐겨 받아들인다. 그리고 상구효도 올바른 도리로써 이들을 저지하니,
육사효는 신중하게 스스로를 통제하며 잘 유지한다. 이러함을 통하여
행하기 때문에 허물이 없을 수 있는 것이다.

「象」曰: ‘艮其身’, 止諸躬也.

「상전」: ‘그 몸통을 확실하게 저지하고 있음’이란 제 스스로를 저지하고 있다는
의미다.

> 身之自任也曰‘躬’. 反求自盡, 躬行君子之道, 知止我者之以善吾行, 無
> 不快之心也. 四於‘咸’爲心, 於‘艮’爲身, 一也. ‘艮’以止外誘之私, 則曰
> ‘身’; ‘咸’以應群動之變, 則曰‘心’.

몸통이 스스로 하겠다고 맡고 나섬을 ‘躬(궁)’이라 한다. 제 스스로에게
돌이켜 다하는 것인데, 군자의 도리를 몸소 행한다. 그리고 나를 저지하는
이가 나의 행동을 선하게 하기 위함이라는 것을 아니 마음에 전혀 불쾌함
이 없다. 4효가 함괘(咸卦)☷에서는 ‘마음’이 되고 이 간괘(艮卦)☶에서는
‘몸’이 되는데 사실은 똑같다. 간괘는 밖에서 유혹하는 사사로움을 저지하
고 있으므로 ‘몸’이라 한 것이고, 함괘는 무리들이 움직이는 변화에
응하므로 ‘마음’이라 한 것이다.

六五, 艮其輔, 言有序, 悔亡.

육오: 그 광대뼈를 확실하게 저지하고 있음이니, 말에 두서가 있고, 후회함이
없다.

'輔', 口輔也. 言則輔動. 五位在上, 而爲外卦之樞機, 言所自出也. 言剛
廣則簡而當. 柔則爲甘言, 爲巧說; 上亟止之, 則所言者皆當乎事之序,
而悔亡. 五本有悔, 上止之乃亡. '咸上爲輔, '艮'以五當之者, 陽爲德性,
陰爲形體, 故'艮'之取象於身, 極於五, 而上乃止德也.

'광대뼈'는 입을 보조한다. 말하면 이 광대뼈가 움직인다. 이 육오효는
위에 자리 잡고 있으면서 외괘外卦의 추기(樞機)가 되어 있는데, 말이
저절로 나오는 곳이다. 말이 굳세고 매서우면 간단하고 합당하다. 이에
비해 부드러우면 달콤한 말이 되고 교묘한 말이 된다. 이러할 경우에
상구효가 재빨리 저지하기 때문에, 말한 것이 모두 일의 두서에 들어맞고
후회함이 없게 된다. 이 육오효에는 본래 후회함이 있는 것인데[869],
상구효가 이를 저지하여 없어진 것이다. 함괘䷞에서는 상효가 광대뼈가
되어 있음에 비해, 이 간괘䷳에서는 육오효가 이에 해당한다. 그 까닭은,
양(陽)은 덕(德)·성(性)이 됨에 비해 음(陰)은 형(形)·체(體)가 되기
때문이다. 그러므로 간괘는 몸에서 상을 취하여 이 육오효에서 극에
이르렀고, 상구효는 저지함의 덕을 드러내고 있다.

---

869) 육오효가 부드러움(--)으로 되어 있기 때문이다. 그래서 달콤한 말, 교묘한
말을 하는 것인데, 상구효가 이를 저지함으로써 후회함이 없게 된다는 의미다.

「象」曰: '艮其輔', 以中正也.

「상전」: '그 광대뼈를 확실하게 저지하고 있음'은 이 육오효가 중정(中正)하였기 때문이다.

『本義』云, "正字, 羨文." 六五不當位, 非正故也. 中虛而受止, 故有愼言之德. '艮止之道, 莫善於言. 唯口興戎, 言之不怍則難於行. 老子曰, "多言數窮, 不如守中". '艮'道於此宜矣.

『주역본의』에서는 "이곳 '正(정)' 자는 잘못 들어간 글자다."라고 말한다. 그 까닭은, 이 육오효가 제자리를 마땅하게 차지하고 있는 것이 아니어서 올바르지 않기 때문이다. 이 육오효는 속을 비운 채 상구효의 저지함을 받아들이고 있다. 그러므로 말을 신중하게 하는 덕을 지닌다. 간괘(艮卦) ䷳가 드러내는 저지함의 도(道)는 말에 대해서 가장 잘 들어맞는다. 오직 입을 잘못 놀리는 바람에 병란을 불러오기조차 하는 것이며, 말에 부끄러움이 없으면 실행하기가 어렵다.[870] 노자는 "말이 많으면 자주 궁지에 몰린다. 그보다는 자신의 마음을 비우고 청정하게 유지함이 더 낫다."라고 하였다. 간괘가 드러내는 도(道)는 바로 노자의 이 말에서 가장 잘 드러나고 있다.

---

870) 공자의 말이다.(『論語』, 「憲問」: 子曰, "其言之不怍, 則爲之也難.") 부끄럽지 않은 말은 제 진심을 담은 말이다. 따라서 실천을 담보하고 있다고 보아야 한다. 그런데 말은 꼭 자신의 능력을 감안해서 나오지 않는다. 그렇지만 진심을 담은 말이라면 이제 꼭 실천을 해야 할 테니, 어려움을 느낄 수밖에 없는 것이다.

上九, 敦艮, 吉.

상구: 확실하게 저지하고 있음을 돈독히 함이다. 길하다.

凡止之道, 能終於止者, 必其當止而可終不行者也, 然而難矣. 無靜而不動, 無退而不進, 天之理數·人心自然之幾也. 故必熟嘗乎變化之途, 而審其或行或止之幾, 以得夫必不可行之至理, 而後其止也歷萬變而不遷. 上九立乎四陰之上, 物情事理, 皆有以察其貞淫, 而力遏非幾於毫釐之得失, 則其確然而不移也, 止於至善之定靜, 而非强爲遏制者也. 於是而止, 純乎正而無妄矣. 以修己治人而莫不吉矣. 故克己之學, 唯顔子而後可告以四勿之剛決, 而非初學之可與. 止之急, 則必不能敦. 異端之所以無定守, 而爲陸王之學者終於無忌憚, 皆未歷乎變而遽求止也.

무릇 저지하여 멈추게 함의 원리는, 멈추게 함에서 끝마칠 수 있는 이가 반드시 마땅히 멈추어야 함에서 끝마치고 더 이상 진행하지 않는 것이다. 그러나 이는 어려운 일이다. 고요하기만 하고 움직이지 않는 것이란 없고, 물러나기만 하고 나아가지 않는 것도 없다. 이는 하늘의 법칙이기도 하고 사람 마음이 자연스럽게 발동함의 기미[幾]이기도 하다. 그러므로 반드시 변화의 길에 대해 익히 관찰하며 언제 행하고 언제 그만두어야 하는지를 기미[幾]의 단계에서 세심하게 살펴야 한다. 이렇게 해야 반드시 행해서는 안 되는 지극한 이치를 얻게 되니, 이러한 뒤에라야 그 멈추어 그만둠이 아무리 변화의 과정을 거친다 하더라도 바뀌지 않게 된다.

이 상구효는 네 음효들의 위에 서 있으면서, 물(物)들의 실정과 일 되어가

는 이치에서 어느 것이 올곧게 제 본색을 지키고 있고 어느 것이 문란하게
왔다 갔다 하는지를 모두 살피고 있다. 그리고는 기미[幾]의 상태에서
털끝만한 득·실이 더 이상 발전하지 않게끔 힘주어 막는다. 그래서
확고하여 옮기지 않는 것이다. 그러나 이는 지극한 선(善)을 이루어
이를 잘 유지함에서 오는 안정과 고요함이자[871], 억지로 막거나 제재하는
것이 아니다. 이렇게 함에서 멈춘다면 순수하게 올바르기만 하며 망령됨
이란 없다. 수기·치인을 이루어서 길하지 않음이 없는 것이다. 그러므로
자기의 욕구를 이겨내는 배움에서는, 오직 안자(顔子)와 같은 수준에
이른 뒤에라야 군센 결단력이 요청되는 '사물(四勿)'[872]로써 알려 줄

---

871) 『대학』을 인용한 부분이다. 『대학』에서는 "대인들이 배우는 배움의 원리와
　　방법은, 사람이 태어날 적에 타고난 밝은 덕을 밝히는 것이고, 백성을 새롭게
　　하는 것이며, 지극한 선(善)의 상태에 이르러 이를 잘 유지하는 것이다."라고
　　하였다. 그리고는 바로 이어서, "이렇게 멈추어서 잘 유지할 줄을 안 뒤에라야
　　안정(安定)되어 마음이 흔들리지 않게 된다. 나아가 안정된 뒤에라야 고요할
　　수 있고, 고요해진 뒤에라야 평안할 수 있으며, 평안해진 뒤에라야 차분히
　　사려를 할 수 있다. 그리고 차분히 사려를 한 뒤에라야 무엇이든 얻을 수
　　있다."고 하였다.(大學之道在明德, 在親民, 在止於至善. 知止而後有定, 定而
　　後能靜, 靜而後能安, 安而後能慮, 慮而後能得.)

872) 공자가 안연에게 어짊仁의 실천 방안으로 준, 네 가지 '하지 마라'를 말한다.
　　안연이 공자에게 어짊이 무엇이냐고 묻자, 공자는 '극기복례(克己復禮)'라고
　　대답하였다. 말하자면 우리들의 '내리'라는 자기중심적 욕구를 억누름으로써
　　그에 의해 짓눌려 있던 예(禮), 즉 공동체 구성원들의 공존을 가능하게 하는
　　체제를 회복시킴이 어짊이라는 의미다. 그러자 안연은 또 공자에게 어떻게
　　하면 그것을 실천할 수 있는지 그 절목에 대해서 물었다. 이에 대해 공자는
　　예가 아니면 보지도, 듣지도, 말하지도, 행동하지도 말라고 하였던 것이다.
　　그리고 안연은 이를 실천하는 데 힘쓰겠노라고 다짐한다.(『論語』, 「顏淵」:
　　顏淵問仁. 子曰, "克己復禮爲仁. 一日克己復禮, 天下歸仁焉. 爲仁由己, 而由人

수 있다. 결코 이제 막 배움의 길에 들어선 이에게 알려 줄 수 있는 것이 아니다. 그만둠이 급하면 필연코 돈독할 수가 없다. 이단들이 안정(安定)을 지키지 못하는 까닭이나 육왕의 후학들이 마침내는 거리낌 없음으로 돌아가고 마는 까닭은, 모두 변함을 거치지 않은 채 급거히 그만둠을 구하기 때문이다.

「象」曰: 敦艮之吉, 以厚終也.

「상전」: 확실하게 저지하고 있음을 돈독히 함에서 오는 길함은 끝마침을 두터이 하기 때문이다.

成德者, 加謹之功也.

덕을 이룬 이가 삼감의 공력을 더한다는 의미다.

乎哉?" 顔淵曰, "請問其目." 子曰, "非禮勿視, 非禮勿聽, 非禮勿言, 非禮勿動." 顔淵曰, "回雖不敏, 請事斯語矣.")

●●●

漸卦艮下巽上
점괘 ䷴

漸. 女歸吉, 利貞.

점괘: 여자가 남자에게 귀속됨이니 길하다. 이롭고 올곧다.

水所潤漬曰漸; 相近而密相入, 循次以相浹之謂也. 卦因'否'卦之變而立義. '否'陽上陰下, 各據其所而不交. '漸'則坤上之陰, 上乎四以相入, '乾'下之陽, 下乎三而止焉, 陰陽於是乎得交以消否塞, 而陰之進·陽之退, 以其密邇者潛移於中, 易相就而徐相浹, 故其卦爲漸. '漸以消'否', 而剛柔交, 化凶爲吉矣. 然交道之大正者, 近不必比, 遠不必乖, 尤必居尊而爲主者, 以誠相感, 迹若疏而情自深. 今此就近潛移, 以情相洽而互相受, 二之陰·五之陽, 居中自如, 無相就之志, 則其道唯'女歸'爲得而吉焉. 陽下於三, 男下女也. 陰上於四, 婦人以外爲歸也. 婚姻之事, 地相鄰, 爵相等, 族相若, 年相均, 知聞已夙, 而後媒妁以通, 其事在內而不及於外. 女外歸, 男下達, 各得其正, 以漸而吉也. 吉止於女歸者, 君以漸道而交臣, 則浸潤之小人承寵; 士以漸而交友, 則沈溺之損友相狎; 皆非吉也. '女歸', 先言女而後言歸, 女往而歸男, 嫁娶之謂也; 異於'歸妹'之先言歸而後言妹, 爲男反歸女之辭. 故漸吉而'歸妹'凶. 卦中四爻, 陰陽各當其位, 貞也. 而功在四往者, 消之位也. 陰之爲性, 安於內而難於出外, 四往而後三來, 四放道以抑情而順其正, 雖離

群外出而不恤, 二五乃以各奠其中位而無不正, 則合義而利, 永固其貞
矣. 故近而相親, 未免於嫌, 而要歸於善終, 異於'歸妹'之瀆亂遠矣.

물이 적시고 스며들어감을 '漸(점)'이라 한다. 이는 서로가 가까이 밀접하
게 있어서 서로에게 들어가되 순차적으로 서로 사무쳐 들어감을 말한다.
이 점괘(漸卦)䷴는 비괘(否卦)䷋로부터 변하였다는 것에 의해 의미를
이루고 있다. 비괘(否卦)에서는, 양효들은 위에 음효들은 아래에 있으면
서 각기 제자리에 의거한 채 교접하지 않는다. 그런데 이 점괘(漸卦)䷴에
서는 비괘䷋의 정괘(貞卦)인 곤괘☷ 상효의 음(--)이 위로 올라가서 4효의
자리로 들어가고, 회괘(悔卦)인 건괘☰ 하효의 양(─)은 아래로 내려가
3효의 자리에서 멈추어 있다. 음·양이 이렇게 교접하여 비괘(否卦)의
비색함을 소멸시킨 것이다. 그리고 음은 나아가고 양은 물러남으로써,
그 서로 밀접하게 가까운 것들이 가운데에서 잠잠히 이동하여 쉽게
서로에게 다가가고 서서히 서로 사무쳐 들어간다. 그러므로 그 괘가
점괘(漸卦)가 되는 것이다. 이처럼 점괘(漸卦)는 비괘(否卦)를 소멸시키
고 굳셈[剛]·부드러움[柔]이 교접하니, 흉함이 바뀌어 길함이 되었다.
그런데 교접함의 도(道)의 크고 올바른 것은 가깝다고 하여 꼭 저희들끼리
만 어울리며 붙어 다니는 것이 아니요, 멀다고 하여 꼭 서로 간의 마음이
어그러지는 것도 아니라는 데 있다. 더욱이 반드시 존귀한 지위에 앉아
임금이 된 자는 정성스러움으로써 서로 감동을 주고받아야 하니, 이렇게
하면 자취는 소원한 듯하여도 정(情)은 저절로 깊어진다. 지금 이 점괘(漸
卦)에서는 가까운 것들에로 나아가며 잠잠히 이동하고 있다. 그래서
정(情)으로써 서로에게 스며들어가며 서로가 받아들인다. 그런데 육이
효의 음과 구오효의 양은 상·하괘에서 각기 가운데 자리를 차지한
채 스스로 만족해하며 서로 상대방에게 나아가고자 하는 뜻이 없다.

이 경우에는 오직 '여자가 남자에게 귀속됨'을 얻어야만 길한 것이다.
비괘(否卦)▤에서의 양(구사효)이 이제 아래로 내려가 3효의 자리에
있으니, 이는 남자가 여자의 아래가 됨이다. 그리고 비괘에서의 음(육삼
효)이 위로 올라가 4효의 자리에 있으니, 이는 부인이 집을 나가서 남자에
게 귀속됨을 상징한다. 혼인이라는 일이 이루어지기 위해서는 지역이
서로 가까워야 하고, 작위가 서로 비등해야 하며, 혈족이 서로 비슷해야
한다. 또 나이도 서로 어슷비슷해야 한다. 그리고 일찍부터 서로에게
알려져 있어야 매파가 중간에 다리를 놓아서 통하게 되는 것이다. 그래서
혼인의 일은 안에서 이루어지는 것이지 밖으로까지 파급되지는 않는다.
결국 이런 원리와 방식으로 여자는 집을 나가 남자에게 돌아가고 남자는
내려와서 혼인하고자 하는 뜻을 달성하였으니, 각기 그 올바름을 얻어
점차 길하게 된 것이다.

그런데 이 점괘(漸卦)의 괘사에서는 길함을 여자가 남자에게 귀속됨에
한정하고 있다. 그 까닭은, 임금이 '점(漸)'의 원리와 방식으로 신하들과
교접하면 임금 가까이에서 차츰차츰 그 교접에 적셔진 소인들이 총애를
입게 되고, 선비가 '점(漸)'의 원리와 방식으로 벗들을 사귀면 손우(損
友)[873]들과 차츰차츰 서로 무람없이 친해지게 되기 때문이다. 이러한

---

873) 공자가 사용한 말이다. 공자는 자신에게 '보탬을 주는 벗[益友]'을 세 종류
들었고, '해로움을 주는 벗[損友]'을 세 종류 들었다. 즉 정직한 친구, 마음이
진실한 친구, 배움이 많은 친구를 '익우(益友)'라 하였고, 아첨을 떨며 남의
비유나 맞추려고 하는 친구, 앞에서는 동의하면서도 뒤에서는 비난하는 친구,
교묘한 말솜씨로 교제하는 친구를 '손우(損友)'라 하였다.(『論語』, 「季氏」:
子曰, "益者三友, 損者三友: 友直・友諒・多聞, 益矣; 友便辟, 友善柔, 友便佞,
損矣.")

경우는 모두 길하지 않다.

'여자가 남자에게 귀속됨'이라 하여 먼저 '여자'를 말하고 뒤에 '귀속됨'을 말한 까닭은, 여자가 가서 남자에게 귀속된다고 함이 장가드는 이에게 시집을 간 것이기 때문이다. 이는 귀매괘(歸妹卦)䷵에서 먼저 '귀속됨'을 말하고 뒤에 '매(妹)'를 말한 것과는 다르다. 이 경우는 남자가 반대로 여자에게 귀속되었다는 의미다. 그러므로 점괘(漸卦)는 길하고, 귀매괘(歸妹卦)는 흉하다.

이 점괘(漸卦)䷴의 가운데 네 효는 음ㆍ양이 각기 자신들의 자리를 마땅하게 차지하고 있다. 이것이 올곧음이다. 그런데 이렇게 될 수 있었던 공(功)은 육사효의 갬往에 있다. 이 자리는 사라져감의 자리다. 음(陰)의 본성은 안에서는 편안해 하지만 밖으로 나감에 대해서는 어려워한다. 그런데 4효가 가고 난 뒤에는 3효가 오니, 4효는 원래의 도(道)를 놓아버리고서 제 감정을 억누른 채 그 올바름을 따른 것이다. 그래서 비록 제 무리를 떠나 집 밖으로 나가더라도 걱정하지 않은 것이다. 그 결과 육이효와 구오효는 각기 그 가운데 자리를 차지한 채 올바르지 않음이 없게 되었다. 그래서 의로움에 합치하며 이로운 것이다. 그리고 그 올곧음을 영원히 굳게 간직하는 것이다. 그러므로 가까우면서도 서로 친한 이들 사이에 벌어진 일이라 혐의를 다 벗어버리기는 어렵지만, 이 일 자체가 좋은 끝맺음으로 돌아가려고 하여 벌어진 것이니, 이는 귀매괘의 더럽고 문란함과는 거리가 멀다.

「彖」曰: 漸之進也, 女歸吉也. 進得位, 往有功也. 進以正, 可以正邦也.

「단전」: 점괘의 나아감은 여자가 귀속되어 길한 것이다. 나아가서 제자리를 얻고, 가서 공을 세운 것이다. 나아가서 올바르니 나라를 바르게 할 수 있다.

'進', 陰進, 謂六四也. 漸之進, 唯女歸爲吉, 有不可他用之意焉. 陽上陰下, 各怙其所安, 陰進而後陽下之, 故有女歸之義而吉. 蓋雖有男下女之道, 而陽剛終無先自卑屈之情, 必陰先往, 而後剛柔各得其位, 消否之功, 在陰之往也. 雖僅爲女歸之吉, 而陽不亢, 陰不賊, 宜家之化, 施於有國, 亦治平之要, 王化之基矣.

'나아감'이란 음이 나아간 것인데, 여기서는 육사효를 가리킨다. 점괘(漸卦)☴의 나아감은 오직 여자가 귀속됨이어서 길하다. 여기에 다른 뜻으로는 사용될 수 없는 점이 담겨 있다. 즉 비괘(否卦)☷에서처럼 양이 위에 있고 음이 아래에 있으면 각기 제 편한 대로에 의지하고 있는 것인데, 이 점괘에서는 음이 나아간 뒤에 양이 아래로 내려온 것으로서, 그렇기 때문에 여자가 남자에게 귀속됨의 뜻을 지니게 되어 길한 것이다. 비록 여기에 남자가 여자의 아래로 갔다는 원리는 있지만, 그렇다고 하여 양의 굳셈이 끝내래도 먼저 자신을 낮추어 굴복하려는 마음이 있는 것은 아니다. 반드시 음이 먼저 가고난 뒤에 굳셈[剛]·부드러움[柔]이 각기 제자리를 얻은 것이다. 그러므로 비괘(否卦)의 비색함을 소멸시켜 버린 공덕은 음이 간 데 있는 것이다. 그런데 비록 이것이 겨우 여자가 남자에게 귀속됨으로서의 길함이기는 하지만, 양이 이에 맞서지 않고 음도 해치지 않으며 가정을 화목하게 하는[874] 지어냄[造化]이다. 이를

---

874) '宜家(의가)'라는 말을 이렇게 번역하여 보았다. 그 출전은 『시경』, 「주남(周南)」

나라를 경영하는 데 베풀어도 태평함을 이루게 하는 요체요, 임금의 교화가 넘쳐나게 하는 기틀이 될 것이다.

其位, 剛得中也.

그 위(位)는 굳셈이 득중하고 있다.

> '其位', 猶言以位言之. 九五雖以六四上進而'乾'道損, 然不失其中, 則位固正也, 所以利貞.

> '그 위(位)'라 한 것은 위치를 가지고 말한 것이다. 이 점괘䷿의 구오효는 비록 육사효가 위로 나아감으로써 건괘(乾卦)☰의 도(道)는 손상되었다지만, 그 가운데를 차지하고 있음까지 잃어버리지는 않았다. 그래서 위치가 진실로 올바른 것이고, 그리하여 올곧음에 이로운 것이다.

止而巽, 動不窮也.

멈추어 공손하니 행동함이 궁색해지지 않는다.

편의 '도요(桃夭)'라는 시에 있다. 주희는 이 '宜(의)' 자에 대해 '화목하고 순종함'의 뜻이라 풀이하고, "家(가)' 자에 대해서는 같은 문을 사용하는 가족공동체를 말한다고 풀이하고 있다.(朱熹, 『詩集傳』: 宜者, 和順之意. 室者, 夫婦所居; 家, 謂一門之內.)

以二體之卦德言之, 有'艮'止之德, 而後'巽'以入焉. 居安資深而左右逢
原也, '漸'之所以利也. 世之爲學者不知此義, 滅裂躐等, 而鄙盈科之進
爲不足學. 自異端有直指人心見性之說, 而陸子靜·王伯安附之, 陷
而必窮, 動之不善, 宜矣.

이 구절은 점괘(漸卦)☴☶를 이루고 있는 내·외 두 소성괘의 덕을 가지고
말한 것이다. 즉 내괘인 간괘☶가 '멈춤'의 덕을 발휘하고 있는데, 나중에
외괘인 손괘☴가 공손함의 덕으로써 거기에 들어간다는 것이다. 이는
거처함이 평안하고 됨됨이의 바탕이 깊어서 일처리를 원만하고 융통성
있게 함이다. 그래서 일상생활에서 만나는 사람 모두로부터 환심을
산다는[875] 의미다. 그렇기 때문에 점괘(漸卦)는 이로운 것이다.
그런데도 세상의 학문하는 이들은 이러한 의미를 모르고 그저 지리멸렬
(支離滅裂)하거나 순서를 건너 뛰어 일거에 이루려고 하면서, 앞의 구덩
이들을 차례차례 메우고 나아감의 학문을[876] 깔보고 학문이 아니라

---

875) 이는 『맹자』에 나오는 말이다. 맹자는 '자득(自得)'을 강조하기 위해 이 경지에
오른 사람의 일상생활을 이렇게 묘사하였다. 즉 바른 길만을 따라가며 깊이
추구하다 보면 자득(自得)의 경지에 오르는데, 이러한 사람의 일상생활이
이러하다는 것이다. 그래서 군자는 자득을 이루려 한다고 하고 있다.(『孟子』,
「離婁下」: 孟子曰, "君子深造之以道, 欲其自得之也. 自得之則居之安, 居之安
則資之深, 資之深則取之左右逢其原, 故君子欲其自得之也.")

876) 역시 『맹자』에 나오는 말이다. 맹자는, 발원지에서 콸콸 솟아나오는 물이
밤낮을 가리지 않고 흘러가며 만나는 구덩이마다 차례차례 채우고 나아가
마침내 큰 바다에 이른다고 하면서, 근본이 있는 이는 이렇게 해야 한다고
하였다. 이에 비해서 근본이 없는 사람은 마치 한여름 호우가 내릴 적에
큰물을 이루어 물길을 질펀하게 넘쳐흐르다가도 비가 그치면 금방 말라버리는
것과 같다고 하면서 실제보다 과장된 소문을 부끄럽게 여겨야 한다고 하였다.

여긴다. 이단들이 "곧장 우리 마음을 가리켜 불성을 보고 깨우쳐 부처가
되라!"877)는 주장을 함에 육구연878)과 왕수인(王守仁)879)이 이에 붙었는

(『孟子』, 「離婁下」: 孟子曰, "原泉混混, 不舍晝夜, 盈科而後進, 放乎四海. 有本
者如是, 是之取爾. 苟爲無本, 七八月之間雨集, 溝澮皆盈, 其涸也, 可立而待也.
故聲聞過情, 君子恥之.)
877) 선종(禪宗)의 핵심 교리로서 달마가 한 말이다. 선종의 제2조(祖)가 되는
혜가(慧可)가 달마에게 불도가 되는 법을 묻자 달마가 이렇게 답했다고 한다.
우리 밖의 대상 세계에 대한 지향을 끊고, 문자에 의한 일체의 견문지(見聞知)들
도 끊고, 우리들의 번뇌와 집착도 끊어 버리고, 우리들 마음속에 상주하고
있는 불성(佛性)을 깨달아 곧장 부처가 되라는 의미다.
878) 육구연에 대해서는 주134), 773)을 참고하라.
879) 왕수인(1472~1528)은 중국 명나라 때의 유명한 철학자, 교육자, 군사가, 문학가
다. 절강성(浙江省) 여조(餘姚) 출신이다. 11세 때까지는 할아버지로부터 배웠
고, 그 이후에는 북경에 부임하는 아버지를 따라가 말타기, 활쏘기 등 병법을
익혔다. 18세 때 고향으로 돌아가는 길에 정주학자인 누량(婁諒; 1422~1491)을
찾아가 주자학에 대해서 가르침을 받았다. 이때 그는 특히 주희의 격물치지설
과, 모든 사람이 배움에 의해 성인이 될 수 있다는 말에 매료되었다. 그래서
왕수인은 20대의 대부분을 주자학에 빠져 주희의 저서들을 탐독하였고, 주희가
말하는 격물치지설을 좇아 곧이곧대로 시도해 보았다. 그러나 실패한 나머지
이제 왕수인은 주자학으로부터 돌아서게 된다.
그는 28세에 진사시에 급제하여 벼슬길에 올랐다. 정덕(正德) 원년(1506) 무종
이 즉위한 뒤 환관 유근(劉瑾)이 정권을 농락하는 것을 보다 못해 왕수인은
이를 탄핵하는 상소를 올렸는데, 오히려 유근에게 몰려 투옥되었다가 귀주(貴
州) 용장(龍場)의 역승(驛丞)으로 쫓겨 가게 되었다. 그리고 그 2년 뒤 37세
되던 해에 큰 깨달음을 얻어, 우리들 마음이 바로 리요(心卽理), 성인의 도는
바로 우리들 마음속에 자족(自足)되어 있다는 주장을 펼치게 된다. 그리고
이제 주자학을 극단적으로 비판하며 배척하게 된다. 이러한 그의 학풍은
나중에는 '치양지(致良知)'설로 집약되었다. 우리들 속에 선척적으로 갖추어져
있는 앎을 이루라는 것이다. 이는 송대에 주희의 논적이었던 육구연의 학풍과

데, 그만 여기에 함닉되어서 필연적으로 궁색해지고 말았다. 그래서 이들의 행동함이 좋지 못하리라는 것은 당연한 귀결이다.

맥을 같이 한다. 그래서 후세에서는 이 둘을 함께 칭하여 '육왕(陸王)'이라 하며, 이들의 학풍을 '육왕학(陸王學)'이라 한다. 이러한 그의 학문 내용과 성격은 제자 서애(徐愛)등이 그의 강의를 집록한 『전습록(傳習錄)』에 잘 드러나 있다.

왕수인은 주희가 편집한 『대학』에 불만을 품고 고본 『대학』을 편찬하기도 하였으며, 『주자만년정론(朱子晚年定論)』을 지어서 자신의 학문적 성격을 더욱 분명히 하기도 하였다. 그의 이러한 학풍은 명대 후반에 일세를 풍미하는 성황을 이루었는데, 특히 양자강을 중심으로 한 지역에서는 그 열기가 대단하였다. 그래서 그의 학문은 정주학에 대한 대안으로서 자리매김되며 중국철학사에서 거대한 족적을 남겼다.

왕수인은 농민 반란과 변방의 병란들을 진압하고 무찔러 많은 전공(戰功)을 세웠다. 무인(武人)으로서도 뛰어난 지략과 업적을 거둔 것이다. 그런데 강서성 지방에서 일어난 농민 반란을 진압하고는 "산중의 도적을 격파하기는 쉽지만 그들 마음속에 있는 도적을 격파하기는 어렵다!(破山中賊易, 破心中賊難.)"고 하며, 이들에게 실질적인 생존 조건을 보장할 것과 마음에 와 닿는 교화를 해야 한다고 요구하고 그 스스로 이를 시행하였다. 이렇게 하여 이 지방 백성들로부터 큰 환심을 사게 되고 질서는 평정을 되찾았다.

왕수인은 중국역사에서는 드물게 볼 수 있는 문무겸전(文武兼全)의 인물로서 대유(大儒)로 평가받는다. 그리고 '선유(先儒)'로 받들어지며 공묘(孔廟)의 제58위에 봉사(封祀)되어 있다. 아울러 참다운 '삼불후(三不朽)'로 평가받는다. '삼불후'는 춘추시대 노(魯)나라의 대부 숙손표(叔孫豹)가 사람이 죽은 뒤에 몸은 썩어 없어지더라도 영원히 사람들의 뇌리에서 없어지지 않고 남아 있을 수 있는 조건으로 내세운 것인데, 입덕(立德)·입공(立功)·입언(立言) 등 세 측면에서 두루 뛰어난 업적을 남겨야 한다는 것이 그것이다. 중국 역사에서는 공자와 왕수인만이 이에 해당하고 증국번(曾國藩)은 절반만 해당한다고 평가받는다.

「象」曰: 山上有木, '漸', 君子以居賢德善俗.

「대상전」: 산 위에 나무가 있는 것이 점괘니, 군자는 이를 본받아 훌륭한 덕을 발휘하며 살아가고 풍속을 좋게 한다.

別言'木'者, 山上之風, 動物而長養之, 驗於木也. '艮'止以'居德', '巽'風以'善俗', 止而不遷, 入而不迫, 君子體德於身, 居之安而善俗, 敷敎於俗, 養以善而自化, 皆由浸漸而深. '漸'者, 學·誨之善術也. 世豈有一言之悟而足爲聖之徒, 俄頃之化而令物皆善哉! 異端之頓敎所以惑世而誣民也. 『本義』云, '賢'字疑衍.

여기에서 이 점괘䷹의 회괘(悔卦)인 손괘☴를 따로 '나무'라 한 까닭은, 산 위에 부는 바람이 물(物)들을 움직이게 하고 잘 길러내는데, 이러한 사실을 나무에서 징험할 수 있기 때문이다. 간괘☶는 머물러 '덕을 발휘하며 살아감'을, 손괘☴는 바람이 불어 '풍속을 좋게 함'을 상징한다. 머물며 옮기지 않고 들어가서 핍박하지 않으니, 군자는 제 몸에 덕을 체득하여 편안하게 살아가며 풍속을 좋게 한다. 세속에 널리 교화를 베풀어 그들을 선함으로써 길러내며 스스로도 그렇게 되어 간다. 이 모두가 점점 물들어 가며 깊어지는 것이다.

'漸(점)'이란 학문함과 가르침에서의 좋은 기술이다. 세상에 어찌 단 한 마디 말로써 깨우쳐 족히 성인이 될 수 있는 무리가 있으며, 잠깐 사이에 물(物)들을 교화하여 모두 선하게 할 수 있겠는가! 그런데도 이단들은 '돈오(頓悟)'라는 가르침으로써 혹세무민하고 있는 것이다. 『주역본의』에서 이곳 '賢(현)' 자는 쓸데없이 들어간 군더더기 글자라 하였다.

初六, 鴻漸于干, 小子厲, 有言无咎.

초육: 큰 기러기들이 점차 물가에 날아옴이다. 어린아이들은 위태롭다. 이러쿵저러쿵 말들을 해대지만 허물은 없다.

卦之諸爻, 皆取象於'鴻'者, 鴻飛以漸, 不迫而不息也. 卦爻之位, 外高而內下, 內陽南而外陰北. 鴻自北而南曰陽鳥, 「禹貢」所謂"陽鳥攸居"也. 三自外而內, 漸下嚮於南, 鴻之來賓也. 於秋冬也. 四自內而外, 漸上往於北, 鴻之北鄉也. 三陽下, 則五與上有且來之勢; 四陰上, 則初與二有且往之勢; 而固未來未往也, 近者先移焉, 故曰漸也. 曰'干', 曰'磐', 曰'陸', 皆下也; 南方之地, 水石平曠之地也, 陸則近於北者也. 曰'木', 曰'陵', 曰'逵', 皆高也, 北方水涸風高之地也. 陽則漸以下, 陰則漸以上, 而來南之時寒, 下二陰方冱之象; 往北之時暑, 上二陽方炎之象. 其飛也密移, 其來往也陰陽均, 故於鴻而得天化物情漸進之理焉. 暑則北, 寒則南, 常得中和之氣, 漸之所以貞而利也. '干', 水之涯也. 南方水艸之地, 鴻之所安, 進而於此, 有徘徊不欲更進之情. 初六柔而居下, 故有其象. 而柔弱爲小子, 時方進而遲回不敏, 群將孤矣, 故厲. 四, 其同群而相應者. 四往而初止, 四不能不相責也, 故'有言'. 然漸之爲道, 以不迫爲美, 則時尚未至, 故止而待焉. 安安而後能遷, 故无咎.

이 점괘(漸卦)☶의 모든 효들에서 '큰 기러기'를 상(象)으로 취하고 있는 까닭은, 큰 기러기가 날아가는 모습이 급박하게 서둘지도 않고, 그렇다고 퍼져서 쉬지도 않으면서 점차점차 날아가기 때문이다. 괘효의 위(位)들은 외괘는 높은 쪽을, 내괘는 아래의 낮은 쪽을 상징한다. 그리고 내괘는 양(陽)의 권역으로서 남쪽을 상징하고, 외괘는 음(陰)의 권역으로서 북쪽을 상징한다. 그런데 이 큰 기러기는 북쪽에서 남쪽으로 날아오기 때문에 '양조(陽鳥)'라고 한다. 『서경(書經)』, 「하서(夏書)」 편의 「우공(禹貢)」 편에서 "양조가 사는 곳이다."라고 한 말에는 이러한 의미가 들어가 있다. 구삼효는 원래 외괘에 있던 것이 내괘로 온 것인데[880], 남쪽으로 점점 내려온 것이니 큰 기러기가 가을・겨울에 와서 손님이 되었음을 상징한다.[881] 이에 비해 육사효는 내괘에서 외괘로, 즉 안에서 밖으로 간 것이니, 점차 북쪽을 향해 위로 간 것이다. 이는 큰 기러기의 북쪽 고향을 향해서 가는 것이다. 또 구삼효는 양이 아래에 있으니, 구오・상구효도 또한 오는 추세 속에 있다. 그리고 육사효는 음이 위에 있으니, 초육・육이효도 또한 가는 추세 속에 있다. 그러나 본디 아직 오지도 않고 가지도 않은 것이며, 가까이 있는 것들(육사・구삼효)이 먼저 이동한 것이다. 그래서 '점(漸)'이라 한 것이다.

'물가[干]', '너럭바위[磐]', '뭍[陸]' 등은 모두 아래에 있는 것들이다. 남쪽 지역의 땅은 물과 돌이 평평하게 널리 퍼져 있는 지형을 이루고 있다. 그리고 '뭍[陸]'은 북쪽에 가깝다. 이에 비해 '나무[木]', '구릉[陵]', '하늘 높이 구름 사이로 난 길[逵]' 등은 모두 높은 곳에 있는 것들이다. 북쪽 지역은 물이 말라 건조하고 바람이 많이 부는 고원지대다. 양은 점차

---

880) 앞서 설명하였듯이, 이 점괘(漸卦)䷴ (문양)가 비괘(否卦)䷋ (문양)로부터 변한 것이라는 전제에서 하는 말이다. 즉 비괘의 육삼효가 4효의 자리로 가니, 거기에 있던 구사효는 3효의 자리로 내려옴으로써 비괘(否卦)가 점괘(漸卦)가 되었다는 것이다. 따라서 점괘의 구삼효는 외괘로부터 내괘로, 즉 밖에서 안으로 왔다는 의미가 된다.

881) 실제로 동아시아에서는 기러기들을 '온 손님'으로 여긴다.(『逸周書』, 「時訓」: 寒露之日, 鴻鴈來賓.)

아래로 내려오고 음은 점차 위로 올라가는데, 남쪽으로 올 적에는 계절이 추우니 하괘의 두 음효들은 한창 혹한이 몰아치는 시기를 상징한다. 그리고 북쪽으로 갈 적에는 계절이 더우니, 위괘의 두 양효들은 폭염이 한창 몰아치는 시기를 상징한다. 그 날아가는 모습을 보면 촘촘하게 이동하고, 그 오고 간 것들을 보면 음·양이 고르다. 그러므로 큰 기러기에게서 우리는 하늘의 지어냄[造化]과 만물의 실정들에서 점차 나아감의 이치를 얻게 된다. 더우면 북쪽으로, 추우면 남쪽으로 이동하여 늘 중화(中和)의 기(氣)를 얻는 것, 바로 이러한 이유에서 점괘(漸卦)는 올곧아서 이롭다.

'물개[干]'는 해안과 같은 물의 가장자리를 말한다. 남쪽의 물과 물풀들이 어우러진 지역은 큰 기러기들이 편안해 하는 곳이다. 그래서 나아가 이곳에서 지내면서 배회하다 보면 더 이상 나아가고 싶은 마음이 들지 않는다. 초육효는 부드러움[柔]으로서 아래에 자리 잡고 있기 때문에 이러한 상(象)이 있다. 유약함은 어린아이를 상징한다. 계절이 바야흐로 나아가야 할 때인데 더디게 배회하며 민첩하지 못하니 무리들이 장차 그를 따돌리게 된다. 그래서 '위태롭다'고 하는 것이다. 육사효는 초육효와 같은 무리이면서 서로 응함의 관계에 있다. 그래서 육사효는 가는데 초육효가 멈춰 있으니, 육사효로서는 이를 꾸짖지 않을 수가 없다. 그러므로 '이러쿵저러쿵 말들을 해대지만'이라 한 것이다. 그렇지만 점괘(漸卦)에서 표방하고 있는 원리와 방식은 급박하게 서두르지 않음을 미덕으로 삼고 있다. 그래서 계절이 아직 이르지 않았으니 잠깐 머물면서 기다리고 있는 것이다. 이렇게 하며 편안한 곳에서 편하게 있다가 옮겨갈 수 있기 때문에 허물이 없다고 한 것이다.

「象」曰: 小子之厲, 義无咎也.

「상전」: 어린아이의 위태로움은 의미상 허물이 없는 것이다.

'小子'者, 未可急於行者也. 則雖以不敏而危, 自循其分義.

'어린아이'는 행동함에서 아직 급하게 할 수가 없는 이다. 그래서 비록 민첩하지 못하다는 이유로 위태롭기는 하여도, 이는 저절로 자기에게 몫 지어진 의미대로 하는 것일 뿐이다.

六二, 鴻漸于磐, 飮食衎衎, 吉.

육이: 큰 기러기들이 점차 너럭바위에 날아옴이다. 마시고 먹는 데서 함께 어울리며 즐거움이 넘쳐난다. 길하다.

'磐', 大石平而固者. 鴻漸進而止於此, 尤可以安矣. 二柔當位而中, 故有此象. '衎衎', 和樂貌. 居之安則自得也, 故吉. 漸卦陰陽之交, 近而相比, 非交道之盛, 故皆以止不躁爲吉.

'너럭바위'는 큰 바위가 평평하면서도 견고한 것을 의미한다. 큰 기러기들이 점차 나아가 여기에 머물고 있음이니 더욱 편안할 수가 있다. 이 육이효는 부드러움[柔]으로서 제자리를 마땅하게 차지하고 있고 가운데 자리에 있다. 그러므로 이러한 상(象)이 있는 것이다. '衎衎(간간)'은 함께 어울리며 즐거움이 넘쳐나는 모습이다. 거처함이 편안하니 스스로

만족해하며 쾌적해 함이다. 그러므로 길한 것이다. 점괘☷는 음·양이 교접하면서도 가까이에서 서로 붙어 있다. 그래서 교접함의 도(道)가 왕성하지는 않다. 그러므로 모두 '멈춰 있으며 조급해 하지 않음'을 길함으로 여긴다.

「象」曰: '飮食衎衎', 不素飽也.

「상전」: '마시고 먹는 데서 함께 어울리며 즐거움이 넘쳐남'이란 하는 일 없이 배불리 먹을 수 있다는 것이 아니다.

> 飮食而吉者, 豈以安居宴樂爲宜乎? 必有中正柔順之德, 以靖共於位, 則雖不急於進, 而非無事而食也. 以學問言之, 則造以道而居安自得, 非遽望有成於坐獲.

마시고 먹으며 길하다는 것이 어찌 편안하게 살아가면서 잔치나 베풀고 즐김에 해당하겠는가? 반드시 중정하고 부드러우며 순종하는 덕을 지닌 채 제 지위에서 공경하고 삼가는 태도로 임함이 있어야 한다. 그러면 비록 나아감에 급박하지 않다고 하더라도, 아무 하는 일이 없이 먹는 것은 아니다. 학문을 가지고 말하면, 학문의 길을 따라 진리를 추구해 나아가며 거처에 편안해 하고 흡족해 하는 것이지, 단박에 앉은 자리에서 성취하기를 바라는 것이 아니다.

九三, 鴻漸于陸, 夫征不復, 婦孕不育, 凶, 利禦寇.

구삼: 큰 기러기가 점차 뭍에 날아옴이니, 지아비가 원정을 나가서는 돌아오지 않고, 지어미가 잉태를 하고서도 뱃속에서 키우지 못함이다. 흉하다. 도적을 막는 데는 이롭다.

初・二・四, 鴻之漸而往也. 三則其漸而來也. '陸', 中原平曠之地. 鴻之南征, 近南者先焉, 而早至於中原矣. 雖漸也, 而實遽也. 三, 男下女; 四, 女外適; 故爲夫婦. 陰方上交, 而陽相背以下, 無反顧之情, '征不復'也. '婦雖孕, 而無與恤之, '不育'也. 遷之遽, 交之淺, 則其情不固, 所以凶. 卦德雖爲漸進, 而三・四動見於占, 則未能漸. 凡此類, 以著策九・六之動而言, 故與卦之全體有異, 所謂唯其時也. 三既下, 無可復上之理, 則與初・二合而止於內. 以'禦寇'而消'否', 捐其生, 不恤其家可也. 剛當其位, 故得有此利.

이 점괘(漸卦)䷴의 초육・육이・육사효는 큰 기러기들이 점차 날아감을 상징한다. 그런데 이 구삼효는 큰 기러기가 점차 날아서 온 것이다. '뭍'은 중원의 평평하고 광활한 지역을 의미한다. 큰 기러기들이 남쪽으로 날아갈 적에는 남쪽에 가까운 것들이 먼저 가는데, 이 구삼효가 여기에 해당하는 것으로서 너무 일찍 중원에 이른 것을 상징한다. 그래서 비록 점차 날아온 것이라고는 하여도 실제로는 급작스레 온 것이다.

구삼효는 남자가 여자 아래로 간 것을 상징하고, 육사효는 여자가 집 밖으로 나가서 남자에게 시집간 것을 상징한다. 그러므로 이들은 '부부'가 된다. 그런데 음은 막 위로 교접하는데 양은 서로 등지고서 아래로 내려가니, 이들 사이에는 한 번 가버리면 그뿐, 뒤를 돌아보는 정(情)이 없다. 그래서 '원정을 나가서는 돌아오지 않음'이 된다. 그리고 '지어미'가 비록 잉태를 하기는 하였으나 이에 대해 전혀 관심을 기울이지 않아 '뱃속에서 키우지 못함'이 된다. 옮겨 가는 것이 급작스럽고 사귐도 얕으니, 이들 사이에 정(情)도 굳건하지 못하다. 그래서 흉한 것이다. 점괘(漸卦)의 덕이 비록 점차 나아감이기는 하지만 구삼·육사효의 움직임이 점(占)에서 들어난 것을 보면, 꼭 점차 나아감이라 할 수가 없다. 무릇 이와 같은 부류는 괘를 뽑아내는 과정에서의 시책(蓍策) '9'·'6'의 움직임을 가지고 말한 것이기 때문에 괘의 전체와는 다름이 있다. 이른바 "오직 그 때와 관계된다."[882]고 함이다.

구삼효가 이미 아래로 갔고 다시 위로 갈 수 있는 이치가 없으니, 이제 이 구삼효는 초육·육이효와 더불어 안에서 머물고 있다. '도적을 막음'으로써 비괘(否卦)의 비색됨이 사라졌다. 그러므로 그 생명을 바치며 가정에 대해서는 마음을 쓰지 않는 것이 옳다. 이 구삼효는 굳셈[剛]으로서 제자리를 마땅하게 차지하고 있기 때문에 이러한 이로움을 얻는다.

---

882) 「계사하전」 제9장에 나오는 말이다. 거기에서는 "여섯 효들이 서로 뒤섞여 있는데 이들은 오직 그 시(時)와 위(位)를 나타낸다.(六爻相雜, 唯其時物也.)"고 하고 있다. 이에 대해 왕부지는, "여섯 효들이 나타내는 득·실과 길·흉이 비록 번잡하여 괘사와 합치해 보이지 않는다 할지라도, 오직 그 발동한 시(時)와 위(位) 때문이니, 이들은 각기에 해당하는 시(時)·위(位)에 대한 의미를 드러내고 있을 따름이다. 결코 그 괘 전체의 바탕과 어긋나는 것이 아니다."라고 풀이하고 있다. 즉 특정 효(爻)들은 괘 전체와 다름을 드러낼 수 있지만 이는 특정 시(時)·위(位)에서 그러한 것일 뿐, 괘 전체의 바탕 자체와 어긋나는 것은 아니라는 의미다. 그리고는 이괘(履卦)☲의 육삼효를 예로 든 뒤, 괘사와는 약간 다른 듯하지만 뜻은 저절로 통할 수 있다고 하고 있다.

「象」曰: '夫征不復', 離群醜也. '婦孕不育', 失其道也. '利用
禦寇', 順相保也.

「상전」: '지아비가 원정을 나가서는 돌아오지 않고'란 제 무리를 떠났다는 의미
다. '지어미가 잉태를 하고서도 뱃속에서 키우지 못함'이란 지켜야 할 도리를
잃어버렸다는 의미다. '도적을 막는 데는 이롭다'는 순종하며 서로 보호해준다는
의미다.

'醜', 類也. 五上與三, 同類之陽也. 二陽安居, 未有行志, 而三遽下移,
獨往不反, 則雖四陰上交, 而不能相聚以成生化之美, 唯退而與六二
相比, 而二樂得之以相保, 則利.

'醜(추)'는 무리라는 의미다. 구오·상구효와 구삼효는 같은 무리를 이루
는 양(陽)이다. 그런데 두 양(陽)은 편안하게 살아가면서 아직 가고자
하는 뜻이 없는데, 이 구삼효가 급작스레 아래로 옮겨가 홀로 가서는
돌아오지를 않는다. 그래서 이 구삼효가 비록 육사효의 음과 위로 사귄다
고는 하지만 양들과는 모여서 생성과 변화의 아름다움을 이룰 수가
없다. 그래서 이 구삼효는 오직 물러나 육이효와 서로 친하게 지낸다.
육이효는 이를 즐겁게 받아들이며 서로 보호해준다. 그래서 이롭다.

六四, 鴻漸于木, 或得其桷, 无咎.

육사: 큰 기러기들이 점차 나무에 날아와 서까래처럼 옆으로 길게 벋은 가지를
얻기도 함이다. 허물이 없다.

'桷', 橫枝平出如椽者. 鴻趾有幕, 不可木棲, 唯得桷則可暫安. 四就近
而進, 无所擇而輒往, 與三同其遽動, 故有此象. 以其當位也, 故'或得
其桷'. '或'者, 不必得之辭, 而亦理之可得者也. 陰進而往外, 以順承乎
五・上之剛, 變而不失其正, 故賢於三而无咎.

'桷(각)'은 나뭇가지가 마치 서까래처럼 옆으로 평평하게 벋어 나온 것을
말한다. 큰 기러기의 발가락에는 물갈퀴가 있어서 나무에서 살아갈
수가 없다. 그러나 오직 이렇게 서까래처럼 평평하게 옆으로 벋어 나온
가지라면 잠시 동안 내려 앉아 편안하게 쉴 수가 있다. 이 육사효는
가까운 데로 나아가는데, 어디를 딱히 가리지 않고 문득 간다. 이처럼
급작스레 움직임은 구삼효와 같다. 그래서 이러한 상(象)이 있는 것이다.
그러나 이 육사효가 마땅하게 제자리를 차지하고 있기 때문에, '서까래처
럼 옆으로 길게 벋은 가지를 얻기도 함'이라고 하는 것이다. '或(혹)'이라는
말은 꼭 얻지는 않는다는 의미를 드러내고 있는데, 또한 이치상 얻을
수도 있다는 것이다. 이 육사효의 음이 나아가 집 밖으로 가서 구오・상구
효의 굳셈들에게 순종하며 받들고 있으니, 이제 변하여 그 올바름을
잃어버리지 않는 것이다. 그러므로 구삼효보다는 현명하여 허물이 없는
것이다.

「象」曰: '或得其桷', 順以巽也.

「상전」: '서까래처럼 옆으로 길게 벋은 가지를 얻기도 함'은 순종하면서 공손하기
때문이다.

柔順以巽入於二陽之下, 雖離群孤往而可安.

이 육사효는 부드러움[柔]으로서 두 양의 아래로 순종하며 공손하게
들어가니, 비록 제 무리를 떠나 외롭게 가는 것이기는 하지만 편안할
수 있다.

九五, 鴻漸于陵, 婦三歲不孕, 終莫之勝吉.

구오: 큰 기러기가 점차 구릉(丘陵)에 날아옴이니 지어미가 3년 동안 잉태를
못하였는데, 끝내는 그 길함을 이루 다 이길 수가 없다.883)

---

883) 왕부지 이전에는 이 구절을 대부분 '終莫之勝, 吉'로 끊어서 읽었다. 이 점괘(漸
卦)䷿에서는 육이효와 구오효가 제대로 응함[正應]의 관계에 있는데, 그 사이에
구삼・육사효가 끼어서 방해를 하고 있는 것으로 본다. 그 바람에 육이・구오
효가 합하지를 못하여 지어미가 3년 동안 잉태를 못한 것이다. 그러나 이
둘이 모두 중정(中正)한 덕을 지니고 있기 때문에 구삼・육사효가 이를 당해내
지 못하여서 육이・구오효가 마침내 이를 이겨내고 잉태를 하며 길하다는
의미로 보는 것이다. 즉 구설(舊說)에서는 '끝내 이겨내지 못한다[終莫之勝]'의
주어를 구삼・육사효로 본 것이다. 그런데 『주역패소』에서 왕부지는 이렇게
끊어서는 안 되고 이들 다섯 글자를 모두 연결해서 읽어야 한다고 하고 있다.
그 이유는 첫째, '終莫之勝, 吉'로 끊어 읽을 경우 위의 '지어미가 3년 동안
잉태를 못함[婦三歲不孕]' 구(句)가 끝내 잉태를 못하는 것으로 되어 버려
뒤의 '길하다'와 연결이 될 수 없다는 것이고, 둘째 「상전」의 '원하는 바를
얻음[得所願]'이라는 구절과도 맞지 않는다는 것이다. 그래서 왕부지는 이
다섯 글자는 붙여 읽어야 한다고 하며, 그 의미는 "그 길함을 이루 다 이길
수 없다[莫之勝吉]."로서 이는 "그 길함을 이길 수 없다.[不勝其吉]"와 같은
의미라 하고 있다.

鴻之南也, 經鴈門之塞, 所謂陵'也. 前者已至於陸, 而後者尙集於陵, 居高而不遽下, 得漸之正者也. 九五居尊而得位, 故有此象. '婦謂四也. 四出歸於外, 五爲之主, 其正配也. 四欲上進, 五遠引而不相狎, 有不既相交而不孕之象. 不孕, 不相接也. 然四之情既篤, 五安能終拒之哉? 唯不聽其遽於求好, 而漸乃相接, 則「象傳」所謂進以正, 可以正邦者也, 故不勝其吉.

큰 기러기 떼가 남쪽으로 내려갈 적에는 안문(鴈門)[884]이라는 험준한 요새를 지나게 되어 있다. 이것이 여기서 말하는 '구릉'이다. 그런데 앞서 간 기러기 떼들이 벌써 뭍[중원의 평야지대]에 이르렀는데도 뒤에 오는 기러기 떼들이 아직 이 구릉에 모여 높은 자리를 차지한 채 급작스럽게 남하하려고 하지 않고 있다. 그래서 이 점괘(漸卦)䷴가 드러내고 있는 도(道)의 올바름을 얻고 있다. 이 구오효가 높은 자리를 차지하고 있고 그것이 제자리를 얻은 것이기 때문에 이러한 상(象)이 있는 것이다.

---

884) 안문(鴈門)은 중국 산서성(山西省) 대현(代縣)에 있다. 여기에 안문산(鴈門山)이 있다. 이 산은 두 개의 산이 동·서로 대치하고 있는데, 그 사이가 마치 문처럼 보이는 형태를 지니고 있다. 그리고 이곳을 기러기들이 드나들어서 '안문산(鴈門山)'이라 부른다. 이 산꼭대기에 관(關)을 설치하였고, 이를 안문관이라 한다. 중국의 아홉 요새 가운데 이 안문관을 첫째로 친다. 이 안문관을 중심으로 하여 동·서쪽으로 산맥이 구불구불 길게 이어지는 것을 따라 만리장성을 쌓았다. 그래서 동쪽으로는 평형관(平型關), 자형관(紫荊關), 도마관(倒馬關)으로 이어지며, 유연(幽燕)을 거쳐 발해만에 이른다. 서쪽으로는 헌강구(軒崗口), 영무관(寧武關), 편두관(偏頭關)을 거쳐 황하에 이른다. 북방 유목민족의 침입을 막기 위하여 전국시대 말부터 여기에 성을 쌓기 시작하였다. 그래서 중국 역사상 이 안문관은 이들의 남하를 막는 중요한 요새로서의 기능을 발휘하였다.

'지어미'는 육사효를 가리킨다. 육사효는 집을 나가 밖에서 한 남성에게 귀속된 것이고 구오효가 그 주인이 되기 때문에 그 배우자가 되는 것이다.[885] 그런데 육사효는 위로 올라가고자 하는데 구오효가 멀리서 끌어줄 뿐 밀착한 친함을 드러내지 않기 때문에, 곧바로 서로 교접을 하지 못하여서 '잉태를 하지 못함'의 상이 있다. 그래서 잉태를 하지 못함이란 육체적으로 서로 교접하지 않았다는 의미다. 그렇지만 육사효의 구오효를 향한 정(情)은 이미 돈독하니 구오효가 어찌 끝내 거절할 수 있으리오! 오직 급작스럽게 사랑을 갈구함에 대해 들어주지 않고 있을 뿐이며, 점차 서로 교접하게 되어서는 「단전」에서 말하는 것처럼 "나아가서 올바르니 나라를 바르게 할 수 있다."는 사람이 된다. 그러므로 그 길함을 이루 다 이길 수가 없는 것이다.

「象」曰: '終莫之勝吉', 得所願也.

「상전」: '끝내는 그 길함을 이루 다 이길 수가 없다.'는 것은 원하는 바를 얻는다는 의미다.

連吉爲文, 謂不勝其吉也. '得所願'者, 陰之外適, 固樂得君子而事之.

---

885) 이전의 설들에서는 육이효를 '지어미'로 본다. 육이효가 구오효와 제대로 응합正應의 관계에 있기 때문이다. 그런데 왕부지는 이 육사효가 원래 비괘(否卦)䷋䷋의 육삼효에서 온 것으로서 집 밖으로 나가 남자에게 시집갔다는 의미를 지녔다는 점에서 이를 '지어미'로 보고 있다.

謔浪笑傲, 莊姜不得其願, 知狎暱之不可恃也.

이 「상전」에서는 '吉(길)' 자까지를 아울러서 문장을 이루는데, "그 길함을
이루 다 이길 수 없다."는 의미다. '원하는 바를 얻음'이란 음(陰)이 밖으로
나가서 진실로 군자를 얻어 기쁜 마음으로 그를 섬긴다는 뜻이다. 그런데
거리낌 없이 우스갯소리를 하며 사람들을 희롱하고 조소하였던 장강(莊
姜)은 그 원하는 것을 얻지 못하였으니, 이를 보면 무람없이 친하게만
구는 것은 의지할 것이 못됨을 알 수가 있다.[886]

---

886) 장강(莊姜)은 춘추시대 제(齊)나라의 공주였는데, 나중에 위(衛)나라의 장공
(莊公)에게 시집가서 그 정부인이 되었다. 그러나 아이를 낳지 못하는 바람에
포악하기 짝이 없던 장공으로부터 냉대를 당했고, 급기야 장공이 후실 부인들
을 보아 아이를 낳는 것을 지켜보는 쓰라림을 겪었다. 그러나 성품이 고왔던
장강은 후실 부인 소생들을 마치 자기가 낳은 자식들처럼 끔찍이도 사랑하였
다. 특히 태자 환공(桓公)에 대해서 그리하였다. 그런데 즉위한 지 얼마 안
되어 이 환공이 동생에게 죽임을 당하는 것을 목격하였고, 그 동생 또한
살해당하는 것을 장강은 목격하여야만 했다. 그리고 장강은 이제 위(衛)나라
궁중에서 고독을 삼키며 쓸쓸히 일생을 보내게 되었다. 이것이 그녀의 시심(詩
心)을 자극했을까, 그녀는 주희(朱熹)에 의해 중국 역사상 최초의 여류 시인으
로 인정받을만큼 좋은 시들을 지었다. 그리고 『시경』, 「위풍(衛風)」 편의
'석인(碩人)'이라는 시는 이 장강의 아름다움을 묘사한 것이라 한다. 이렇게
하여 장강은 이제 고증할 수 있는 측면에서 중국 역사상 첫 번째 미인으로
꼽히게 되었다. 왕부지는 여기서 이 장강에 대해 그다지 긍정적으로 보지
않는 것 같은데, 장강이 자식을 낳지 못해 장공(莊公)에게 냉대 받은 사실을
염두에 부각시키고 있다.

上九, 鴻漸于陸, 其羽可用爲儀, 吉.

상구: 큰 기러기가 점차 하늘 높이 구름 사이로 난 길로 날아감이니, 그 날개가
쓸 만하여 의용(儀容)이 된다. 길하다.

'陸', 舊說以爲'逵'字之譌, 韻與義皆通, 謂雲路也. 上處至高之位, 而乘
巽風之上, 乃翱翔雲際而不欲下之象. '羽', 所以飛者. '儀', 法也. 三・四
交移, 以密邇之情爲進退, 上去之遠, 止於最高而不下. 蓋鴻之南也, 違
寒就暖, 適水艸稻粱之鄕, 有希榮之情焉. 翔雲路而不屑, 君子愛身以
愛道, 楊雄所謂"鴻飛冥冥, 弋者何慕"也. 砭頑起懦, 可以爲百世師矣.

이곳 '陸(륙)' 자에 대해 옛 주석가들은 '逵(규)' 자를 잘못 쓴 글자라
하였는데[887], 운자(韻子)와 의미에서 이 둘은 모두 통한다. 이 '逵(규)'는

---

887) 특히 호원(胡瑗)이 자신의 역저(力著) 『주역구의(周易口義)』에서 이 문제를
　　 본격적으로 제기하였다. 그는 이 점괘(漸卦)䷴를 보면, 초효부터 5효까지는
　　 '물개干→너럭바위[磐]→뭍[陸]→나뭐[木]→구릉[陵]'의 식으로 모두 낮은 데서
　　 높은 곳으로 올라가는 것으로 되어 있는데 이 상구효에 와서 다시 '뭍[陸]'으로
　　 낮아지게 되어 있으니, 이는 이치에 맞지 않다고 의문을 제기한다. 그리고
　　 공영달이 『주역정의(周易正義)』에서 "鴻漸于陸(홍점우륙)'이라 한 것은, 이
　　 상구효와 구삼효가 모두 내・외 각 괘의 맨 위에 자리 잡고 있기 때문에
　　 아울러 '陸(륙)' 자를 칭한 것이다.(鴻漸于陸者, 上九與三皆處卦上, 故並稱陸.)"
　　 라고 하였던 풀이에 대해서도 비판한다. 역대 모든 경전을 다 찾아보아도
　　 '陸(륙)' 자를 산꼭대기와 같이 높은 정상의 의미로 쓴 곳이 없다는 근거에서다.
　　 그래서 호원은 '逵(규)' 자와 '陸(륙)' 자가 글씨체가 비슷함으로 말미암아 옮겨
　　 적는 과정에서 '逵(규)' 자를 '陸(륙)' 자로 잘못 적는 착오가 났을 것이라는
　　 추론을 하고 있다. 그리고는 이 '逵(규)' 자에 '운로(雲路)'라는 의미가 있음을

하늘 높이 구름 사이로 난 길로서 신선이 다니는 길이다. 이 상구효는
이 점괘(漸卦)☲에서 가장 높은 자리에 있으니 손괘☴가 상징하는 바람을
타고서[888] 저 높이 구름사이를 훨훨 날고 있다. 그래서 아래로 내려오고
싶어 하지 않는 상(象)이다. '날개'는 날아갈 수 있게 하는 것이다. '의용'은
본보기를 의미한다. 아래 구삼·육사효가 서로 사귀면서 서로 자리를
옮겼는데, 이는 밀접하게 붙어 있는 것들끼리 정(情)이 통하여 나아가기
도 하고 물러나기도 한 것이다. 그런데 이 상구효는 이들과는 멀리
떨어져 있으면서, 가장 높은 자리에 머물러 있는 채 내려오지 않는
다. 생각건대 큰 기러기들이 남쪽으로 내려오는 것은 추운 곳을 피하여
따뜻한 곳을 찾아오는 것이며, 수초와 벼, 기장들이 자라나는 지역으로
가고자 하는 것이다. 여기에는 영화(榮華)를 희구하는 정서가 담겨 있다.
그런데 지금 이 큰 기러기들이 구름 사이로 난 신선의 길을 날면서
이를 달갑게 여기지 않는 것은 군자가 도(道)를 아끼는 마음으로 자신을
아끼는 것에 해당한다. 양웅(揚雄)이 "큰 기러기들이 아득히 저 하늘
높이 나는데 한갓 사냥하는 주살이나 들고서 어찌 입맛을 다시리오!"라
표현한 것[889]이 바로 이것이다. 이는 어리석은 이들에게 따끔한 자극을

들어 자신의 추론을 뒷받침하고 있다. '운로'는 하늘 높이 구름 사이로 난
길로서 신선이 다니는 길을 의미한다. 이에 대해서 정이(『易傳』), 정강중(鄭剛
中;『周易窺餘』), 주희(『周易本義』) 등 송유는 물론 원대의 오징(吳澄;『易纂言』)
등이 모두 동의하고 있다. 참고로 공영달의 풀이에 대해서는 『자하역전(子夏易
傳)』과 이정조(李鼎祚)의 『주역집해(周易集解)』 등에서 같은 취지로 풀이하고
있고, 송대 이형(李衡)의 『주역의해촬요(周易義海撮要)』에서는 이를 인용하
며 제시하고 있다. 왕부지는 물론 호원(胡瑗)에서 비롯되어 송·원대의 주역학
자들로 이어지는 견해에 동의하며 이곳에서 그에 입각하여 풀이하고 있다.
888) 여기서 손괘☴는 점괘(漸卦)의 회괘(悔卦), 즉 상괘(上卦)를 지칭한다.

주어 깨우치게 하고 나약한 이들을 격려하여 일어나게 하니, 영원한
스승이 될 수가 있다는 의미다.

---

889) 양웅(揚雄; B.C.53~A.D.18)은 '楊雄(양웅)'이라고도 한다. 자는 자운(子雲)이
ㅤㅤ다. 서한 시기의 철학자, 문학가, 언어학자다. 촉군(蜀郡)의 성도(成都) 출신이
ㅤㅤ다. 양웅은 말더듬이여서 어려서부터 생각하기를 좋아하였다. 그리고 글짓기
ㅤㅤ를 좋아하여 동향의 대 사부가(辭賦家)인 사마상여(司馬相如)를 흠모하였다.
ㅤㅤ양웅은 특히 사마상여의 불멸의 양대 거작, 『자허부(子虛賦)』·『상림부(上林
ㅤㅤ賦)』를 모방하여 사부(辭賦)를 습작하다 자신도 『촉도부(蜀都賦)』라는 작품을
ㅤㅤ지어서 유명해졌다. 이 『촉도부』는 영향력이 자못 커서 뒤로 반고의 『양도부
ㅤㅤ(兩都賦)』, 장형(張衡)의 『이경부(二京賦)』 및 좌사(左思)의 『삼도부(三都賦)』
ㅤㅤ등에 영향을 주었다. 양웅은 성제(成帝)에게 발탁되어 보좌하는 도중 성제를
ㅤㅤ화려하게 묘사하며 찬양하는 여러 편의 부(賦)를 지었다. 그리고 황문랑(黃門
ㅤㅤ郎)이 되었을 적에는 왕망(王莽), 유흠(劉歆) 등과 동료 관계로 어울렸다.
ㅤㅤ이것이 인연이 되어 나중에 왕망이 정권을 찬탈하여 신(新)나라를 세웠을
ㅤㅤ적에 양웅은 중산대부(中散大夫)로 임명되었고, 왕망을 미화하는 『극진미신
ㅤㅤ(劇秦美新)』이라는 작품을 썼다. 뒤에 양웅은 이런 문장에 힘쓰는 것은 장부가
ㅤㅤ할 일이 아니라 하며 철학으로 관심 방향을 돌렸다. 그래서 『논어』를 모방하여
ㅤㅤ『법언(法言)』을 지었고, 『역경』을 모방하여 『태현경(太玄經)』을 지었다. 『태
ㅤㅤ현경』의 '현(玄)'은 『노자』에 출전이 있다. 양웅은 이 글자에 대해 우주 만물의
ㅤㅤ근원이라는 의미를 부여하고 있다. 그리고 양웅은 "성(性)에는 선함과 악함이
ㅤㅤ뒤섞여 있다."는 설을 주장하였는데, 이것 때문에 조선의 유학자들로부터
ㅤㅤ크게 비판받게 된다. 양웅은 또 천록각(天祿閣) 교서(校書)가 된 뒤로는 언어
ㅤㅤ연구에 몰두하여 『방언(方言)』이라는 저서를 냈다. 이 책은 서한 시대의 각
ㅤㅤ지역 방언을 수록한 것이다. 그래서 중국의 고대 언어를 연구하는 데서 귀중한
ㅤㅤ자료로 활용되고 있다. 여기서 왕부지가 인용한 구절은 양웅의 『법언』의
ㅤㅤ「문명(問明)」 편에 나온다.

「象」曰: '其羽可用爲儀吉', 不可亂也.

「상전」: '그 날개가 쓸 만하여 의용이 된다. 길하다.'는 것은 어지럽힐 수 없다는 의미다.

志不降, 身不辱, 孰得而亂之? 急於消否者, 志士之情, 三・四所以爲女歸之吉. 安於下而不妄者, 貞人之守, 初之所以雖危以免咎. 尊德樂義而不輕於動者, 大人之操, 上九所以爲法於天下. 可進可退而不失其正者, 君子之度, 二・五所以和樂而得願. 六爻異用, 而各有其道, 漸之所以利貞, 而上九其尤矣.

지조를 내리지 않고 몸을 욕되게 하지 않으니, 그 누가 어지럽힐 수 있겠는가! 비괘䷋의 비색함을 소멸시키기에 다급한 것은 지사(志士)의 마음씀이다. 그렇기 때문에 구삼・육사효는 여자가 시집가서 한 남자에게 귀속됨의 길함이 된다. 아랫자리에서 편안해 하며 망령되이 행동하지 않음은, 마음을 굳게 지키고 바꾸지 않는 사람의 지킴이다. 초육효는 이렇게 하기 때문에 비록 위태롭기는 하지만 허물을 면한다. 덕성을 높이치고 의로움을 즐겁게 행하며 가벼이 행동하지 않음은 대인의 지조다. 그렇기 때문에 상구효는 천하에 본보기가 된다. 나아갈 수도 있고 물러날 수도 있는데 이러함에서 그 올바름을 잃어버리지 않는 것은 군자의 절도(節度)다. 육이・구오효는 이러한 이유에서 어울리며 즐거워하고 원하는 바를 얻는다. 이처럼 여섯 효들이 각기 다르게 작용하며 각기 자신의 원리와 방법을 실현하고 있는 것, 이것이 바로 점괘(漸卦)䷴가 올곧음에 이로운 까닭이다. 상구효는 그중에서도 더욱 뛰어나다.

●●●

歸妹卦兌下震上

귀매괘▤▤

歸妹, 征凶, 无攸利.

귀매괘: 원정을 나가서는 흉하다. 이로울 것이 없다.

往而卽之以爲家曰'歸'. '女歸'者, 女外適而以夫家爲歸也. '歸妹'者, 男舍其家, 出而就女以爲歸也. 卦自'泰'變. 陰陽本有定交, 而'乾'上之陽, 出而依陰, '坤'下之陰, 反入而爲主於內, 就近狎交, 不當其位. 男已長, 女方少, 相說而動以從之, 卦德之凶甚矣. 故無所取象, 無所取德, 而直就其占言'凶'・言'无攸利', 與'剝'卦同而尤凶. 但擧卦名, 已知爲不祥之至, 勿待更推其所以凶也. '征凶'者, 以往而凶. 陽不往, 則陰不入而干陽. 婦之不順, 皆夫輕就之情導之也. 旣言'凶', 又言'无攸利'者, 往歸之意, 以爲利存焉, 而不知適以貽害. 君子之屈於小人, 中國之折於夷狄, 皆見爲利, 而自罹於害. 失其位, 而利可徼乎? 然唯征斯凶, 則初之得位而安於下, 二・五之居中而不動, 固可以免. 所以「象」凶, 而爻或有吉存焉. 不征, 則不凶矣.

가서 거기에서 곧 가정을 이루는 것을 '歸(귀)'라고 한다. 그런데 '女歸(여귀)'라는 것은 여자가 가서 지아비의 가정에 귀속되는 것을 말한다. 이에 비해 '歸妹(귀매)'라 하는 것은 남자가 제 가문을 버리고 나가서 여자의 가문에 귀속되는 것이다. 이 귀매괘☲는 태괘(泰卦)☷로부터 변한 것이다. 태괘에서는 음·양이 본래 서로 교접하는 것으로 되어 있었다. 그런데 그 정괘(貞卦)인 건괘☰의 맨 위의 양이 나아가서 음에게 의탁하고 있고,[890] 그 회괘(悔卦)인 곤괘☷의 아래 음이 반대로 들어가서 안에서 주인 노릇을 하고 있다.[891] 이처럼 이들은 서로 지근거리(至近距離)에 있는 것들끼리 무람없이 교접한 것이고, 또 모두들 마땅한 제자리를 차지하고 있지도 않다. 이들 가운데 남자는 이미 장년이고 여자는 이제 갓 소녀인데,[892] 서로 눈이 맞아 좋아한 나머지 움직여서 좇고 있으니, 이 귀매괘가 드러내고 있는 덕은 흉함이 심한 것이다. 그러므로 상(象)에서 취한 바도 없이, 또 덕(德)에서 취한 바도 없이, 곧장 그 점(占) 그대로를 놓고 '흉하다'·'이로울 것이 없다'고 말하고 있다. 이는 박괘(剝卦)☷와도 같지만 이 귀매괘가 더욱 흉하다. '귀매(歸妹)'라는 그 이름만 듣더라도 상서롭지 않음이 지극하다는 것을 벌써 알 수 있다. 그래서 더 이상

---

890) 이 건괘☰는 태괘☷의 정괘(貞卦), 즉 내괘를 지칭한다. 그리고 맨 위의 양이라는 것은 이 건괘의 맨 위 효라는 의미다. 또 '음에게 의탁하고 있고'라는 것은, 태괘(泰卦)의 회괘(悔卦), 즉 상괘가 곤괘☷로 되어 있는데, 건괘의 상효가 이 곤괘에게로 가서 초효가 되어 있다는 의미다. 그래서 이 곤괘는 이제 진괘☳로 변한 것이다.

891) 여기서 곤괘☷라 한 것은 태괘☷의 회괘(悔卦), 즉 외괘(外卦)를 지칭한다. 그런데 이 곤괘의 맨 아래 음효가 태괘(泰卦)의 내괘인 건괘☰에로 가서 3효의 자리를 차지함으로써 이제 그 건괘☰는 태괘(兌卦)☱로 변하였고, 그래서 이 3효가 그 주인 노릇을 하고 있다는 의미다. 태괘☱에서는 음효가 소수이기 때문이다.

892) 남자는 진괘☳의 초효니 장남(長男)을 의미하고, 여자는 태괘☱의 3효니 소녀(少女)를 의미한다. 그런데 왕부지는 여기서 장남(長男)을 장년의 남자로 보고 있다.

이 괘가 왜 흉한지를 따져 볼 필요도 없다.

'원정을 나가서는 흉하다'는 것은 갔기 때문에 흉하다는 것이다. 양[893]이 가지 않았더라면 음[894]이 들어가서 양들을 손에 넣고 주무르지도 않을 것이다. 지어미가 순종하지 않는 것은 모두 지아비가 지어미에게 가볍게 다가간 정(情)이 초래한 것이다. 그런데 '흉하다'고 말하고서도 또 '이로울 것이 없다'고 말한 까닭은, 남자가 가서 귀속되고자 하는 의도를 갖고 거기에 이로움이 존재한다고 여길 뿐 그것이 해를 끼치리라는 것을 모르기 때문이다. 군자가 소인에게 굴복한 것이라든지, 중국이 이적에게 굴복한 것 등은 모두 이롭다고 보기 때문인데, 이 자체가 벌써 해로움을 불러오는 것이다. 제 지위를 잃어버렸는데 이로움을 바랄 수 있겠는가? 그런데도 여기서 오직 원정을 나가는 것만 흉하다고 한 것은, 초구효가 제자리를 얻어서 맨 아래에서 편안하게 있고, 구이·육오효는 가운데 자리를 차지한 채 움직이지 않고 있어서 본디 흉함을 면할 수 있기 때문이다. 이러한 까닭에 괘사에서는 흉하다고 하였어도, 효들 가운데는 길하다고 하는 것이 있다. 원정을 나가지 않으면 흉하지 않은 것이다.

---

893) 태괘䷹에서의 구삼효를 가리킨다. 그런데 이것이 위 곤괘☷에로 가서 그 아랫자리를 차지하여 이제 괘는 귀매괘䷬로 변하였고 이 양효는 그 구사효가 되었다.

894) 태괘䷹에서의 육사효를 가리킨다. 그런데 이제는 떠나간 구삼효의 자리로 들어가서 귀매괘䷬의 육삼효가 되었다.

「象」曰: 歸妹, 天地之大義也. 天地不交而萬物不興. 歸妹, 人之終始也. 說以動, 所歸妹也.

「단전」: 소녀에게 장가듦은 천지의 큰 의로움이다. 하늘과 땅이 교접하지 않아서는 만물이 일어나지 않는다. 소녀에게 장가듦은 사람의 처음과 끝이다. 기뻐하며 움직이니 소녀에게 장가드는 것이다.

上古之世, 男女無別. 黃帝始制婚姻, 而匹偶定. 然或女出適男家, 或男就女室, 初無定制. 故'子'・'姒'・'姬'・'姜', 皆以女爲姓. 迨乎夏・殷, 雖天子諸矦且有就女而昏者, 『易』兩言"帝乙歸妹"是已. 周之興, 懲南國之淫亂, 始爲畫一之昏禮, 始納采以至親迎, 略放古者陽就求陰之意, 而必'女歸', 而無'歸妹'之事, 然後氏族正, 家道立, 而陽不爲陰屈, 天經地義, 垂之萬世. 孔子曰"周監於二代, 吾從周", 此周道宜從之大經大法也. 故施及秦・漢, 等贅壻於罪人, 有謫戍之法焉. 後世非貧賤無賴之野人, 未有以妹爲歸者矣. 此『傳』緣其始而言之, 當匹耦未定, 典禮未定之先, 亦未大拂乎天地之大義. 蓋陰之情與, 然內樂於與而外吝於與, 抑以存其恥心, 故必陽往而動之, 然後悅而生化興焉, 則男就女以爲家亦可矣. 然人道之至正於始, 始於此則終於此. 陽一屈而就陰, 則陰入而爲主乎內, 陽反賓焉, 終其身受制而不能自拔. 故先王於此, 愼其始以防之. 乃如此卦之象, 所以爲'歸妹'者, 不恤禮制之旣定, 苟且便安, 規小利, 說焉而動者也. 始不正而終爲人道之大患, 自非帝乙, 鮮有不喪國亡家而陷於惡者, 所以凶而无攸利也.

아득한 옛날에는 남녀의 구별이 없이 그저 살아갔다. 황제(黃帝)가 혼인

제도를 창시하고 나서 짝을 정하고 살게 된 것이다. 그런데 여자가 집을 나가 남자의 가정으로 들어가기도 하고 남자가 여자의 집으로 가기도 하였으니, 처음에는 일정한 제도가 없었다. 그러므로 자(子)·사(姒)·희(姬)·강(姜)씨 등은 모두 여자를 성씨(姓氏)로 하고 있다. 하(夏)·은(殷)나라에 이르러서도 비록 천자나 제후라 할지라도 여자의 집으로 장가를 드는 혼인을 한 경우가 있었다. 『주역』에서 두 번이나 "제을(帝乙)이 소녀에게 장가들다."고 말하는 것이 바로 이것일 따름이다.

주(周)나라가 일어나서 남쪽 나라들의 음란함을 징치하여 비로소 획일한 혼례제도가 세워졌다. 그래서 납채(納采)로부터 친영(親迎)에 이르기까지 옛날에 양(陽)이 음(陰)에게로 가서 구하던 의미를 없애버리고 반드시 '여자가 남자 집에으로 시집을 감'으로 하였다. 결코 '남자가 여자 집으로 장가를 듦'의 일은 없었다. 이렇게 하여 씨족이 올바르게 되었고, 가문의 도(道)가 확립되었다. 양이 음에게 굴복하지 않음은 하늘과 땅의 근본이자 의로움으로서 만세에 드리우고 있다. 공자는 "주나라는 하·은 두 나라를 거울로 삼았으니, 나는 주나라를 따르겠노라!"[895]라고 하였는데, 이는 주나라의 도(道)가 대경·대법(大法)을 옳게 따른 것이다. 그러므로 진(秦)·한(漢) 시대에 이르러서는 데릴사위를 죄인과 같이 보아서 오랑캐들이 사는 곳으로 쫓아내기까지 하는 법이 있었던 것이다. 후세에 이르러서는 가난하고 천박하거나 의지가지가 없는 신세의 사람이 아니면 여자의 집으로 가서 그 집에 귀속되는 이가 있지 않았다.

이 「단전」은 그 시작될 당시를 기반으로 하여 말한 것이다. 그래서 아직 배필이 아직 정해지지 않고 전례(典禮)가 확정되기 이전에 해당하

---

895) 『논어』, 「팔일(八佾)」 편에 나오는 말이다.

니, 또한 천지의 대의에 아직 크게 어긋나지 않는다고 할 것이다. 아마이 상태에서는 음(陰)이 정(情)을 주었을 것이다. 그러나 이 준 것에 대해 속으로는 즐거워하면서도 겉으로는 표시하기를 주저하고 있는 상태다. 아니면 그 부끄러운 마음을 가지고 있을 수도 있다. 그러므로 반드시 양(陽)이 가서 움직인 뒤에라야 음이 기뻐하며 삶의 기운이 돋아날 것이다. 그래서 남자가 여자에게로 가서 가정을 꾸리더라도 되는 것이다.

그러나 사람이 살아가는 길에서는 시작 단계에서부터 올발라야 하니, 이렇게 시작하였으면 이렇게 끝나기 때문이다. 양이 한 번 음에게 굴복하여 음에게 나아가면 음은 들어와서 안에서 주인 노릇을 하며 양은 반대로 그 손님이 되어버리고 만다. 그래서 양은 죽을 때까지 온몸으로 그 억압을 받아내며 스스로는 이로부터 벗어날 수가 없다. 그러므로 선왕들은 그 시작을 신중히 함으로써 이러함에 대해 방비하도록 하였다. 그런데 이 괘의 상(象)이 '귀매'가 되는 까닭은, 예제가 이미 정해져 있는데도 이에 대해서는 전혀 관심을 기울이지 않고, 그저 구차하게 편안함을 도모하고 작은 이익이나 넘보며 기뻐서 움직이는 것이기 때문이다. 결국 시작이 올바르지 않아서 마침내 사람 살아가는 길에서 큰 두통거리가 되고 마는 것이다. 스스로의 됨됨이가 제을(帝乙)과 같은 인물이 아니고서는, 나라를 멸망케 하고 가문을 망하게 하며 악의 구렁텅이 빠지지 않는 사람이 드물 것이다. 그렇기 때문에 흉하며 이로울 것이 없는 것이다.

'征凶', 位不當也.

'원정을 나가서는 흉함'은 차지하고 있는 위(位)들이 마땅하지 않기 때문이다.

三·四失位, 二·五因之.

이 귀매괘에서는 3·4효는 자신들의 마땅한 위(位)를 잃고 있고, 2·5효는 그것으로 말미암고 있다.

'无攸利', 柔乘剛也.

'이로울 것이 없음'은 부드러움[柔]이 굳셈[剛]을 타고 있기 때문이다.

外卦二陰乘一陽, 內卦一陰乘二陽. 陽妄動而爲陰所乘, 則敗於家, 凶於國, 唯陰之制而莫如之何. 隋文帝之剛, 爲獨孤所乘, 而身弑國亡, 況唐高·宋光之未能剛者乎!

이 귀매괘䷵에서는 외괘☳의 두 음효가 하나의 양효를 올라타고 있고, 내괘☱에서는 하나의 음효가 두 개의 양효를 올라타고 있다. 이처럼 양이 망령되이 움직이니 음이 그것을 타고 주무르다가 결국 가문의 멸망과 국가의 흉함을 가져오는 것이다. 양이 오직 음의 제지만 받으며 어찌할 줄을 모른 결과다. 수문제(隋文帝)처럼 굳센 인물도 결국은 독고(獨孤) 황후에게 올라탐을 당하여 몸도 망치고 나라도 멸망케 하였다.[896]

---

896) 수문제(541~604)는 위진 남북조의 열국 분열상을 극복하고 중원을 통일한 수(隋)나라의 개국황제다. 재위 기간은 23년간(581~604)이었다. 본명은 양견(楊堅)이다. 그는 서위(西魏)의 수국공(隨國公)이자 북주(北周)의 주국(柱國)·대사공(大司空)이었던 양충(楊忠)의 아들이다. 그래서 북주에서 양견은 아버지의 후광으로 고관대작을 지냈으며, 큰 딸을 북주의 선제(宣帝)에게

하물며 당나라의 고종[897])과 송나라의 광종[898])과 같은 군세지도 못한 인물들이야!

「象」曰: 澤上有雷, '歸妹', 君子以永終知敝.

「대상전」: 연못 위에 우레가 있음이 귀매괘니, 군자는 이를 본받아 영원하게 하고 무엇이든 결국 다함이 있다는 것을 안다.

시집보낸 뒤에는 일약 북주의 실세로 떠올랐다. 그의 부인이었던 독고(獨孤) 황후도 북주의 8대 주국(柱國) 가운데 한 사람인 독고신(獨孤信)의 딸이다. 수문제는 북주로부터 정권을 선양(禪讓) 형식으로 물려받은 뒤 북주 종실을 처참하게 궤멸(潰滅)시키고 새로운 왕조 수(隋)나라를 건립하였다. 그리고 중원을 통일한 뒤, 선비족화 정책을 일소하고 한족 문화의 부흥정책을 펼쳤다. 또 이전의 일종의 신분 세습제인 구품중정제(九品中正制)를 폐지하고 과거제 도를 실시하여 새로운 가문 출신들을 발탁할 수 있는 길을 열었다.

그런데 황제로서 수문제는 매우 검소한 생활을 하였지만 이것이 지나쳐서 너무 인색하게 군 것이 문제였다. 관중(關中)에 큰 한발이 들었을 적에도 창고를 열지 않음으로써 백성들의 그에 대한 원성이 자자할 정도였다. 그는 둘째 아들에게 살해당하였다는 후문이 있다. 그리고 그의 왕위를 계승한 둘째 아들 수양제(隋煬帝)는 고구려를 침공하였다가 그 후유증으로 결국 멸망하고 만다. 그런데 왕부지는 이 모든 것이 수양제가 지나치게 망령되이 행동하다가 독고황후의 견제를 받았고, 마침내 독고황후는 그의 등에 올라타고 서 정권을 농락하다가 국가를 멸망케 하는 결과를 초래하였다고 보고 있는 것이다.

897) 당나라의 고종에 대해서는 주294)를 참고하라.
898) 송나라의 광종에 대해서는 주295)를 참고하라.

澤流下, 雷終奮出而不衰止. 男已長, 女方少, 不憂其不偕老而說從之.
推此志也, 貧賤・夷狄・患難, 皆可以永焉者也. 天下無不可終之交,
無不可成之事. 君子明知事會之有敝, 而必保其終, 情不爲變, 志不爲
遷, 蓋體此象以爲德. 庸人不知敝而妄覬其終之利, 知士知其敝而爲
可進可退之圖以自全. 孔子曰, "道之不行, 已知之矣." 文信國曰, "父母
病, 雖知不起, 無不藥之理." 聖人之仁所以深, 君子之志所以不可奪
也. 「大象」此類皆與彖殊指, 不可强合者也.

연못의 물이 아래로 흐르는데 우레가 마침내 솟구쳐 나오더라도 쇠퇴하
며 그쳐 버리지를 않는다. 남자는 이미 장년에 이르렀는데 여자는 갓
소녀가 되었지만, 이들은 함께 늙어가지 못하리라는 것은 전혀 괘념치
않고 그것을 기쁘게 따르는 것이다. 이러한 뜻함을 미루어 적용해 보면,
빈천하든, 이적에 있든, 환난에 빠졌든, 모두 영원하게 할 수 있는 것이
다.[899] 세상에 끝나지 않을 사귐이란 없고, 이룰 수 없는 일이란 없다.
군자는 만남이란 다함이 있다는 사실을 분명히 알면서도 반드시 그
끝남을 보전(保全)하고 정(情)을 변치 않으며 지조를 바꾸지 않는다.

---

899) 연못의 물이 아래로 졸졸 흘러 내려가는데 거기에서 우레가 번쩍 솟아오른다고
할지라도 결코 그 한 번의 우레로 인해 연못에서 흘러내리는 물은 쇠퇴하며
멈추어버리지 않는다. 영원히 계속될 수 있다는 것이다. 장년의 남성과 막
피어난 소녀가 결혼을 하여 불꽃같은 사랑을 하더라도, 그리고 이들 부부가
해로(偕老)하지 못한다고 할지라도, 이들의 사랑은 영원할 수 있다는 것이다.
마찬가지로 지금 빈천한 상황에서 살아가든, 이적(夷狄)의 땅에서 살아가든,
환난에 빠졌든, 결국 무엇이든 헤어짐이 있다는 것을 알면서도 끝마침을
영원히 하는 군자의 덕을 발휘하면 영원할 수 있다는 것이다. 이 덕을 이
귀매괘(歸妹卦)䷵에서 배울 수 있다는 것이다.

아마 이는 이 귀매괘䷵의 상(象)을 체득하여 덕(德)으로 삼고 있기 때문이
리라. 이에 비해 보통의 사람들은 해어짐이 있다는 것을 알지 못한
채 망령되이 그 끝남의 이익이나 바란다. 그런데 재질과 지혜를 갖춘
선비들은 그 해어짐을 알아서 세상에 나아가기도 하고 물러나기도 하며
스스로를 보전한다. 공자께서는 "도(道)가 행해지지 않으리라는 것은
이미 알고 있었다."900)라고 하였다. 그리고 문신국은901) "부모님께서

---

900) 사실 이 말은 자로(子路)가 한 말이다. 자로가 공자를 수행하다가 장저(長沮)·
걸익(桀溺)이라는 은자에게 나루터 가는 길을 묻고 오는 바람에 그만 공자를
놓치고 말았다. 그래서 마침 지팡이에 삼태기를 메고 가는 노인을 만나서
"노인장, 우리 선생님 보셨습니까?"하고 물었다. 그러자 그 노인은 "제 몸을
부지런히 움직여 노동을 하지 않고 오곡조차 구분할 줄 모르는데 누가 선생이란
말인가?"라고 힐난(詰難)하며 자로는 거들떠보지 않는 채 지팡이를 꼽아 놓고
김을 매는 데만 열중하였다. 이에 대해서 이튿날 자로가 혼잣말처럼 읊조린
말이 이 말이다. 즉 "벼슬을 하지 않는 것은 의롭지 않다. 어른과 어린이
사이의 절도를 폐기할 수 없는데, 군주와 신하 사이의 의리를 어찌 폐기할
수 있단 말인가! (당신들은) 제 한 몸을 청결히 하고자 하지만 그러면서 인류공동
체를 꾸려가게 하는 거대한 인륜을 어지럽히고 있다. 군자가 벼슬을 하는
것은 그 의로움을 행하는 것이다. 도(道)가 행해지지 않을 것은 이미 알고
있었다.(『論語』,「微子」: 路從而後, 遇丈人, 以杖荷蓧. 子路問曰, "子見夫子乎?"
丈人曰, "四體不勤, 五穀不分. 孰爲夫子?" 植其杖而芸. …… 子路曰, "不仕無義.
長幼之節, 不可廢也, 君臣之義, 如之何其廢之? 欲絜其身, 而亂大倫. 君子之仕
也, 行其義也. 道之不行, 已知之矣.")라고 하였다. 즉 안 되리라고 하여 의당
해야 할 일을 그만둘 수 없다는 것이다. 무엇이든 분명히 결말이 있다는
것은 알지만, 그 결과에 연연하지 않고 끝까지 최선을 다하는 것이 유가의
정신이라는 말이다. 왕부지가 이 귀매괘「대상전」의 의미로 강조하고 있는
주지(主旨)가 바로 이것이다.
901) 문신국은 문천상(文天祥)을 가리킨다. 문천상에 대한 자세한 것은 주783)을
참고하라.

병이 나셨을 적에는 비록 병이 위중하여 다시 일어나지 못하리라는 사실을 안다고 하여도 안 듣는 약의 이치는 없다."고 하였다. 바로 이러하기 때문에 성인의 어짊은 깊은 것이며, 군자의 뜻함은 빼앗을 수가 없는 것이다. 지금 이 「대상전」과 같은 부류는 괘사와는 주지(主旨)가 다르다. 이들을 억지로 합치시키려 해서는 안 된다.

初九, 歸妹以娣, 跛能履, 征吉.

초구: 소녀에게 장가들어 귀속된답시고 여동생에게 장가드는 세상을 만남이요, 절름발이더라도 걸을 수는 있다. 원정을 가서는 길하다.

> '歸妹以娣', 謂當歸妹以娣之世也. 此句統下九二言之. '娣', 少女, 謂三也. "跛能履"·"眇能視"分言之, 而固相聯以成文, 二爻之德相貫也. 陽之往出而歸陰, 得其娣以歸, 而爲主於內, 亂道也. 初九剛而居下, 不隨四以行, 跛象也. 唯守正而不妄動, 則如跛者之行, 畏仆而必愼. 以此道而正四之不正, 往而吉矣.

'歸妹以娣(귀매이제)'는 여동생에게 장가들어 귀속되는 세상을 만났다는 말이다. 이 구절은 아래 구이효까지 통괄하여 말한 것이다. '娣(제)'는 소녀로서 육삼효를 지칭한다. "절름발이라도 걸을 수 있다"·"애꾸눈이라도 볼 수 있다"라고 나누어 말하고 있으나, 이들은 본디 서로 연계하여 하나의 문장을 이루고 있다. 이들 두 효의 덕(德)이 서로 닮아 있기 때문이다.

이 초구효는 양(陽)이 집 밖으로 나가서 음에게 귀속됨인데, 그 여동생을 얻어 귀속되고 그 여동생은 안에서 주인 노릇을 하고 있으니, 이는 혼란함의 도(道)다. 그런데 초구효는 굳셈으로서 이 괘의 맨 아래를 차지하고 있고, 구사효를 따라서 가지 않으니, 이는 절름발이의 상(象)이다. 이러할 때 초구효로서는 오직 올바름을 지키며 망령되게 행동하지 않아야 하니, 마치 절름발이가 걸어가다가 넘어질까 두려워 반드시 삼가는 것과 같다. 초구효는 바로 이러한 원리와 방법으로써 구사효의 올바르지 못함을 올바르게 하니, 가서 길한 것이다.

'履'與'歸妹', 內卦皆'兌', 而上承'乾'・'震'之剛, 故皆有跛眇之象. 而'履'孤陰妄進, 故自謂能而非其能; '歸妹'四輕往而過不在三, 則初與二能保其正, 而與'履'之'素履往', '坦坦幽貞', 德固相若, 皆處濁世而有孤行之操者也. 『易』之文簡, 故詞同而意異.

이괘(履卦)䷠와 귀매괘䷵는 내괘가 모두 태괘☱이고, 위로 각기 건괘☰・진괘☳를 받들고 있다. 그러므로 이들에게는 절름발이와 애꾸눈의 상(象)이 있다. 그런데 이괘(履卦)는 괘 전체에서 딱 하나 있는 외로운 음(육삼효)이 망령되이 나아간 것이기 때문에 스스로는 '할 수 있다'고 하여도 실제로는 능력이 있는 것이 아니다.[902] 이에 비해 이 귀매괘는 구사효가

---

902) 이괘(履卦)䷠의 육삼효사는 "애꾸눈으로 볼 수가 있고 절름발이로 걸을 수 있음이다. 그래서 호랑이 꼬리를 밟으니 사람을 물어버려 흉하다. 무인이 대군에게 제멋대로 행함이다."로 되어 있다. 즉 애꾸눈, 절름발이, 무인(武人) 등이 자신들의 약간의 능력을 믿고 나대다가 결국은 호랑이 꼬리를 밟아버렸으니, 흉하다는 것이다.

경솔하게 간 것이니 과오가 육삼효에게는 있지 않다. 그래서 초구효와 구이효가 육삼효의 올바름을 보전할 수가 있다. 그런데 이러함은 이괘(履卦)의 '현재의 지위대로 실천하여 감'(초구효), '탄탄대로인데, 자신을 드러내지 않고 묵묵히 있는 사람이 올곧음'(구이효)과 덕이 진실로 서로 비슷하다. 이들은 모두 혼탁한 세상에 처하여 외롭게 지조를 행하는 자들이다. 그러나 『주역』의 글귀는 간략하기 때문에 말은 같더라도 의미는 다르다.

「象」曰: '歸妹以娣', 以恒也, '跛能履吉', 相承也.

「상전」: '소녀에게 장가들어 귀속된답시고 여동생에게 장가드는 세상을 만남'이나 항상됨으로써 대처하며, '절름발이더라도 걸을 수는 있다. 길하다.'는 서로 연계되어 있기 때문이다.

此與九二「象傳」, 文皆相承. 當'歸妹以娣'之時, 世已變, 而初能守其恆, 故跛而能履; 上承九二之剛, 足以知敵, 與同道而免於汚, 故吉. 陽以不歸陰爲恆理.

이 초구효의 「상전」과 구이효의 「상전」은 문장이 모두 서로 연계되어 있다. '여동생에게 장가들어 귀속되는' 시절을 만나 세상이 이미 변하였지만, 초구효는 그 항상됨을 지킬 수 있기 때문에 절름거리면서도 걸을 수가 있다. 그리고 위로 구이효의 굳셈과 연계하여 다하리라는 것을 충분히 알아서 더불어 같은 길을 가며 더러움으로부터 벗어난다. 그러므로 길한 것이다. 양이 음에게 귀속되지 않음은 항상된 이치다.

九二, 眇能視, 利幽人之貞.

구이: 애꾸눈도 볼 수 있음이니, 자신을 드러내지 않고 묵묵히 있는 사람의
올곧음에 이롭다.

> 二剛非其位, 而上爲六三之陰柔所揜, 有眇象焉. 然天下貞邪治亂之
> 辨本易曉了, 而柔不自振者, 誘之以動則迷. 二以剛中之德, 無欲而淸,
> 則五之爲君·三之爲娣, 從違自審, 而弗如四之失所歸. 此乃「柏舟」
> 之婦·「麥秀」之老, 理明而義自正也.

이 구이효는 제자리를 차지하고 있는 것이 아니고 위로 육삼효의 음의
부드러움에 가려져 있다. 그래서 애꾸눈의 상(象)을 지니고 있다. 그러나
천하가 올바른지 사악한지, 태평한지 혼란스러운지는 본래 쉽게 깨달을
수 있음에도 불구하고, 부드러움[柔; 육삼효를 지칭함]이 스스로 떨쳐
일어나지 않는 이상 그를 유혹하여 움직이게 하면 미혹되고 만다.
이 구이효는 굳셈[剛]으로서 득중한 덕을 지닌 채 아무런 욕심이 없이
청결하게 살아가고 있다. 그래서 임금이 되는 육오효와 누이동생이
되는 육삼효를 좇을 것인지 거역할 것인지에 대해 스스로 잘 살핀다.
이는 구사효가 어디에 귀속되어야 할 지를 잃어버린 것과는 다르다.
이 구이효는 '백주(柏舟)'라는 시를[903] 쓴 부인과 '보리이삭[麥秀]'이라는

---

903) 『시경』, 「국풍(國風)·패풍(邶風)」편에 나오는 시다. '백주(柏舟)'는 잣나무로
   만든 배라는 뜻이다. 이 잣나무는 너무 단단하고 입자가 조밀하여 배를 만들어
   싣고 다니기에는 적합하지 않다고 한다. 그래서 이 시의 작가는 자신을 '백주에
   비유하며, 남편에게 사랑을 받지 못한 데서 받은 상처와 또 여러 첩들과

시를904) 쓴 노인에 해당하는데, 이들은 이치에 밝아서 의로움을 스스로 올바르게 하고 있다.

「象」曰: ‘利幽人之貞’, 未變常也.

「상전」: ‘자신을 드러내지 않고 묵묵히 있는 사람의 올곧음에 이롭다’는 것은 항상됨을 아직 변하지 않았다는 의미다.

以其近三, 而爲兌說之體, 疑於變, 故言未變. ‘常亦恒也, 謂陰陽之正理.

이 구이효가 육삼효에 가깝고 기뻐함의 덕을 지닌 태괘(兌卦)☱의 몸을

ㅤㅤ남편이 사랑 놀음을 하는 것을 보는 데서 받은 상처를 시가로 승화한 작품이라고 한다. 이 부인은 자신의 감정을 매우 절제된 언어로 표현하며 잘 조절한 것으로 평가받는다.

904) 은나라가 망하고 주나라가 선 뒤 기자(箕子)가 주나라 조정에 부름을 받고 가는 길에 은나라의 유허(遺墟)를 지나게 되었는데, 은나라의 궁궐이 무너진지 오래되어 논밭으로 변한 그곳에서 곡식이 자라나는 것을 보자, 기자는 뭉클한 감회에 젖게 되었다. 이에 기자는 통곡하고 싶은 심정이었으나 옆에 부인이 있어 차마 그러지를 못하고 이 시를 썼다고 한다. 그 내용은 “보리이삭 하나둘 피어나는데 그 옆에서 벼는 더욱 빛나는구나. 저 어여쁜 아동이여, 우리와 함께 좋은 시절을 누리지 못하는구나!(麥秀漸漸兮, 禾黍油油; 彼狡僮兮, 不與我好兮)”로 되어 있다. 이 시가를 들은 은나라 유민들은 모두 눈물을 흘렸다고 한다.(『史記』, 「宋微子世家」) 이 시는 중국의 현존하는 시가 가운데 최초의 문인시라는 평가를 받고 있다. 왕부지가 여기서 말하는 ‘노인’은 기자(箕子)를 지칭하는 것으로 보인다.

이루고 있기 때문에, 이 구이효에게는 변했을지도 모른다는 혐의가
있다. 그러므로 '아직 변하지 않았다'고 말한 것이다. '常(상)'은 또한
'恒(항)'과 같은 의미로서, 음·양의 올바른 이치를 말한다.

六三, 歸妹以須, 反歸以娣.

육삼: 소녀에게 장가들어 귀속된답시고 시중드는 몸종에게 장가듦이요, 여동생
을 데리고 돌아옴이다.

'須', 給使之人, 女之賤者也. 古者天子諸侯, 媵用姪娣, 姪貴而娣賤.
陽舍其位, 離其類以外歸, 志行之卑賤, 適足與須女相配而已. '反歸',
謂還反於夫家, 陰來就陽, 六之來三也. 六五中正, 不輕就匪人而與相
說, 唯坤下之陰, 卑賤而就之, 先得其寵; 內治不修, 自此始矣. 干君而
僅得合於權佞之臣, 亦此象也. 進不以正, 則不正者應之.

'須(수)'는 시중드는 사람을 의미하는데, 여자 중에 비천한 사람이다.
옛날에 천자나 제후들은 부인에게 딸려오는 몸종으로 조카딸이나 여동
생을 썼는데, 조카딸은 귀하고 여동생은 천하다. 원래 이 3위(位)에
있던 양(陽)은 제자리를 떠나 그 무리를 이탈하여 밖으로 가서 소녀에게
귀속되니, 가고자 하는 뜻이 비천하여 시중드는 몸종하고나 배필이
되기에 알맞을 따름이다.
'反歸(반귀)'는 지아비의 집으로 돌아온다는 의미다. 즉 음이 양에게로
온 것으로서 '6(--)'이 3위(位)로 온 것이다.[905] 그런데 육오효는 가운데
자리를 올바르게 차지하고 있는 이로서, 제대로 된 사람이 아니면 경솔하

게 다가가서 그와 서로 어울리며 기뻐하는 짓 따위를 하지 않는다. 오직 곤괘☷의[906] 맨 아래 음효만이 비천한 신분으로서 다가가서는 먼저 그 총애를 얻는다. 집안을 다스리는 데 힘을 쓰지 않는 것은 바로 이러함에서 시작된 것이다. 임금을 범하고서도 겨우 권세를 쥐고 농락하는 간교한 신하하고나 영합하는 것이 또한 바로 이 상(象)이다. 올바름으로써 나아가지 않는다면 올바르지 않은 이나 그에 응하는 것이다.

「象」曰: '歸妹以須', 未當也.

「상전」: '소녀에게 장가들어 귀속된답시고 시중드는 몸종에게 장가듦'이란 육삼효의 위(位)가 자신의 마땅한 자리가 아니기 때문이다.

'當'謂當位. 四失其位, 三因失焉. 言'末'者, 過不在三也.

'當(당)'은 자신의 자리를 마땅하게 차지하고 있음을 의미하는 말이다. 이 육삼효는 원래 태괘(泰卦)䷊의 육사효일 적에도 자신의 마땅한 자리가 아닌 곳에 자리 잡고 있었는데, 이제 이 귀매괘의 3효가 되어서도 바로 이러하기 때문에 제자리를 잃고 있다. 그런데 '末(미)' 자를 써서 부분적인

---

905) 이 귀매괘䷽로 변하기 이전 태괘(泰卦)䷊의 구삼효가 제 무리를 떠나 밖으로 가서 소녀에게 장가들었는데, 겨우 여동생인 몸종이 그 배필이 되어 돌아왔다는 것이다. 이는 태괘에서의 육사효, 즉 그 외괘인 곤괘☷의 맨 아래 음효다.
906) 여기서 말하는 곤괘☷는, 이 귀매괘䷽로 변하기 이전의 태괘(泰卦)䷊에서 외괘인 곤괘를 지칭한다.

부정의 의미를 드러낸 것은, 그 과오가 이 육삼효에게 있지 않기 때문이다.

九四, 歸妹愆期, 遲歸有時.

구사: 소녀에게 장가들어 귀속된 것은 시기를 어긴 것인데, 늦게야 이렇게 장가들어 소녀에게 귀속되기보다는 때가 있는 것이다.

> 此正"征凶无攸利"之爻. 不再言占者, 象已決言之, 於此原其致妄之繇, 而設戒以導之於正. 聖人不輕絶人之情, 抑以上古舊有此禮, 雖足致亂, 而固可教以正也. 不待女之歸, 而男反歸女者, 以三十而娶, 不可過期. '乾'三之陽已老, '坤'四之陰方穉, 六五中正, 待禮成而後行, 故陽屈己而往從之, 不以賤辱爲恥. 乃爲之戒曰: 雖其歸之遲, 而自有時, 何至卑屈失身, 以召柔之乘己哉! 詞之婉, 諷之切, 周公當昏禮初定之時, 曲體人情而救之以正, 故其辭溫厚而動人. 若後世淫色吝財之夫, 則固不足與言也.

이는 바로 괘사에서 "원정을 나가서는 흉하다. 이로울 것이 없다."라고 하였던 것에 해당하는 효다. 그런데 여기서 다시 이 점(占)에 해당하는 말을 하지 않은 까닭은, 괘사에서 이미 판단하여 말했기 때문이다. 여기서는 그렇게 망령됨에 이르게 된 이유를 근원적으로 밝히고 경계함을 두어서 올바름으로 이끌고 있다. 성인들은 가볍게 사람의 실정을 끊어버리지 않는다. 어쩌면 아득한 옛날에는 이러한 귀매의 예(禮)가 있었는지 모른다. 그래서 이것이 비록 문란함을 일으키기에는 충분하지만, 진실로 가르침을 통해 올바르게 할 수가 있다는 것이다.[907] 그런데 여자가 시집을 와서 가문에 귀속되기를 기다리지 않고 남자가 반대로 여자에게 장가를 들어 그 가문에 귀속되는 까닭은, 30세에는 아내를 얻어야 하는데 시기를 놓쳐서는 안 되기 때문이다. 건괘☰ 구삼효의 양(陽)은 벌써 늙었고 곤괘☷ 육사효의 음은 이제 한창 어린데,908) 육오효는 중정한 존재이기 때문에 기다렸다가 예(禮)가 이루어진 뒤에나 행한다. 그러므로 이 양은 자신을 굽히고 가서 육사효의 음을 좇으며, 천하고 욕됨조차 부끄러움으로 여길 여지가 없다. 그래서 경계하기를, "비록 이렇게 소녀에게 장가듦이 시기적으로 늦은 것이어서 어쩔 수 없다고 할지라도 혼인에는 저절로 때가 있는 법인데, 어쩌다가 이렇게 비굴하게 제 몸조차 잃어버리고, 그래서 부드러움이 자신을 올라탐을 초래하기에 이르렀단 말인가!'라 하고 있다. 이처럼 말은 부드럽지만 풍자는 절실하게 폐부를 찌른다.

주공(周公)께서는 이 효사를 통해 혼례를 처음 정할 당시 사람들의

---

907) 여기서 성인은 주공(周公)을 가리킨다. 왕부지는 효사의 지은이를 주공으로 보고 있는 것이다. 그래서 어쩔 수 없는 상황이어서 이렇게 만혼(晚婚)을 하며 소녀에게로 장가들고 그 소녀의 가문에 귀속되는 것을, 이 효사를 지은 주공은 경솔하게 근본적으로 불허하지 않고 유보하며 그 까닭을 밝히되, 혼인에는 때가 있으니 이렇게 만혼을 하여 자신이 비굴해지는 지경에까지 이르게 해서는 안 된다는 가르침을 이 효사에서 펴고 있다는 것이다. 이것이 왕부지의 이 구사효사 풀이 속에 담긴 주지(主旨)다.

908) 여기서 '건괘 구삼효의 양·'곤괘 육사효의 음'이라 한 것은 이 귀매괘䷵로 변하기 이전의 태괘(泰卦)䷊를 기준으로 하는 말이다. 이 둘이 서로 자리바꿈한 결과 이 귀매괘가 되는 것인데, 왕부지는 구삼효가 과년함을 그대로 견딜 수 없어 밖으로 나가 서둘러 육사효라는 여자를 취하고, 그래서 그 여자는 이제 구삼효의 자리로 들어와서 주인 노릇을 하고 있다고 보는 것이다.

실정을 몸소 깊이 헤아리고, 올바름으로써 이를 구제하고 있다. 그러므로 이 효사가 이처럼 온후하면서도 사람을 움직이게 한다. 그러나 후세에 음란하게 색을 밝히면서도 재물은 아끼는 남정네들이 소녀에게 장가들던 예는 여기에 해당하지 않으니, 이들은 본디 더불어 말을 나누기에도 부족하다.

「象」曰: 愆期之志, 有待而行也.

「상전」: 시기를 어긴 뜻함이니, 기다렸다가 행함이다.

待年待禮, 陰之志本正, 而未嘗不欲行. 九四急於往, 而不姑爲待, 何也? 男擇配, 臣擇君, 士擇友, 豈有定期哉! 急於立身, 緩於逢時, 則己不枉而物可正. 推而上之, 聖人之養晦而受命, 待賈而沽玉, 亦此而已矣.

결혼 적령기가 되기를 기다리고 예(禮)를 지켜 혼인을 하려는 음(陰)의 뜻함은 본래 올바르다. 그러나 일찍이 행하려 하지 않은 것도 아니다. 그런데 이 구사효가 이토록 가기에 급급하며 잠깐이라도 기다리지 않는 것은 무슨 까닭일까. 남자가 배우자를 택함이나 신하가 임금을 택함, 또 선비가 벗을 택함에 어찌 정해진 기간이 있으리오! 그러나 입신에는 서둘더라도 때를 만남에는 느긋해 하면, 자기를 굽히지 않고도 자신을 둘러싸고 있는 것들을 올바르게 할 수 있다. 이를 위로 미루어 가면, 성인께서 어두운 속에서 자신을 함양하여 하늘의 명을 받은 것이라든지[909], 제 값을 쳐주는 상인을 만나 옥을 팔겠다고 하던[910] 것들이 또한 이러함일 따름이다.

六五, 帝乙歸妹, 其君之袂, 不如其娣之袂良, 月幾望, 吉.

육오: 제을(帝乙)이 소녀에게 장가들어 귀속됨인데, 그 여군(女君)의 옷소매가 그 여동생의 옷소매만큼 아름답지 않다. 달은 거의 보름달이 다 된 열나흘 밤의 달이다. 길하다.

'帝乙歸妹', 歸而逢其吉者, 故此爻當之. '君', 女君. '帝乙'所歸之妹, 謂五; '娣', 謂三也. 三陰稱, 而以色悅人, 陽所狎也. 言'袂良'者, 君子辭爾. 六五柔順得中而應以正, 貴德而不以色爲良, 陰德之盛者也, 故曰'月幾望'. 五唯有待而行, 不與四俱亂, 故'帝乙'歸之, 雖失正而可宜家. 然唯有'帝乙'之德, 而遇恭儉自持之賢配, 乃能獲吉. 使其爲悍煽之妻, 而自不免於狎溺, 則征凶而无攸利也, 必矣.

'제을이 소녀에게 장가들어 귀속됨'은 귀속되어서 그 길함을 만난다는 것이다. 그러므로 이 육오효가 해당한다. '君(군)'은 여군(女君)으로서

---

909) 문왕의 사례가 이에 해당한다. 문왕은 주(紂)왕이 폭압적으로 통치하던 암울한 시기에 갖은 고초를 다 겪으며 묵묵히 자신의 덕을 함양한 나머지 주(周)나라가 중원을 통일하는 기업(基業)을 닦았다. 이와 관련된 구절이 『시경』, 「주송(周頌)」 편에 나온다.(於鑠王師, 遵養時晦時, 純熙矣, 是用大介)

910) 공자를 예로 든 것이다. 공자는 그의 제자 자공이 "지금 여기에 옥이 있다고 칩시다. 그럼 선생님께서는 이것을 함 속에 잘 감추어 두시겠습니까, 아니면 제값을 쳐주는 상인을 만나 파시겠습니까?"하고 물은 데 대해, 공자는 "팔아야지! 팔아야지! 나는 지금 제값 쳐줄 상인을 기다리고 있는 것이거늘!"이라고 대답하였다.(『論語』, 「子罕」: 子貢曰, "有美玉于斯, 韞櫝而藏諸? 求善賈而沽諸?" 子曰, "沽之哉! 沽之哉! 我待賈者也.")

임금의 본부인을 의미한다. 제을이 귀속한 소녀는 이 귀매괘☷☱에서 육오효를 가리킨다. 그리고 '여동생'은 육삼효를 가리킨다. 육삼효는 어리다. 그러나 얼굴의 예쁨은 사람들의 눈을 사로잡을 만큼 빼어나니, 양(陽)들에게 이끌림의 대상이 된다. 그런데 '소매가 아름답다'고 하고 있으니, 군자는 사양할 따름이다.

육오효는 부드럽고 순종함의 덕을 지닌 채 득중하고 있으며 올바름으로써 응하고 있다. 그리고 덕을 귀하게 여기지 얼굴 예쁜 것을 좋은 점으로 여기지 않는다. 그래서 음의 덕이 융성한 존재이기 때문에 "달은 거의 보름달이 다 된 열나흘 밤의 달이다."라고 한 것이다. 이 육오효는 오로지 기다렸다가 행하지, 제 집을 떠나 밖으로 배필을 찾아 나온 구사효와 곧 함께하여 문란해지지 않는다. 그러므로 제을이 그녀에게 귀속되어 온 것이니, 비록 이 자체가 올바름을 잃은 것이라고는 하여도 가정을 이루기에는 알맞다고 할 수 있다.

그러나 이는 오직 제을에게 덕이 있기에 이렇게 공손하고 검소하며 자신을 잘 다잡는 현숙한 배필을 만난 것이다. 그래서 길함을 얻을 수 있는 것이다. 그렇지 않고 그녀로 하여금 맹렬하게 부채나 부처대게 하며 스스로도 지나칠 정도로 사랑 놀음에 빠져든다면, 괘사에서 말한 것처럼 원정을 나가서 흉하며 이로울 것이 없게 됨은 필연이다.

「象」曰: '帝乙歸妹', 不如其娣之袂良也, 其位在中, 以貴行也.

「상전」: '제을이 소녀에게 장가들어 귀속됨'은 옷소매가 그 여동생의 옷소매만 못하더라도 그 위(位)가 중앙에 있으니 고귀함으로써 행한 것이다.

以色言之, 不如娣矣. 德稱其位, 故貴爲天下之母, 而帝乙亦蒙其吉. 所
遇之幸也. 婁敬不遇漢高帝, 馬周不遇唐太宗, 則與蘇秦同其車裂矣.

이 육오효는 얼굴생김으로만 말하면 그 여동생만 못하다. 그러나 그
덕성은 황후의 위(位)에 딱 들어맞기 때문에 고귀하여 모든 백성들의
어머니가 된다. 제을도 그 길함을 입는다. 이는 만남이 가져온 행운이다.
루경(婁敬)이 한고조 유방을 만나지 못했더라면[911], 마주(馬周)가 당태
종을 만나지 못했더라면[912], 소진(蘇秦)이 시중에서 수레에 몸이 찢어발
겨지던 것[913]과 같은 처지가 되었을 것이다.

---

911) 이 둘의 관계에 대한 자세한 것은 주509)를 참고하라.
912) 이 둘의 관계에 대한 자세한 것은 주510)을 참고하라.
913) 소진(?~B.C.284)은 전국시기에 활약했던 인물로서 종횡가(縱橫家)로 알려져
  있다. 귀곡자(鬼谷子)의 제자라고 한다. 그는 화려한 언변으로써 진(秦)나라를
  제외한 여섯 나라의 군주를 설득하여 이들이 합종(合縱), 진나라와 맞서게
  하는 합종책을 성공시켰다. 그래서 한동안 이들에게 평화의 시기를 가져다주
  었다. 그리고 소진은 육국상인(六國相印)을 드리우고서 생애 최고의 영화를
  누렸다. 그러나 이해관계에 기반을 둔 이 합종책은 얼마 안 가 무너졌다.
  진(秦)나라가 공손연(公孫衍)을 사신으로 보내 제(齊)나라·위(魏)나라로 하
  여금 조(趙)나라를 공격하게 하자 합종책은 간단하게 깨져 버린 것이다. 소진은
  조(趙)나라를 떠나 연(燕)나라로 갔고, 연나라에서도 머물 수 없게 되자 다시
  제(齊)나라로 갔다. 마지막으로 몸을 의탁하였던 이 제(齊)나라에서 소진은
  그와 더불어 제나라 왕의 총애를 다투던 인물에게 칼에 찔리는 중상을 당했다.
  당시 제나라의 통치자였던 민왕(湣王)은 깜짝 놀라 흉수를 잡아들이라 했지만
  잡을 수가 없었다. 이에 죽음에 임박하여 소진은 제민왕에게 흉수를 잡기
  위한 계책을 바쳤다. 그가 죽은 뒤에 자신이 난을 일으켰다는 죄명으로 시중에
  서 사지를 찢어발기는 형벌을 내리게 했다. 그러면 흉수가 모습을 나타내리니,
  그러면 그를 체포할 수 있다고 하였다. 제민왕은 소진의 계책대로 하였고,

上六, 女承筐无實, 士刲羊无血, 无攸利.

상육: 여자의 폐백바구니에 아무런 내용물이 없음이고, 사내가 칼로 양(羊)을 갈랐는데 전혀 피가 나오지 않음이다. 이로울 것이 없다.

'女'謂上六. '士', 九四也. '筐', 『禮』所謂筥. '實', 榛·栗·棗·脯以見舅
姑者. '刲羊无血', 自斃之羊也. 吝於六禮, 苟簡以成事, 故女不歸士而
士歸女. 包死麕以誘女, 末俗之惡, 吝而已矣. 士吝則女愈驕, 乃以无實
之筐, 見舅姑而不怍, 上六之陰亢, 九四自貽之辱也.

여기에서 '여자'는 상육효를 가리킨다. '사내'는 구사효를 가리킨다. '筐
(광)'은 『예기』에서 말하는 폐백바구니다. '내용물'은 개암나무 열매·밤
·대추·말린 고기 등을 넣어서 시부모에게 바치는 것이다. '칼로 양(羊)
을 갈랐는데 전혀 피가 나오지 않음'이란 저절로 죽은 양을 갈랐기
때문이다. 이는 육례(六禮)에 인색한 나머지 구차하고 간소하게 일을
치른 것을 상징한다.914) 그러므로 여자가 사내에게 시집가서 그 가정에
귀속되지 않고 사내가 여자에게 장가들어서 그 가정으로 귀속된 것이다.
죽은 노루를 싸서 여자를 유혹하는 것은 못된 습속으로서 추악하다.
그리고 인색한 것일 따름이다. 사내가 이처럼 인색하니 여자는 더욱
교만해져서 아무런 내용물도 담지 않은 폐백바구니를 시부모에게 바치

그 결과 흉수를 체포할 수 있었다. 그리고 제민왕은 그 흉수를 죽였다. 왕부지는
여기서 소진의 이러한 비극적 죽음이 그가 한고조나 당태종같은 인물을 만나지
못했기 때문으로 보고 있다.
914) 왕부지는 『주역패소』에서 이 구절에 대해 특별히 주해하면서 이전의 설들에서
는 이러한 점에 주의하지 않았다고 하고 있다.

면서도 전혀 부끄러움이 없는 것이다. 그래서 상육효의 음이 이렇게 목을 뻣뻣이 내밀고 교만을 떠는 것은 구사효의 양이 스스로 초래한 치욕이다.

「象」曰: 上六无實, 承虛筐也.

「상전」: 상육효가 내용물 없이 보낸 것은 빈 폐백바구니를 받았기 때문이다.

'承虛筐'者, 不以禮意相接也. 夫四之屈辱往歸, 豈無覬利之心哉? 乃此以吝往, 彼以驕報, 所必然者. 故先王之用財也儉, 而獨於賓嘉之禮, 重費而不恤, 所以平天下之情, 而使相勸於君子之道, 其意深矣. 夷風亂華, 人趨苟簡, 而倫常以斁, 可不鑒哉!

'빈 폐백바구니를 받음'은 예(禮)에 맞게 일을 치르겠다는 생각을 갖고 서로 교접하지 않았음을 의미한다. 구사효가 굴욕적으로 여자에게 가서 그 가정에 귀속됨에 어찌 이익을 바라는 마음이 없었겠는가? 이쪽에서 이렇게 인색하게 가니, 저쪽에서도 교만함으로써 답하는 것은 필연이라 할 수 있다. 그러므로 선왕들께서는 평소에는 재물을 아끼며 검소하게 사용하였지만, 유독 빈례(賓禮)・가례(嘉禮)에서만은 충족하게 재물을 사용하면서도 전혀 괘념치 않았던 것이다. 이렇게 하여 천하를 태평하게 하고자 하는 마음을 드러내고 군자의 도(道)를 서로 행하도록 권면한 것이니, 그 의미가 깊은 것이다. 오랑캐의 풍속이 하화(夏華)를 어지럽히면 사람들이 구차하고 간편함으로 나아간 나머지, 인류공동체를 꾸려가게 하는 인륜이 무너진다.915) 이 어찌 거울로 삼지 않을 수 있겠는가!

●●●

豐卦 離下震上

풍괘 ䷶

豐. 亨, 王假之, 勿憂, 宜日中.

풍괘: 형통하다. 왕께서 이르는데 근심하지 말지어다, 의당 한낮의 태양처럼 하리라.

'豐'者, 盛物於器, 滿而溢於上之謂. 此卦一陽載一陰於下, 二陽載二陰於上. 陰, 有形質者也, 得中而加於陽上, 盛滿而溢於所載, 故謂之'豐'. 以其自'泰'之變言之, 陰入而爲主於二, 其明乃盛, 陽出而動於外, 動以滿盈, 亦豐象也. 而豐於外者蔽其中, 豐於上者蔽其下. 在二體, 則陽雖動於外, 而陰留不去, 尙揜其離明. 以卦畫言之, 則陽受蔽於陰. 爲重疊覆障之象. 在陰則勢處其盛, 在陽則載陰而大有事焉. 非易處之卦也. 以其陽雖受蔽, 而爲方生之爻, 明之發而動之始也. 故亨. 然而非有其位, 非有其德者, 未易亨也. 唯王者撫有天下而載萬民, 富貴福澤, 過量相益而不必辭; 處於深宮, 而臣民之情僞相積以相蒙覆, 皆其所

容受以待治, 則固不能離彼而炫其孤淸. 故至於豐, 而不當以爲憂, 而
必拒之撤之, 以自礙其有容之度. 夫王者旣有其位矣, 而抑必有其德.
唯大明麗中, 盡察於物情之微曖, 則可任其叢雜相掩而不爲之亂. 若
非王者之位, 則一受習俗柔暗之蔽, 百鍊之剛且化爲繞指之柔. 若非
日中之德, 則肘腋之下, 蒙蔽所積, 而況四海之遙, 兆民之衆, 一葉蔽
目, 不見'泰岱'矣. 故'豐'者, 憂危之卦也, 非德位兼隆, 固當以爲憂也.

'풍(豐)'이란 그릇에 물건을 담는데 가득 차서 위로 넘침을 말한다. 이
괘는, 하나의 양은 하나의 음을 위로 싣고 있고, 두 개의 양은 두 개의
음을 위로 싣고 있다. 음은 형(形)도 있고 질(質)도 있는 존재다. 그런데
지금 이 풍괘䷶에서는 음들이 득중한데다가 양들의 위에 올려져 있으니
실린 바가 풍성하고 가득 차며 넘치기까지 하는 것이다. 그러므로 '풍(豐)'
이라 한 것이다.

이 풍괘䷶가 태괘(泰卦)䷊로부터 변한 괘라는 관점에서 말하자면, 음이
들어가서 2효의 자리에서 주인 노릇을 하고 있으니 그 밝음이 왕성해지고,
양은 나가서 밖에서 진동하니 움직임이 가득 차게 된 것이다.916) 이
또한 풍괘의 상이다. 그런데 밖에서 풍성한 것이 그 가운데 것을 가리고
있고, 위에서 풍성한 것이 아래 것을 가리고 있기도 하다. 그리고 내·외
두 괘체에는 양이 비록 밖에서 진동하나 음이 머문 채 떠나지 않으며
오히려 그 이괘☲의 밝음을 엄폐하고 있다. 또 괘를 이루고 있는 획들을

---

916) 태괘䷊의 육사효가 아래로 내려와 2효의 위(位)에 들어가고 그 자리에 있던
구이효는 이제 위의 육사효가 있던 위(位)로 올라감으로써 풍괘䷶가 되는
것인데, 그 결과 풍괘의 내괘는 이괘☲가 되어 밝음을 상징하고 외괘는 진괘☳
가 되어 움직임을 상징하게 되었다.

분석해보면, 양들이 음으로부터 가림을 받고 있으니 중첩하여 덮고 장애를 주는[917] 상(象)이 되어 있다. 그래서 음들의 입장에서는 그 기세가 왕성한 상황 속에 있고, 양들의 입장에서는 음들을 신고서 큰일을 행하고 있는 것이다. 그러므로 쉽게 대처할 수 있는 괘가 아니다.

그런데 비록 그 양이 가림을 당하고는 있지만 바야흐로 생하는 효가 되어 밝음이 발현되고 움직임이 시작되게 하고 있다.[918] 그러므로 형통한 것이다. 그러나 여기에 어울리는 지위와 덕을 지닌 이가 아니라면 쉽게 형통할 수가 없다. 오직 왕만이 온 세상을 어루만지며 만민을 등에 신고서 부귀와 복택을 주는 것인데, 넘치는 양(量)으로 서로 보태주면서도 꼭 사양하지 않는다. 깊은 궁궐 속에 있으면서도 백성과 신하들의 진정과 허위를 서로 누적하여 서로 덮어주니, 모두가 받아들이며 그의 다스림에 의지한다. 그래서 진실로 이 백성과 신하들을 떠나 자신만의 고독한 맑음을 자랑할 수가 없다.[919] 그러므로 풍요로움에 이른 것인데, 이를 근심거리로 삼아서 꼭 거절하고 거두어들임으로써 스스로 그 받아들이는 용량의 정도를 가로막아서는 절대로 안 된다.

왕이 된 자는 이미 그 지위가 있는 것이니, 반드시 상응하는 덕이 있어야

---

917) 초구효는 육이효가, 구삼·구사효는 육오·상육효가 각기 덮고 있으니 중첩하여 덮고 있는 것이고, 이러함이 양들에게는 장애를 주고 있다는 의미다.

918) 이는 이 풍괘䷶를 내·외괘로 분석하여 각 괘들의 초효가 양효인 점을 반영하여 하는 말이다. 내괘는 이괘☲로서 밝음을 상징하고 외괘는 진괘☳로서 움직임을 상징하는데, 이들 각 괘의 초효는 양효로서 위의 음효들로부터 가림을 당하고 있다. 그렇지만 모두 시작하는 괘로서, 내괘의 밝음이 발현됨과 외괘의 움직임이 시작됨을 상징하고 있다.

919) 여기에는 도교와 불교에 대한 비판이 담겨 있다.

한다. 오직 거대한 밝음을 속에 지니고서 만물의 실정을 미세하고 흐릿한 속에서 벌써 다 살펴야 한다. 그러면 잡다한 여러 집단들이 한데 살아가며 서로 가리고 가리는 상황을 맡아가지고서도 혼란스럽지 않게 다스리게 된다. 만약에 왕이 된 자의 지위가 아니라면 한결같이 습관과 풍속의 유약하고 어두운 그늘에 가리게 된다. 그 결과 백 번 이상의 담금질로 이루어진 강철을 가져다가 손가락을 두를 정도로 무르디 무른 쇠로 변하게 해버릴920) 것이다. 그리고 만약에 한낮의 태양과 같은 덕을 지니지 않았다면, 그 팔꿈치와 겨드랑이 아래처럼 가까운 곳에도 간신배들이 득실거리며 총명을 가릴 것이거늘921), 하물며 나라 전체와 같이

---

920) 유곤(劉琨; 271~318)의 시에 나오는 일부를 원용한 것이다.(「重贈盧諶」: 何意百煉剛, 化爲繞指柔.) 유곤은 서진(西晉) 시대에 활약했던 인물이다. 건무(建武) 원년(304), 그는 단필제(段匹磾)와 함께 석륵(石勒)을 토벌하러 나섰다가 중간에 잘못되어 억울한 죽임을 당하였다. 나중에 신원(伸寃)되어 '민(愍)'이라는 시호를 추서 받았다. 이처럼 자기도 모르는 사이에 진행된 일 때문에 정작 이적(夷狄)을 토벌하려던 뜻은 펴보지도 못한 채 비명에 간 유곤의 고분(孤憤)을 왕부지는 자신의 일생에 빗대 매우 애통해 하였다. 그래서 손수 지은 자신의 묘갈명에서 왕부지는 "유월석(劉越石)의 고독한 울분을 품었지만 좇아 이룰 명(命)이 없었고, 장횡거(張橫渠)의 정학(正學)을 희구했지만 능력이 부족하였다. 다행히 이곳에 온전히 묻히나(이 말은 그와 더불어 淸朝에 저항하였던 黃宗羲, 顧炎武, 傅山, 李顒 등이 비록 끝까지 벼슬을 하지 않으면서도 薙髮令에는 굴복하여 변발을 하였음에도 불구하고, 왕부지 자신만은 이에 굴하지 않고 죽을 때까지 머리털을 온존하며 服色을 바꾸지 않았음을 술회하는 것처럼 보인다. 이 하나의 사건에도 왕부지의 삶과 인격, 학문 등에 관한 수많은 상징성이 자리 잡고 있다.) 가슴 가득 근심을 안고 세상을 하직하노라!'(抱劉越石之孤憤, 而命無從致; 希張橫渠之正學, 而力不能企. 幸全歸于玆邱, 固銜恤以永世.)라고 썼다. '월석(越石)'은 유곤의 호다.

921) 이는 왕정상(王廷相)의 「풍은의 죄상을 잘 가려주실 것을 청원하는 소(請詧馬

요원한 지역이나 억조창생과 같이 많은 이들에 대해서라면 어떠하겠는 가! 겨우 잎사귀 하나만 눈을 가리더라도 태산(泰山)처럼 우뚝 솟은 것조차 보지 못할 것이다. 그러므로 이 풍괘䷶는 우려와 위태로움을 드러내고 있는 괘다. 덕(德)과 위(位), 모두가 융성하지 않으면 진실로 이러한 상황을 맞이해서는 우려하게 되는 것이다.

「彖」曰: 豐, 大也, 明以動, 故豐.

「단전」: 풍괘는 거대함을 드러내고 있다. 밝으면서 움직이기[922] 때문에 풍성한 것이다.

陰盛而陽皆載之, 故曰'大'. 蔽盛則不得通, 然而亨者, 六二陰得其位, 而陽相與麗以發其明; 二陰積上, 而九四震起以動之, 使勿怗其柔暗, 故亨. 明之所以不揜者, 皆九四之能拔出於外, 導宣其幽滯, 而明乃上 行. 非然, 則'明夷'矣, 何易言'震'乎!

이 풍괘䷶에서는 음이 융성하고 양은 모두 이들을 실어주기 때문에 '거대하다'고 한 것이다. 융성함을 가리게 되면 통할 수가 없다. 그런데도 괘사에서 형통하다고 한 까닭은, 육이효의 음이 마땅하게 제자리를

恩罪狀疏)」에 나오는 구절을(王廷相 지음, 「請辭馮恩罪狀疏」, 黃訓 펴냄, 『名 臣經濟錄』권47: 蒙蔽奪其聰明, 姦黨隱於肘腋, 人主孤立無所聞見, 豈不危哉!) 원용한 것이다.

922) 풍괘의 내・외괘를 취의설에 입각하여 풀이하는 것이다.

잡고 있고, 위·아래의 양들은 서로 그 음을 끼고서 밝음을 발하고
있기 때문이다. 그리고 외괘에서는 두 개의 음효가 위에 누적되어 있는데,
구사효가 떨쳐 일어나 이들을 진동함으로써 그들이 유약하고 어두움만
을 믿으며 의지하고 있지 못하도록 하기 때문이다. 그래서 형통한 것이다.
그리고 이러한 상황에서 밝음이 가리지 않는 까닭은, 구사효가 밖에서
빼어나게 뛰어나서 그 어둠 속에 가려져 있는 것들을 모두 이끌고 나와
환히 드러내기 때문이다. 이에 밝음이 위로 올라가는 것이다. 그렇지
않다면 명이괘(明夷卦)䷣와 같으리니,[923] 어찌 쉽게 '진동함'을 말할
수 있으리오!

'王假之', 尙大也.

'왕께서 이르는데'라는 것은 우뚝하고 거대하다는 말이다.

> 唯王者之道, 以廣大而徧載天下之繁雜爲尙, 下此者不能也.

> 오직 왕이 된 자가 가는 길, 즉 왕도(王道)라야 넓고 거대하며 온 세상의
> 다양하고 번잡한 것들을 두루두루 실어주어 우뚝하다는 것이다. 이보다
> 못한 이들로서는 결코 이렇게 할 수 없다.

---

923) 명이괘(明夷卦)는 외괘는 곤괘☷·내괘는 이괘☲로서 밝음이 땅속에 갇혀
있는 상(象)을 하고 있다. 그래서 그 밝음이 밖으로 나오지 못하는 것이다.
그래서 모든 것이 어둠 속에 잠겨 있어서 암울함을 당하고 있으니, 군자가
마음으로 상처를 받고 있는 상이다.

“勿憂宜日中”, 宜照天下也.

“근심하지 말지어다, 의당 한낮의 태양처럼 하리라.”라는 것은 의당 온세상을 내리비춘다는 의미다.

> 能如日之中, 偏照天下, 無幽不徹, 乃可勿以豐蔽爲憂.

> 마치 한낮의 태양처럼 온 세상을 두루두루 비추어서 어떤 그윽한 곳이라도 밝히지 않음이 없으니, 풍성한 것들이 그늘을 드리운다고 하더라도 근심하지 않을 수 있다는 것이다.

日中則昃, 月盈則食, 天地盈虛, 與時消息, 而況於人乎! 況於鬼神乎!

해가 한낮에 일중하면 기울기 시작하고 달은 차면 먹히기 시작한다. 하늘과 땅이 찼다 비웠다 하며 시간과 함께 사라졌다 소생했다 하거늘, 하물며 사람에게서랴! 하물며 귀신에게서랴!

> 此言陰盛之不足憂, 而唯‘日中’之不易得也. ‘日中則昃’, ‘明以動’而猶恐其失也. ‘月盈則食’, 陰雖中而固有其可虧者也. 人則有邪正之消長, 鬼神則有禍福之倚伏, 邪可使悔而之正, 禍固爲福之所倚, 而何憂乎! 而不能以明照天下, 則吉且召凶, 善且流而之惡; 消息盈虛, 聽乎時而不審其變, 人且熒之, 鬼神且傷之, 而何易言‘勿憂’乎! 苟非堯‧舜‧禹之相繼以治天下, 則共‧驩頑讒之覆蔽以成陰暗者自相乘以亂. 苟非

文王之不遑暇食・衛武之耄而好學, 則方其明而若或障之, 方其動而
若或掣之矣. 故曰, "'豐', 憂危之卦也."

여기에서 말하는 것은, 음이 왕성한 것은 근심할 만한 것이 못되지만
오직 '일중(日中)'만은 쉽게 얻을 수 없다는 것이다. 그래서 '해가 한낮에
일중하면 기울기 시작하고', '밝으면서 움직이기 때문에' 오히려 이러함들
을 잃어버리지나 않을까 하고 두려워한다는 것이다. 이에 비해 '달은
차면 먹히기 시작'하니, 음은 비록 득중하였더라도 본디 이지러질 수
있다는 것이다. 사람에게서는 사악함과 올바름이 사라졌다 자라났다
하고 귀신에게서는 화(禍)와 복(福)이 서로 기대면서 잠복해 있는데,
사악함은 후회함을 통해 올바름으로 가게 할 수 있다. 그리고 화는
본디 복이 기대고 있는 것이다. 그러니 무엇을 근심하리오!
그러나 온 세상을 밝게 비추지 못한다면 길함이 흉함을 불러오고 선(善)도
흘러서 악(惡)으로 가게 된다. 사라졌다 소생했다 함과 찼다 비웠다
함은 그저 시간에 따를 뿐 그 변화 결과의 좋고 나쁨을 살피지 않는다.
그래서 사람은 거기에 미혹되고 귀신은 상처를 주게 되니, 어떻게 그리
쉽게 "근심하지 말지어다!"라고 하리오! 진실로 요・순・우 등의 임금들
께서 서로 선양하며 이 세상을 다스리지 않았더라면, 공공(共工)・환두
(驩兜)[924]와 같이 어리석고 망령되며 간교한 무리들이 이 세상을 뒤덮은
나머지, 음의 어둠을 이루어서 저절로 악순환을 거듭하며 세상을 혼란케
하였을 것이다. 그리고 진실로 문왕처럼 밥 먹을 겨를도 없이 동분서주하

---

924) 이들은 요순시대에 악명을 떨치던 '4흉(凶)' 가운데 두 사람이다. 자세한 것은
주64), 785)를 참고하라.

지 않고925), 위(衛)나라의 무공(武公)이 늙어서도 학문을 좋아한 것처럼926) 하지 않는다면, 바야흐로 밝히려고 하는데 누군가가 장애를 줄 수도 있고 바야흐로 움직이려 하는데 누군가가 그러지 못하도록 잡아끌 수도 있을 것이다. 그러므로 "풍괘는 우려와 위태로움을 드러내고 있는 괘다."라고 한 것이다.

「象」曰: 雷電皆至, '豐', 君子以折獄致刑.

「대상전」: 우레와 번개가 함께 이름이 풍괘니, 군자는 이를 본받아 송사를 판결하고 중범죄인을 형벌로써 다스린다.

---

925) 문왕이 백성들을 화목하게 하기 위해 아침 일찍부터 하루 종일 애썼다는 말이다. 『서경』, 「무일(無逸)」 편에 나오는 말이다.(自朝至於日中昃, 不遑暇食, 用咸和万民. 文王, 不敢盤于遊田以庶邦, 惟正之供.)"

926) 위무공(B.C.852~B.C.758)은 서주(西周) 시기의 인물이다. 완정한 시호(諡號)는 예성무공(睿聖武公)이다. 주 왕실과 같은 '희(姬)' 씨로서 이름은 화(和)다. 위(衛)나라 리후(釐侯)의 아들이며 공백(共伯)의 동생이다. 어떤 학자들은 서주(西周)의 '공화(共和)' 시기의 공백화(共伯和)가 바로 위무공이라고도 한다. 당시에 95세까지 장수한 인물로 이미 기록되어 있는데(『國語』, 「楚語上」: 昔衛武公年數九十有五矣, 猶箴儆於國), 55년 동안 위나라 제후로 있으면서 매우 훌륭한 정치를 편 것으로 평가받고 있다. 재위 42년 되던 해에 견융(犬戎)이 주나라 유왕(周幽王)을 살해하자, 그는 평왕(周平王)을 보좌하여 견융을 평정하였다. 그러므로 평왕이 그를 공작(公爵)으로 올려주었다. 그의 시호에 '무(武)' 자가 들어간 것은 바로 이러한 공로를 참작한 것으로 보인다. 그의 아들 혜손(惠孫)은 위(衛)나라의 세족인 손씨(孫氏)의 시조가 되었다.

電始出而雷卽發, 其雷必迅, 所謂'雷電皆至'也. 唯重陰覆蔽, 故陽之出也必怒. '致', 致之於市, 與甸人行辟也. 折獄旣明, 刑卽決焉, 姦人無可容其規避, 雷電迅疾之象. '噬嗑'之'明罰勅法', 已斷而必更察之, 立法之愼, 先王詳刑之典, 君道也. '豐'之'折獄致刑', 已明則斷, 君子用法之嚴, 吏治也. '君子', 謂守法之嗣君與聽獄之卿士.

번개가 치자마자 우레는 곧 발동하는데, 그 우레는 반드시 신속하다. 이것이 '우레와 번개가 함께 이름'이라고 하는 말이다. 이 풍괘䷶는 중첩된 음이 위에서 덮어서 가리고 있기 때문에 양이 뚫고 나오면서 반드시 노하게 되어 있다. '致(치)'는 전인(甸人)과[927) 함께 사람들이 많은 시가지에서 사악한 짓을 한 사람을 처치한다는 의미다. 송사의 판결 자체가 이미 분명하기 때문에 형벌도 곧장 결행하는 것이니, 이는 간사한 사람이 법규를 피해갈 수 없도록 우레와 번개처럼 신속하게 처치하는 상(象)이다. 서합괘䷔의 '형벌을 밝게 하고 법을 정비함'이란 이미 판단하고서 반드시 다시 살펴봄이다. 이는 법을 세움의 신중함이고 선왕들께서 형벌을 세심히 살피시던 본보기에 해당한다. 바로 임금의 도(道)를 드러낸 것이다. 이에 비해 이 풍괘의 '송사를 판결하고 중범죄인을 형벌로써 다스림'이란 이미 밝게 판결한 것이어서 처단하는 것이다. 그러므로 이는 군자가 법을 사용하는 엄격함에 해당한다. 바로 관리의 집행을 드러내는 것이다. 여기서 말하는 '군자'는 법을 수호하는 왕위 계승자와 옥사를 판결하는 관리를 말한다.

---

927) '전인(甸人)'은 옛 관직의 이름으로서 전답에 관련된 일과 공족(公族)의 사형 집행을 담당하였다.

初九, 遇其配主, 雖旬无咎, 往有尙.

초구: 배필이 될 주인을 만남이니, 비록 열흘이 되더라도 허물이 없다. 가서는
숭상을 받는다.

'配主'謂四, 自下匹上謂之配. '主'者, 卦以下畫爲基; 初爲'離'主, 四爲
'震'主. 十日曰'旬', 『春秋傳』曰, "天有十日". 自甲至癸, 旬數也. 九四當
'離'體已成之後, 日之數已盈, 而遇之者以其大明, 生其善動, 雖有日中
則昃之憂, 而自可無咎. '往', 則爲四之所嘉尙矣. 陰盛, 非剛不能致察;
初與四相資以成日中之治, 所以善處豐也. 初不言豐者, 二雖蔽初, 而
柔得其位, 居中以爲明主, 無相蔽之情也.

이 초구효의 배필이 될 주인은 구사효를 가리킨다. 아래에서 위로 짝을
짓는 것을 배필이라 한다. '주인'은 괘의 맨 아래 획으로서 기초가 되는
획을 말하는데, 이 풍괘☲☳에서 초구효는 이괘☲의 주인이고 구사효는
진괘☳의 주인이 된다. 10일을 '旬(순)'이라 한다. 『춘추좌씨전』에서 "천
간에는 10일이 있다."[928]고 하는데, 갑일(甲日)에서 계일(癸日)까지가
순일(旬日)의 수다. 그런데 구사효는 이괘☲의 몸이 이미 이루어진 뒤에
해당한다.[929] 그래서 날짜의 수가 이미 다 찼는데, 만나는 이가 그 거대한
밝음을 지니고서[930] 그 잘 진동함을[931] 낳는다. 그래서 비록 '해가 한낮에

---

928) 초영왕(楚靈王) 7년 조에 나온다.
929) 이 풍괘에서는 하괘가 이괘☲이고, 상괘가 진괘☳다. 그래서 이 구사효는
    이괘가 이미 이루어진 뒤, 진괘의 초효가 된다.
930) 하괘인 이괘☲의 덕을 드러내는 말이다.

일중하여 기울기 시작함'의 근심이 있다 하더라도 저절로 허물이 없을 수 있다. 그래서 이 초구효가 '가서는' 구사효에게 숭상을 받는 것이다. 음이 융성한 상황에서는 굳셈이 아니고서는 다 살펴볼 수가 없다. 그런데 이 초구효와 구사효는 서로 도움을 주면서 한낮에 일중한 태양의 다스림을 이루어낸다. 그렇기 때문에 이들은 풍성한 상황에 잘 대처하고 있는 것이다. 그런데 이 초구효에서는 풍성함에 대해 말하지 않은 까닭은, 육이효가 비록 초구효를 가리고는 있지만, 그것이 부드러움㉱으로서 제자리를 마땅하게 차지하고 있고 득중하여 이괘의 덕인 밝음의 주체가 되어 있기 때문이다. 그래서 육이효로서는 이 초구효를 가리고자 하는 마음이 없는 것이다.

「象」曰: '雖旬无咎', 過旬災也.

「상전」: '비록 열흘이 되더라도 허물이 없다'는 것은 열흘이 지나면 재앙이 있다는 것이다.

'雖旬无咎', 言卽至於旬而尙无咎, 則其不可過加知. 初與四遇, 當'離'之已成, 則兩剛相得; 過此則五·上之陰且蔽之矣. 五能蔽四, 不能蔽初, 以其遠也.

---

931) 상괘인 진괘䷲의 덕을 드러내는 말이다. 즉 아래에서 이미 이루어진 이괘가 그 밝음을 가지고 이제 상괘의 생겨남에 영향을 미쳐서 이 진괘의 진동함을 낮게 한다는 것이다.

'비록 열흘이 되더라도 허물이 없다'는 것은, 열흘이 되더라도 아직 허물이 없으니 지나서는 안 됨을 알 수 있다는 말이다. 이 풍괘䷶에서는 초구효와 구사효가 만나는데, 이괘☲가 이미 이루어진 상황에서 두 굳셈들이 서로를 얻고 있다. 이 상황을 지나게 되면 육오·상육효의 음이 또한 가리게 된다. 그런데 육오효가 구사효는 가릴 수 있어도 초구효를 가릴 수 없는 까닭은, 그것이 멀리 있기 때문이다.

六二, 豐其蔀, 日中見斗, 往得疑疾, 有孚發若, 吉.

육이: 그 풀로 엮은 가림막을 풍성하게 함이요, 한낮의 태양이 득중하였는데 북두칠성이 나타남이다. 가서는 의심을 얻어 병이 나지만 믿음이 있어서 감동함을 발동시킨다. 길하다.

'蔀, 編艸爲藩蔽. '日中見斗', 日食而星見也. 六二上應五, 而五以陰揜陽, 故爲豐於障蔽, 爲日食晝晦之象. 二不容不疑其蔽己之明, 疑甚而疾矣. 乃二以柔中當位, 虛中而信物, 以與五相孚, 則五且感發而與之同志, 棄暗求明, 吉矣. '豐'非剛不能撤蔽, 而二以柔能感五者, 麗於剛以爲明也.

'蔀(부)'는 풀로 엮은 가림막이다. '한낮 태양이 득중하였는데 북두칠성이 나타남'이란 일식에 의해 해가 먹혀서 별들이 나타났다는 의미다. 이 육이효는 위로 육오효와 응하고 있다. 그런데 육오효는 지금 음으로써 양을 가리고 있다. 그래서 장애를 일으킴과 가리는 데서 풍성함이 되고 해를 먹어서 낮이 어두운 상(象)을 이루고 있다. 이에 육이효로서도 어쩔 수 없이 자신의 밝음을 가리지나 않을까 하고 의심을 낼 수밖에 없는데, 그 의심이 지나쳐서 그만 병이 나고 말았다. 그러나 육이효는 부드러움[柔]으로서 득중하였고 제자리를 마땅하게 차지하고 있으니, 자기를 비운 채 남에게 믿음을 준다. 그래서 육오효와 더불어 서로 믿게 되는데, 그 결과 육오효도 감동함을 발하여 서로 동지가 되며 어둠을 버리고서 밝음을 구한다. 이러한 이유에서 길한 것이다. 풍괘䷶가 드러내고 있는 가리고 덮음의 이 풍성함을 굳셈이 아니고서는 걷어버릴 수가 없다. 그런데 육이효는 지금 부드러움으로서 능히 육오효를 감발시키고, 위·아래 두 굳셈들의 사이에 낀 채 이괘☲의 밝음을 발휘하고 있다.

「象」曰: '有孚發若', 信以發志也.

「상전」: '믿음이 있어서 감동함을 발동시킨다'는 것은 믿음이 있어서 남에게 뜻함을 발동시킨다는 의미다.

能信諸己, 則足以發人之志也. 陽實陰虛, 以實之謂信. 而『易』每於陰言孚者, 人之懷疑, 必先有成見於中, 窒而不通, 則遇物皆見其乖異; 虛以受之, 自能擇善而篤其信. 實以言信之用, 虛以言信之體也.

자기 자신에 대해서 믿음을 가질 수 있으면 충분히 남에게서도 뜻함을 발동시킨다. 양은 차 있고 음은 비어 있다. 그래서 채움을 '믿음이 있다'고 한다. 그런데 『주역』에서는 늘 음(陰)에 대해서만 '믿음이 있음'을 말하고 있다. 그 까닭은, 사람이 의심을 품으면 반드시 먼저 제 속에서 무엇인가 자기 견해를 이루게 되는데 이것이 막힌 채 통하지 않으면 대상을 만날 적마다 모두 잘못되고 이상하다고 보게 되기 때문이다. 그런데 자신을 비우고서 받아들이면 스스로 선함을 가릴 수가 있어서 그에 대한 믿음을 돈독하게 갖는다. 그래서 채움[實]은 믿음의 작용이고 비어있음[虛]은 믿음의 본체다.

九三, 豐其沛, 日中見沫, 折其右肱, 无咎.

구삼: 그 깃발과 휘장을 풍성하게 함이다. 한낮의 태양이 득중하였는데 작은 별들이 나타남이다. 그 오른쪽을 팔뚝을 부러뜨렸는데, 허물이 없다.

'沛', 舊說以爲旛幔. '沫', 小星也. '日中見沫', 日食旣而晝晦極矣. '右肱' 謂四, 九三之所以資動者也. 九三處明之終, '日中而昃'矣, 而上應上六 之極幽極暗, 故爲幔障天而日晝晦之象. 上之蔽也厚, 三與應而受其 蔽, 雖有九四之剛, 可資其動以撤蔽, 而弗能用也. 漢元受石顯之蔽, 而蕭望之不能抒其誠; 唐德受盧杞之蔽, 而陸贄不能效其忠; 蓋此象 也. 言'无咎'者未詳, '程子'以爲'无所歸咎', 亦通.

'沛(패)'는 이전의 풀이들에서 깃발·휘장이라 하였다. '沫(매)'는 작은 별이다. '한낮의 태양이 득중하였는데 작은 별들이 나타남'이란 태양이 이미 먹혀버려서 낮의 어둠이 극에 이른 것이다. '오른쪽 팔뚝'은 구사효를 가리킨다. 이 구삼효는 움직이는 데서 구사효에 의해 도움을 받는다. 구삼효는 밝음의 막바지에 있으니[932], '해가 한낮에 일중하여 기울기 시작함'이 되며, 위로 상육효의 극히 그윽하고 극히 어두움에 응하고

있다. 그러므로 휘장이 하늘을 덮어서 가리고 해가 낮에 어두운 상(象)을
나타내고 있다. 상육효의 덮어서 가림이 두텁고 구삼효는 이에 응하여
그 가림을 받고 있다. 그래서 비록 구사효의 굳셈이 있어서 움직이는
데서 도움을 받아 덮어서 가리는 것을 걷어낼 수 있다 하더라도 이
구삼효로서는 그것을 사용할 수가 없다. 한나라 원제가 석현의 가림을
받는 상황에서 소망지(蕭望之)가 그 충성을 펼칠 수 없었던 것이라든
지[933], 당나라 덕종이 노기(盧杞)[934]의 가림을 받아 육지(陸贄)[935]가

---

932) 이 풍괘의 하괘인 이괘☲의 맨 위의 효이기 때문에 이렇게 말한다. 이괘는
    물론 밝음을 상징한다.

933) 석현은 선제(宣帝)·원제(元帝)를 쥐고 농락하였던 환관이고, 소망지(약
    B.C.114~B.C.47)는 이러한 상황을 개선해 보려고 애쓰다 실패한 한 대신이며
    유명한 경학자다. 이에 대한 자세한 것은 주(680)을 참고하기 바란다.

934) 노기(?~785)는 당나라 때의 대신이다. 할아버지가 개원(開元) 초에 승상을
    했고, 아버지가 어사중승(御史中丞)을 한 덕택에 음사(蔭仕)로 충주(忠州)와
    괵주(虢州)의 자사(刺史)를 지냈다. 중앙 정계로 진출하여서는 어사중승을
    지내다 어사대부로 승진하였고, 그 10일 만에 다시 문하시랑(門下侍郞)·동중
    서문하평장사(同中書門下平章事)로 거듭 승진하였다. 그의 됨됨이는 매우
    음험하고 교활하였으며, 특히 심성이 악랄하였다. 얼굴 생김새가 매우 비루하
    고 추하게 생긴데다가 푸르스름하기까지 하여 사람들이 그를 보면 모두 귀신을
    본 것처럼 여겼다고 한다. 곽자의(郭子儀)가 한 번 그를 만나본 뒤에 "앞으로
    이 사람이 권력을 쥐면 우리 같은 부류는 남아나질 못할 것이다."라고 말하기도
    하였다. 조정에 있는 동안 노기는 현신(賢臣)들을 시기하고 질투하며 위해를
    가하는 데 정력을 소비했다. 그래서 장일(張鎰)·양염(楊炎)·안진경(顔眞卿)
    ·이회광(李懷光) 등을 살해하거나 귀양 보냈다. 노기는 언변이 매우 뛰어나
    덕종(德宗)의 총애를 받았다. 그래서 중인(衆人)의 원성이 자자하였고, 육지(陸
    贄)까지 나서서 그가 변란을 일으킬 것이라고 있는 힘을 다해 호소하였지만
    덕종은 겉으로는 동의하면서도 속으로는 불쾌하게 여길 정도였다. 그러던
    중 건중(建中) 4년(783) 경원병변(涇原兵變)이 일어나자 이회광이 그의 죄를

탄핵하였는데, 그해 12월 노기는 신주(新州)의 사마(司馬)로 쫓겨 갔다. 그리고 얼마 안 되어 급사중(給事中) 원고(袁高)가 노기에게는 정권을 농락하여 병변을 야기한 책임이 있으니 신주사마 정도로는 안 된다고 여겨 다시 풍주별가(澧州別駕)라는 더욱 못한 곳의 한직(閑職)으로 쫓아버렸다. 노기는 이곳으로 부임해 가는 도중 울분을 참지 못하고 배 위에서 병사하였다. 나중에 덕종이 한 중신과 대화하는 가운데 조용히 "모든 사람들이 노기를 간사한 인물이라고 하는데 왜 나만 몰랐을까요? 경께서는 그 사실을 알고 있었던가요?"라고 물은 적이 있다. 이에 그 중신은 "모든 사람들이 노기가 간사하다고 말해도 폐하께서만 그것을 모르셨으니, 그래서 노기가 그렇게 간사한 짓을 할 수 있었던 것입니다. 만약에 폐하께서 그 사실을 아셨더라면 건중(建中)의 난이 일어났겠습니까?"라고 대답하였다고 한다.

935) 육지(754~805)는 당나라 때의 정치가, 문학가, 의학자였다. 대력(大曆) 5년(770)에 진사시에 합격하여 화주(華州)의 정현위(鄭縣尉), 위남현 주부(渭南縣主簿) 등을 거쳐 감찰어사가 되었다. 덕종이 즉위한 뒤에는 한림학사(翰林學士)로 부름을 받았다. 건중 4년(783)에 경원병변이 발발하여 덕종이 피난을 갔을 때, 그는 수행하여 고공랑중(考功郎中)에 임명되어 덕종의 조서를 대부분 그가 쓰기도 하였다. 그리고 그가 기초한 『봉천개원대사제(奉天改元大赦制)』에 의거하여 덕종이 『죄기소(罪己詔)』를 반포하게 하기도 하였다. 이 『죄기소』는 모든 국가의 혼란 책임이 덕종 자신에게 있다는 것을 백성들에게 알리는 내용으로 되어 있다. 이후 육지는 덕종으로부터 깊은 신임을 받게 되었다. 그래서 이회광이 반란을 일으키자 다시 양주(梁州)로 피난 가는 덕종을 호종(扈從)하였다. 그리고 간의대부(諫議大夫)로 전보되었다. 이 두 번의 피난에서 육지는 덕종을 그림자처럼 호위하며 황제를 보좌하였기 때문에 '내상(內相)'이라는 칭호로 불리기도 하였다.

장안이 수복된 뒤에는 돌아와서 육지는 중서사인(中書舍人)에 임명되었다. 정원(貞元) 7년(791)에 병부시랑(兵部侍郎), 지공거(知貢擧)에 임명되었고, 이듬해에는 중서시랑(中書侍郎) 동평장사(同平章事)에 임명되어 재상이 되었다. 정원(貞元) 8년(792)에 육지는 중서시랑(中書侍郎) 동평장사(同平章事)로서 '양세법(兩稅法)'에 반대하는 상소를 올리기도 하였다. 그리고 그 2년 뒤에는 그 충성을 다 드러낼 수 없었던 것들은 모두 이러한 상(象)이다.

「象」曰: '豐其沛', 不可大事也. '折其右肱', 終不可用也.

「상전」: '그 깃발과 휘장을 풍성하게 함'이란 큰일을 할 수 없음이다. '그 오른쪽을

배연령(裴延齡)의 모함을 받아 육지는 태자빈객으로 강등되었다. 그 이듬해인 정원 11년(795), 배연령은 다시 육지가 군심(軍心)을 선동한다고 모함하여 육지로 하여금 충주(忠州) 별가(別駕)라는 아주 궁벽한 곳의 보잘것없는 직위로 쫓겨나게 하였다. 여기에 가 있는 10년 동안 육지는 약방(藥方)을 널리 수집하여 『육씨집험방(陸氏集驗方)』(50권)을 펴냈다. 영정(永貞) 원년(805), 순종(順宗)이 즉위하여 그를 다시 중앙으로 불러 들였지만, 이 조서가 미처 당도하기도 전에 그는 죽고 말았다. 나중에 육지는 병부상서(兵部尚書)로 추증되었다.

벼슬살이 하는 동안 육지는 충성스러운 마음과 탁월한 식견으로써 당시 사회적 모순이 깊어지는 것을 분석하고는 많은 시폐를 개진하며 그 대책을 내 놓게 하였다. 특히 덕종에 대해서는 충심 어린 마음에서 극간(極諫)을 마다하지 않았으며, 황제가 나라의 실정을 알아야 한다는 취지에서 널리 언로를 개방하여 실정(失政)에 대한 비판을 받아들이게 하였다. 그리고 백성들의 부역(賦役)을 경감케 하고, 나쁜 사람들을 관직에서 내쫓은 뒤 그 자리에 현명한 사람들로 앉혔으며, 국고를 튼실하게 하여 병변의 소지를 없애게 하는 등 여러 가지 건의를 하여 덕종이 받아들이게 하였다. 그러나 노기(盧杞)에 대한 간언(諫言) 만큼은 그로서도 번번이 실패하였다. 심지어 덕종은 노기가 병란에 대한 책임을 지고 지방의 한직으로 쫓겨 가 있는 동안에도 노기에 대한 그의 호의를 버리지 않았다. 그래서 덕종은 노기에 대해 육지가 충간하는 것을 겉으로는 수긍하는 척하면서도 속으로는 전혀 동의하지 않고, 오히려 불쾌하게 여기기까지 하였다. 육지는 많은 저술을 남겼는데,『육선공한원집(陸宣公翰苑集)』이 오늘날에 전해지고 있다.

팔뚝을 부러뜨렸음'은 끝내 사용할 수 없다는 의미다.

> 豐惟王假之, 必將大有所爲. 受蔽於上, 不足以照天下, 而何大事之可
> 爲! '終不可'者, 姦蔽賢, 則賢終不爲之用也.

풍성함에는 오직 왕이 이르러야 반드시 장차 크게 할 일이 있는 것이다. 그런데 위에서 가림을 당하고 있다면 천하를 충분히 비출 수가 없으리니, 어찌 큰일을 할 수 있으리오! '끝내 사용할 수 없다'는 것은 간신(奸臣)이 현신(賢臣)을 가려서 현신이 끝내 기용되지 못한다는 말이다.

九四, 豐其蔀, 日中見斗, 遇其夷主, 吉.

구사: 그 풀로 엮은 가림막을 풍성하게 함이요, 한낮의 태양이 득중하였는데 북두칠성이 나타남이다. 동배(同輩)의 주인을 만나서 길하다.

> '夷', 等夷也. 在上而交下曰夷. 四雖不應五, 而與五相比, 故與二同象,
> 而受蔽更切焉. 賴其下與初應, 兩剛相得, 明以濟動, 而陰弗能終揜之,
> 故吉.

'夷(이)'는 나이나 신분(身分)이 서로 같거나 비슷한 사이의 사람을 말한다. 위에 있으면서 아랫사람과 교유함을 '夷(이)'라 한다.[936] 이 구사효는

---

936) 윗사람이 신분이나 나이 차이를 뛰어넘어 동배(同輩)로 교류한다는 의미다.

비록 육오효에게는 응하지 않지만 육오효와 서로 나란히 붙어 있는 관계에 있기 때문에 육이효와 같은 상(象)을 이루고 있으며937), 그래서 그로부터 가림을 받음이 더욱 절실하다. 그런데 아래로 초구효와 응함에 힘입어서 두 굳셈[剛]이 서로 힘을 합치게 되고 밝음으로써 움직임을 도와주니938), 육오효의 음(陰)이 끝까지 가릴 수가 없다. 그래서 길한 것이다.

「象」曰: ‘豐其蔀’, 位不當也. ‘日中見斗’, 幽不明也. ‘遇其夷 主吉’, 行也.

「상전」: ‘그 풀로 엮은 가림막을 풍성하게 함’은 이 구사효가 자리 잡고 있는 위(位)가 마땅하지 않기 때문이다. ‘한낮의 태양이 득중하였는데 북두칠성이 나타남’이란 그윽하고 환하지 않다는 의미다. ‘동배(同輩)의 주인을 만나서 길하다.’는 것은 어딘가를 간다는 의미다.

象雖與二同, 而受蔽更深, 故於此發‘不當’·‘不明’之義. 四雖爲震主,

---

937) “그 풀로 엮은 가림막을 풍성하게 함이요, 한낮의 태양이 득중하였는데 북두칠성이 나타남이다.[豐其蔀, 日中見斗]” 부분의 효사가 육이효와 똑같음을 지적하는 말이다.

938) 밝음은 하괘인 이괘☲의 덕을 말하는 것이고, 움직임은 상괘인 진괘☳의 덕을 말한다. 지금 이 구사효가 육오효에게 가림을 받아 상괘의 덕인 움직임을 제대로 발휘할 수가 없는 상황인데, 아래 초구효가 이괘의 밝음으로써 응해 와서 이를 도와준다는 것이다.

而以剛居柔, 與五相比, 則所處之地危矣. 非'離'體, 則明不足以燭幽, 獨陽不足以勝衆陰; 必行而下就乎初以相輔, 乃得吉焉. '豐'之所以能 '明以動'者, 功在四, 而四又資初. 當昏昧之世, 求賢自輔爲善動之要術. 四之吉, 唯其爲退爻, 而不自怙其剛以輕試於障蔽之中也.

이 구사효는 이루고 있는 상(象)이 비록 육이효와 똑같지만, 가림을 받고 있는 것은 그보다 더욱 심하다. 그렇기 때문에 이 효사에서 '마땅하지 않다'·'환하지 않다'는 의미를 밝히고 있다. 구사효가 비록 이 풍괘䷶의 상괘인 진괘☳의 주체이기는 하지만, 굳셈으로서 부드러움의 자리를 차지하고 있고 육오효와 서로 나란히 붙어 있으니, 처한 곳이 위태롭다. 그래서 하괘인 이괘☲의 몸이 아니면 밝음이 이 그윽함을 밝혀낼 수가 없다. 이 구사효의 외로운 양(陽) 하나로서는 여러 음(陰)들을 이겨낼 수 없기 때문이다. 그래서 반드시 출행하여 아래로 초구효에게로 내려가서 서로 도와야만 길한 것이다. 풍괘가 '밝으면서 움직일 수 있는' 까닭으로서의 공덕이 이 구사효에게 있지만, 이 구사효는 또 초구효에게 도움을 받고 있는 것이다. 어두운 세상을 맞이하여서는 현명한 인재를 구하여 스스로 도움을 받는 것이 잘 움직일 수 있는 주요 방법이다. 구사효의 길함은 오직 이것이 물러남의 효라는 데 있다. 그래서 구사효는 자신의 굳셈만을 믿고서 장애가 되는 가림막 속에서 가볍게 무엇인가를 시도하지 않는다.

六五, 來章, 有慶譽, 吉.

육오: 와서 환히 드러내 줌이니 경사와 영예가 있다. 길하다.

五以陰暗居尊位, 力足以障蔽乎陽, 本無吉道. 唯其得中, 爲六二之所
仰而求乎者; 而陰尙未盈, 能下受之, 故二來而施之以明, 彌縫其不善
而著其善, 乃有'慶譽'而吉. '有'者, 本非所有而有之辭. '慶', 福自外來
也. '譽', 名自外成也.

이 육오효는 음으로서 존귀한 지위를 어둡게 차지하고 있다. 그래서
힘으로는 양을 방해하며 가리고도 남는다. 그래서 본래 육오효에게는
길함의 원리가 없다. 오직 이것이 득중하고 있기 때문에, 육이효에게
추앙을 받으며 믿음을 구하는 대상이 된다. 그리고 음으로서 아직 가득
채우지 않고 있기에 아래에서 받아들일 수가 있다. 바로 이러하기 때문에
육이효가 와서 그에게 밝음을 베풀어 주며, 그 불선함을 미봉하고 선함을
드러내준다. 그래서 '경사‧영예'가 있어서 길하다. 여기서 '있다'는 것은
본래는 있지 않지만 있다는 말이다. '경사'는 복이 밖에서 온 것이고,
'영예'는 명성이 밖으로부터 이루어진 것이다.

「象」曰: 六五之吉, 有慶也.

「상전」: 육오효의 길함은 경사가 있다는 것이다.

本非吉, 以得二'來章'之慶, 故吉.

본래는 길하지 않지만, 육이효가 '와서 환히 드러내 줌'의 경사를 얻었기
때문에 길하다.

上六, 豐其屋, 蔀其家, 闚其戶, 閴其无人, 三歲不覿, 凶.

상육: 그 지붕을 풍성히 하여 그 집을 덮어버리니 그 문을 통해 엿보더라도 고요하기만 할 뿐, 사람의 그림자조차 없다. 3년을 가도 만나지 못할 것이다. 흉하다.

上恃二・五之陰皆得中, 而己又居於其上, 驕盈而重蔽陽剛, 其德凶 矣. 蔽人者先以自蔽, 陽剛方'明以動, 安能蔽之? 徒重屋厚障, 不能見 遠而已. 明之所不照, 處於幽暗之室, 有人若无, 而人亦終無欲見之者, 見絶於有道而凶矣. 占此者, 遇如此闇傲之人, 絶之可也. 五可孚, 而上 不可化也.

이 상육효는 자기와 같은 부류인 육이・육오효의 음들이 모두 득중하였 는데 자신은 또한 이들의 위에 자리 잡고 있으니, 그 사실만을 믿고서 교만이 넘쳐흐르며 양의 굳셈을 중첩하여 가리고 있다.939) 그래서 그 특성은 흉하다. 그런데 남을 가리는 사람은 먼저 자신을 가려야 한다. 그리고 양의 굳셈이 바로 '밝으면서 움직이고' 있으니, 어찌 가려버릴 수 있겠는가! 한갓 중첩된 지붕으로서 두텁게 장애를 일으켜 멀리까지 보지 못하게만 할 수 없을 뿐이다.

하괘인 이괘☲의 밝음이 비치지 못함은 그것이 이 집의 그윽하고 어두운 방에 처해 있기 때문인데, 그래서 사람이 있더라도 없는 듯하다. 그리고

---

939) 여기서 말하는 '양'은 구사효를 지칭한다. 그런데 이 구사효에 대해서는 위로 육오효가 가리고 있는데, 이 상육효가 또 그 위에서 가리고 있으니 '중첩하여 가리고 있다'고 말한 것이다.

사람들도 굳이 그를 만날 생각이 없으니, 도(道)를 좇아 사는 사람들로부터 절연을 당하여 흉한 것이다. 점쳐서 이 효(爻)를 얻은 사람은, 이처럼 어두운 곳에 틀어박힌 채 오만을 떨고 있는 사람을 만나거들랑 관계를 끊어버려도 된다. 육오효라면 더불어 믿음을 나눌 수 있지만, 이 상육효는 교화가 불가능하다.

「象」曰: '豐其屋', 天際翔也. '闚其戶, 闃其无人', 自藏也.

「상전」: '그 지붕을 풍성히 함'은 하늘 저 멀리 아득히 새처럼 날고 있음이다. '그 문을 통해 엿보더라도 고요하기만 할 뿐, 사람의 그림자조차 없음'은 제 스스로 감추고 있음이다.

> 豐滿盈溢, 亢而自驕, 高居而絶物, 明者不施以照, 終於自藏而已. 其愚若此, 不足以爲日中之憂.

이 상육효는 풍성함이 가득 차고 넘쳐흘러 목에 뻣뻣이 힘을 준 채 스스로 교만을 떨고 있으며, 높은 자리를 차지하고서 다른 이들과 교류를 끊고 있다. 이러한 사람에게는 밝은 사람이 비춰 주지 않는다. 그래서 끝내 제 스스로 감추고나 있을 따름이다. 그 어리석음이 이와 같으니, 한낮의 태양이 일중함에서의 근심940)에 미치기에는 한참 모자란다.

---

940) 이 풍괘(豐卦)䷶의 육이·구삼·구사효 등에는 모두 일중(日中)의 근심이 있다. 그리고 육오효도 음으로서 자신을 비우고 있기 때문에 육이효가 와서 이를 빛나게 해준다. 그런데 이 상육효는 교만을 떨고 있고 다른 이들과의

●●●

旅卦 艮下離上

여괘䷷

旅. 小亨, 旅貞吉.

여괘: 작은 사람들이 형통하다. 여행길에 있는 이가 올곧고 길하다.

相從而行曰'旅'. 古者卿行旅從, 故曰行旅. 以二體之象言之, 火在山上, 野燒也, 前燄後燄, 相踵競進而不留, 若行者之在途, 相躡而遄征. 以卦畫言之, 三陽皆在陰上, 往也; 陽爲客, 陰爲主, 陽之旅也. 自'否'變者, 五陽去位而止於三, 雖止而非其居; 三固進爻也, 則亦姑寓而欲行者也. 旅者陽也, 乃陽倡則陰必隨, 陰無陽以立其不易之基於下, 則雖得中而非其安居, 陽旅而陰從之以旅矣. 一陽往而一陰從之, 二陽往而二陰從之, 陰隨陽行, 若卿行之有旅從, 陰亦旅矣. 六五居中, 非其位也, 雖有文明之德, 而'艮'止阻之以不下, 逮陽已往而明王不作, 己亦不得安於上位, 故先儒謂仲尼爲旅人. '小亨', 小者陰也; 陰得二中, 故亨. '旅貞吉'者, '旅'之貞, '旅'之吉也. 上不當位而下止, 本非正而不吉, 乃時當其止, 道不足以行, 而文明不息, 以明道爲己任, 隨所寓而安焉, 爲旅

교류를 끊은 채 끝내 자신을 감추고만 있으니, 일중의 근심에는 격이 미치지 못한다는 것이다.

之正, 而樂天安土, 得其吉矣.

서로 좇으면서 가는 것을 '旅(여)'라 한다. 옛날에 경(卿)이 행차할 적에는
여단이 좇는다고 하였으니,[941] 그래서 '행려(行旅)'라고 한다. 이 여괘(旅
卦)䷐를 이루고 있는 상·하 두 괘체의 상(象)을 가지고 말하자면, 불이
산 위에 있음이니 이는 들불이 난 것이다. 그래서 앞의 불꽃과 뒤의
불꽃이 서로 물고 물리며 경쟁하듯 나아가면서 머물러 있지 않는 모습이
다. 마치 행차하는 군대가 길에서 서로 꼬리에 꼬리를 물고 재빠르게
정벌하러 가는 모습과 같다. 그리고 이 여괘의 획들을 보면, 세 양이
모두 음의 위에 있으니, 이는 간다는 것을 상징한다. 양은 손님이고
음은 주인이다. 그래서 양이 여행을 하고 있음을 드러내고 있다.
이 여괘가 비괘(否卦)䷋로부터 변한 것이라는 점에서 보면, 비괘 5효의
양이 제자리를 떠나 3효의 위(位)에서 멈춘 것이다. 그런데 비록 멈추고는
있지만 이 3효의 위(位)가 제 거처로 삼아 오래도록 머물 자리가 아니다.
3효가 본디 나아감의 효이기 때문이다. 그래서 5효에서 온 이 양은
또한 여기에 잠깐 머무르다 가려고 하는 자다.
여행을 하는 이는 양(陽)이다. 그래서 양이 앞장서서 부르짖으면 음은
반드시 따른다. 그런데 음효들이[942] 양(陽)이 없이 아래에서 바뀌지

---

941) 『춘추좌씨전』에서는 임금이 행차함에는 사단이 좇고[君行師從], 경이 행차함
에는 여단이 좇는다[卿行旅從]고 하는데, 이에 대해 두예(杜預)는 사단을 2,500
명, 여단을 500명이라고 주해하고 있다.(杜預 注, 陸德明音義, 孔穎達疏, 『春秋
左傳注疏』권54, 定公 4년 조: 君行師從注, 二千五百人, 卿行旅從注五百人.)
왕부지는 대축괘䷙의 구이효사 가운데 '曰閑輿衛'를 풀이하면서도 이를 인용하
고 있다.

않는 터전을 세우고 있으니, 비록 득중하였다고는 하더라도 그것이 편안하게 거처할 곳이 못 된다. 그래서 양들이 여행길에 오르자 음들은 이를 좇아 여행길에 따라 나서는 것이다. 하나의 양이 가는 데서는 하나의 음이 좇고, 두 개의 양이 가는 데서는 두 개의 음이 좇고 있다. 이처럼 양이 가는 것을 음이 좇고 있음은 마치 경(卿)이 행차하는데 여단이 좇고 있음과 같다. 여기서는 음도 여행길에 있는 것이다.

여괘☲☶의 육오효는 중앙을 차지하고 있지만 이것이 제자리가 아니다. 그래서 비록 이 육오효가 환히 빛남의 덕을 지니고는 있다 하더라도, 간괘☶의 멈추게 함이 그것을 저지하여 내려오지 못하게 하고 있다.[943] 그런데 양이 이미 가버린 상황에서[944] 밝은 덕을 지닌 왕이 일어나지 않으니, 자기도 윗자리에서 평안할 수가 없다. 이와 같은 관점에서 선유(先儒)들은 공자를 여행길에 있는 사람이라 하였다.

'작은 사람이 형통하다'에서 '작은 사람'은 음(陰)을 가리킨다. 이 여괘☲☶에서는 두 개의 음효들이 득중하고 있다. 그러므로 형통한 것이다. '여행길에 있는 이가 올곧고 길하다'는 것은 여행길의 올곧음과 여행길의 길함을 의미한다. 그런데 이 여괘에서 작은 사람에 해당하는 두 음효들이 상괘에서는 제자리를 마땅하게 차지하지 않고 있고 하괘에서는 멈추어 있다. 그래서 본래는 올바르지도 않고 길하지도 않다. 그러나 지금의 시기는

---

942) 이 여괘☲☶의 초육·육이 두 음효를 지칭한다.

943) 이 여괘(旅卦)☲☶는, 상괘는 이괘☲·하괘는 간괘☶로 이루어져 있다. 이괘는 밝게 빛남, 즉 문명(文明)을 상징하고, 간괘는 멈추게 함을 상징한다. 그리고 이괘의 가운데 음효는 여괘(旅卦)에서는 육오효로서 득중한 것이다. 이것이 내려오는 것을 하괘인 간괘가 저지하고 있다는 것이다.

944) 비괘(否卦)☷☰의 구오효가 3효의 자리로 갔음을 지칭하는 말이다.

마땅히 멈추어야 하는 것으로서 도(道)가 행해지기에는 부족하다. 그런데 환히 빛남이 꺼져 버리지 않고 있으며 도(道)를 밝힘을 자신의 임무로 삼고 있으니, 가면서 잠시 기거하는 곳마다 거기에서 편안해하는 것이다. 그래서 여행길에 있는 이의 올바름이 된다. 아울러 세상과 본인의 처지를 즐겁게 여기고 지금 발붙이고 있는 곳을 편안하게 여기기 때문에 그 길함을 얻는 것이다.

「象」曰: '旅小亨', 柔得中乎外而順乎剛, 止而麗乎明, 是以小亨 旅貞吉也.

「단전」: '여괘는 작은 사람이 형통하다'고 하는데, 이는 부드러움[柔]이 밖에서 득중하고 있고 굳셈[剛]에 순종하고 있으며, 멈추어서 밝음에 붙어 있기 때문이다. 그래서 작은 사람이 형통하고, 여행길에 있는 이가 올곧고 길한 것이다.

'得中乎外', 不能得其正位, 而在事之外也. 陰下陽爲'順乎剛', 雖柔而放道以行也. 止矣, 而必麗乎明以不息, 故即此而志無不通 · 道無不正 · 居無不吉也. 陽君陰臣, 陽見陰隱, 雖德備文明若仲尼, 亦但謂之'小', 以位言也. 夫子之志, 於「象傳」自道之.

'밖에서 득중하고 있고'라는 것은 이 여괘䷿의 육오효가 그 올바른 자리를 잡을 수가 없어서 일의 밖에 있다는 의미다. 음이 양의 아래에 있음이 '굳셈[剛]에 순종하고 있음'인데, 이렇게 되면 비록 부드러움이라고는 하여도 제 길을 버리고 가는 것이다. 이 여괘는 멈추어 있기는 하지만 반드시 밝음에 붙어서 꺼지지 않고 있다.945) 그러므로 바로 이러한 이유에서 뜻함이 다 통하고, 도(道)가 모두 올바르며, 거처함에 길하지 않음이 없다. 여기서 양은 임금이고 음은 신하로서 양이 나타나면 음은 숨으니, 비록 공자처럼 환하게 빛나는 덕을 갖추고 있다 하더라도 이 여괘에서는 단지 '작은 사람'이라고만 말하고 있다. 그 까닭은 그 위(位)가 그러하기 때문이다.946) 공자의 뜻함에 대해서는 「단전」에서 저절로 다 말하고 있다.

旅之時義大矣哉!

여괘가 드러내고 있는 때의 의로움은 지대하도다!

非其人, 則失正而不能亨. 因其時, 合其義, 居不安而道不廢, 隘與不恭, 俱不足以當之, 故極歎其大.

딱 들어맞는 사람이 아니면 올바름을 잃어버려서 형통할 수가 없다.

---

945) 이 여괘(旅卦)䷷를 상·하괘로 분석하여 취의설에 입각, 풀이하고 있는 말이다. 여괘는 상괘가 이괘☲·하괘가 간괘☶로 이루어져 있다. 취의설에서는 이괘가 밝음을 상징한다고 하고, 간괘는 멈춤을 상징한다고 본다. 그래서 왕부지는 이들을 연계시켜, '멈추어 있기는 하지만 반드시 밝음에 붙어서 꺼지지 않음'이라 한 것이다.

946) 이 여괘의 상괘가 이괘☲로서 밝은 덕을 지니고 있음을 드러내고 있고, 육오효는 그 주인공으로서 득중하고 있지만, 음이기 때문에 자신을 드러내지 않는다는 것이다. 그리고 이는 양(陽)의 위(位)에 음(陰)이 온 것이기 때문이라는 것이다.

그 때에 알맞게 하고 그 의로움에 합치하게 하니, 거처함이 편안하지 않더라도 도(道)를 폐기하지 않는다. 협애함과 공손하지 않음으로서는 이에 해당하지 못한다. 그러므로 그 거대함을 이렇게 극도로 찬탄하는 것이다.

「象」曰: 山上有火, '旅', 君子以明愼用刑而不留獄.

「대상전」: 산 위에 불이 있음이 여괘다. 군자는 이를 본받아 밝고 신중하게 형벌을 사용하며 옥사를 머뭇거리지 않는다.

'離'火, 明也. '艮'止, 愼也. 既明且愼, 則速斷之, 而不淹滯以滋擾, 如山上之火, 過而不居. 君子之於民, 教之治之, 皆遲久而不迫, 唯用刑則非君子之本心, 不得已而寄焉耳. 留之則證佐待理而久淹, 枝葉旁生而蔓引, 胥史售姦而迭爲舞易, 其殃民也大, 而姦人得以規避, 故以'不留'爲貴.

이 여괘䷿의 상괘인 이괘☲는 불로서 밝음을 상징하고, 그 하괘인 간괘☶는 멈춤으로서 신중함을 상징한다. 이렇게 밝을 뿐만 아니라 신중하기까지 하니, 신속하게 결단함으로써 머뭇머뭇 지체함에서 오는 소란스러움이 확대되도록 하지 않는다. 마치 산 위에 불이 난 것처럼 지나갈 뿐 머무르지 않는 것이다. 군자가 백성을 대하는 데서 가르치고 다스리는 것은 모두 더디고 오래도록 하며 급박해 하지 않는다. 그런데 오직 형벌을 사용하는 것만은 군자의 본마음이 아니라 어쩔 수 없이 그것에 의탁하는 것일 따름이다. 그런데 머뭇거릴 경우 증거들이 심리(審理)를 줄지어 기다리게 되어 오래도록 씨름해야 할 것이니, 이렇게 되면 지엽적인 것들이 숱하게 생겨나와 칡넝쿨처럼 벋어나갈 것이다. 그리고 관계된 구실아치들이 간사함을 팔아가며 번갈아 어지럽게 춤을 추어댈 것이니, 그만큼 백성들에게는 재앙이 커지고 간사한 인간들은 법망을 피해가게 된다. 그러므로 형벌을 사용함에서는 '머뭇거리지 않음'을 귀하게 여기는 것이다.

初六, 旅瑣瑣, 斯其所取災.

초육: 여행길에 나서서 잘고 작은 것들에만 골몰하니, 이러는 동안에 재앙을 불러들인다.

「象傳」取六五立義, 爻則各以其得失言之. '旅'之時義雖大, 然非六五文明之德, 則其得失亦微, 所謂"苟非其人, 道不虛行"也. '瑣瑣', 細小貌. 初六卑柔無遠志, 而隨陽爲旅, 則鄙屑而爲裹糧結屨之謀, 災之至若出意外, 而不知務小忘大, 正其所自取也.

「단전」에서는 이 여괘䷷의 육오효를 취하여 의미를 제시하였는데, 지금 각 효들에서는 각기 그들이 지닌 득·실을 가지고 말하고 있다. 여괘가 드러내고 있는 때의 의로움은 비록 지대하지만, 육오효가 지닌 환히 빛남의 덕이 아니면 그 득·실도 미미할 것이다. 이른바 "진실로 거기에 해당하는 사람이 아니면 『주역』의 도(道)는 결코 헛되이 행해지지 않는다."[947]라고 함이다.

'瑣瑣(쇄쇄)'는 잘고 작은 모양이다. 초육효는 왜소하고 부드러워서 멀리까지 도모하는 뜻함이 없다. 그저 양(陽)을 따라서 여행길을 나서는 것이다. 그래서 비루하게 자질구레한 것들이나 챙기며 식량을 싸고 짚신을 삼는 것이나 도모한다. 그리고 재난이 이를 경우에는 그것이 의외라고 여길 뿐, 자신이 자질구레한 것들에 골몰하느라 정작 큰 것을 잊어버렸기 때문에 온 것이라는 것을 모른다. 이는 바로 그 스스로가 초래한 것이다.

「象」曰: '旅瑣瑣', 志窮災也.

「상전」: '여행길에 나서서 잘고 작은 것들에만 골몰하니', 뜻함이 궁색해져서 재난을 초래하게 된다는 것이다.

'窮'者, 自窘於微細之中也.

'窮(궁)'이라는 것은, 스스로 자질구레한 것들 속에 빠져서 골몰하다가 궁색해진다는 의미다.

---

947) 「계사하전」 제8장에 나오는 말이다. 점을 쳐서 얻은 괘・효사가 그것을 얻을 만한 자질과 자격이 없는 사람에게는 해당되지 않는다는 것이다. 『주역』의 도(道)는 결코 이러한 사람들에게까지 헛되이 행해지지 않기 때문이다. 따라서 점쳐서 얻은 괘・효사보다는 그것을 얻을 만한 자질과 자격을 갖추는 것이 우선이라는 의미가 된다.

六二, 旅卽次, 懷其資, 得童僕, 貞.

육이: 여행길에서 숙소에 듦이다. 그 도움이 되는 것을 품에 안고 어린 종을 얻으니 올곧다.

> 二柔得中位, 旅得所安之次舍矣. 陰爲資糧. '童僕謂初也. 瑣瑣在旅人則取災, 在童僕則爲正. 以柔懷童僕而使效其忠, 小之亨也. '旅初與二所取象占皆小節爾, 而『易』猶爲告之. 苟非不義, 亦日用之常, 聖人詳著之以前民用, 而學『易』者愼微之道在焉.

이 육이효는 부드러움[柔]으로서 가운데 자리를 차지하였으니, 이는 여행길에서 편안히 쉴 숙소를 얻음에 해당한다. 음(陰)은 도움이 되는 것이고 식량이다. '어린 종'은 초육효를 가리킨다. 자질구레한 것들은 여행자들에게는 재난을 불러오기도 하지만, 어린 종들에게는 그것이 올바름이 된다. 이 육이효는 부드러움으로서 어린 종을 마음으로 품어주어서 그로 하여금 충심을 다하게 하고 있으니, 이는 작은 사람의 형통함이다. 여괘☲☶의 초육·육이효가 취한 상(象)과 점(占)은 모두 작은 일들뿐이다. 그런데도 『주역』에서는 오히려 알려주고 있다. 그 까닭은, 진실로 불의(不義)가 아니고 일상생활에 늘 필요한 것들이기 때문이다. 『주역』을 지은 성인들은 백성들이 사용하기 이전에 이를 상세하게 드러내고 있는 것이다. 『주역』을 공부하는 이들로서는 작은 것들이라 할지라도 삼가야 할 원리가 바로 여기에 자리 잡고 있다.

「象」曰: '得童僕貞', 終无尤也.

「상전」: '어린 종을 얻으니 올곧다'는 것은 끝내 허물이 없다는 것이다.

‘懷其資’, 未免非尤, 唯得‘童僕貞’, 則免於咎. 懷資而失童僕之心, 斯寡
助而塗窮矣.

‘그 도움이 되는 것을 품에 안고’ 있음만으로는 아직 잘못된 허물을
면하지 못하는데, 오직 ‘어린 종이 올곧음’을 얻어서 허물로부터 벗어나는
것이다. 도움이 되는 것을 품에 안고서도 어린 종의 마음을 잃어버리면
받는 도움이 적어져서 가는 길에 궁색해진다.

九三, 旅焚其次, 喪其童僕, 貞厲.

구삼: 여행길에서 그 숙소에 불을 질러버림이며 그 어린 종을 잃어버림이다.
올곧더라도 위태롭다.

陰爻之旅, 皆從人以旅者也. 陽爻之旅, 則自欲旅者也. 旅者行而不留,
君子之仕止久速, 因時制義, 無悻悻窮日之心. 九三以剛居剛, 不中而
爲進爻, 急於去而不留, 無反顧之情. ‘焚其次’, 誓不復返; 徒衆解散,
不可復收, 雖使其去合於正, 而亦危矣.

음효의 여행길에 나섬은 모두 다른 사람이 가는 여행길에 따라 나선
것이다. 이에 비해 양효의 여행길에 나섬은 스스로 여행을 하고자 한
것이다. 여행자는 길을 가는 것이지 머무르지 않는다. 그러나 군자가
벼슬살이에 나섰다가 오래 머물지, 아니면 신속히 떠날지는 그때그때의
시대적 맥락에 맞게 의로움을 부여하는 것이다. 결코 얼굴 가득 불쾌한
빛을 띠고서 하루 동안 갈 수 있는 데까지 온 힘을 다해 떠나가다가

유숙(留宿)하는 것948)이 아니다. 이 구삼효는 굳셈으로서 굳셈의 자리를 차지하고 있으며 득중하지 않은 채 나아감의 효가 되어 있다. 그래서 가는 데만 급급할 뿐 머물지는 않으니 뒤를 돌아보고 싶은 마음이 없다. '그 숙소에 불을 질러버림'이란 결코 돌아가지 않겠노라고 마음으로 맹서하는 것이다. 함께 가던 무리는 흩어져 버렸고 다시 수습할 수가 없으니, 비록 그로 하여금 가서 올바름에 합치하게 한다 한들 역시 위태로운 것이다.

「象」曰: '旅焚其次', 亦以傷矣. 以旅與下, 其義喪也.

「상전」: '여행길에서 그 숙소에 불을 질러버림'은 또 상처를 입은 것이다. 여행자의 처세 방식을 가지고 아랫사람들을 대하니 그 의로움을 상실해 버린 것이다.

---

948) 맹자가 한 말 가운데 일부다. 맹자가 제나라 왕을 만나러 갔다가 뜻을 이루지 못하고 떠나다가 주(晝)라는 곳에서 사흘을 더 머물다 간 일이 있다. 이에 대해서 윤사(尹士)라는 이가 비판을 하고 나섰다. 제나라 왕이 자신을 받아주지 않을 줄을 모르고 간 것이라면 그의 인식 능력에 문제가 있는 것이고, 알면서도 간 것이라면 그저 벼슬을 구하러 간 것이니 이 역시 마땅치 않은 짓이라는 것이다. 그리고 떠나기로 했으면 미련 없이 바로 떠나야지 무슨 미련을 갖고 사흘씩이나 뭉그적거리다가 떠나느냐 하는 것이었다. 맹자도 별 수 없는 인물이라는 것이다. 이러한 윤사의 비판을 전해들은 맹자가 자신을 변호하는 말 가운데 하는 말이 이 말이다. 임금과 뜻이 맞지 않고 임금이 마음에 들지 않는다고 하여 이렇게 해서는 안 된다는 것이다. 맹자의 변호를 들은 윤사는 자신의 관점은 소인배의 관점이며 자신이 잘못 생각하였음을 인정하고 있다. 자세한 것은 주571)을 참고하기 바란다.

'傷'謂傷於君子不輕絕人之義. '以旅與下', 謂既悻悻以去, 使初·二之
心解體, 導之離散, 不能復合, 介然之義, 其終必窮. 好勇而不知所裁,
將與鳥獸同羣乎!

'상처를 입음'이란 군자가 가볍게 남을 거절하지 못하는 의로움에 상처를
입었다는 것이다. '여행자의 처세 방식을 가지고 아랫사람들을 대함'은,
이미 얼굴 가득 불쾌한 빛을 띠고서 떠나온 상황에서 다시 초육·육이
두 음효의 마음조차 자신으로부터 떠나 흩어지도록 유도하였으니, 다시
합할 수가 없다는 의미다. 굳게 마음먹은 의로움이 끝내 반드시 궁색함을
불러오는 것이다. 이렇듯 용기 있음만 좋아하고 자신을 다잡을 줄 모르면
장차 짐승들과 무리를 지어 살겠다는 것인가!949)

---

949) 『논어』, 「미자」 편에 나오는 공자의 말이다. 여기서는 장저(長沮)와 걸익(桀溺)
이라는 두 은자(隱者)가 공자의 구세(救世)적 삶을 비웃는 광경이 있다. 그들은
도도히 흘러가는 저 물처럼 스스로의 원리와 법칙으로 돌아가고 있는 세상을
사람으로서는 결코 바꿀 수 없거늘 공자는 애당초 가능하지도 바람직하지도
않은 일을 하고 있다고 비판한다. 그리고는 차라리 세상을 피해 자연과 하나
되는 삶이 더 낫다고 한다. 이에 대해 공자는 "사람이 짐승들과는 함께 무리를
지어 살 수 없으니, 내가 이 사람의 무리와 함께하지 않고 누구와 함께하겠는가?
천하가 원리 원칙대로 잘 돌아가고 있다면 나는 새삼 그것을 바꾸려하지
않을 것이다.(鳥獸不可與同羣, 吾非斯人之徒與而誰與? 天下有道, 丘不與易
也.)"라고 그들을 비판하고 있다.

九四, 旅于處, 得其資斧, 我心不快.

구사: 여행하며 다른 나라에 머물다가 그 날카로운 도끼를 얻었으나 내 마음이 유쾌하지 않다.

> '處', 羈旅所處之國也. '斧'者, 行而攜以備樵採椓杙之用者. 三去而迫 於去, 四則剛失位而居退爻, 義未可留而姑留者也. 留則得其資斧, 而 四志本剛, 非以資斧爲念者也, 故心不快.

'處(처)'는 여행하다가 다른 나라에 머무는 것을 의미한다. '도끼'란 휴대하고 돌아다니면서 땔나무를 하거나 말뚝을 박을 때 사용하는 것이다. 구삼효가 떠난다고 해서 떠남에 절박한 나머지, 이 구사효가 굳셈으로서 제자리를 잃어버리고 물러남의 효의 위(位)에 자리 잡고 있다. 그래서 의로움으로는 머물 수가 없지만 잠시 머물고 있는 이다. 머무니 그 날카로운 도끼를 얻지만, 구사효의 뜻함은 본래 굳세어서 겨우 이 날카로운 도끼 따위를 염두에 두고 있지 않다. 그래서 마음이 유쾌하지 않은 것이다.

「象」曰: '旅于處', 未得位也. '得其資斧', 心未快也.

「상전」: '다른 나라를 여행함'이란 아직 마땅한 지위를 얻지 못함이다. '그 날카로운 도끼를 얻음'이란 마음이 아직 유쾌하지는 않다는 의미다.

> 四非陽剛宜居之位, 故雖得資斧而不快, 若孟子之於齊·梁是也.

구사효는 양의 굳셈이 마땅히 자리 잡고 있을 위(位)가 아니다. 그러므로 비록 날카로운 도끼를 얻었지만 마음이 유쾌하지 않은 것이다. 맹자가 제(齊)나라ㆍ양(梁)나라를 갔을 때와 같다.

六五, 射雉, 一矢亡, 終以譽命.

육오: 꿩을 쏘았는데 화살 하나만 잃어버렸고 끝내는 천명(天命)을 영예롭게 한다.

'雉', 文明之禽. 六五, '離之主, 欲麗乎陽以發其光輝, 而得中於外, 不能乘權以有爲, 則不得雉, 而幷其所以射者亡之, 所謂道之將喪也. 然雖爲旅人, 而道賴以明, 則人之所與, 天之所篤, 又豈能去之哉! 止而麗乎明, 此爻當之.

'꿩'은 무늬가 아름다운 새다.[950] 육오효는 이괘☲의 주체로서 위ㆍ아래 두 양효들 사이에 끼어 그 광휘로움을 발하고 싶어 한다. 그런데 밖에서 득중하고 있으니, 권력을 쥐고 무슨 일을 할 수가 없다. 그래서 꿩을 잡을 수 없는 것이다. 아울러 그 꿩을 쏘는 화살마저 잃어버렸다. 이는 이른바 '도(道)가 장차 없어져버림'을 상징한다. 그러나 이 육오효가 지금은 비록 나그네가 되어 있지만 도(道)는 이 육오효가 상징하는

---

950) 이 여괘䷙의 회괘(悔卦)인 이괘☲가 '아름다움[文明]'을 상징하고 있다는 점에서 이렇게 연관시키고 있다.

사람에 의해 밝혀진다. 그래서 사람들은 이 사람과 함께하는 것이고, 하늘은 이 사람을 돈독하게 대한다. 그러니 또한 어찌 제거할 수 있으리오?951) 멈춘 채 밝음에서 곱게 빛나고 있으니952), 이 효가 그에 해당한다.

---

951) 이는 공자와 관련된 내용이다. 나그네가 되어 있다는 것이나, 도(道)는 이 육오효가 상징하는 사람에 의해 밝혀진다는 것, 사람들은 이 사람과 함께하는 것이고 하늘은 이 사람을 돈독하게 대한다는 것 등은 모두 공자를 묘사하는 말이라 할 수 있다. 이전에 공자가 광(匡)이라는 고을 지나다가 그 고을 사람들에게 붙잡혀 거의 죽을 뻔한 적이 있다. 공자의 겉모습이 양호(陽虎)와 비슷하여 그 고을 사람들이 오해한 결과다. 양호는 오랫동안 그 고을 사람들을 괴롭혀 왔으니 이제 고을 사람들이 그를 포획하여 징치하려 한 것이다. 그런데 공자는 이렇듯 절체절명의 위기의 순간에도 스스로를 문왕 이후에 끊긴 '문(文)'을 후세에 계승해줄 사람으로 자부하며, 하늘이 결코 이 사람들로 하여금 자신을 죽이게 내버려두지 않을 것이라 여겨 의연해 하였다. 이 '문(文)'은 인간 세상을 짐승들의 그것과는 다르게 차원 높은 것으로 해주는 것이다. 예컨대 인의예지(仁義禮智)와 같은 사덕(四德)을 실현하여 살맛나는 세상을 꾸려감이 그것이다. 이것이 실현되는 세상은 짐승들의 세상보다 아름답고 빛난다는 의미에서 '문(文)'이라 하는 것이다. 그런데 공자는 자신이 이렇게 허망하게 죽어버리면 후세 사람들은 이 '문'의 끈을 영원히 놓쳐버릴 것인 바, 그러면 후세 사람들의 세상은 곧 짐승들의 세상과 구별되지 않는 것이리니, 하늘이 그러한 상황을 결코 용납하지 않으리라는 자신감에서였다.(『論語』, 「子罕」: 子畏於匡, 曰, "文王既沒, 文不在玆乎! 天之將喪斯文也, 後死者不得與於斯文也, 天之未喪斯文也, 匡人其如予何?") 과연 나중에 광 고을 사람들은 자신들이 오인했음을 알아차리고 공자를 풀어주었다. 그리고 공자의 가르침은 오늘날까지 전해지며 사람 세상을 살맛나는 것으로 하는 데 기여하고 있다. 여기서 사람이 함께한다는 것이나, 하늘이 돈독히 한다는 것 등은 유가의 전형적인 인도론(人道論)을 피력한 것이라 할 수 있다. 왕부지의 이 『주역내전』에서는 이러한 논지가 주조(主潮)를 이루고 있다.

952) 이는 광(匡) 고을 사람들에게 사로잡혀 있는 공자의 상황을 묘사하는 말이다.

「象」曰: ‘終以譽命’, 上逮也.

「상전」: ‘끝내는 천명(天命)을 영예롭게 한다’는 것은 위로 미쳐감이다.

上無明王, 則天人之所宗仰者在己也. 周公心儀其人, 而孔子自當之.

위에 밝은 덕을 지닌 왕이 없으니 하늘이나 사람들로부터 우러러 숭상을 받음이 자신에게 있다는 것이다. 주공은 마음속으로 그러한 사람을 흠모하였고, 공자는 스스로가 이에 해당한다고 자부하였다.

上九, 鳥焚其巢, 旅人先笑後號咷, 喪牛于易, 凶.

상구: 새에게 그 둥지가 불타버림이요, 여행자가 먼저는 웃다가 나중에는 통곡하며 운다. 변경의 국경 지대에서 소를 잃어버렸음이다. 흉하다.

上九居'離體之終, 陽已亢極, 火炎於山上而不息, 鳥有巢而被焚之象. 蓋時有災危, 去以避害者也. 免於禍則笑, 而貪生倖免, 爲人所不禮, 無可再棲之枝, 將號咷而悲思其故處矣. '牛', 順物. '易', 疆場也. 居其國, 有其家, 則無可去之理, 順道也, 子思所以遇寇而守也. 喪其貞順於國, 而越疆外出, 道失而身必危, 故凶.

이 상구효는 이괘☲를 이루고 있는 괘체의 맨 끝에 자리 잡고 있다. 그래서 양(陽)이 목에 힘을 주고 오만함을 드러냄이 이미 극에 이르렀으니, 불꽃이 산 위에서 타오르며 꺼지지 않음을 상징한다. 새가 거기에 둥지를 틀었다가 그것이 불타버리는 피해를 입은 상(象)이다. 아마 이는 재난의 위험이 있을 때에 화를 피하기 위해 그곳을 떠난 새일 것이다. 그래서 화를 면했다 하여 웃는 것인데, 목숨을 탐하여 요행이 면하였지만 남들에게는 예(禮)가 아닌 것으로 보이며 다시 깃들이고 살 나뭇가지조차 없다. 그래서 장차는 통곡을 하고 울면서 비통에 젖어 이전에 살던 곳을 그리워하는 것이다.

'소'는 순한 짐승이다. '易(역)'은 변경의 국경지대를 의미한다. 그 나라에 거주하며 거기에 그 집을 가지고 있으면, 떠날 수 있는 이치란 없다. 이것이 순종함의 도리다. 그렇기 때문에 자사(子思)는 도적을 맞아서도 지키고 있었던 것이다.[953) 나라에서 그 정절과 순종함을 잃어버리고 국경을 넘어 외국으로 나간다면 도(道)를 잃어버리고 필연코 몸조차 위험해진다. 그러므로 흉한 것이다.

---

953) 『맹자』에 나오는 말이다. 증자(曾子)가 무성(武城)에 거주할 적에 월(越)나라 사람들이 침입해 온 적이 있다. 그런데 증자는 피신을 갔다. 이에 비해 자사(子思)는 위(衛)나라에 거주할 때 제(齊)나라 군대가 쳐들어 왔는데, 꿋꿋하게 집을 지키고 있었다. 자신조차 피신을 하게 되면 임금을 지킬 사람이 없다는 이유에서였다. 그런데 맹자는 이 둘을 비교하며 동일하다고 하였다. 처지가 달랐기 때문에 행동하는 방식이 달랐던 것이니, 이들이 각각의 처지와 상황에서 가장 알맞은 원칙과 이치를 따랐다는 점에서는 같다는 것이다. 만약에 둘의 처지가 바뀌었으면 역시 똑같이 행동하였을 것이라 하고 있다.(『孟子』, 「離婁下」: 曾子居武城, 有越寇. 或曰, "寇至, 盍去諸?" 曰, "無寓人於我室, 毀傷其薪木." 寇退, 則曰, "修我牆屋, 我將反." 寇退, 曾子反. 左右曰, "待先生如此其忠且敬也, 寇至, 則先去以爲民望; 寇退, 則反, 殆於不可." 沈猶行曰, "是非汝所知也. 昔沈猶有負芻之禍, 從先生者七十人, 未有與焉." 子思居於衛, 有齊寇. 或曰, "寇至, 盍去諸?" 子思曰, "如伋去, 君誰與守?" 孟子曰, "曾子·子思同道. 曾子, 師也, 父兄也; 子思, 臣也, 微也. 曾子·子思易地則皆然.")

「象」曰: 以旅在上, 其義焚也, '喪牛于易', 終莫之聞也.

「상전」: 여행자의 처세 방식을 쓰며 윗자리를 차지하고 있으니, 그 의로움이 불타버리고 만 것이다. '변경의 국경 지대에서 소를 잃어버렸음'이니 끝내래도 명예로운 평판을 듣지 못하는 것이다.

> '聞', 名譽也. 既居高位, 則義在同其災患, 而以旅道自處, 違其義矣. 不忠不順, 人皆賤之, 雖其陽剛之才, 無德而稱焉.
>
> '聞(문)'은 명예를 의미한다. 이미 높은 지위를 차지하고 있으면 그 재난과 환난에 함께하는 것이 의로움이다. 그런데 이에 대해 스스로 여행자의 처세 방식으로써 대처한다면, 이 의로움을 어기는 것이다. 충성스럽지 않고 순종하지 않음을 사람들은 모두 천하게 여긴다. 비록 양(陽)의 굳셈[剛]의 재질을 지녔다고 할지라도 칭할 만한 덕이 없는 것이다.

●●●

巽卦 巽下巽上

손괘䷸

巽. 小亨, 利有攸往, 利見大人.

손괘: 약간 형통하다. 어디를 가는 데 이롭다. 대인을 만남이 이롭다.

‘巽’陰潛起於陽下, 與‘姤’・‘遯’同. ‘兌’陽盛於中而陰外, 與‘大壯’・‘夬’同. 而姤爲陰干陽, ‘遯’爲陽避陰, ‘巽’則以入爲德; ‘大壯’戒陽之壯, ‘夬’奬陽以決陰, ‘兌’則以說爲道; 何也? ‘巽’・‘兌’本三畫卦之名, 重而爲六, 不失其象. 風有于喁之相因, 澤有左右之竝流, 皆無異道, 則重而爲六, 猶然三畫之象也. 三畫之卦, 天之理, 物之體, 形象之自然者也. 相雜而六畫生, 則物之變, 人之用, 得失之或然而不得不然者也. 六畫不異於三, 則用而仍如其體; ‘姤’・‘遯’・‘大壯’・‘夬’之重而有異也, 則體異而用亦異也. 夫天之理, 物之體, 陰陽柔剛, 參伍以成形象, 一唯其自然. 陰本不以干陽而潛起, 陽亦不畏偪而欲避, 陽雖盛而非恃其壯以決去乎陰, 則體天體之無不善者, 以肯其德而嘉與之, 故‘巽’以入爲利, ‘兌’以說爲貞. 若夫陰遇陽而迫陽以避, 陽壯而決絶乎陰, 固非天地絪縕・互相屈伸以成化之道, 故‘姤’・‘遯’無相入之美, ‘大壯’・‘夬’無相說之情也.

손괘(巽卦)☴는 음이 양 아래에 잠복해 있다가 일어나는 상(象)인데, 이는 구괘(姤卦)☴・둔괘(遯卦)☴와 같다.954) 이에 비해 태괘(兌卦)☱는 양이 가운데서 융성하고 음은 밖으로 밀려난 상(象)인데, 이는 대장괘(大壯卦)☱・쾌괘(夬卦)☱와 같다.955) 그런데 구괘는 음(陰)이 양(陽)들에게 간여하는 것이고 둔괘는 양들이 음들을 피하고 있는 것임에 비해, 손괘는 '들어감'을 덕으로 하고 있다. 또 대장괘는 양(陽)들의 건장함을 경계하고

---

954) 구괘☴는 다섯 양 밑에서 음이 하나 생긴 것이고, 둔괘☴는 ½로 축약하면 손괘☴와 상(象)이 같다. 그래서 이렇게 말하는 것이다.

955) 대장괘☱는 ½로 축약하면 태괘☱와 모양이 같고, 쾌괘☱는 양들이 가운데서 왕성하고 음 하나는 밖으로 밀려난 상(象)이다. 그래서 이렇게 말하는 것이다.

있고 쾌괘는 양들을 장려하여 음(陰)을 결단하여 밖으로 내치고 있음에
비해, 태괘(兌卦)는 '기뻐함'을 원리와 방식으로 삼고 있다.

그 까닭은 무엇일까. 손괘·태괘는 본래 3획괘의 이름인데 이를 중첩하
여 6획이 된 것이다. 따라서 이들은 원래의 상(象)을 잃어버리지 않고
있다. 손괘가 상징하고 있는 바람에는 서로 화답하며 말미암음이 있고,
태괘가 상징하는 연못에는 좌·우로 아울러서 흐름이 있다. 그래서
이들 괘는 모두 중첩하고 있는 두 괘 각각에 다른 원리가 없다. 그래서
중첩하여 6획이 되었다고 하더라도 오히려 3획의 상(象)과 같다. 3획의
괘는 하늘의 이치, 물(物)들의 본체(體), 형(形)·상(象)의 저절로 그러함
을 드러내고 있는 것들이다. 이 3획괘들을 여러 가지 방식으로 뒤섞으면
6획괘가 만들어지는데 이들은 물(物)들의 변함, 사람의 작용, 득·실의
'혹시 그러함'이나 '어쩔 수 없이 그러함'을 드러내고 있는 것들이다.
그런데 6획이라도 3획과 다르지 않다면 그 작용이 여전히 3획괘의 본체
그대로다. 이에 비해 구괘(姤卦)䷫·둔괘(遯卦)䷠·대장괘(大壯卦)䷡·
쾌괘(夬卦)䷪ 등은 중첩하여서는 달라져버렸다. 그래서 본체가 3획괘와
다르니 그 작용도 다른 것이다.

하늘의 이치, 물(物)들의 체(體), 음·양과 굳셈[剛]·부드러움[柔]이 뒤섞
이고 대오를 이루면서 형(形)과 상(象)을 이루는데, 이들은 한결같이
오직 이들의 저절로 그러함 그대로를 반영하고 있다. 음은 본래 양에게
간여하고자 잠복한 상태에서 일어나지 않는다. 그래서 양도 핍박받을까
를 두려워하며 피하려 들지 않는다. 그리고 양이 비록 융성하다고 하지만
그 건장함을 믿고서 음을 결단하여 내치려 하지 않는다. 그래서 하늘의
본체가 지닌 '선하지 아니함이 없음[無不善]'을 체현하고, 그 덕을 닮아서
갸륵하게 준다. 그러므로 손괘䷸는 '들어감'으로써 이로움이 되고, 태괘䷹
는 '기뻐함'으로써 올곧다. 만약에 음이 양을 만났는데 양을 핍박한

나머지 양이 피하거나 양이 건장하여 결연히 음을 내쳐서 끊어버린다면, 이는 진실로 하늘과 땅의 인온지기(絪縕之氣)가 서로 굽혔다 폈다 하며 이 세상을 만들어내는 원리와 방식이 아니다. 그러므로 구괘(姤卦)☴ · 둔괘(遯卦)☶에게는 서로에게 들어감의 아름다움이 없고, 대장괘(大壯卦)☳ · 쾌괘☱에는 서로 기뻐하는 정(情)이 없다.

然則震之陽起而動陰, 與復 · 臨義略相通; '艮'之陽上以止陰, 與剝 · '觀'道略相似. 震恐以致福, '喪貝而七日得', '復'之理也. '艮敦而吉, '大觀在上', '君子得輿之象也. 而異於'巽' · '兌'之別於'姤' · '遯' · '壯' · '夬', 又何也? '震'初陽起而動地下之陰, 四陽出地而動地上之陰, 乃以出入無疾, 而相感以臨. '艮'三止陰而不能止, 二陰又乘其上, '剝'之所以'剝膚', 止之又止而後止焉; '觀'之所以必'觀我' · '觀民'而恐志之未平, 天人體用之義均也. 若夫'姤' · '遯', 陰干陽而逼之, 陰皆進而陽皆退; '巽'則六四居陰以順乎陽, 而陽未相率以之於外; '大壯' · '夬'陽連類以捐陰, 亢而且消, '兌'則陽納陰於三, 相說而不相拒. '巽' · '兌'之與'姤' · '遯' · '大壯' · '夬', 其象異, 其德異, 固不可以'震' · '艮'例求也. 此讀『易』者之當知變通也.

그렇다면 다른 각도에서 한번 생각해보자. 진괘☳의 양(陽)이 일어나 음(陰)을 진동함은 복괘(復卦)☳ · 임괘(臨卦)☴와 의미가 대략 통하고, 간괘☶의 양이 위에서 음들을 저지하고 있음은 박괘(剝卦)☶ · 관괘(觀卦)☴와 원리가 대략 비슷하다.956) 그래서 진괘☳는 두려움이 복을 불러오니, '재물을 잃어버리나' '7일이면 된다'고 하는데, 이는 바로 복괘☳의 이치다. 그리고 간괘☶는 돈독하여 길하니, '사람들이 모두 우러러볼만한 대관(大觀)이 위에 있고'957), '군자가 탈것을 얻는'958) 상이다.

그러나 이는 손괘䷸가 구괘䷫·둔괘䷠와 구별되고 태괘䷹가 대장괘䷡·쾌괘䷪와 구별되는 것과는 또 다르다. 그 까닭은 무엇일까. 진괘䷲는 초효의 양이 떨쳐 일어나 땅속의 음들을 진동하고 4효의 양은 땅 밖으로 나와 땅 위의 음들을 진동하고 있다. 이렇게 드나듦에 아무런 문제가 없어서 서로 느낌을 주고받으며 임(臨)한다. 이에 비해 간괘䷳는 3효가 음들을 저지하고 있는데도 저지할 수 없고 두 음들이 또 그 위를 올라타고 있으니, 이것이 바로 박괘(剝卦)䷖가 '평상을 박탈함이 피부에까지 미쳤음'이 되는 까닭으로서, 이를 저지하고 또 저지한 뒤에야 멈추는 것이다. 그래서 관괘(觀卦)䷓에서는 반드시 '나를 돌아보고' '백성들 돌아보며'959) 뜻함이 아직 이루어지지 않음을 두려워하는데, 이는 하늘과 사람의 체(體)와 용(用)의 의로움이 고른 것이다. 그리고 저 구괘䷫·둔괘䷠의 경우는 음이 양들에게 간여하며 핍박하고 있고, 음들은 모두 나아가는데 양들은 모두 물러나고 있다. 이에 비해 손괘䷸는 육사효가 음의 자리를 차지한 채 양들에게 순종하고 있고, 양들은 아직 이들을 거느리고서 서로 밖으로 나가지 않는다. 그리고 대장괘䷡·쾌괘䷪는 양들이 같은

---

956) 복괘䷗는 하나의 양이 음들의 밑에서 막 일어나서 음들을 진동하는 상(象)이라 할 수 있고, 임괘䷒는 ½로 축약하면 진괘☳와 상(象)이 같다. 그리고 박괘䷖는 하나의 양이 위에서 음들을 저지하고 있는 상이라 할 수 있고 관괘䷓는 ½로 축약하면 간괘☶와 상이 같다. 그래서 이렇게 말하는 것이다.

957) 이는 관괘(觀卦)䷓의 「단전」에 나오는 내용이다. 왕부지는 이처럼 관괘가 간괘(艮卦)䷳와 통한다고 보고 있는 것이다.

958) 박괘(剝卦)䷖ㅣ 상구효사의 일부다. 왕부지는 역시 간괘䷳와 박괘䷖는 통한다고 보고 있는 것이다.

959) 이들은 모두 관괘(觀卦)의 육삼효사 및 구오효사와 그 「상전」에 나오는 구절들이다.

부류로 연계하여 음들을 물리치고 있는데 음들은 이에 맞서보지만 사라지게 되어 있다. 이에 비해 손괘는 양이 3효에서 음들을 받아들이며 서로 기뻐할 뿐 서로 항거하지 않는다. 이처럼 손괘䷸·태괘䷹는 구괘·둔괘, 대장괘·쾌괘와 비교하여 그 상(象)이 다르고 그 덕(德)이 다르기 때문에, 진실로 진괘(震卦)·간괘(艮卦)䷳의 예를 가지고 그 의미를 찾으려 해서는 안 된다. 이 점이 바로 『주역』을 읽는 이들이 그 변함과 통함을 꼭 알아야 할 이유다.

'巽'者, 選具而進之謂. 能愼於進則相入, 故爲入也. 柔順修謹, 欲依陽而求相入以成化, '巽'之德也. 陽且樂而受之, 是以'小亨'. 陰雖入, 而剛不失其中, 剛柔相濟, 往斯利矣. '大人', 謂二五剛中, 德位幷隆者也. 選愼以入而相見, 見斯利矣, 陰之亨利者也. 程子曰, "兌柔在外, 用柔也; 巽柔在內, 性柔也." '兌', 陽之爲也; '巽', 陰之爲也. '兌'則亨, '巽'所以小亨也. 然陰固兩儀自然之體而萬物資生之用, 得其正而亨而且利, 亦孰非天道之正, 人事之善者乎!

손괘䷸는 공손하게 나아감의 의미를 담고 있다. 그리고 나아감에 대해 신중히 할 수 있으면 서로 받아들이기 때문에 '들어감'이 된다. 부드럽고 순종적이며 자신을 닦고 삼가는 자세로 양에게 의지하여 서로가 서로에게로 들어가 지어냄造化을 이루어내고자 하는 것이 바로 손괘의 덕(德)이다. 양도 이를 기꺼이 받아들인다. 그래서 '약간 형통하다'고 한 것이다. 그리고 음이 비록 들어오기는 하였지만 양이 그 득중함을 잃지 않은 채로 굳셈[剛]·부드러움[柔]이 서로 도우니, 이러한 이유에서 가게 되면 이로운 것이다.

여기서 '대인'은 구이·구오효의 굳셈이 득중한 채 덕(德)과 지위가 아울러 융성함을 말한다. 공손하고 신중하게 들어가서 서로 만나니 이러한 까닭에 만남이 이로운 것이다. 이는 음이 형통하고 이로움이다. 정자(程頤)께서는 "태괘䷹는 부드러움이 밖에 있으니 작용함이 부드럽고, 손괘䷸는 부드러움이 안에 있으니 본성이 부드럽다."960)라고 하였다. 태괘의 경우는 양이 하는 것이고 손괘의 경우는 음이 하는 것이다. 그렇기 때문에 태괘는 형통함에 비해 손괘는 약간 형통하다. 그러나 음은 양의(兩儀)의 저절로 그러함의 본체의 하나로서 만물이 힘입어서 생겨나오게 하는 작용을 하고 있다. 그래서 그 올바름을 얻어서 형통하고 또 이로운데, 그 무엇이 천도(天道)의 올바름이 아니겠으며 사람이 하는 일에서의 선함이 아니겠는가!

「象」曰: 重巽以申命.

「단전」: 거듭 공손하게 명(命)을 내려서 실현해냄이다.

'巽有二義, 自陰而言之, 則自下而柔順以入合於陽; 自陽而言之, 則剛德中而以柔道下施, 入物而相勸勉. 此以九五剛中君德爲主, 而六四下入起義. 六四非上入, 而下施者也. '重巽'者, 初已柔施, 而四又申之也. 承剛中之道, 柔以下逮, 愚賤不可卒喩, 申命而後能入民之隱.

---

960) 정이(程頤)가 『역전』에서 이 손괘(巽卦)의 괘사를 풀이하면서 하는 말이다.

이 손괘☴의 '들어감'에는 두 가지 의미가 있다. 하나는 이 괘의 음(陰)에 대해서 말한 것인데, 아래로부터 부드럽고 순종하면서 들어와 양들에게 합한다는 의미다. 또 하나는 이 괘의 양(陽)에 대해서 말하는 것인데, 굳셈의 덕이 득중한 채로 부드러움의 원리와 방법으로써 아래로 베풀며 물(物)들에게로 들어가 서로 권면한다는 의미다. 이는 구오효의 굳셈이 득중하여 임금의 덕을 지니고 이 괘의 주체가 되어 있는데 육사효가 그 밑으로 들어가 의로움을 일으키고 있음이다.

그런데 육사효는 위로 들어가는 것이 아니라 아래로 베푸는 존재다. '거듭 공손함'이란 초육효가 이미 부드럽게 명령을 내렸는데 이 육사효가 또 이를 거듭 명령을 내린다는 의미다. 즉 육사효가 굳셈이 득중한 도(道)를 받들어서 부드럽게 아래로 실현해 나아가는데, 아둔하고 비천한 이들로서는 급작스럽게 이해할 수 없으니 거듭 명령을 내린 뒤에라야 그것이 백성들의 은미함 속으로 스며들어갈 수 있다는 것이다.

剛巽乎中正而志行, 柔皆順乎剛, 是以小亨, 利有攸往, 利見大人.

굳셈이 중정한 채로 공손하게 뜻함을 행하는데, 부드러움들이 모두 이러한 굳셈에 순종한다. 그래서 약간 형통하고, 어디를 가는 데 이로우며, 대인을 만남이 이롭다.

'巽乎中正'者, 不以當位得中, 逡剛以臨下, 而柔巽以入民, 則志可喩於物, 而物遵以行, 故'利有攸往': 此以自上施下者言也. '柔皆順乎剛'者, 慎以進而不敢干, 陰道得而就正於剛中者, 其益大矣, 故'小亨'而'利見

大人': 此以自下順上者言也. 卦內三爻皆取下順上之義, 外三爻皆取
上施下之義. 象錯言之, 明其用異而道同也.

'중정한 채로 공손하게'란, 제자리를 마땅하게 차지한 채 득중하였다고
하여 마침내 굳셈으로써 아랫사람들에게 임하는 것이 아니라 부드럽고
공손하게 백성들에게 파고들어가니, 그 뜻함이 대상들에게 이해될 수
있고 그들도 준수하며 행한다는 의미다. 그러므로 '어디를 가는 데 이롭다'
고 한 것이다. 이는 윗사람으로서 아랫사람들에게 베푼다는 관점에서
말한 것이다.

'부드러움들이 모두 이러한 굳셈에 순종한다'는 것은, 부드러움들이 신중
하게 나아가며 감히 양에게 간여하지 않으니, 음(陰)의 도(道)가 실현되고
굳셈이 득중한 데로 나아가 올바라짐으로써 올바름으로 나아가며 그
이익이 커진다는 것이다. 그러므로 '약간 형통하다'고 한 것이며 '대인을
만남이 이롭다'고 한 것이다. 이는 아랫사람으로서 윗사람에게 순종한다
는 관점에서 말한 것이다.

이 손괘(巽卦)䷸에서 내괘 3효는 모두 아랫사람으로서 윗사람에게 순종
한다는 의미를 취하고 있고, 외괘 3효는 모두 윗사람으로서 아랫사람들에
게 베푼다는 의미를 취하고 있다. 그런데 이 손괘의 괘사에서는 뒤섞어서
말함으로써 그 작용함은 다르지만 원리는 같다는 점을 밝히고 있다.

「象」曰: 隨風, '巽', 君子以申命行事.

「대상전」: 바람을 따름이 손괘니, 군자는 이를 본받아 거듭 명령을 내리며
일을 행한다.

'巽'之爲風者, 動氣者陽氣也. 陽氣聚於外, 薄陰在內, 陽不得入, 而陰弱不相激, 則陽乘動幾, 往復飄聚, 而鼓盪以行焉. 聚而行於此, 則彼虛, 陰乃乘之以入, 莊周所謂, "厲風濟則爲虛."也. 虛而陰入矣. 入而和, 則晴雨平・物彙昌矣. '隨風'者, 前風往而後風復興之謂. 飄風則不相繼, 故不能終朝. 相隨以不息, 風之柔和者也. 故莊周曰, "冷風則大和." 君子之將欲興民以有事, 命之, 又申命; 其始不迫, 其繼不厭, 期於入民而事以集; 如風之相隨, 則艸皆順偃, 而寒暄以漸而成. 取法於此, 斯無不敎・不戒・慢令之三惡矣. 但言'行事', 爲政言也, 明非言敎也. 若敎則不憤而啓, 不悱而發, 喋喋然徒勞而亡益也.

손괘(巽卦)☴가 바람이 되는 까닭은 기(氣)를 움직이는 것이 양기(陽氣)이기 때문이다. 양기가 밖에서 모였는데 엷은 음이 안에 있어서 양이 들어갈 수가 없는 상황에서 음이 약하여 자극하지 않으니, 양이 은미한 움직임을 타고서 왔다 갔다 하며 회오리바람으로 모인다. 그리하여 움직이게 하고 격탕시키며 바람으로 분다. 그래서 모여서 여기서 바람이 불면 저기에서는 빈다. 그러면 음이 이를 타고서 들어온다. 장주(莊周)가 "매서운 바람이 잦아들면 텅 빈다."961)라고 하였던 말이 이 말이다. 텅 비어서 음이 들어온 것이다. 들어와서 잘 어울리게 되면, 날이 갰다 비가 왔다 하는 것이 고르며 온갖 것들이 번창하게 된다.

'바람을 따름'이란 앞선 바람이 지나가면 뒤에 오는 바람이 다시 일어난다는 말이다. 그런데 회오리바람일 경우에는 서로 이어지지 않는다. 그러므로 아침을 넘길 수 없는 것이다.962) 서로 따르며 그치지 않음은 바람이

---

961) 『莊子』, 「齊物論」: 冷風則小和, 飄風則大和, 厲風濟則衆竅爲虛.

962) 『노자』, 제23장에 나오는 말이다. 거기에서는 "대도(大道)는 말이 없으니 말을

부드럽고 온화하기 때문이다. 그러므로 장주는 "서늘한 바람이 불면 크게 어울림[調和]을 이룬다."고 하였다.[963]

군자가 장차 백성들을 흥하게 하려고 일을 벌이면 명령을 내리고 또 거듭해서 명령을 내린다. 그런데 그 처음의 명령이 급박하지도 않고 이어지는 명령도 싫은 것이 아니어서 백성들 속에 파고들어가서는 일을 하러 모여듦을 기대할 수가 있다. 마치 바람이 서로 이어지며 불면 풀들이 모두 순종하며 눕는데, 찬바람이 불었다 더운 바람이 불었다 하며 점차 이루어지는 것과 같다. 바로 이러함에서 본보기를 취하니, 가르치지 않음 · 경계하도록 하지 않음 · 명령을 태만히 함과 같은 3가지 악이 없는 것이다.

그런데 이 「대상전」에서 단지 '일을 행한다'라고만 말한 것은 정치적 행위와 관련시켜서 한 말이다. 그리고 이것이 가르침을 말하지 않는다는

적게 할수록 저절로 그러한 대자연에 부합한다. 그러므로 회오리바람은 아침을 못 넘기고 폭우는 하루를 가지 않는다. 누가 그리 하랴? 하늘과 땅이다. 하늘도 이처럼 유구할 수 없거늘 하물며 사람이랴!(希言自然. 故飄風不終朝, 驟雨不終日. 孰為此者? 天地. 天地尚不能久, 雨況於人乎!)"라고 하여 모든 것이 영원할 수 없음을 말하고 있다.

963) 『장자』, 「제물론」 편에 나오는 말이다. 그런데 원문은 이와는 좀 다르다. 원문은 "서늘한 바람이 불면 작은 어울림을 이루고 회오리바람이 불면 큰 어울림을 이룬다."(『莊子』, 「齊物論」: 泠風則小和, 飄風則大和)라 하고 있다. 따라서 '서늘한 바람'과 '큰 어울림을 이룬다'는 구절 사이에 '則小和, 飄風'라는 말이 생략되었음을 알 수 있다. 그런데 이것이 왕부지가 보았던 『장자』 판본의 잘못됨 때문인지, 왕부지가 서술하는 가운데 착오를 일으켰는지, 아니면 이 『주역내전』이 편찬되는 과정에서 착오가 발생한 것인지 알 수가 없다. 이 구절 뒤에 바로 "매서운 바람이 잦아들면 텅 빈다.(厲風濟則衆竅為虛)"라고 하여 위에서 인용한 말로 이어지고 있다.

것을 분명히 하고 있다. 만약에 가르침이라면, 마음이 통하지 않아 애달아 하지 않는데도 가르쳐주고, 입으로 표현이 안 되어 답답해하지 않는데도 가르쳐준다는 것이 된다. 이러한 태도의 대상에게는 한 번 말하고 또 말하며 지껄여 보았자 한갓 쓸데없는 짓일 뿐 전혀 도움이 안 되는 것이다.964)

初六, 進退利武人之貞.

초육: 나아가기도 하고 물러나기도 함이 무인(武人)의 올곧음에 이롭다.

陰起而入陽, 進也; 在下而柔, 退也. 初六陰欲入而未果, 故爲進退不決 之象. 陽爲文, 陰爲武, 陰上臨陽而欲進, 故此與'履'六三皆言'武人'. 武人, 勇於進者, '貞'則愼於進而不妄, 故得進退之宜而利.

음이 일어나서 양에게로 들어감이 나아감이다. 그리고 괘의 맨 아래에 있으면서 부드럽기까지 함은 물러남이다. 이 초육효는 음으로서 들어가 고는 싶어 하나 과감하지 못하다. 그래서 나아갈지 물러날지를 결단하지 못하는 상(象)이다. 양은 문(文)을 상징하고 음은 무(武)를 상징한다.

---

964) 이는 공자의 교육철학이 반영되어 있는 말이다. 공자는 아무에게나 아무 때나 가르쳐 주어서는 안 되니, 배우고자 하는 이가 "마음이 통하지 않아 애달아하지 않으면 가르쳐주지 말고, 입으로 표현이 안 되어 답답해하지 않으면 가르쳐주지 마라!"(『論語』, 「述而」: 不憤不啓, 不悱不發.)고 하였다. 교육에서는 배우는 이의 태도와 자세가 핵심이며 근간이라는 말이다. 이것이 조건으로 구비되지 않은 상태에서는 교육 자체가 이루어지지 않는다는 것이다.

그런데 이 초육효는 음으로서 위로 구이효의 양을 마주하여 나아가려 한다. 그러므로 이 효와 이괘(履卦)䷉의 육삼효에서는 모두 '무인(武人)'을 말하는 것이다. 무인은 나아감에 용감한 사람이다. 그런데 이 초육효는 '올곧음'을 유지하고 있으니 나아감에 신중하여 망령되지 않다. 그러므로 나아감과 물러남이 적절하여서 이로운 것이다.

「象」曰: '進退', 志疑也. '利武人之貞', 志治也.

「상전」: '나아가기도 하고 물러나기도 함'은 뜻함이 의심스럽기 때문이다. '무인(武人)의 올곧음에 이롭다'는 것은 뜻함이 이루어짐이다.

'志治'者, 陰屈下以求入於陽, 所以受陽之裁成而成化. 武人不怙其勇而望治, 愼於進以就正, 故利, 此所謂'利見大人'也.

'뜻함이 이루어짐'이란 음이 아래에서 굴복하면서 양에게로 들어가려 하기 때문에 양의 재성(裁成)을 받아들여 지어냄[造化]을 이루어냄을 말한다. 그리고 무인이 그 용기만을 믿고 다스려지기를 바라는 것이 아니라, 나아감에 신중히 하여 올바름으로 다가가기 때문에 이롭다. 이것이 이른바 '대인을 만남이 이롭다'는 것이다.

九二, 巽在牀下, 用史巫紛若, 吉无咎.

구이: 공손함이 평상 아래에 있고 사(史)와 무(巫)를 왕성하게 사용하니 길하며

허물이 없다.

'巽在牀下', 謂初也. '史', 撰辭告神者. 陰有鬼神之道焉, 故用史巫. 凡
敵應之卦, 旣不相應, 則以相比者爲應求. 陰陽相比而相求則和, 遠則
乖矣. 故巽二·五吉, 而三·上凶咎. 初六進退維疑, 在牀下而不能起
應乎剛. 二以剛居柔, 篤志下求, 紛若不已, 則陰可入而陽得其耦, 故
吉. 不當位, 疑有咎也, 而不失其剛中之德, 則无咎.

'공손함이 평상 아래에 있고'란 초육효를 가리킨다. '사(史)'는 말을 지어서
신(神)에게 고하는 사람이다. 음에게는 귀신의 도(道)가 있다. 그래서
사(史)와 무(巫)를 쓴다. 무릇 서로 응하는 관계에 있는 효들이 적대(敵對)
하고 있는 괘에서는[965] 이미 서로 응하지 않으니 함께 나란히 있는
효를 응함의 대상으로 구한다. 그래서 음·양이 서로 나란히 있으면서
서로 구하면 어울리게 된다. 그러나 멀리 있으면 어그러진다. 그러므로
이 손괘☴의 구이·구오효는 길하지만, 구삼·상구효는 흉하고 아쉬워
함이 있다.[966]
초육효는 나아갈지 물러날지가 오직 의심스럽고 평상 아래에 있는 존재

---

965) 예컨대 초효와 4효, 2효와 5효, 3효와 상효가 서로 응함의 관계에 있다. 그런데
   이들의 음·양이 서로 다르지 않고 같으면, 즉 음효와 음효, 또는 양효와 양효로
   응하고 있으면, 이것이 적대적으로 응함이 된다. 음·양이 상반되는 것들끼리는
   서로 끌고 어울림에 비해, 같은 것들끼리는 서로 배척하기 때문이다.
966) 구이효는 초육효에 가깝고 구오효는 육사효에 가깝다. 그래서 이웃하고 있는
   효들끼리 음·양으로 응하여 길하다. 이에 비해 구삼효는 초육로부터 멀고,
   상구효는 육사로부터 멀다. 그래서 흉하고 아쉬워함이 있다는 것이다.

이기 때문에 굳셈에게 나서서 응함을 일으킬 수가 없다. 그런데 이 구이효가 굳셈으로서 부드러움의 자리를 차지한 채 뜻함을 돈독히 하여 아래로 초육효에게 응함을 구한다. 그리고 그것이 왕성하며 그침이 없다. 이에 초육효의 음은 들어갈 수가 있고, 양은 그 짝을 얻을 수가 있다. 그러므로 길한 것이다. 그런데 이 구이효는 마땅한 제자리를 차지하고 있지 않기 때문에 허물이 있다고 의심하게 된다. 그러나 그 굳셈으로 가운데 자리를 차지하고 있는 덕을 잃어버리지 않으니, 허물이 없는 것이다.

「象」曰: 紛若之吉, 得中也.

「상전」: 왕성하게 사용함에서 오는 길함은 득중하였기 때문이다.

'用史巫紛若', 則疑於太屈, 而剛固得中, 雖求陰而不自失.

'사(史)와 무(巫)를 왕성하게 사용'하니 너무 굴욕적이지나 않은가 하고 의심을 불러일으킨다. 그러나 굳셈이 굳건하게 득중하여, 음의 마음을 구하면서도 스스로 그 덕을 잃어버리지 않는다.

九三, 頻巽, 吝.

구삼: 공손함에 눈살을 찌푸리고 얼굴을 찡그림이다. 아쉬워함이 있다.

'頻與顰通. 三以剛居剛而不中, 見陰之巽入而顰蹙以受之, 不能止陰
使不入, 徒'吝'而已.

'頻(빈)'은 '顰(빈)'과 뜻이 통한다. 이 구삼효는 굳셈으로서 굳셈의 자리를
차지하였지만 득중하지는 못했다. 음이 공손하게 들어오는 것을 보고서
눈살을 찌푸리고 얼굴을 찡그리며 받아들이는데, 음을 저지하여 들어오
지 못하게 할 수 없어서 그저 '아쉬워할' 따름이다.

「象」曰: 頻巽之吝, 志窮也.

「상전」: 공손함에 눈살을 찌푸리고 얼굴을 찡그리며 아쉬워함은 뜻함이 막혀서
통하지 않기 때문이다.

不通之謂窮. 異端以人倫物理爲火宅, 而欲絶之, 終不能而祇以自窮,
蓋若此.

통하지 않음을 '窮(궁)'이라 한다. 이단들은 인륜과 물리(物理)를 '불난
집'이라 여기며 완전히 끊어버리고자 하는데,967) 끝내래도 그렇게 할

---

967) 『법화경』에 나오는 일곱 가지 비유 가운데 하나다. 석가모니가 사리불의
간청에 응해 비유로써 설한 것이다. 이 비유에서는 이 세계를 불난 집에
비유하여 재빨리 벗어나지 않으면 안 될 곳으로 여긴다. 그 대강의 내용은
이러하다. 어떤 나라에 나이 많은 대부호가 있었다. 그의 저택은 호화롭고
넓었으며 수많은 고용인을 거느리고 있었다. 그런데 어느 날 갑자기 이 저택에
불이 나, 한쪽에서 불길이 솟았다. 이 저택 안에는 이 대부호의 자녀 30명이

수 없고 그저 스스로가 딱 막혀서 통하지 않을 따름이다. 이러한 모습이 바로 이 손괘䷸䷸ 구삼효사에서 말하는 것과 같을 것이다.

六四, 悔亡, 田獲三品.

육사: 후회함이 없다. 사냥을 나가서 3종류의 물품을 얻는다.

此所謂'利有攸往'也. '三品: 乾豆·賓客·充君之庖. 上殺·中殺·下殺皆獲焉. 是大獲也. 四在上卦之下, 乃施命以入下而使行事者也. 國之大事, 在祀與戎, 而'巽'非征伐之卦, 田獵以供賓祭, 役民率作, 故取

있었다. 그런데 이 아이들이 노는 데 정신이 팔려서 불이 났음에도 불구하고 도망칠 생각을 하지 않았다. 그러자 이 대부호는 방편으로 아이들을 유인해내고자 하였다. 그래서 아이들에게, "너희들이 좋아하는 양차(羊車; 양이 끄는 수레)·녹차(鹿車; 사슴이 끄는 수레)·우차(牛車; 소가 끄는 수레)가 지금 대문밖에 있다. 어느 것이나 마음대로 타도 좋으니 빨리 이 불난 집에서 나가 타거라!"라고 외쳤다. 아이들은 좋아라고 집밖으로 나왔다. 이 대부호가 아이들이 모두 안전하게 나온 것을 보고 기뻐한 것은 물론이다. 그런데 막상 아이들이 나와서 보니 수레는 한 대도 없었다. 이것이 방편이기 때문에 이는 당연하다고 할 것이다. 그런데 아이들이 이 대부호에게 빨리 수레를 달라고 하자, 이 대부호는 흰 소가 끄는 큰 수레를 하나씩 선사하였다고 한다. 여기서 불난 저택은 이 세상을 비유한다. 지금 불이 나 있어서 빨리 벗어나지 않으면 안 됨을 상징한다. 그리고 그 속에서 노느라 정신이 팔려 있는 아이들은 중생을 비유한다. 그리고 양차(羊車)·녹차(鹿車)·우차(牛車)와 흰 소가 끄는 큰 수레는 불법을 상징한다고 한다. 그리고 이 대부호는 부처를 상징한다고 한다.

象焉. 柔以申命, 下順聽之, 故田而多獲. '悔亡'者, 本無悔也.

이 육사효사는 바로 괘사에서 말하는 '어디를 가는 데 이롭다'에 해당한다. '三品(삼품)'이라 하는 것은 제수용 말린 고기, 손님 접대용 고기, 임금의 주방을 채울 고기들이다.968) 상살(上殺)·중살(中殺)·하살(下殺)969)을 통해 모두 이 사냥에서 얻는다. 육사효는 이 손괘☴의 상괘의 맨 아래에 자리 잡고 있는데, 명령을 내리면서 하괘로 들어가 일을 벌이도록 시키는 존재다.

나라의 큰일은 제사를 받듦과 전쟁을 치름에 있다. 그런데 손괘는 정벌과

---

968) 『예기』, 「왕제(王制)」 편에 나오는 내용이다. 이곳에서는 천자나 제후가 일이 없을 적에는 1년에 세 번 사냥을 한다고 하였다. 첫째는 제수용 말린 고기를 위해서고, 둘째는 손님 접대를 위해서, 셋째는 임금의 부엌을 채우기 위해서라고 했다.(天子諸侯無事則歲三田. 一為乾豆, 二為賓客, 三為充君之庖.) 정현은 이 구절에 대한 주석에서 1년 사계절에 각기 한 번씩 사냥을 하는데, 세 번 하는 것은 여름철이 농번기라서 궐하기 때문이라 하였다. 그리고 '건두(乾豆)'를 제수용 말린 고기라 하며, '두(豆)'는 그 말린 고기를 담아서 제상에 올리는 제기(祭器)라 하였다.(鄭玄 注: 三田者, 夏不田. 蓋夏時也. 『周禮』, 春曰蒐, 夏曰苗, 秋曰獮, 冬曰狩. 乾豆謂腊之, 以為祭祀. 豆, 實也. 庖, 今之廚也.) 그런데 왕필(王弼) 이후에 이 육사효사의 '삼품(三品)'을 이 셋으로 풀이하고 있다.(王弼, 『周易注』: 田獲三品, 一曰乾豆, 二曰賓客, 三曰充君之庖)

969) 삼품(三品)에 대한 공영달(孔穎達)의 풀이 가운데 나오는 말이다. '상살'은 심장을 맞혀서 즉사시키는 것으로서 이는 하늘에 제사 지낼 말린 고기[乾豆]를 얻기 위한 방법이라 하고 있다. '중살'은 넓적다리뼈를 맞추는 것으로서 상살의 경우보다는 좀 더 더디게 죽는다고 하였다. 이는 손님 접대용의 고기를 잡을 때 쓰는 방법이라 한다. '하살'은 내장을 맞히는 것으로서 이렇게 하면 가장 더디게 죽는다고 하였다. 이는 임금의 부엌을 채울 고기를 잡을 때 사용하는 방법이라 한다.(孔穎達 疏, 『禮記注疏』)

관련된 괘가 아니다. 그래서 이는 사냥을 통해 손님을 맞이하고 큰
제사를 올리는 데 쓰일 물품을 조달하는 것과 관련된 것인데, 백성들에게
부역을 시키고 그러한 일을 하도록 하기 때문에 이러한 상을 취한 것이다.
부드러움으로서 거듭 명령을 내리는데 아랫사람들이 이에 순종하며
따른다. 그러므로 사냥을 나가서 많은 것을 얻는 것이다. '후회함이
없다'는 것은 본래 아무 후회할 것이 없다는 의미다.

「象」曰: '田獲三品', 有功也.

「상전」: '사냥을 나가서 3종류의 물품을 얻는다'는 것은 공을 세움이 있다는
것이다.

申命以得人之情, 則行事而有功.

거듭 명령을 내림으로써 사람들의 마음을 얻으니 일을 벌여서 공을
세우게 되는 것이다.

九五, 貞吉悔亡, 无不利, 无初有終. 先庚三日, 後庚三日, 吉.

구오: 올곧아서 길하고 후회함이 없다. 이롭지 않음이 없다. 처음 시작함은
분명치 않지만 성취하여 끝냄은 있다. 경일(庚日)의 3일 전에 명령을 내리고,
경일의 3일 뒤에 또 명령을 내림이다. 길하다.

九五居尊, 爲申命之主. 禮樂征伐自上出, 其正也, 吉道也. '悔亡', 蓋下
'无初有終'之義. 无初疑於悔, 有終則悔亡矣. '无不利'者, 於位爲宜,
於德爲稱, 四之功, 蓋五之利也. 民不可與慮始; 五以剛中之道率民以
有爲, 民將疑憚, 故无初, 而終於有功, 則有終而无不利. '庚'者, 更新
行事之義. 故外事用剛日, 而以庚爲吉. '先庚三日'而告之, 初六始出令
也. '後庚三日'而復警以其不逮, 六四申命也. 於是而命無不行, 事无不
立矣. 故備諸美詞以贊其盛.

이 구오효는 존귀한 지위를 차지하고 있으며 거듭해서 명령을 내리는
군주다. 예악과 정벌이 위로부터 나옴은 그 올바른 것이어서 길한 도(道)
다. '후회함이 없다'는 것은 아마 다음의 '처음 시작함은 분명치 않지만
성취하여 끝냄은 있다'는 뜻일 것이다. 처음 시작함이 분명치 않음은
혹시나 후회하지 않을까 하고 의심하는 것이다. 그러나 완성하여 끝내니,
후회함이 없다. '이롭지 않음이 없다'는 것은 이 구오효가 지위로도
알맞고 덕(德)도 부합하게 갖추고 있어서 육사효가 이룬 공(功)이 이
구오효에게 이롭다는 의미다. 백성과는 시작을 함께 도모할 수 없다고
한다.970) 그래서 이 구오효가 백성들을 거느리고 일을 벌이는데 백성들이
장차 의심을 내고 꺼려할 것이기 때문에 '처음 시작함은 분명치 않지만'이
라 한 것이다. 그러나 마침내 공을 이루어내니, '성취하여 끝냄은 있으며'

---

970) 『상군서(商君書)』, 「갱법(更法)」 편에 나오는 말이다. 여기서는 "어리석은
이는 일을 성취하는 데서 어둡고, 지혜로운 이는 아직 싹도 트지 않았을
적에 벌써 안다. 백성과는 시작을 함께 도모할 수 없지만 더불어 즐겁게
성취할 수는 있다.(愚者暗於成事, 智者見於未萌. 民不可與慮始, 而可與樂成.)"
라 하고 있다.

이롭지 않음이 없는 것이다.

'庚(경)'이란 거듭 새롭게 일을 벌인다는 의미다. 그러므로 바깥일에 굳셈을 사용하되 경일(庚日)을 길하게 여긴다. '경일의 3일 전에 명령을 내리고' 알리는 것은 초육효가 처음으로 명령을 내림이다. '경일의 3일 뒤에 또 명령을 내리며' 다시 아직 일이 다 끝나지 않았음을 경계하는 것은 육사효가 거듭 명령을 내리는 것이다. 이렇게 하여 명(命)이 행해지지 않음이 없고 일이 이루어지지 않음이 없는 것이다. 그러므로 이 구오효사에서는 갖가지 좋은 말들을 갖추어서 그 왕성함을 찬탄하고 있다.

「象」曰: 九五之吉, 位正中也.

「상전」: 구오효의 길함은 위(位)가 올바르고 득중하였기 때문이다.

得其位, 乃能行其命.

제자리를 마땅하게 차지하고 있으니 그 명(命)을 행할 수 있는 것이다.

上九, 巽在牀下, 喪其資斧, 貞凶.

상구: 공손함이 평상 아래에 있는데 사용할 도끼를 잃어버림이다. 올곧지만 흉하다.

'巽在牀下', 亦謂初也. '資斧', 所以行之具也. 初求入而上與之絶遠,
陰陽之情旣已隔絶而不通, 所恃以入民之隱而勸之行者. 四之申命;
而命自五出, 非上所制, 上又亢而無下逮之情, 喪其所以行者. 權失而
益之以驕, 『詩』所謂"上帝甚蹈, 勿自瘵焉"者也.

'공손함이 평상 아래에 있는데'라는 것은 역시 초육효를 가리키는 말이다.
'사용할 도끼'는 그것을 가지고 일을 할 도구를 상징하는 말이다. 이
손괘☰에서는 초육효가 들어오려고 하는데 이 상구효는 이것과는 너무
멀리 떨어져 있어서 음·양의 정(情)이 벌써 격절할 뿐만 아니라 통하지도
않는다. 이러한 상황에서 이 상구효가 기댈 것은 백성들이 은미하게
있는 속으로 들어가서 행동하기를 권면하는 것이다. 그런데 육사효가
거듭해서 명령을 내리지만, 이 명(命)이 구오효로부터 나오고 이 상구효
에 의해서는 통제되지 않는다. 이에 상구효는 또 이와 맞서 보지만
아래로 전달해줄 정(情)이 통하는 이가 없고 그것을 행할 수 있는 수단조
차 잃어버린 것이다. 이 상구효로서는 이렇게 권력을 잃어버리자 교만함
만을 더하니, 이는 『시경』에서 묘사하고 있는 "군왕의 감정 기복이 너무
종잡을 수가 없네, 너무 가까이 가지 말지어라, 재앙을 당하리니!"971)라는
것에 해당하는 이다.

「象」曰: '巽在牀下', 上窮也, '喪其資斧', 正乎凶也.

「상전」: '공손함이 평상 아래에 있음'은 위에서 막혀버렸다는 의미다. '사용할

---

971) 『시경』, 「소아(小雅)」 편에 나오는 「완류(菀柳)」라는 시의 일부다.

도끼를 잃어버림'이란 흉함에 딱 들어맞는다는 의미다.

'巽旣在牀下, 而高處乎上, 則不相通甚矣. 又不比乎四, 而無恃以行, 則凶者其情理之應得, 而非意外之變也. 此言'貞凶', 別爲一義. 然上九亦無不正之失, 特以過恃其剛正而凶, 遂爲應得之禍爾.

손괘䷸의 공손함이 이미 평상 아래에 있는데도 이 상구효는 위의 높은 데 자리 잡고 있으니 서로 통하지 않음이 심한 것이다. 이 상구효는 또 거듭해서 명령을 내리는 육사효와도 가까이 있지를 않으니, 그 무엇에도 의지하여 행하지를 못한다. 그래서 이 상구효의 흉함은 그 실정과 이치에 의해 마땅히 얻은 것이지 결코 의외의 변함에서 온 것이 아니다. 여기서 말하는 '올곧지만 흉하다'는 것은 또 다른 의미다. 그러나 이 상구효에게도 올바르지 아니한 잘못은 없다. 다만 그 굳세고 올바름을 지나치게 믿은 나머지 흉한 것이며, 그래서 마침내 그 결과로 화(禍)를 얻을 수밖에 없을 따름이다.

● ● ●

兌卦兌下兌上

태괘䷹

兌. 亨, 利貞.

태괘: 형통하고 이롭고 올곧다.

'兌'爲'欣說'之說, 又爲'言說'之說, 而義固相通. 言說者, 非徒言也, 稱引詳婉, 善爲辭而使人樂聽之, 以移其情. 饋人千金之璧而辭不善, 則反以致怒, 故言說者所以說人, 而人之有心, 不能言則鬱, 稱引而詳言之則暢, 故說者所以自說而說人也. 此卦剛居內而得中, 柔見於外. 外者所以宣其中之藏使不鬱, 而交乎人以相得者也. 柔見於外, 憤盈之氣消, 而爲物之所喜, 故從其用而言, 謂之爲'兌'. '兌'有三德, 而特无元. 元者, 陽剛資始之德, 外發以施化. '兌'卦陽德不著見而隱於中, 未足以始也. 說者, 事成而居之安, 乃以人己交暢. 若以說始, 則是務相隨順, 而道先自枉. 其爲言說, 則先以言者, 事必不成, 故'兌'於元德不足焉. 其亨利貞者, 說則物我之志咸通, 說而物我胥勸以相益, 說之以道, 本無不正也. 其此三德, 自無不亨, 而利者皆正, 正自利矣. '兌'有二義, 一爲下順乎正, 以事上而獲上, 則下亨而上利, 內卦以之. 一爲上得其正, 以勸下而得民, 則上亨而下利, 外卦以之. 要其以剛中之貞爲本, 則一也.

태괘☱의 '兌(태)'는 '희열'의 '說(열)'이기도 하고 '언설'의 '說(설)'이기도 하다. 이들의 뜻은 본디 서로 통한다. 언설이란 꼭 말만을 의미하지는 않는다. 진술이 상세하고 완곡하게 언어를 잘 구사함으로써 듣는 사람들로 하여금 즐겁게 듣고 마음이 옮겨가게끔 하는 것을 말한다. 사람에게 천금을 주면서도 그 말이 좋지 않으면 오히려 노여움을 산다. 그러므로 언설이란 사람을 기쁘게 하는 것이고, 사람에게 있는 마음은 말을 할 수 없으면 답답해지지만 진술하며 상세하게 말하게 되면 누그러진다. 그러므로 말이란 스스로를 기쁘게 하는 것이면서 남을 기쁘게 하는 것이기도 하다.

이 태괘(兌卦)에서는 굳셈[剛]이 안에 자리 잡고서 득중하고 있고 부드러읡(柔)은 밖에 드러나고 있다. 밖이란 그 가운데 감추어져 있는 것을 드러내서 답답하지 않도록 하는 것이고 남들과 교제하여 서로 얻도록 하는 것이다. 즉 부드러움이 밖에 드러나고 속에 가득 차 있던 울분의 기(氣)가 사라지며 남들에게 기쁨을 주게 된다. 그러므로 이러한 작용의 측면에서 '兌(태)'라고 한 것이다.

이 태괘(兌卦)에는 세 가지 덕이 있는데, 단지 '으뜸됨'의 덕만 없다. '으뜸됨'이란 양의 굳셈이 바탕이 되어주고 비롯하게 해주는 덕인데, 이것이 밖으로 발하여서 지어냄造化을 베풀어낸다. 그런데 이 태괘에서는 양의 덕이 드러나지 않고 가운데 숨어 있다. 그래서 비롯함을 주기에는 부족하다. 말이란 일이 이루어지고 거처함이 편안한 상태에서 나와 남이 교제하며 털어놓음으로써 창달하도록 하는 것이다. 그런데 시작을 말로 하면, 서로 간에 따르고 순종함에 힘쓰는 동안 그 일을 실현할 수 있게 하는 원리는 저절로 먼저 왜곡되어버리고 만다. 언설을 늘어놓다 보면 말을 앞세우게 되니 일은 필연코 이루어지지 않는다. 그러므로 이 태괘에서는 '으뜸됨'의 덕이 부족한 것이다. 그런데 사덕(四德) 가운데 나머지 '형통함·이로움·올곧음'의 덕들은 그렇지 않다. 말을 하다 보면 나와 남의 뜻함이 다 통하게 되고 말을 통해 나와 남이 서로 권면하며 서로에게 이익을 주게 되니, 말의 원리는 본래 올바르지 않음이 없다. 이 세 가지 덕을 갖추어서 저절로 형통하지 않음이 없고, 이로운 것들이 모두 올바르니 올바름 자체가 이로운 것이다.

이 태괘에는 두 가지 의미가 있다. 하나는 아래에서 올바름에 순종하며 윗사람을 섬겨 윗사람의 마음을 얻으니, 아랫사람은 형통하고 윗사람은 이롭다는 것이다. 내괘(內卦)가 이에 해당한다. 또 하나는 윗사람이 그 올바름을 얻어 아랫사람들을 권면함으로써 백성들의 마음으로부터 지지를 얻어내니, 이제 윗사람은 형통하고 아랫사람들은 이롭다는 것이다. 외괘(外卦)가 이에 해당한다. 요컨대 굳셈이 가운데 자리를 차지한 채 올곧은 것을 근본으로 하는 점에서는 같다.

「象」曰: 兌, 說也, 剛中而柔外, 說以利貞.

「단전」: 태괘는 기뻐함을 드러내고 있다. 굳셈은 득중하고 부드러움은 밖에 드러나고 있으니 기뻐하며 이롭고 올곧다.

'柔外', 故說. '剛中', 則合義以利物, 而非以膏粱致人之疢疾; 守正以永固, 而非誘物邀歡而後遂淪. 故'兌'卦之德, 唯在剛中. 非此, 則小人之說, 不利不貞, 而不足以亨. 不釋亨者, 說自能亨也.

'부드러움이 밖에 드러나고' 있으니 기쁜 것이다. 그리고 '굳셈은 득중하고' 있으니 의로움에 합치하여 물(物)들에게 이로움을 준다. 결코 호화롭고 사치스러운 생활을 함으로써 남들에게 고통을 안겨주는 것이 아니다. 또 올바름을 지키며 영원히 굳건한 것이지, 물(物)들을 유혹하고 환락을 추구하며 뒤에 가서는 마침내 변해버리고 마는 것이 아니다. 그러므로 태괘䷹의 덕은 오직 굳셈이 득중하였다는 데 있다. 이러함이 아니라면 소인의 기쁨일 것이요, 이롭지도 올곧지도 않아서 형통할 수가 없다. 그런데 이곳에서 '형통함'에 대해서는 풀이하지 않은 까닭은, 기쁘면 저절로 형통할 수 있기 때문이다.

是以順乎天而應乎人. 說以先民, 民忘其勞; 說以犯難, 民忘其死. 說之大, 民勸矣哉!

그러므로 하늘에 순종하고 사람에게 응한다. 기뻐하며 백성들의 앞장을 서니 백성들은 그 수고로움조차 잊어버리고, 기뻐하며 어려움에 맞닥뜨리게 하니 백성들은 죽음조차 잊어버린다. 기쁨의 위대함이여, 백성들을 권면하는도다!

推廣說之爲用, 爲王道之美利, 而皆剛中柔外之德成之也. 剛中則順乎天之正, 柔外則應乎人之所利. 天順而人應, 則上以之先民, 興事赴功, 而民忘其勞, 上說下而下自貞也. 民之旣說, 則踊躍以從王, 雖使之犯難以死而不恤, 下說上而上自利也. 唯其外雖柔而中固剛, 則是秉元后父母之常經, 以通四海之志, 而非小惠之苟說以干譽; 下亦率其親上死長之義, 以合天下而同心, 而非宵小之面諛以取容; 所以爲說之大, 而民無不勸也.

기뻐함의 작용을 더욱 미루고 확대하여 설명하는 부분이다. 기뻐함이 왕도(王道)의 아름다움이고 이로움인데, 이는 모두 굳셈이 득중하고 부드러움이 밖에 드러난 덕이 이루어낸 것이라는 말이다. 굳셈이 득중하여서는 하늘의 올바름에 순종하고, 부드러움이 밖으로 드러나서는 사람의 이로운 바에 응한다. 그래서 하늘이 순조롭고 사람은 응해주니, 윗사람은 이러함으로써 백성들의 앞장을 서서 사업을 일으키고 공적(功績)을 이루워 나아간다. 그래서 백성들은 그 수고로움조차 잊어버릴 정도다. 윗사람이 아랫사람들을 기쁘게 하니 아랫사람들은 저절로 올곧아진다. 이렇게 하여 백성들이 기쁘니 뛰어나와 왕을 따르는데, 비록 어려움에 맞닥뜨리다가 죽게 한다고 할지언정 그들은 괘념치 않을 정도다. 그리고 아랫사람들이 윗사람들을 기쁘게 하니 윗사람으로서는 저절로 이롭게 된다. 구오효는 오직 밖으로 사람을 대하는 태도가 비록 부드럽다 하더라도 그 속은 본디 굳세니, 천자·부모의 영원한 법칙을 지키며 온 나라 사람들의 뜻함을 통하게 해준다. 이는 결코 자그마한 혜택을 통해 구차한 기쁨을 주면서 간여하는 것이 아니다. 그래서 아랫사람들도 윗사람에게 친히 대하는 의로움과 어른을 위해 목숨을 바치는 의로움을 따르고 온 세상에 함께하며 한마음이 된다. 이는 결코 소인들이 얼굴을 맞댄 상태에서 아첨하며 받아들여지고자 하는 것이 아니다. 이렇기 때문에 기뻐함은 위대하며 백성들 누구나 다 권면하게 된다.

六子皆天地自然之化, 而'艮'・'兌'專以人事言者, 川澤爲陰陽已成之體, 非摩盪之幾; '乾'道成男而爲'艮', '坤'道成女而爲'兌', 成乎人, 而性情功效皆唯人之自成, 而天下不復與也.

육자괘는 모두 천지 자연의 지어냄[造化]을 반영하고 있다. 그런데 간괘(艮卦)☶・태괘(兌卦)☱는 전적으로 사람의 일만을 말하고 있다. 그 까닭은, 하천과 연못은 음・양이 이미 이루어낸 형체이지 서로 비비대며 자극함의 은미한 조짐[幾]이 아니기 때문이다. 그리고 건도('乾道')가 남성을 이루어서 간괘가 되고 곤도('坤道')가 여성을 이루어서 태괘가 되는데, 사람으로 이루어지고서는 그 성(性)과 정(情) 및 그 공효가 모두 오직 사람 스스로가 이루는 것이지 하늘이 아래로 다시 부여하지는 않기 때문이다.

「象」曰: 麗澤, '兌', 君子以朋友講習.

「대상전」: 두 개의 연못이 서로 연결되어 있음이 태괘니, 군자는 이를 본받아 친구들끼리 서로 절차탁마한다.

'澤'者, 川流之地體, 所謂河身也. '兌'之卦畫, 上虛下實, '坎'水塞其下
流, 隄而壅之, 潴水灌注以潤物, 其象也. 故上輪所積以惠下, 謂之恩
澤. 澤雖曲折遷流, 而固一澤, 故重'兌'之卦, 不可以上下言, 而取象於
兩澤之左右竝行者, 爲麗澤焉. 兩澤竝流, 有若將不及而相競以勸於
行之象. 然其歸也, 則同注於大川以致於海. 君子之道, 學之者一以聖
人爲歸, 而博約文質・本末後先之異趣, 各以其質之所近而通焉. 乃
恐其專己而成乎私意, 則取益於同門同志之學者, 相與講習, 各盡其
說以競相辨證. 當其論難之時, 若爭先求勝而不相讓, 而辨之已通, 則
皆至於聖人之道, 如麗澤之不相後而務相合也. 游・夏・曾・有同游
於孔子之門, 而『禮記』所載, 互相爭於得失, 用此道也. 君子之用'兌',
用之於此而已. 苟非朋友講習, 而務以口說相競, 流而不及, 則淳于髡
・公孫龍之永爲佞人, 又奚取焉!

여기에서 말하는 '연못'은 하천이 흘러가는 땅의 형체를 가리킨다. 이른바
하천의 몸이다. 이 태괘䷹를 이루고 있는 괘의 획들을 보면 위는 비어
있고 아래는 꽉 차 있다. 이는 감괘(坎卦)가 상징하는 물이 아래로 흘러가
는 것을 틀어막은 것인데,972) 제방을 쌓아서 물을 가두어 놓고 농작물에
필요할 때 물을 대서 그것들을 윤택하게 하는 상(象)이다. 그러므로

---

972) 감괘☵의 맨 아래 음효의 빈 곳을 메우면 그것이 양효가 되니, 이제 전체적으로
는 태괘☱가 된다. 왕부지는 이에 대해 여기서 감괘(坎卦)가 상징하는 물이
아래로 흘러가는 것을 막은 것이라 표현하고 있다.

위에서 쌓아놓은 것을 수송하여 아래에 내려주니 '은택(恩澤)'이라 하는
것이다. 연못은 비록 물이 구불구불 흘러간다 하더라도 고정되어 하나의
연못을 이룬다. 그러므로 소성(小成) 태괘☱를 중첩한 것에 대해 위·아
래로 구분하여 말할 수가 없기 때문에 두 개의 연못이 좌우로 나란히
흘러감에서 상(象)을 취한 것이다. 이렇게 하여 두 개의 연못이 서로
연결되어 있음이 된 것이다.

이 태괘☱는 두 개의 연못물이 나란히 흘러가는 것인데, 마치 서로
상대에게 못 미치는 듯이 경쟁하며 행동하기를 권면하는 모양이다.
그러나 이들도 결국 똑같이 큰 하천으로 흘러들어가고 바다에 이르는
것으로 귀결된다. 군자의 도리로서 학문을 하는 이들은 한결같이 성인을
귀결점으로 삼는다. 그리고 인류공동체를 유지하게 해주는 것들을 널리
섭렵함과 예(禮)를 위주로 간추림[博文約禮], 문(文)과 질(質), 근본에
해당하는 것과 지엽적인 것들, 먼저 해야 할 것과 나중에 해야 할 것
등의 각기 다른 취향에 대해서 각자 그 자질에 가까운 바를 가지고서
통한다. 그러나 오로지 자기 자신만을 위한 나머지 사사로운 뜻을 이루게
될까봐 두려워하는 것이니, 동문과 동지들에게 보탬이 되는 배움을
택하여 서로 함께 절차탁마하는데, 각기 자신들의 할 말을 다하며 치열하
게 서로 토론하고 논증한다. 이렇게 논란을 벌일 적에는 마치 서로
앞을 다투며 이기려만 들고 서로 양보하지 않는듯하지만, 논란이 끝나
이미 통하게 되면 모두 성인의 길에 이르게 된다. 이는 마치 나란히
가는 연못이 뒤처지려 하지 않으면서 서로 합하려 애쓰는 것과도 같다.
자유(子游)·자하(子夏)·증자(曾子)·유자(有子) 등은 공자의 문하에
서 동문수학(同門修學)하였는데, 『예기』에도 실려 있다시피 서로 득·실
을 다투면서도 이러한 원리에 따랐던 것이다. 군자가 이 태괘의 원리를
사용함은 바로 여기에 있을 따름이다. 진실로 친구들 사이의 절차탁마가

아니라 논쟁을 하여 상대방을 제압하려는 데 온 힘을 기울이다 끝내
다른 곳으로 흘러가버리고 만다면, 순우곤973)이나 공손룡(公孫龍)974)과
같이 될 것이다. 이들은 영원히 말이나 번드르르하게 하였던 인물에
지나지 않는다. 그러니 이들에게서 또한 무엇을 취할 것인가!

---

973) 순우곤에 대해서는 앞 주787)을 참고하기 바란다.

974) 공손룡(B.C.320~B.C.250)은 중국 전국시대에 활약했던 인물이다. 일찍이 평원
군(平原君)의 문객 노릇을 했다. 평원군(?~B.C.251)은 조나라 무령왕(武靈王)
의 아들로서 조나라의 혜문왕(惠文王)·효성왕(孝成王) 때 재상을 지낸 저명한
정치가다. 특히 그는 지식인을 배양하고 돌보아주는 것으로 이름이 나서
제(齊)나라의 맹상군(孟嘗君; 田文)·위(魏)나라의 신릉군(信陵君; 魏無忌)·
초(楚)나라의 춘신군(春申君; 黃歇)과 함께 전국4공자(四公子)로 불리는 인물
이다.
공손룡은 명가(名家)의 대표적인 인물이다. '흰말은 말이 아니다[白馬非馬]',
'흰 돌의 단단함과 흰색은 분리된다[離堅白]'는 주장을 한 것으로 유명하다.
그 주요 저작에 『공손룡자(公孫龍子)』가 전하는데, 이것은 진대(晉代)에 부분
적으로 전해지던 조각 자료들을 끌어모아 편찬한 것이라는 논란이 있다.
이 책의 제1장 「적부(跡府)」에서는 그의 평생 사적에 관해서 서술하고 있고,
제2장 「백마론(白馬論)」에서는 '흰말은 말이 아니다'는 논의를 본격적으로
다루고 있다. 여기서는 말이라는 집합과 흰말이라는 집합이 다르다는 것에
초점을 맞추고 있다. 제3장 「지물론(指物論)」에서는 현실 세계와 주관적인
개념들 사이의 관계를 논하고 있다. 제4장 「통변론(通變論)」에서는 '닭다리는
셋이다'는 주장을 제기하고 있고, 제5장 「견백론(堅白論)」에서는 물체와 그
속성의 관계에 대해서 논하고 있다. 제6장 「명실론(名實論)」에서는 공손룡과
함께 이름을 날린 혜시(惠施)와 관련된 것을 다루고 있다.

初九, 和兌, 吉.

초구: 어울리며 기뻐함이라, 길하다.

'兌'體之成, 雖以三上之陰爲主, 而剛中柔外, 相因以說, 則六爻皆有 '兌'之德焉, 異於'巽'之陰入陽而陽受其入, '震'・'艮'之陽動止乎陰, 而 陰爲其所動所止也. '和兌'者, 以和而說也. 初潛而在下, 而陽剛得位, 未嘗與天下相感, 率其素履, 與物無競, 殆有月到天心・風來水面, 無 求而自得之意焉, 君子之吉也.

태괘☱의 괘체(卦體)가 이루어져서는 비록 육삼・상육효의 음이 그 주체 가 되기는 하지만, 군셈[剛]이 득중하고 부드러움[柔]이 밖으로 드러나서 서로 말미암으며 기뻐한다. 그래서 여섯 효들에 모두 태괘의 덕인 기뻐함 이 있다. 이는 손괘(巽卦)☴의 음이 양들 속으로 들어가고 양들은 그것을 받아들이는 것과는 다르다. 또 진괘(震卦)☳・간괘(艮卦)☶에서 양의 움직임이 음들에 의해 저지되고 음들은 그 때문에 움직이게도 되고 멈추게도 되는 것과도 다르다.

'和兌(화태)'는 어울리며 기뻐함이다. 이 초구효는 잠복한 채 이 괘의 맨 아래에 있는데, 그 양의 군셈이 제자리를 마땅하게 차지하고 있다. 그런데 이 양은 일찍부터 세상과 서로 느낌을 주고받지 않고 자신이 평소 해오던 대로 하며 다른 이들과 다투려들지 않는다. 마치 밝은 달은 하늘 한가운데 떠 있고 바람은 수면 위로 불어오는 때에 굳이 추구하지 않더라도 저절로 의미를 깨닫게 된다는[975] 것과도 같다. 이는 군자의 길함이다.

「象」曰: 和兌之吉, 行未疑也.

「상전」: 어울리며 기뻐함의 길함은 행위에 대해 의심하지 않기 때문이다.

君子之行, 素位而居易者也. 富貴・貧賤・夷狄・患難, 無入而不自
得, 自說其說, 非待說於物, 何疑之有! 其不然者, 處順則得非所據而疑
其不安, 處逆則妄有欣羨而疑其可徼, 唯無剛正之德故也.

군자의 행위를 보면, 현재의 지위 그대로 쉽게 살아간다. 부귀든, 빈천이
든, 이적의 땅이든, 환난이 있는 곳이든, 어디든지 들어가서 자득하며
살아가지 않음이 없다.976) 그 기쁨에 스스로 기뻐하고 굳이 다른 것에
의거하여 기뻐하지 않으니, 무슨 의심 따위가 있으리오! 그러나 이렇지
않은 사람들은 순조로운 상황에 처해서는 자신이 의거할 곳이 아닌

---

975) 소옹(邵雍)의 '맑은 달밤을 읊음[淸夜吟]'이라는 시를 원용한 것이다. 이 시는
 "밝은 달은 하늘 한가운데 떠 있고 바람은 수면 위로 불어오는 때라. 모든
 의미가 맑게 깨달아지는데, 헤아려 아는 이 얼마 안 되는구나!(月到天心處,
 風來水面時. 一般淸意味, 料得少人知!)"로 되어 있다. 왕부지가 여기서 이
 초구효의 상황을 묘사하는 데 적절한 것이라 여겨 원용하였겠지만, 평소 그가
 그렇게도 비판해 마지않던 소옹의 작품을 끌어들이고 있는 것이 이채롭다.
976) 이는 『중용』의 "군자는 지금의 지위대로 행하지 결코 그 밖의 것을 원치
 않는다. 현재 부귀하면 그 부귀함대로 행하고 현재 빈천하면 그 빈천함대로
 행하며, 문화 수준이 낮은 이적(夷狄)의 땅에 살면 그러한 곳에 사는 것에
 맞추어 살고, 환난 상황에 처해 있으면 환난 그대로 행한다. 이렇듯 군자는
 어디에 가서든 득의하며 마음 편히 살아간다.(君子素其位而行, 不願乎其外.
 素富貴行乎富貴. 素貧賤行乎貧賤. 素夷狄行乎夷狄. 素患難行乎患難. 君子無
 入而不自得焉.)"는 말에서 끌어온 것이다.

것을 얻은지라 의심하며 불안해하고, 역경에 처해서는 망령되이 좋아하고 부러워하는 것이 있어서 의심을 내면서도 혹시나 얻을 수 있지나 않을까 하고 요행수를 바란다. 이는 오직 그들에게 굳세고 올바름의 덕이 없기 때문이다.

九二, 孚兌, 吉, 悔亡.

구이: 믿음에서 오는 기쁨이다. 길하다. 후회함이 없다.

二孚於初九, 以合德於剛中, 則不爲妄說; 以剛上承乎柔而不亢, 抑可以獲上而亨, 雖不當位, 悔亦以亡.

이 구이효는 초구효를 믿는다. 그리고 굳셈으로서 득중함에 합치하는 덕을 지니고 있다. 그래서 망령되게 기뻐하지 않는다. 굳셈으로서 위로 육삼효의 부드러움을 받들면서 그와 맞서지 않는다. 그렇기 때문에 윗사람의 마음을 얻어서 형통할 수도 있고, 비록 마땅하게 제자리를 차지하고 있는 것은 아니지만 후회함도 없어진다.

「象」曰: '孚兌之吉', 信志也.

「상전」: '믿음에서 오는 기쁨'이란 뜻함을 믿는다는 것이다.

志正, 則可以信友而獲上.

뜻함이 올바르니, 벗을 믿고 윗사람의 마음을 얻을 수 있다.

六三, 來兌, 凶.

육삼: 기쁨을 불러오는데, 흉하다.

'來'者招致之謂. 六三居四陽之中, 而以不正之柔, 上諂而下諛, 待物之
來說而相與說, 小人之道也, 故凶. '兌'之亨利, 自三成之, 而爻凶異於
象者, '兌'體已成, 則剛中之德, 外雖柔而自非容悅, 三獨發動, 則柔以
躁進, 而爲小人之媚世. 此類從筮者占其所動而言, 別爲一例, 抑以'兌'
本非君子之守, 故非全體陰陽之合, 則必流爲邪佞也.

'來(래)'는 불러온다는 말이다. 이 육삼효는 네 양효들의 가운데에 자리
잡은 채, 부정한 부드러움으로써 위・아래로 알랑거리며 다른 이들이
불러온 기쁨에 의지하여 서로 기뻐한다. 이는 소인들이 하는 짓거리다.
그러므로 흉하다. 이 태괘(兌卦)䷹의 형통함과 이로움은 이 육삼효로부
터 이루어진다. 그런데 이 효사는 흉하다고 하고 있으니, 괘사와는 다르
다. 그 까닭은, 태괘가 이미 이루어지면 굳셈[剛]으로서 득중한 덕은 밖이
비록 부드러움[柔]이라 하더라도 기뻐함을 저절로 받아들이지 않는 것인
데, 이 육삼효는 홀로 발동하여 부드러움[柔]으로서 조급하게 나아가며
소인들이 당금 세상에서 기쁨을 추구하는 짓거리를 하기 때문이다.
이러한 부류는 점치는 이가 그 움직인 바의 효변(爻變)으로써 점을 친 관점에서
말한 것이다. 그래서 또 다른 하나의 예가 된다. 기쁨을 표방하고 있는
이 태괘䷹의 덕은 본래 군자가 지켜야 할 것이 아니다. 그러므로 전체의

음·양이 화합한 것이 아니면 반드시 간사함으로 흘러버리고 마는 것이다.

「象」曰: 來兌之凶, 位不當也.

「상전」: 기쁨을 불러옴이 흉한 것은 차지하고 있는 자리가 마땅하지 않기 때문이다.

宜剛而柔, 無所不柔矣, 而況雜乎四陽之中以躁進乎!

굳셈이 와야 마땅한 자리에 부드러움이 와 있으니 유약하지 않음이 없거늘, 하물며 네 양효들 가운데 뒤섞여서 조급하게 나아감에랴!

九四, 商兌未寧, 介疾有喜.

구사: 기쁘게 하는 것을 어찌 대할지 헤아리고 있으며 평안하지 않다. 병통이 되는 것과 사이를 두고 있지만 기쁨이 있다.

四與三比, 而居上卦之下, 近乎民者也. 以剛居柔, 不欲受小人之媚, 而抑不欲咈人之欲, 酌量於寬嚴之中, 不能得咸宜之道, 所以未寧. 然說民之道, 莫先於遠邪佞之小人. 姦佞不售, 則雖未有惠澤及人之事, 而天下已說服之. 九四介於'來兌'之間, 能以說己者爲疾, 三進而己退, 靜以止躁, 不期民之說而民自說矣.

이 구사효는 육삼효와 나란히 붙어 있으며 상괘의 맨 아래에 자리 잡고 있으니 백성들에 가까운 이를 상징한다. 그런데 지금 이 구사효는 굳셈으로서 부드러움의 자리를 차지하여 소인들의 알랑거림을 받아들이려 하지 않고, 또 한편으로는 사람들의 욕구를 거스르려고도 하지 않는다. 그래서 관대하게 대할지 아니면 준엄하게 대할지를 헤아리고 있는데, 모두에게 적당한 원리와 방법을 얻을 수가 없기 때문에 평안하지가 않다.

백성들을 기쁘게 하는 원리와 방법은 간사한 소인을 멀리하는 것보다 더 나은 것이 없다. 간사함을 팔지 않으면 비록 사람의 일에 혜택이 미치지 않는다 할지라도 세상 사람들은 벌써 그에게 기쁘게 승복한다. 이 구사효는 '기쁨을 불러오는 효'와 사이를 두고 있는데, 자기를 기쁘게 하는 것들을 병통으로 여길 줄 안다. 그리고 육삼효가 나아감에 자신은 물러나서 고요한 가운데 그 조급함을 억지하니, 백성들이 기뻐하기를 기대하지 않더라도 백성들은 저절로 기뻐하는 것이다.

「象」曰: 九四之喜, 有慶也.

「상전」: 구사효의 기쁨은 경사가 있다는 것이다.

　己方以未寧爲患, 而天下說之, 外至之喜也.

자기 쪽에서는 평안하지 않아 근심거리가 되어 있는데 세상 사람들은 기뻐하니, 이는 밖에서 이르는 기쁨이다.

九五, 孚于剝, 有厲.

구오: 숱한 인명을 앗아갈 화란(禍亂) 속에서도 믿음을 갖고 있음이다. 위엄이 있다.

'剝', 喪亂也. '厲', 威嚴也, 而有危意. 九五剛中之德已至, 而獨與九四剛靜疾邪之君子相孚, 則雖喪亂卒起, 而以之犯難, 人心旣說, 且忘其死, 履危地而德威自立, 說之大者, 不在呴呴之恩施於小人也.

'剝(박)'은 숱한 인명을 앗아갈 화란(禍亂)을 의미한다. '厲(려)'는 위엄(威嚴)을 의미하는데 위태롭다는 의미도 곁들여 있다. 이 구오효는 굳셈으로서 득중한 덕이 이미 지극하다. 그리고 역시 굳셈으로서 고요한 가운데 사악함을 밉게 보고 있는 구사효의 군자와 유독 서로 믿음을 주고받고 있다. 그래서 비록 숱한 인명을 앗아가는 화란이 창졸간에 일어난다고 하더라도 자신의 덕과 구사효에 대한 믿음을 가지고 이 어려움에 맞서 나아가기 때문에 사람들이 마음으로 기뻐할 뿐만 아니라 죽음조차도 잊어버리고 따른다. 이렇게 위험한 지경을 밟고 있지만 덕과 위엄이 저절로 서는 것이다. 큰 기뻐함이란 소인들에게 온화한 은혜를 베푸는 데 있지 않다.

「象」曰: '孚于剝', 位正當也.

「상전」: '숱한 인명을 앗아갈 화란(禍亂) 속에서도 믿음을 갖고 있음'은 차지하고 있는 자리가 정당하기 때문이다.

德位相稱, 賢者說從, 民爲之用, 雖處剝喪, 不相離叛矣.

이 구오효가 지닌 덕과 차지하고 있는 자리가 서로 잘 어울리니, 현자들은 기뻐하며 따르고 백성들은 그것을 위해 자신을 바친다. 그래서 비록 숱한 인명을 앗아갈 화란(禍亂) 속에 처하더라도 서로 이반(離叛)하지 않는 것이다.

上六, 引兌.

상육: 기쁨을 이끌어냄이다.

居高而以柔待物, 所以引民之說者也; 異於九五之民自勸而忘其死, 故不言吉. 然以上說下, 柔當其位, 異於三之屈節以招上而說之, 故不言凶, 殆霸者驩虞之治乎?

이 상육효는 높은 자리를 차지하고서 부드러움으로 타자들에게 대하기 때문에 백성들에게 기쁨을 끌어다 주는 존재다. 이는 구오효의 백성들이 스스로 권면하며 죽음조차 잊어버리는 것과 다르다. 그러므로 이 효사에 서는 '길함'을 말하지 않은 것이다. 그러나 윗사람으로서 아랫사람들을 기쁘게 하고 또 부드러움으로서 마땅하게 제자리를 차지하고 있으니, 육삼효가 제 절개를 굽혀가면서까지 윗사람들에게 기쁨을 불러다 주려 하는 것과는 다르다. 그러므로 이 효사에서는 또한 '흉하다'고도 말하지 않은 것이다. 이는 거의 패자(霸者)가 백성들을 환호작약(歡呼雀躍)하게 하며 하는 통치977)에 가까울까?

「象」曰: '上六引兌', 未光也.

「상전」: '상육효의 기쁨을 이끌어냄'은 아직 빛나지 않음이다.

有干譽於民之心焉, 則德不光. 民之說, 民自說也, 非可引者也.

백성들의 마음에서 명예나 구하고 있으니, 그 덕이 빛나지 않는 것이다. 백성들의 기쁨은 그들 스스로 기뻐하는 것이지, 그 누가 끌어다 줄 수 있는 것이 아니다.

---

977) 『맹자』에 나오는 말이다. 맹자는 여기서 패자(覇者)의 정치와 왕자(王者)의 정치를 비교하고 있다. 즉 패자가 다스리는 나라의 백성들은 환호하며 기뻐하지만, 왕자가 다스리는 나라의 백성들은 그 정치의 치적이 너무나 광대하고 아득하여 그것이 모두 왕자의 위대한 통치 덕택이라는 것을 깨닫지 못한 채 그저 제 스스로가 한 것에 만족하며 살아간다는 것이다.(『孟子』, 「盡心上」: 孟子曰, "覇者之民驩虞如也, 王者之民皞皞如也.") 이에 대해 맨 처음에 『맹자』 주석을 낸 조기(趙岐)는, "패자가 선을 행하는 것이나 백성들에게 관심을 기울이는 것, 은택을 베푸는 것 등은 환히 드러나서 백성들로서는 쉽게 알 수 있기 때문에 환호하며 즐거워한다. 이에 비해 왕자의 정치는 그 원리와 방식이 너무나 크며 하늘을 본받아서 하기 때문에 백성들로서는 아득하고 광대하여 그 덕을 보기 어렵다.(趙岐, 『孟子注』: 覇者, 行善恤民恩澤, 暴見易知, 故民驩虞樂之也. 王者道大法天, 浩浩而德難見也.)"라고 풀이하고 있다. 이러한 관점에서 보면, 우리 한국의 정치사에서 패자가 누구인지 쉽게 알 수 있다.

●●●●

渙卦坎下巽上

환괘䷺

渙. 亨, 王假有廟, 利涉大川, 利貞.

환괘: 형통하다. 왕이 이르러 종묘에 있음이며, 큰 하천을 건넘에 이롭고, 이롭고 올곧다.

'渙', 水散貌. 風動水飄, 水浮木泛, 皆'渙'象也. 卦自'否'變者, 渙散其否也. '乾'下之陽, 下而居二; '坤'中之陰, 上而居四. 陽爲主於內, 則陰不得怙黨以相亢; 陰順承於外, 則陽受其入而不驕. '否'・'泰'之變屢矣, 而獨此爲得. 陽之退, 雖不當位而得中; 陰之進, 雖失其中而得位. 物之固執而不解者, 授之以所安, 則樂於散, 而懲相拒之迷. 否塞之情改, 而上下通, 嘉會而亨矣, 故六爻皆吉.

'渙(환)'은 물이 흩어지는 모습이다. 수면 위로 바람이 불어 물결이 일고, 수면 위에 나무가 떠다니는 것이 모두 이 환괘(渙卦)䷺의 상이다.[978]

---

978) 환괘를 취상설의 관점에서 풀이하는 것이다. 환괘는 정괘(貞卦)가 감괘☵로서 물을 상징하고, 회괘(悔卦)가 손괘☴로서 바람, 또는 나무를 상징한다. 그래서 물 위로 바람이 불어 물결이 일게 하는 상이기도 하고, 물 위에 나무가 떠다니는 상이기도 하다.

이 환괘는 비괘(否卦)☷☰에서 변한 것이다. 그래서 '渙(환)' 자는 그 비색됨을 흩트려버린다는 의미를 지니고 있다. 이 환괘는, 비괘의 회괘(悔卦)를 이루고 있던 건괘☰의 맨 아래 양효가 아래로 내려가서 2효의 자리를 차지하고 있고, 비괘의 정괘(貞卦)를 이루고 있던 곤괘☷의 가운데 음효가 위로 올라가서 4효의 자리를 차지하고 있다. 그래서 아래로 간 양효가 안에서 주체가 되어 있으니, 음들이 제 당파를 믿거니 하며 이 양에 맞서지를 못한다. 그리고 위로 올라간 음은 밖에서 양들을 순종하며 받들고 있으니, 양들은 이 음이 들어온 것을 받아들이며 교만을 떨지 않는다.

『주역』에서 비괘(否卦)☷☰ · 태괘(泰卦)☰☷가 다른 괘로 변함은 자주 있다. 그런데 유독 이 환괘(渙卦)☴☵만이 그 변한 괘들 가운데 제대로 됨을 얻고 있다. 즉 비괘로부터 물러난 양(구이효)이 비록 제자리를 마땅하게 차지하고 있는 것은 아니지만 득중하고 있고, 음의 나아감(육사효)은 비록 이전의 가운데 자리는 잃어버렸다고는 하여도 자신의 마땅한 자리를 차지하고 있다. 여기에는 물(物)들 가운데 완고하게 고집을 부리며 풀려고 하지 않는 것들에게 편안한 바를 주면 기꺼이 풀어서 흩뜨림이 담겨 있다. 이렇게 서로 항거하는 미혹됨을 징치하고 있는 것이다. 그래서 비색되었던 상황이 바뀌니 위·아래가 통하며 아름답게 모여들어 형통한 것이다. 그러므로 이 환괘의 여섯 효는 모두 길하다.

蓋嘗論之, 人之情有所凝滯而不達者, 皆以己所懷安之土, 爲情之所便, 因據爲道之所宜. 旣執之以爲道, 則情力志慮一聚於此, 此外雖有甚安之位, 甚遠之圖, 皆爲智所不及, 意所不願之境. 一旦豁然悟其所據之非, 風拂水流, 盡破拘畫之藩籬, 乃知昔所爲崇高者, 非崇高也,

退抑乃以止物之忌, 而中和可以宰物; 昔之所爲安處者, 非安處也, 上
達而得其所通, 而順理乃以達情; 拓散其分據之心於俄頃之間, 已如
撤重圍而遊曠宇. 繇此而推行之, 破一鄕之見, 而善以天下, 離一時之
俗, 而遊於千古, 則在下不吝, 在上不驕, '渙'之爲功於進德修業也, 亦
大矣哉! 『詩』云, "泮奐爾遊矣, 優遊爾休矣.", 言拘攣之日散也, 是以渙
之六爻皆吉也.

이 환괘䷺를 바탕으로 나는 일찍부터 다음과 같이 생각해왔다. 마음속에
맺히고 엉킨 것이 있어서 툭 털어 놓지 못하는 사람은, 자기에게 편안함을
주는 곳을 정서상 편안하게 여기며 이곳을 근거지로 하여 도(道)를
행하기에 알맞다고 본다. 그래서 이미 이를 집착하며 도(道)로 여기게
되어서는 그의 정서와 힘, 뜻함과 고려함이 하나같이 이곳으로만 모이니,
비록 이곳의 밖에 매우 편안한 지위가 있고 매우 멀리까지 바라보는
도모(圖謀)함이 있다 하더라도 모두 그의 지려로서는 미치지 못하며
생각으로도 원하지 않는 경지가 되고 만다. 그런데 그가 근거로 삼고
있는 곳이 잘못되었다는 것을 어느 한순간 환히 깨닫게 되면, 바람이
흔들어대고 물은 흘러가니, 이전에 딱 구획 지었던 울타리를 완전히
부셔버린다. 그래서 이전에 숭고하게 여기던 것들이 숭고한 것이 아님을
알게 되기 때문에, 이전의 관점으로부터 물러나며 겸손하게 자신을
억누름으로써 타자들이 기피함을 그치게 한다. 그리고 마음으로 같이
어울리며 그들을 다스릴 수 있게 된다. 아울러 이전에 편안하고 한가롭게
생활하던 것이 더 이상 그러하지를 않으니, 위로 통달하여 소통하게
되며 순리대로 정서를 다 표현해내게 된다.
이렇게 하여 그 나뉜 채로 웅크리고 있던 마음을 순식간에 확장하며
흩뜨려버리고 나면, 마치 겹겹이 포위하고 있던 것들을 이미 철거하고

광활한 우주로 나아가 노니는 것과도 같다. 이로 말미암아 미루어 나아가
면, 한 고을에서나 통하는 견해를 깨뜨리고 온 세상을 무대로 잘 살아가게
되며, 한때의 시속(時俗)을 벗어던지고 천고의 유구함에서 노닐게 된다.
그래서 아래에 있어도 인색하지 않고 위에 있어도 교만하지 않게 된다.
이렇듯 환괘가 우리의 덕을 증진시키고 사업을 잘 준비하고 발휘하는
데서 세우는 공(功)이 또한 큰 것이로다! 『시경』에서 "한가롭게 그대는
노니는도다, 느긋하게 그대는 쉬는도다!"[979)라고 하니, 이는 이전의 얽매
여 살던 날들은 이제 흩어져버렸다는 것을 읊고 있다. 그래서 환괘의
여섯 효는 모두 길한 것이다.

'王假有廟'者, 陽白四而下居於二, 率三陰以事上也. 當其在廟, 則爲臣
爲子, 而要不失其居中之位, 二之以退爲尊也. '利涉大川'者, 陽來入險
而不憂也. 可以事鬼神, 則天下無不可通之志; 可以涉險阻, 則天下無
不可安之遇; 斯以於物皆利, 而變焉而不失其正也.

'왕이 이르러 종묘에 있음'은 양(陽)이 4효로부터 내려가 2효에 자리
잡고서[980) 세 음(陰)을 통솔하며 윗사람을 섬기고 있다는 의미다. 그가
종묘에서는 신하가 되고 아들이 되지만 가운데 자리를 차지하고 있음을

---

979) 『시경(詩經)』, 「대아(大雅)」, 「생민지십(生民之什)」 편에 있는 「권아(卷阿)」라
는 시의 일부다.
980) 이 환괘(渙卦)☵가 비괘(否卦)☷로부터 변한 것이라는 전제에서 하는 말이다.
비괘의 구사효가 내려와 2효에 자리 잡고, 2효에 있던 음(陰)은 이제 위로
올라가 4효에 자리 잡아 육사효가 된 것이 이 환괘라 하는 것이다.

잃어버려서는 안 된다. 구이효는 물러남을 존귀하게 여긴다.[981] '큰
하천을 건넘에 이롭다'는 것은, 양(陽)이 와서 험난함 속에 들어가서도[982]
전혀 근심하지 않는다는 의미다. 이렇게 하여 귀신[983]을 섬길 수 있으니
세상 모든 사람들에게서 통하지 못할 뜻함이란 없다. 그리고 험난함에
의연하게 맞서 나아가니 세상에 편안하지 않는 경우란 없다. 바로 이러하
기 때문에 다른 사람들에게 모두 이로움을 주고 변한 경우에라도 그
올바름을 잃어버리지 않는다.

「象」曰: 渙亨, 剛來而不窮, 柔得位乎外而上同.

「단전」: 환괘가 형통한 것은 굳셈[剛]이 와서 없어져 버리지 않고 부드러움[柔]
은 밖에서 제 마땅한 자리를 얻어 위와 같아졌기 때문이다.

剛聚於上, 則且消而窮矣; 來而居二, 則以入險而得通, 柔在二在四,
皆得位也. 不吝其中位之尊, 出而之外, 乃以上交而同乎陽. 二者皆亨
通, 而柔之爲功大矣, 以其舍黨去尊而順上也.

---

981) 구이효가 4효의 자리에서 내려와 지금 이 정괘(貞卦)☵의 가운데 자리를
차지하고 있음을 말한다. 왕부지는 이 구이효를 왕으로 보는 것인데, 이것이
'물러남'이고 '존귀함'이라는 것이다.
982) 환괘의 정괘(貞卦)는 감괘☵로서 취의설에서는 '험난함'을 상징한다.
983) 여기서 귀신은 조상신들을 의미한다.

굳셈[剛]들이 위에서 한데 모여 있으면 사라져서 없어져버릴 것이다. 그러나 지금 그중의 하나가 와서 2효에 자리 잡고 있으니 험난함 속으로 들어가서도 통함을 얻는다. 그리고 부드러움[柔]은 2효에 있든 4효에 있든 모두 그의 마땅한 자리다. 그런데 지금은 그것이 가운데 자리의 존귀함을 아까워하지 않고 버리고 나가 밖에 있으면서 윗사람들과 교류하며 양(陽)들에 동화되었다. 이렇게 하여 이들 둘이 모두 형통하게 된 것이다. 그런데 이렇게 된 데는 부드러움의 공(功)이 크다. 그가 제 당파를 버리고 또 존귀한 자리를 떠나서 윗사람들에게 순종하고 있기 때문이다.

‘王假有廟’, 王乃在中也.

‘왕이 이르러 종묘에 있음’은 왕이 이렇게 하여 가운데 자리에 있음을 말한다.

‘乃云者, 謂雖離羣退處, 而乃得其中也. 故修臣子之節, 而不失其王之尊.

여기에서 ‘乃(내)’라고 한 것은 구이효가 제 무리를 떠나 물러남의 곳에 자리 잡아서 그 가운데 자리를 얻게 되었음을 말한다. 그러므로 신하와 자식으로서의 구실을 제대로 수행하여 왕으로서의 존엄함을 잃어버리지 않는다.

‘利涉大川’, 乘木有功也.

‘큰 하천을 건넘에 이롭다’는 것은 나무를 탄 것에 공(功)을 세움이 있다는 의미다.

木浮水上, 行舟之象. 二以剛中能載, 而涉險之功立矣. ‘巽’一爲風, 乘風而浮於水, 亦利涉之象. 古者舟未有帆, 故「象傳」不言乘風. 後人以帆使風而行於水, 蓋亦取法於‘渙’. 制器者尙其象, 但精其義, 皆可創制. 古人所未盡, 以俟後哲, 若此類者衆矣.

나무가 물 위를 떠다니는 것은 배를 타고 다니는 상(象)이다. 구이효는 굳셈으로서 득중하였기 때문에 무엇을 실을 수 있으며 험난함을 헤쳐 나아가는 공을 세운다. 손괘☴가 또 하나 상징하는 것은 ‘바람’이다. 그래서 이 환괘는 바람을 타고서 물 위를 떠다니는 것이니, 이 또한 험난함을 헤치고 나아감에 이로운 상이다. 옛날에는 배에 돛대가 없었다. 그러므로 이 「단전」에서는 ‘바람을 타고 다님’이라고는 하지 않고 있다. 후인들이 돛대를 달아 바람을 타고 물 위를 다니게 된 것은 아마 이 환괘䷸에서 착안한 것일 것이다. 기물을 만드는 이는 『주역』의 괘들이 지닌 상(象)을 높이 친다고 한다. 다만 의미까지도 정성들여서 깊이 살펴야 모두 새로운 것을 만들어낼 수가 있다. 여기서 우리는 옛사람들이 미진하였던 것은 뒷날의 철인(哲人)을 기다린다고 하는 사실을 알 수 있다. 이와 같은 예는 많다.

「象」曰: 風行水上, ‘渙’, 先王以享于帝立廟.

「대상전」: 바람이 물 위로 다님이 환괘니, 선왕께서는 이를 본받아 천지신명께 제사를 지내고 종묘를 세웠다.

‘渙與節’, 相綜之卦. ‘節’儉而聚; ‘渙’散而豐. 風行水上, 無所吝止, 極文
章之觀. 先王享帝立廟, 以事天祖, 於財無所惜, 於力無所吝, 於己不患
其無餘, 於民不恤其難給, 乃至薪蒸芻藁, 皆廣取而輕用之, 與節之不
以勞民傷財者異道, 所謂“非飮食而致孝乎鬼神”也. 言‘先王’者, 郊廟
之禮, 開創者定之.

이 환괘䷺와 뒤에 나오는 절괘(節卦)䷻는 서로 ‘종(綜)’의 관계를 이루고
있다. 그런데 절괘는 검소하고 모으는 것임에 비해, 이 환괘는 흩뜨리고
풍성하다. 바람이 물 위로 불면서 아까워하거나 멈추는 바가 없음은
극히 아름답고 훤하게 드러나는 볼거리다. 선왕께서 천지신명께 제사
지내고 종묘를 세운 것은 하느님과 조상들을 섬기고자 함이니, 재물에서
아까운 바가 없고 힘에서도 인색해함이 없다. 그런데 성인들께서는
이렇게 하다 보면 자기에게 남아나는 것이 없다는 것을 근심하지 않고,
백성들에게는 아무리 주기 어려운 경우까지도 괘념하지 않고 다 주었다.
심지어는 땔감이나 짐승먹일 풀까지도 모두 널리 취하여 가볍게 썼다.
이는 절괘(節卦)가 백성들을 수고롭게 하지 않고 재물을 손상하지 않음을
원리로 삼는 것과 다르다. 이른바 “자기가 마시고 먹는 것은 박하게
하면서도 귀신에게는 효성을 다한다.”[984)]고 함이다. 여기서 ‘선왕’이라
한 것은, 천지에 제사 지내는 것과 조상신들께 제사 지내는 예(禮)를
나라를 창건한 이가 정하였기 때문이다.

---

984) 『논어』, 「태백(泰伯)」 편에 나오는 말로서, 공자가 우(禹)임금의 훌륭한 점을
묘사하는 구절이다.

初六, 用拯馬壯, 吉.

초육: 말이 기운이 넘쳐서 날뛰는 상황을 진정시키도록 도와줌이니, 길하다.

'馬', 行地者, 故坤之象焉. 陰純在下, 馬之壯也. 馬壯, 則有奔馳蹄齧之
傷. 二來主陰而制之, 初承二而奉之爲主, 以制馬而使之馴, 以免於咎.
拯之者, 二也; 利用其拯者, 初也, 而吉在初矣.

'말'은 땅 위를 다니는 짐승이다. 그러므로 곤괘☷의 상(象)을 가지고
있다. 음(陰)이 순수하게 아래에 있음은 말의 기운이 넘쳐나는 것을
상징한다.985) 그런데 말이 기운이 넘치면 이리저리 날뛰면서 뒷발로
차기도 하고 입으로 물기도 하여 부상을 당하게 된다. 이러한 상황에서
구이효의 굳셈이 와서 음들의 주인이 되어 다잡아주니, 초육효는 이러한
구이효를 받들며 주인으로 모신다. 그리하여 말을 다잡고 순하게 길들여
서 허물을 면하게 된다. 말이 기운이 넘쳐나서 날뛰는 상황을 진정시키도
록 도와주는 이는 구이효다. 그리고 이를 도움이 되는 쪽으로 이롭게
쓰는 이는 초육효다. 그래서 길함은 초육에게 있다.

---

985) 이는 아직 이 환괘(渙卦)䷺로 변하기 이전의 비괘(否卦)䷋의 상태를 전제로
하는 말이다. 비괘에서는 하괘가 곤괘로 되어 있다. 그래서 이것이 음(陰)의
순수함이고, 말을 상징하며, 그것도 기운이 넘쳐 남을 상징한다는 것이다.

「象」曰: 初六之吉, 順也.

「상전」: 초육효의 길함은 순종하기 때문이다.

順陽而下之也.

초육효가 구이효의 양(陽)에 순종하며 그 아랫사람이 되기 때문이라는
의미다.

九二, 渙奔其机, 悔亡.

구이: 흩어지도록 내달리다가 나무 그루터기를 만나서 쉼이다. 후회함이 없다.

出疆外適曰'奔'. '机', 『程傳』作『春秋傳』'投之以机'之机, 亦通, 謂所憑
以安也. 舊音兀者, 伐木而留其本也. 在險中而可以止奔, 於義尤合.
陽舍上位, 越三而來二, 以散陰之黨, 若將不及, 曰'奔'. 來而得中以止,
若奔者之遇机而息焉. 雖不當位, 疑於有悔, 而居中以主陰, 使順而散,
則悔亡矣.

경계를 벗어나 밖으로 가는 것을 '奔(분)'이라 한다. '机(올)'을 정자(程子)
의 『역전』에서는 『춘추좌씨전』에서 "작은 책상을 던지다."라고 한 것처
럼[986] '机(궤)' 자로 쓰고 있는데 역시 통한다. 이는 의지하여 편안해

---

986) 『춘추좌씨전』, 양공(襄公) 10년 조에 나오는 말이다.

함을 말한다. 옛날에 '兀(올)'로 읽던 것은, 나무를 베어내고 남은 그루터기를 의미한다. 험난함 속에서 내달림을 멈추고 쉴 수 있으니, 뜻으로는 이것이 더욱 잘 들어맞는다.[987] 이 구이효는 양이 비괘(否卦)䷋에서의 윗자리를 버리고 3효를 뛰어넘어서 이 2효로 온 것이다. 그리하여 음들의 당파를 흩뜨렸는데, 마치 미치지 못할 듯이 달려 왔으니 '내달림'이라 한 것이다. 그리고 와서는 가운데 자리를 차지한 채 멈추고 있으니, 이는 또 내달리던 이가 나무 그루터기를 만나 쉬고 있는 모습과도 같다. 이 구이효의 위(位)는 비록 마땅한 자리가 아니어서 후회함이 있을까 의심스럽기도 하지만, 가운데 자리를 차지한 채 이렇듯 음들의 주인이 되어 그들로 하여금 순종하며 흩어지게 하니 후회함이 없다.

---

987) 왕부지는 『주역패소』에서 이 구절에 대한 자신의 관점을 특별히 자세하게 설명하고 있다. 그는 우선, 이 '杌(올)' 자를 정이(程頤)처럼 책상을 의미하는 '机(궤)' 자로 보더라도, '의지하여 편안할 수 있다'는 점에서는 의미가 상통한다고 한다. 양(陽)이 2효의 자리로 와서 득중함과 부합한다는 것이다. 그러나 이 환괘䷺가 비괘(否卦)䷋로부터 변한 것이라는 점을 전제로 보면, 이 구이효가 4효로부터 올 적에 육삼효를 뛰어넘어서 이 2효의 자리로 왔으니 '내달림'이라는 의미에서 '奔(분)' 자를 쓰고 있고, 또 이것이 내달려 와서 험난함을 상징하는 감괘☵ 속으로 들어가 그 주체가 되어 있는 만큼 이 자리는 평이하고 편안한 자리가 아니라는 점에서 '책상'으로 보기는 좀 그렇다고 하고 있다. 이에 비해 나무를 베어내고 남은 그루터기는 사람이 지나다니는 것을 방해한다는 점에서 '험난함'의 상(象)을 지니고 있다고 한다.

「象」曰: ‘渙奔其机’, 得願也.

「상전」: ‘흩어지도록 내달리다가 나무 그루터기를 만나서 쉼’은 원하는 것을 얻음을 의미한다.

二陰樂奉之以爲主, 故散而不怙其羣.

이 구이효를 두 음(陰; 초육효와 육삼효)들이 기꺼이 받들며 주인으로 모시고 있다. 그러므로 이들이 흩어지는 것이고 그 무리를 믿고서 함부로 나대지도 않는다.

六三, 渙其躬, 无悔.

육삼: 제 몸을 흩뜨려버림이니, 후회함이 없다.

陰陽以類聚, 則合而成體. 三與初同類, 而二來居間以散之, 陰之體不純成矣, 非徒二之能散之也. 三爲進爻而位剛, 本欲上行以應乎剛, 是能公爾忘私者, 雖不當位, 而遂其就陽之素心, 固无悔矣.

음·양이 제 부류끼리 모이면 합하여 한 몸을 이룬다. 이 육삼효와 초육효는 같은 부류다. 그런데 구이효가 와서 이들 사이에 끼어 들어가 흩뜨려버리기 때문에, 음(陰)의 몸이 순수하게 이루어지지 못한다. 그러나 이것이 꼭 이 구이효가 흩뜨릴 수 있는 것만도 아니다. 이 육삼효 자체가 나아감의 효이고 굳셈의 자리를 차지하고 있다. 그래서 본래 위로 가서 굳셈에 응하려 하니, 온 마음을 다해 공(公)을 받들고 사사로움은 망각할 수 있는 이다. 그래서 비록 지금 자리는 마땅하게 차지하고 있지만, 마침내 양에게 다가가고자 하는 평소의 마음을 이루어서 본디 후회함이 없는 것이다.

「象」曰: '渙其躬', 志在外也.

「상전」: '제 몸을 흩뜨려버림'은 뜻함이 제 몸 밖에 있기 때문이다.

'外'謂外卦. 進從六四之陰, 以順陽而應上九, 不恤陰之同體, 是以无悔.

여기에서 '제 몸 밖'이라 한 것은 외괘를 지칭한다. 이 육삼효는 나아가 육사효의 음을 좇아 양(陽)에게 순종하며 상구효에게 응할 뿐, 음들끼리 한 몸을 이루는 것에는 아예 관심조차 없다. 그래서 후회함이 없는 것이다.

六四, 渙其羣, 元吉. 渙有丘, 匪夷所思.

육사: 그 무리를 흩뜨려버림이니 원래 길하다. 흩뜨리고 구릉에 있는데 같은 부류들로서는 생각조차 할 수 없다.

陰之自二而往四, 既以散陰凝不解之羣, 抑以散陽亢不交之羣; 羣散 而大同, 本然之吉, 無所待也. 二與四皆渙羣者, 而功歸於四. 蓋舍內而 出外, 去中而居下, 非情之所可願. 使陰吝而不往, 則陽亦無從得二以

爲杌而止焉. 虛中位以召陽爲主, 而已爲陽下, 非消釋其鄙吝之情者
不能也. '渙有丘', 渙而至於丘也. 丘卑於山而高於地, 可依以止者, 謂
四渙而固高以安也. '夷', 等類也. 陰方相聚於內, 同類且倚以爲群. 忽
舍之而外適, 非初與三思慮之所及. 拔流俗以奮出, 而巽入以依乎陽
剛中正之主, 唯豪傑之士能之, 非凡民所測, 而卒使皆免於晦蒙否塞
之中, 所謂非常之人成非常之功也.

이 육사효는 음(陰)이 2효로부터 4효로 간 것이니, 서로 응취하여 해체하
지 않으려는 음의 무리를 흩뜨려버린 것일 뿐만 아니라, 음에 맞서며
서로 교접하지 않으려는 양(陽)들의 무리도 흩뜨려버린 것이다. 그래서
무리는 흩어지고 크게 하나가 되니, 그 무엇에도 의지할 필요 없이
이 효는 본래 길하다.

구이효와 이 육사효가 모두 무리를 흩뜨려버리기는 하지만 그 공(功)은
이 육사효에게로 돌아간다. 왜냐하면 이 육사효가 자신의 안쪽 자리를
버리고 밖으로 나왔고, 그것도 본래의 가운데 자리를 버리고 가서 아랫자
리를 차지하고 있기 때문이다. 이는 보통 사람들의 마음으로는 바라는
것일 수가 없다. 그래서 만약에 이 음이 제자리를 아까워하면서 떠나지
않았다면 양으로서도 2효의 자리를 얻어 그루터기로 삼고 멈추어 있을
수가 없을 것이다. 그런데 이 육사효는 제자리를 떠남으로써 그 자리를
비워 놓고 양을 불러들여 그 자리를 차지하여 주인이 되게 하고는 자신은
양들의 밑으로 가서 있다. 이는 비루하고 인색해하는 정서를 풀어버리지
않고서는 할 수 없는 일이다.

'渙有丘(환유구)'는 흩뜨려버리고 구릉에 이르러 있다는 의미다. 구릉은
산보다는 낮지만 평지보다는 높다. 그래서 여기에 의거하여 멈출 수가
있다. 이는 육사효가 무리들을 흩뜨려버리고 진실로 높은 자리에 이르러

서 편안해 한다는 것을 의미한다. '夷(이)'는 같은 부류를 의미한다.
음들이 한창 안에서 서로 모여 같은 부류를 이루고 또 의지하며 편안해
하고 있는 상황에서 이 육사효가 홀연히 이를 버리고는 밖으로 간 것인데,
이는 초육효와 육삼효로서는 생각도 할 수 없는 일이다. 이처럼 제
무리와 익숙한 습속으로부터 몸을 빼 분연히 뛰어나와서는, 양의 굳셈이
중정(中正)한 채 임금이 되어 있는 데로 공손하게 들어가서 의지하고
있으니, 이는 오직 호걸지사만이 할 수 있는 일이다. 보통사람들로서는
예측조차 할 수 없는 일이다. 그렇지만 졸연히 모두로 하여금 어둡고
꽉 막힌 상황으로부터 벗어나게 함은, 비상한 사람이 비상한 공적(功績)
을 이룬 것이라 하지 않을 수 없다.

「象」曰: '渙其羣元吉', 光大也.

「상전」: '그 무리를 흩뜨려버림이니 원래 길함'은 광명정대한 것이다.

阿私結黨, 則卑暗而鄙陋. 六四自我渙群, 光明正大, 何吉不臻乎!

사사로움에 아첨하고 패당을 짓는 것은 비천하고 어둠을 조장하는 짓일
뿐만 아니라 비루하기조차 하다. 그런데 육사효는 스스로 무리를 흩뜨려
버렸으니 광명정대한 것이다. 그러니 어찌 길함이 이르지 않을쏘냐!

九五, 渙汗其大號, 渙王居, 无咎.

구오: 땀을 흩뜨리면서 큰 명령을 내림이다. 왕의 거소를 흩뜨리나 허물이

없다.

'汗'者, 陽出而散陰者也. '號', 命令也. 五, 剛中得天位, 而與'巽'爲體,
下同於四. 四爲'巽'主, 申命以誥下者. 五不帖陽之群, 而資四以播教令
於下, 宣其大公無畛之德意, 而險側皆順焉. 雖王者之居, 宜積盛大以
爲鞏固, 一陽虧而失其聚, 而天位自定, 命令自行, 固无咎也. 古者天子
之畿, 剖邑以賜諸侯, 爲湯沐之邑, 其'渙王居'之義乎?

'汗(한)'은 양이 나와서 음을 흩뜨려버림이다. '號(호)'는 명령을 의미한다.
이 구오효는 굳셈으로서 득중하여 하늘의 위(位)를 얻었는데, 손괘☴와
한 몸을 이루면서 아래로 육사효와도 같은 몸을 이루고 있다. 육사효는
손괘의 주체로서 명령을 거듭 내려 아랫사람들에게 알린다. 이 구오효는
양들의 무리에 의지하지 않고 육사효의 도움을 받아 아래로 정교와
명령을 전파하며 대공(大公)한 덕(德)과 뜻을 펴니, 험악하고 사특한
무리들이 모두 거기에 순종한다. 그런데 이 자리가 왕이 거처하는 곳인만
큼 마땅히 성대함을 쌓아서 공고히 해야 하는데 하나의 양이 이지러져서
그 웅취함을 잃어버렸다.[988] 비록 그렇기는 하여도 하늘의 위(位)는
저절로 정해지고 명령은 저절로 행해지니 본디 허물이 없다. 옛날에
천자가 관할하던 경기(京畿)에서 읍(邑)을 잘라내어 제후들에게 준 사읍
(私邑)이 탕목읍(湯沐邑)인데, 이것이 그 '왕의 거소를 흩뜨려버림'의
뜻일까?

---

988) 비괘☷☷일 적의 구사효가 지금 2효의 자리로 가고 그 자리에 음효가 오는
바람에 양(陽)들의 무리[☰]가 이지러져버렸다는 의미다.

「象」曰: ‘王居无咎’, 正位也.

「상전」: ‘왕의 거소에 허물이 없다’는 것은 지위를 올바르게 하고 있기 때문이다.

雖渙而王者之居固无咎者, 剛中正位, 不以一陽之去就爲損益也.

비록 흩뜨려버렸다고는 하여도 왕의 거소는 본디 허물이 없다는 것이다. 그 까닭은, 굳셈이 득중하여 제자리를 올바르게 하고 있기 때문인데, 이것이 양(陽) 하나의 거취에 따라 손해가 되거나 보탬이 되지 않는 것이다.

上九, 渙其血, 去逖出, 无咎.

상구: 그 피흘림을 흩뜨려버리고 멀리 떠나감이니, 허물이 없다.

‘血’者, 戰爭之事. ‘逖’, 遠也. 陰凝於下, 陽亢於上, ‘否則必争, 而上當之, 未免於傷. 乃既渙散其群, 則陰巽入乎陽, 而陽爲主於陰, 争息而血去矣, 可以遠處事外矣. 時平而志静, 故无咎.

‘피’는 전쟁의 일을 상징한다. ‘逖(적)’은 멀다는 의미다. 음들이 아래에 응취해 있고 양들은 위에 이에 맞서고 있다면, 비괘(否卦)䷋의 비색됨이 되어 필연코 전쟁이 벌어진다. 그러면 이 상구효도 이러한 상황 속에서 부상당함을 면치 못한다. 그러나 이미 그 무리를 흩뜨려버렸으니, 음은 양들에게로 공손히 들어가고 양은 음들 속에서 주인 노릇을 하고 있어서 전쟁은 끝나고 피 흘림도 사라진다. 그래서 전쟁과 같은 일 밖으로 멀리 떠나서 살아갈 수 있는 것이다. 시대가 평온해지고 뜻함은 고요해졌기 때문에 허물이 없는 것이다.

「象」曰: '渙其血', 遠害也.

「상전」: '그 피흘림을 흩뜨려버림'은 해가 되는 일을 멀리한다는 의미다.

以渙, 故能遠交爭之害, 而超然逖出.

흩뜨려버렸기 때문에 교전의 피해로부터 멀어질 수 있으며 초연하게 멀리 나간다.

● ● ●

節卦兌下坎上

절괘䷁

節. 亨, 苦節不可貞.

절괘: 형통하다. 쓰디 쓴 절제니 올곧을 수 없다.

'節', 竹節也, 有度以限之而不踰也. 卦畫一陰間以一陽, 二陰間以二
陽, 陽實陰虛, 虛者在上, 陽實在下, 以爲之節. 下二陽, 近根之促節也,
陽之節陰也. 陽有餘而陰不足, 以不足節有餘而相通焉, 陰之節陽也.
以二體之象言之, 兩間之水無窮, 而澤之所容有準, 不漏不溢, 有節度
也. 二水相沓, 而實其下以使不洩, 故有愼密之象焉. '節而亨矣, 爲陽
之節陰者言也. 陽亨, 而復云'苦節不可貞'者, 爲陰之節陽言也. 有餘
者, 物之所甘; 不足者, 物之所苦. 陽道方亨, 而必裁之以不過, 則自居
約, 而處物亦吝, 固將自以爲廉於用物而得貞. 乃自居之約, 可謂之貞;
處物之吝, 强人情以所不甘, 則不順天理之正, 不可以爲貞矣. 以其實,
節其虛, 則虛者恃以保固, 忠謹之所以通天下之志. 畏其有餘, 節以不
足, 則儉而固, 不給萬物之用, 而無以成天下之務. 象兩設之, 使學 『易』
者擇焉, 而占者得之, 雖以儉而不困於行, 而終不合於道, 非君子寡過
永譽之宜也.

'節(절)'은 대의 마디를 의미하는데, 마디마다 일정한 정도로 한계를
지니고 있어서 이를 뛰어넘지를 못한다. 이 절괘(節卦)䷻䷻의 획들을 보면,
하나의 음효[상육효]는 하나의 양효[구오효]와 사이를 두고 있고, 두
개의 음효[육삼·육사효]는 두 개의 양효[초구·구이효]와 사이를 두고
있다. 그런데 양은 차 있고 음은 비어 있다. 그래서 이 절괘에서는
빈 것이 위에 있고 양의 차 있음은 아래에 있음으로써 절제하고 있다.
아래 두 양효는 대나무의 뿌리에 가까운 것으로서 간격이 조밀한 마디를
상징한다. 이는 양이 음들을 절제함을 상징한다. 그리고 양은 남고
음은 부족하다. 그래서 부족한 것으로써 남는 것을 절제하여 서로 통하게
하고 있으니, 이는 음이 양을 절제함이다.
이 절괘䷻䷻를 이루고 있는 두 소성괘를 분석해보면, 하늘과 땅 사이에

물이 무궁함을 상징하고 있다. 그런데 이 절괘의 하괘[☱]가 상징하는 연못의 수용 저수량에는 기준이 있어서 새지도 않고 넘치지도 않으니, 이는 절도가 있음이다. 그리고 두 물989)이 서로 합하되 그 아래에 있는 연못을 채워서 새나가지 않게 하기 때문에, 여기에는 삼가며 비밀을 지키는 상(象)이 있다.

절괘(節卦)가 형통한 것은 양이 음을 절제한다는 측면에서 말한 것이다. 이에 비해 양이 형통한데도 다시 "쓰디 쓴 절제니 올곧을 수 없다."고 말한 것은 음이 양을 절제하고 있다는 측면에서 말한 것이다. 일반적으로 남음에 대해서는 물(物)들이 달갑게 여기고 부족함에 대해서는 쓰게 여긴다. 양의 도(道)가 한창 형통한데 꼭 제재하여 지나치지 않게 하면 스스로 검약하게 살아가며 물(物)들에 대처함에서도 인색해진다. 그리고 진실로 장차 물(物)들을 사용함에서 스스로 청렴하다고 여기게 되어 올곧음을 얻게 된다. 이는 스스로 검약하게 살아가기로 한 것이니 '올곧다'고 할 수 있다. 이에 비해 물(物)들에 대처함에서 인색한 것은 달가워하지 않는 바를 가지고서 사람의 정서를 강요하는 것이니, 천리(天理)의 올바름을 따르지 않는 것이어서 올곧음이 될 수 없다.

차 있음으로써 비어 있음을 절제하면 비어 있음이 그것에 의거하여 그 공고함을 지켜낸다. 이러한 까닭에 충실하고 삼가면 온 세상 사람들의 뜻함에 통하게 된다. 이에 비해 남음이 있음을 두려워하며 부족한 경우를 상정하여 절제하면 검약하고 공고해진다. 이래서는 만물의 쓰임에 대주지 못하며 세상 사람들이 애쓰는 것을 이루어주지도 못한다.

---

989) 이 절괘(節卦)의 상괘는 감괘☵로서 자체가 물을 상징하고, 하괘는 태괘☱로서 이 역시 물을 상징한다. 그래서 '두 물[二水]'이라 한 것이다.

이 절괘의 괘사에서는 두 가지990)를 설정하여 『주역』을 공부하는 이들로 하여금 선택을 하게 되어 있다. 그런데 점치는 이가 이 괘사를 얻어 비록 검약함으로써 행함에는 곤고하지 않는다 하더라도 끝내는 도(道)에 합치하지 않는다. 이는 군자가 과오를 적게 하고 영예로움을 영원하게 함에 적합하지 않다.

「彖」曰: '節亨', 剛柔分而剛得中.

「단전」: '절괘의 형통함'은 굳셈[剛]·부드러움[柔]이 나뉘고 굳셈이 득중하였기 때문이다.

> 此明亨之爲陽言也. '剛柔分', 言其相間, 各成乎畛而不相亂. 得中乃可以爲陰之節, 而陰恃以不傾; 中有主, 則通乎物, 而不隨物以流也.

이 구절은 절괘 괘사의 형통함이 양(陽) 때문임을 밝히고 있다. '굳셈[剛]·부드러움[柔]이 나뉘고'라는 말은 굳셈과 부드러움이 하나씩 하나씩 서로 엇갈리게 칸을 이루며 각기 영역을 이룬 채 서로 혼란스럽지 않음을 말한다. 양이 득중하였기에 음을 절제케 할 수 있고 음은 이에 의지하여서 기울어지지 않는다. 그리고 가운데에 주인이 있으니 타자들에게 통하면서도 그들에 휩쓸려 함께 흘러가버리지 않는다.

---

990) 음이 양을 절제함과 양이 음을 절제함이다. 즉 비어 있음으로써 차 있음을 절제하는 것과 차 있음으로써 비어 있음을 절제하는 것이다. 왕부지는 이 둘 가운데 후자가 군자에게 더 적합하다고 보고 있다.

‘苦節不可貞’, 其道窮也.

‘쓰디 쓴 절제니 올곧을 수 없음’은 그 도(道)가 궁하기 때문이다.

> 此明陰之節陽爲已過也. 道不足以濟天下, 則窮而非正矣.

> 이 구절은 음이 양을 절제함이 너무 지나치다는 것을 밝히고 있다. 도(道)가 세상 사람들을 구제하기에 부족하면 궁하며 올바르지 않은 것이다.

說以行險, 當位以節, 中正以通.

기뻐하며 험난함을 헤쳐 나아가고, 제자리를 마땅하게 차지한 채 절제하며, 득중하여 올바르게 행함으로써 통한다.

> ‘說以行險’, 不以憂懼失度也. ‘當位以節’, 謂九五以篤實之剛, 爲陰虛之節也. 五以中正節乎二陰之中, 上下皆可通矣. 言能行險而說, 節而甘者, 唯九五當位中正, 以爲陰之節, 則無過不及之差, 而於物皆通; 以見‘節’之亨在剛中, 而陰之過爲裁抑者非貞, 而抑未可亨也.

> ‘기뻐하며 험난함을 헤쳐 나아감’은 걱정하고 두려워만 하다가 법도를 잃어버리지 않는다는 말이다. ‘제자리를 마땅하게 차지한 채 절제함’은 구오효가 독실한 굳셈으로써 음들의 비어 있음을 절제하고 있다는 의미다. 이 구오효는 득중한 올바름으로써 그 위・아래 두 음들의 가운데서 절제케 하고 있으니, 위・아래가 모두 통할 수 있는 것이다. 말하자면

험난함을 헤쳐 나아가면서 기뻐할 수 있고 절제하면서도 달갑게 여길 수 있는 것은, 오직 이 구오효가 제자리를 마땅하게 차지하여 득중한 올바름으로써 음들을 절제하기 때문이니, 그 결과 지나치거나 모자람의 잘못이 없이 물(物)들에게 모두 통한다는 것이다. 이를 통해 절괘䷻의 형통함은 군셈의 득중에 있으며, 음이 지나치게 제재하고 억제한 것은 올곧음이 아니어서 형통하지 않을 수도 있다는 것을 알 수 있다.

天地節而四時成, 節以制度, 不傷財, 不害民.

하늘과 땅이 절제하는 속에 사계절이 이루어지니, 절제함을 바탕으로 제도를 만들어서 재물을 손상시키지 않으며 백성들에게 해를 끼치지 않는다.

> 天地之化, 寒暑溫涼, 莫之節而自中其節, 唯無過也, 抑無不及也. 王道之裁成民物, 非故爲損抑以崇儉陋. 制度立而財不傷, 民不害, 所以志說而用亨. 如九五者, 斯與天地四時合其節矣.

하늘과 땅의 지어냄造化은 추위와 더위, 따뜻함과 서늘함을 꼭 절제하지 않더라도 저절로 그 속에서 절제함을 이루고 있다. 그래서 오직 지나침도 없고 미치지 못함도 없다. 왕도정치를 실현함에서는 백성과 물(物)들을 잘 마름질하여 이루어내는데, 여기서는 본래 손상시키고 억제하면서 누추하게 검소함을 높이치지 않는다. 제도를 세우고 재물을 손상시키지 않으며 백성들에게 해를 끼치지 않기 때문에 백성들의 뜻함이 기쁨을 얻으며 형통해지는 것이다. 이처럼 이 구오효는 하늘·땅, 사계절과 그 절제함이 딱 들어맞는다.

「象」曰: 澤上有水, ‘節’, 君子以制數度, 議德行.

「대상전」: 연못 위에 물이 있음이 절괘다. 군자는 이를 본받아 수(數)와 도(度)를 제정하고 덕행을 의논하였다.

多寡曰數, 長短曰度, 如「禮器」所謂‘以多’·‘以少’·‘以高’·‘以下’之 類是也. ‘德行’, 德之施於物者, 厚薄剛柔之則也. 澤之受水也有限, 而 水爲澤之所有, 自足給灌注之用. 君子以此道通志成務, 其節也, 非無 水而以自困困人也, 道本有餘, 而酌其施受之宜也. 若陳仲子之流, 以 無水爲節, 則徒苦而人道廢矣.

많고 적은 것을 ‘수(數)’라 하고, 길고 짧은 것을 ‘도(度)’라 한다. 『예기(禮 記)』의 「예기(禮器)」 편에서 ‘많은 것을’·‘적은 것을’991), ‘높은 것을’·‘낮 은 것을’992)이라 한 것들이 이것이다. ‘덕행’은 타자(他者)들에게 베풀어 진 덕을 의미하는데, 이를 두텁게 하느냐 엷게 하느냐, 굳세게 하느냐

---

991) 이는 ‘수(數)’의 관점에서 말한 것이다. 『예기(禮記)』의 「예기(禮器)」 편에서는 수가 많은 것을 귀하게 여기는 것이 있다. 예컨대 묘(廟)의 수, 제기(祭器)의 수 등이 그러하다. 이에 비해 수가 적은 것을 귀하게 여기는 것도 있다. 예컨대 예(禮)를 올릴 적에 보좌하는 빈객[介賓]이나, 제사에 올리는 희생의 수 등이 그러하다. 「예기(禮記)」 편에서는 이를 가지고 천자, 제후, 대부(大夫) 등의 신분에 맞게 배정하고 있다.
992) 이는 ‘도(度)’의 관점에서 말한 것이다. 역시 「예기(禮器)」 편에서는 그 정도가 높은 것을 귀하게 여기는 것도 있고, 낮은 것을 귀하게 여기는 것도 있다. 예컨대 ‘대청[堂]은 높은 것을 귀하게 여겼고, 제단은 낮은 것을 귀하게 여겼다. 「예기(禮記)」 편에서는 이를 가지고 천자, 제후, 대부(大夫) 등의 신분에 맞게 배정하고 있다.

부드럽게 하느냐에 준칙이 있다. 이들은 연못이 물을 받아들이는 데는
한계가 있다는 것과 물이 연못에 담겨 있으면 저절로 필요한 데 대주기에
충분하다는 것을 본뜬 것이다. 군자는 이러한 원리와 방식으로 세상
사람들의 뜻함을 통하게 해주고 애쓰는 것을 이루게 해준다. 그러므로
군자의 절제함은 물이 없는 채 스스로도 곤고해지고 남도 곤고하게
하는 것이 아니라, 도(道)는 본래 남음이 있으니 베풀고 주는 데서 알맞은
만큼 맞추어서 줌이다. 그런데 진중자(陳仲子)993)와 같은 부류는 아예

---

993) 진중자는 또 진중(陳仲), 전중(田仲), 어릉중자(於陵中子) 등으로도 불린다.
중국 전국시대에 제(齊)나라의 유명한 사상가로서 은자(隱者)였다. 그의 조상
은 진(陳)나라의 공족(公族)이었는데 진완(陳完)이라는 인물이 전란을 피해
제나라로 와서 성씨를 '전(田)'으로 바꾸었다. 그래서 진중자를 전중이라고도
부르는 것이다. 진중자는 그 형이 수많은 녹봉을 받는 것을 보고 이를 의롭지
않다고 여겼다. 그래서 제나라에서 대부를 제의했어도 완강하게 거절하였고,
초나라에서 재상을 제의했어도 완강하게 거절하였다. 먼저 어릉(於陵)으로
거처를 옮겼다가 나중에는 산속에서 은거하였다. 그리고는 더러운 군주의
조정에서는 벼슬하지 않는다, 난세의 먹을 것을 먹지 않는다는 기상을 보여주
다가 굶어죽었다. 도연명(陶淵明)은 진중자의 이러한 됨됨이를 높이 쳐서
시로써 표창하고 있다.
진중자의 학식은 대단히 넓었으며 청렴결백(淸廉潔白)으로 스스로를 다잡을
것을 주창하였다. 그는 이러한 방식으로 세상을 바로잡을 수 있고 사회를
깨끗하게 할 수 있다고 여겼다. 제나라 왕은 그의 학식을 높이 사서 그를
직하(直下)의 학궁으로 초빙하기도 하였다. 그의 학문은 일가를 이루어 '어릉학
파'라고 불린다. 순자(荀子)는 이 진중자가 전국시대의 6가(家)를 대표하는
인물이라고 꼽았다. 그에 관련된 사적(事跡)은 『어릉자(於陵子)』라는 책에
정리되어 있다.
그런데 『맹자』의 「등문공 하(滕文公下)」 편에 보면, 맹자가 제나라를 방문하여
광장(匡章)이라는 장군과 이 진중자의 됨됨이를 놓고 논쟁을 벌이는 장면이

물을 없애버리는 것을 절제로 여기고 있으니, 이는 한갓 고통스러움일 뿐이요, 이렇게 하여서는 사람의 길이 폐기되고 말 것이다.

初九, 不出戶庭, 无咎.

초구: 문이나 그 밖 기둥 사이를 나서지 않음이다. 허물이 없다.

初居卦下, 爲澤之底, 苟非堅實, 必致下漏, '困'之所以無水而窮也. 戶, 室戶; 庭, 其外檻間也. 時方在室內而未行, 道宜縝密. 陽剛下實, 防陰之流, 慎之於內而不使出, 涵其有餘以待不足, 雖過於慎, 而自无咎.

이 초구효는 절괘䷻의 아래에 자리 잡고 있으니 연못의 바닥을 상징한다. 그래서 이것이 진실로 견실하지 않다면 틀림없이 물이 아래로 새버리고 만다. 곤괘(困卦)䷮는 그렇기 때문에 물이 없어서 궁색한 것이다.994)

나온다. 제나라 선왕(宣王) 때의 일이다. 광장은 진중자의 청렴함을 높이 평가하고 있지만 맹자는 이 진중자를 제나라의 제일가는 인물[巨擘]로 치면서도 진중자처럼 사는 것이 청렴하다고 할 것 같으면 이는 지렁이처럼 살아야만 가능한 일이라고 하면서 비판적으로 보고 있다. 왕부지 역시 이 진중자에 대해서 맹자의 관점을 취하고 있다. 진중자가 유가적 이상형의 인물이 될 수 없을 뿐만 아니라 그 삶의 궤적이 보통사람들의 삶과도 맞지 않다고 보기 때문이다. 왕부지의 이러한 관점이 이 절괘(節卦)䷻의 풀이에서 주조를 이루고 있다.

994) 곤괘(困卦)는 상괘가 태괘☱로서 물을 상징하고 하괘가 감괘☵로서 물을 상징한다. 이는 연못 아래에 물이 있는 상(象)이니, 연못에서 물이 새나감을

'戶(호)'는 방의 문이고, '庭(정)'은 그 문밖의 기둥 사이를 의미한다. 이 초구효는 시기적으로 바야흐로 방 안에 있으면서 행동에 옮기지 않음에 해당한다. 그래서 도(道)가 적실하며 주밀(周密)하다. 그리고 양의 굳셈으로서 아래를 실하게 받쳐줌으로써 음이 흘러버리는 것을 막아주고 있다. 즉 안에서 삼가며 밖으로 나가지 못하게 하는 것이니, 그 여유 있음을 감싸서 나중의 부족함에 대비함이다. 그래서 비록 지나치게 신중하다는 점은 있지만 저절로 허물은 없다.

「象」曰: '不出戶庭', 知通塞也.

「상전」: '문이나 그 밖 기둥 사이를 나서지 않음'은 통함과 막힘을 아는 것이다.

當藏於內而未見於外之始, 必剛決慎持以防其放佚, 塞之所以求通也. '知'者, 知時宜也. 若二, 則知塞而不知通矣.

자신을 안에 감춘 채 밖으로 드러나게 하지 않는 시초에는, 반드시 굳세고 과단성이 있게 또 신중하게 자신을 다잡음으로써 그 방일(放逸)함을 막아야 한다. 이러한 이유에서 막힘이 곧 통함을 구함이라 할 수 있다. 여기서 '안다'고 한 것은 시기적으로 마땅한 것을 안다는 것이다. 그런데 구이효와 같은 이는 자신을 틀어막을 줄만 알지 통하게 함에 대해서는 모른다.

의미한다고 보는 것이 이곳 왕부지의 견해다.

九二, 不出門庭, 凶.

구이: 대문이나 집을 나서지 않음이다. 흉하다.

> 門, 大門; 庭, 其廎也. 既審愼於內而出於外矣, 則行焉可矣, 又從而節
> 之, 愼而無禮者也. 剛非其位, 知塞而不知通, 故凶.

여기에서 '門(문)'은 대문을 의미하고, '庭(정)'은 집을 의미한다. 이미
안에 있어야 함을 살펴 삼가다가 밖으로 나온 것이니 행동에 옮겨도
될 테지만 또한 좇아서 절제해버린다. 그래서 삼가기만 할 뿐 무례한
것이다. 이 구이효의 굳셈은 제자리가 아닌 곳에 와 있는데, 막힘의
원리에 대해서만 알 뿐 나가서 통하게 해야 한다는 것은 모른다. 그래서
흉하다.

「象」曰: '不出門庭凶', 失時極也.

「상전」: '대문이나 집을 나서지 않음으로, 흉하다.'는 것은 시기가 이름을 잃어
버렸기 때문이다.

> '極', 至也. 時至事起而吝於出, 則事敗而物怨之.

'極(극)'은 이르다는 의미다. 시기는 이르고 일은 벌어졌는데도 밖으로
나감에 대해 인색하니, 일을 그르치고 남들로부터 원망을 받는다.

六三, 不節若則嗟若, 无咎.

육삼: 절제하지 못하니 탄식하지만 허물은 없다.

二陽已積, 則有堅剛太過之憂. 三當其上, 急欲節之, 而柔失其位, 力有未逮, 故不能節也, 而憂之急. 其迫切欲節之心, 雖若已甚, 而實不容已也, 故无咎.

초구·구이 두 양이 이미 쌓였으니 견강(堅剛)함이 너무 지나치지 않나 하는 우려가 있다. 이 육삼효는 그 위에 자리 잡고 있기 때문에 이를 급하게 절제하고 싶어한다. 그러나 이 육삼효의 부드러움은 제자리를 잃은 것이고 또 부드러움이기 때문에 힘도 미치지 못해 이들을 절제할 수가 없다. 그래서 우려함이 급박하다. 그런데 그 절박하게 절제하고 싶은 마음이 비록 너무 심한 것 같기는 하지만 실제로는 어쩔 수 없어서 그러한 것일 따름이니 허물이 없는 것이다.

「象」曰: 不節之嗟, 又誰咎也?

「상전」: 절제하지 못해서 하는 탄식이니 또한 누구에게 허물을 주리오?

謂誰得而咎之也. 剛過而折, 通人所戒, 楚父老之於龔生是已. 是或一道也, 不得謂之爲非.

즉 누구에게 허물을 줄 수 있겠는가 하는 말이다. 굳셈이 지나쳐서 부려져버림에 대해 학식이 넓고 통달한 이들은 경계한다. 초(楚)의 늙은 이가 공생(龔生)에 대해 한 것이 바로 이것이다.995)

---

995) 공생(龔生)은 전한(前漢) 말기에 활약한 인물이다. 자(字)는 군실(君實)이며 팽성(彭城) 출신이다. 같은 군(郡) 출신의 공사(龔舍)라는 인물과 우정이 절친하였고 서로 됨됨이가 뛰어났기에 '양공(兩龔)'으로 불렸다. 공승은 세 번이나 효렴(孝廉)으로 천거되었으며 간의대부(諫議大夫)에까지 올랐다. 왕망(王莽)이 정권을 찬탈하자 벼슬을 버리고 고향으로 돌아와 은거하였다. 그런데 공승의 됨됨이를 높이 산 왕망은 재삼재사(再三再四) 그를 불렀는데, 공승은 번번이 거절하였다. 마지막에는 왕망이 천자의 어새(御璽)가 찍힌 임명장을 사자에게 주어 보내며 대대적으로 사절들을 함께 보내 공승의 마음을 움직여보려 하였지만 공승은 병을 핑계로 침상에 누어서는 요지부동이었다. 심지어 사자(使者)가 관직을 증명하는 인끈 달린 도장을 공승의 몸 위에 올려놓고 공승을 일으켜 세우려 했지만 공승은 애써 이를 밀치며 거절하였다. 그리고는 이 뒤로 식음을 전폐하여 14일 만에 죽었다. 수많은 조문객들이 융숭한 예(禮)를 다해 장례를 치르는데, 한 초라한 노인네가 문상을 와서 매우 슬피 곡을 하였다. 곡이 끝난 뒤에 이 노인은 "향 풀은 향을 내면서 자신을 사르고, 기름은 불을 밝히면서 자신을 녹이는 것이다. 그런데 공승은 천수를 다하지 않고 요절하였으니 나의 무리가 아니다!'라 하고는 밖으로 뛰어나갔다. 그런데 이 노인이 누군지는 아무도 몰랐다고 한다. 공승에 관한 사적은 『한서(漢書)』에 실려 있다. 왕부지는 왕망에 대해 매우 비판적인 입장을 취하는 사람이기는 하지만, 공승이 이처럼 왕망의 요청을 완강하게 거절하며 절식(絶食)으로 생을 마감한 것을 굳셈이 지나쳐 부러진 것으로 묘사하고 있다. 그리고는 그에 대한 초나라 노인의 질타를 인용하여 자신의 관점을 은연중에 드러내고 있다.

六四, 安節, 亨.

육사: 절제함에 편안해 함이다. 형통하다.

與三同道, 以節陽之過, 而柔當其位, 且上承九五而受其節, 在節而安, 無所嗟歎, 剛柔均而通塞適其宜, 故亨.

이 육사효는 육삼효와 같은 도(道)를 따르며 양들(초구·구이효)의 지나침을 절제하고 있다. 그런데 부드러움이 제자리를 마땅하게 차지하고 있고 위로 구오효를 받들며 그 절제함을 받아들이는데, 절제함에 편안해하며 안타까움에 탄식하는 바가 없다. 그리고 이제 군셈[剛]·부드러움[柔]이 균등하며996) 통함과 막힘이 다 알맞다. 그러므로 형통하다.

「象」曰: 安節之亨, 承上道也.

「상전」: 절제함에 편안해 하는 데서 오는 형통함은 위의 도(道)를 받들기 때문이다.

方以柔節剛, 而上有九五剛中之主以節己; 四能承之, 則陰陽正均, 而行之亨矣.

이 육사효가 한창 부드러움으로써 군셈을 절제하고 있는데 위에 구오효

---

996) 초효부터 이 4효까지 양효 둘, 음요 둘로서 균등하다는 것이다.

의 굳셈이 득중한 채 임금으로서 이 육사효를 절제하고 있다. 육사효로서
는 이를 받아들일 수 있기 때문에 음·양이 딱 고르며 행함이 형통한
것이다.

九五, 甘節, 吉, 往有尙.

구오: 절제를 달갑게 여김이다. 길하다. 가서는 숭상받는다.

> 自四以下, 剛柔旣分而有節, 九五以剛健中正之主, 議道自己, 而節陰
> 之不足, 以制爲中道, 合乎理, 順乎情, 物之所甘也. 以此而往, 宜爲天
> 下之所尊信矣.

육사효 이하에서는 굳셈[剛]·부드러움[柔]이 이미 딱 맞게 나뉜 채 절제
하고 있는데, 이 구오효가 굳세고 씩씩하며 중정(中正)한 임금으로서
도의를 논하면서 자기를 앞세우고[997] 음(陰)의 부족함을 절제하여 중도
(中道)에 들어맞도록 한다. 그래서 이치에 합당하고 사람의 정서에 따르
니 다른 이들은 달가워한다. 이렇게 하면서 가니 세상 사람들로부터
존경과 신뢰를 받기에 알맞은 것이다.

---

997) 『예기』, 「표기(表記)」 편에 나오는 말이다. 이곳에서는 "그러므로 군자는 도의를
논하면서 자기를 앞세우고, 법을 설치하여 백성들을 다스린다.(『禮記』, 「表記」:
是故君子議道自己, 而置法以民.)"고 하고 있다.

「象」曰: 甘節之吉, 居位中也.

「상전」: 절제를 달갑게 여기는 데서 오는 길함은 거처하는 위치가 가운데 자리기 때문이다.

以中道而居天位, 創制立法, 而天下悅服.

이 구오효는 중도(中道)를 실현하며 하늘의 자리를 차지하고 있고, 제도 와 법을 만들어서 통치한다. 그래서 세상 사람들이 기쁘게 복종하는 것이다.

上六, 苦節, 貞凶, 悔亡.

상육: 절제에 고통스러워함이다. 올곧지만 흉하다. 후회함은 없다.

五以中道爲節, 而物情甘之, 不可損也. 上猶以爲過, 而裁抑之以人情 之所不堪, 雖無淫洙之過, 可謂貞矣, 而違物以行其儉固之志, 凶道也. 然而'悔亡'者, 天下之悔皆生於侈汰, 自處約, 則雖凶而無恥辱.

구오효가 중도를 실현하며 절제하고 있음에 대해 다른 이들이 이를 마음으로 달가워하니 더 이상 덜어낼 수가 없다. 그런데 이 상육효가 오히려 이를 잘못이라 여기고는 사람들이 정서상 감내할 수 없는 정도로 제재하며 억제하고 있다. 그래서 비록 음탕하고 안일한 과오가 없어서 '올곧다고 할 수는 있으나, 사람의 정서를 어기면서까지 검소함을 고수하 려는 의지를 시행하니, 이는 흉함의 원리다. 그런데도 '후회함은 없다'고

하는 것은, 세상에서 후회함은 모두 사치함에서 생기는데, 지금 이 상육효
는 스스로 검약하게 살아가고 있으니 비록 흉하기는 하지만 치욕스러움
은 없기 때문이다.

「象」曰: '苦節貞凶', 其道窮也.

「상전」: '절제에 고통스러워함이다. 올곧지만 흉하다.'는 것은 그 도(道)가
궁하기 때문이다.

> 節之爲道, 唯賢者可就, 不肖者可企及, 則亨. 儉過則吝, 物所不順,
> 故窮.

절제함의 도(道)는 오직 현자만이 실현할 수 있다. 그러나 이에 미치지
못하는 사람이라도 좇아가고자 기도(企圖)하며 미칠 수 있다면 형통하
다. 검소함이 지나치면 인색한 것이다. 사람들은 이러한 사람을 따르려하
지 않는다. 그러므로 궁한 것이다.

●●●

中孚卦兌下巽上

중부괘☵

中孚. 豚魚吉. 利涉大川, 利貞.

중부괘: 돼지·물고기처럼 미천하고 은미한 것들이 길하다. 큰 하천을 건넘에 이롭다. 이롭고 올곧다.

'中', 內也. '孚', 信也, 感也. 卦畫二陰在內, 不得中, 而三爲躁爻, 四爲疑地, 相聚而異志, 旣有不相信之勢, 而失中無權, 志且不平; 然而安處於內, 靜順以不與陽爭, 則其信陽也至, 而陽之感之者深也. 三順乎二而說, 四承乎五而相入, 皆虛以聽命乎陽, 而無疑無競, 是二陰之孚於中也. 孚者, 陰也; 孚之者, 得中之陽也. 夫欲感異類者, 必同類之相信. 己志未定, 同道不親, 則無望異己者之相洽以化. 二撫初, 五承上, 相與成純而不雜, 逈悅則遠安, 是以至實之德, 內感三·四, 而起其敬信以說, 故謂之中孚, 言陽之能孚陰於中也, 而陰之在中者孚矣. '豚魚', 陰物, 謂三·四也. 二·五以中正之德施信於三·四, 而三·四相感以和順於內, 受其吉矣. '利涉大川', 「象傳」之釋備矣. '利貞'者, 施信以感物, 物蒙其利, 剛中以孚陰於內而不自失, 則貞. 有其利貞之德, 故涉險能利, 而所孚者皆受其吉也.

'中(중)'은 안이라는 의미이고, '孚(부)'는 믿는다, 느낀다는 뜻이다. 중부괘䷼는 두 음효가 안에 있는데 득중하지 못하고 있다. 그중에서도 육삼효는 조급해 함의 효(爻)이고, 육사효는 처지를 의심하는 효다. 그래서 이 둘이 서로 모여 있기는 하지만 뜻함은 달리하고 있다. 이들은 이미 서로 믿지 않는 추세를 이루고 있을 뿐만 아니라 상·하괘에서 가운데 자리를 잃고 있고 권력도 없으며 그 뜻함마저도 바르지 않다. 그런데 이들은 안에서 편안하게 거처하고 있을 뿐만 아니라 고요하며 순종적이어서 양(陽)들과 싸우지도 않는다. 그리고 이들의 양들에 대한 믿음이 지극한데 양들이 이들에 대해 느끼는 것도 깊다. 육삼효는 구이효에

손종하며 기뻐하고, 육사효는 구오효를 받들면서 서로 받아들인다. 그래서 이들은 모두 자신을 비운 채 양에게서 명령을 들으며 의심하지도 않고 경쟁하지도 않는다. 이것이 바로 두 음이 가운데서 믿음이다.998) 믿는 이들은 음이고, 믿게 하는 이들은 득중하고 있는 양들이다.

다른 부류에게 느끼고자 하는 이는 반드시 같은 부류끼리 서로 믿어야 한다. 그렇지 않고 자신의 뜻함도 정해지지 않고 같은 길을 걷고 있는 이와도 친하지 않다면, 자기와 다른 이들이 서로 마음으로 받아들이며 동화하기를 바랄 수가 없다. 구이효는 초구효를 어루만지고 구오효는 상구효를 받드는데, 이들은 서로 함께하면서 순수함을 이루고 잡스럽지 않다. 그리고 가까이 있는 이들이 기뻐하니 멀리 있는 이들은 편안해한다. 그래서 구이·구오효의 지극히 충실한 덕이 안으로 3·4효에게 느끼고 그들에게 공경과 믿음을 불러일으키며 기뻐하도록 한다. 그러므로 '中孚(중부)'라 한 것이다. 이는 양들이 가운데서 음들에게 믿음을 줄 수 있고, 가운데 있는 음들은 이들을 믿는다는 의미다.

'돼지·물고기'는 음의 성질을 지닌 것들인데, 여기서는 육삼·육사효를 가리킨다. 구이·구오효는 중정한 덕으로써 이들 육삼·육사효에게 믿음을 베풀고, 육삼·육사효는 안에서 이들과 서로 느낌을 주고받으면서 어울리고 순종한다. 그래서 그 길함을 받는 것이다. '큰 하천을 건넘에 이롭고'라 한 것에 대해서는 「단전」에 그 의미가 갖추어져 있다. '이롭고 올곧다'는 것은 믿음을 베풀어서 타자들에게 느낌을 주고 타자들은 그 이로움을 입는다는 것인데, 굳셈이 득중하여 안으로 음들을 믿으면서 스스로 됨됨이를 잃어버리지 않으니 올곧은 것이다. 이렇게 올곧음에

---

998) 이는 이 중부괘(中孚卦)의 괘 이름에 대한 풀이다.

이로운 덕이 있기 때문에 험난함을 헤쳐 나아가는 데서 이로울 수가 있고, 믿기는 이들도 모두 그 길함을 받는다.

「象」曰: 中孚, 柔在內而剛得中, 說而巽, 孚乃化邦也.

「단전」: 중부괘는 부드러움[柔]들은 안에 있고 굳셈[剛]들은 득중하여 기뻐하고 공손하니, 믿음이 일어서 나라를 교화(敎化)한다.

成乎'巽'者六三, 成乎'兌'者六四; 陰效說而順以入, 陰化而和矣. 唯二‧五剛中, 以道相孚, 故陰樂受其化. 陰爲國土‧爲民, 故曰'邦'. 孚, 信也, 而謂之化者, '朱子'謂如鳥孚乳之象, 誠篤以覆翼, 則如期而化生.

이 중부괘䷼에서 손괘☴를 완성하는 것은 육삼효이고 태괘☱를 완성하는 것은 육사효다.[999] 음은 기뻐함을 드러내며 공손하게 들어가니, 이는 음이 양들의 교화를 받아 바뀌면서 양(陽)들과 어울리는 것이다. 오직 구이‧구오효만이 굳셈으로서 득중하여 도(道)로써 서로 믿기 때문에

---

999) 여기서는 원문에 착오가 있는 것으로 보인다. 이 중부괘는 하괘[貞卦]가 태괘☱고 상괘[悔卦]가 손괘☴다. 그리고 태괘의 주효는 상효이고, 손괘의 주효는 하효이다. 이들이 각각의 괘에서 소수에 해당하기 때문이다. 그런데 태괘의 상효는 전체 중부괘에서는 육삼효에 해당하고, 손괘의 하효는 육사효에 해당한다. 따라서 원문이 "태괘☱를 이루는 것은 육삼효이고, 손괘☴를 이루는 것은 육사효다.(成乎'兌'者六三, 成乎'巽'者六四.)"로 바뀌어야 옳다고 본다. 이래야 뒤 구절에서 "음은 기뻐함을 드러내며 공손하게 들어가니(陰效說而順以入)"라 하여 태괘를 먼저 말하고 손괘를 나중에 말하는 것과 순서가 일치한다.

음들은 즐겁게 이들의 교화를 받아들인다. 여기서 음은 국토가 되고 백성이 된다. 그러므로 '邦(방)'이라 한다. '孚(부)'는 믿는다는 의미다. 그런데 여기서 '化(화)'라 한 것에 대해 주자(朱子)는 새가 알을 품어서 부화(孵化)하는 것과 같은 모습이라 한다. 진실로 돈독하게 날개로 덮어주면 기한이 다 되었을 때 부화해서 나온다는 의미다.

'豚魚吉', 信及豚魚也.

'돼지·물고기처럼 미천하고 은미한 것들이 길하다'는 것은 돼지나 물고기처럼 미천하고 은미한 것들에게 믿음이 미친다는 의미다.

'及', 相逮也. 信足以及之, 而豚魚皆信. 感以實, 則以實應.

'及(급)'은 미친다는 의미다. 믿음이 충분히 미침으로써 돼지·물고기와 같은 것들도 모두 믿는다는 것이다. 실질로써 느낌을 주니 실질로써 응하는 것이다.

'利涉大川', 乘木舟虛也.

'큰 하천을 건넘에 이롭고'라는 것은 나무를 떠다니게 하는데 배 가운데가 비었다는 의미다.

'乘木', 澤載木也. '舟虛'者, 外實中虛, 有刳木爲舟之象焉. 舟之利於涉

以中虛, 而非外之實以爲之閑, 則不能成中虛之用. 唯四陽在外, 左右
相均而無隙, 故中得以有其虛而受物之載, 以經險而利於行. 二ㆍ五
能函二陰, 故二陰虛以受感而不窒, 亦以明二ㆍ五剛中之德, 足以致
陰之孚也.

'乘木(승목)'은 연못이 나무를 떠다니게 함을 의미한다. '舟虛(주허)'는,
밖은 실하고 가운데 비었음이니, 이 말에는 나무의 속을 파서 배를
만드는 상(象)이 드러나 있다. 배가 물을 건너는 데서 이로운 것은 가운데
가 비었기 때문이다. 그러나 밖이 실함으로써 그 빔[虛]을 막아주지
않는다면 가운데가 빈 쓰임을 이룰 수가 없다. 이 중부괘䷼에서는 오직
네 양효가 밖에서 좌우로 서로 균등하게 틈이 없이 막아주기 때문에
가운데가 빈 공간을 이루어 물(物)들을 실을 수 있다. 그래서 험난한
물길을 헤치면서 다니는 데 이롭다. 그런데 구이ㆍ구오효는 육삼ㆍ육사
효의 두 음을 휩쌀 수 있기 때문에 두 음은 자신을 비워서 그들에 대한
느낌을 받아들이며 틀어막지 않는다. 이 또한 구이ㆍ구오효의 군셈으로
서 득중한 덕이 음들에게 믿음을 불러일으키기에 충분하다는 것을 말해
준다.

中孚以利貞, 乃應乎天也.

중부괘가 올곧음에 이로운 것은 하늘에 응하기 때문이다.

'天謂陽也. 陽孚之以利物貞固之德, 故陰應之. 誠者天之道, 至誠而不
動者, 未之有也.

여기에서 말하는 '하늘'은 양(陽)을 의미한다. 이 중부괘☴의 양들은 물(物)들에게 이롭게 하는 덕과 올곧음이 견고한 덕으로써 믿는다. 그러므로 음들이 이에 응한다는 것이다. 성실함은 하늘의 작용 원리요 방식이다. 지극히 성실한데도 감동을 일으키지 못하는 것은 있지 않다.

「象」曰: 澤上有風, '中孚', 君子以議獄緩死.

「대상전」: 연못 위로 바람이 부는 것이 중부괘다. 군자는 이를 본받아 옥사를 의논하고 사형을 늦춘다.

'兌'爲言說, 以詳論而酌其當; '巽'風和緩, 以俟議之平允. '巽'命以施澤於下, 寬道也. 然緩之以詳議, 使無寃而已, 非縱有罪以虧法也. 緩之, 議之, 信諸心而後殺之, 則雖死不怨矣. 「大象」之言刑獄者五, 聖人愼罰之情至矣, 學『易』者可不謹哉!

태괘☱는 언설(言說)을 의미하기도 한다. 그래서 상세히 의논하여 그 적당함을 끌어내는 것을 상징한다. 손괘☴는 바람으로서 조화를 이루며 완만함을 상징하는데, 이렇게 하면서 의논이 진실과 정의에 입각하여 결론이 나기를 기다리는 것이다. 그리고 손괘는 명령을 내려 아랫사람들에게 은택을 내림을 상징하기도 한다. 이는 관용의 도(道)다. 그러나 완만하게 처리하며 의논을 상세히 하는 것은 억울함이 없도록 하는 것일 따름이지, 죄 있는 사람을 놓아주어 법을 무너뜨리고자 하는 것이 아니다. 완만히 하고 상세히 의논함으로써 죄 있는 이의 마음에 믿음이 쌓인 뒤에 죽인다면, 그가 비록 죽더라도 원망함이 없는 것이다. 이

「대상전」에서 말하는 옥사를 의논하는 이는 구오효다. 이는 성인께서 형벌을 신중히 하는 마음씀이 지극함을 드러낸다. 그런데 『주역』을 공부하는 이가 삼가지 않을 수 있겠는가!

初九, 虞吉, 有它不燕.

초구: 헤아려보고 편안해 하여 길하다. 다른 이에게는 한가롭지 않음이 있다.

'虞', 度也, 安也. 陰之連類以居於內, 非初所可遽感者. 初潛處於下, 內度之己, 唯守其剛正, 以與二相孚而安, 故吉. '他'謂四. '燕'亦安也. 言雖有相應之四, 亦非其所安, 而獨與二合德也. '中孚'以純而不雜爲美, 然唯初靜處而無欲感之情, 則吉; 上已亢而不相感, 則又過矣. 初承二而上乘五, 故初孚二, 而上不能孚五.

'虞(우)'는 헤아려봄이고 편안해 함이다. 이 중부괘䷼에서는 두 음효가 무리를 이루어 안에서 거처하고 있다. 그래서 이 초구효로서는 급작스레 이들에게 느낌을 가질 수 없다. 초구효는 이 중부괘의 맨 아래에 잠복하고 있으면서 속으로 자기 자신을 헤아려보고 오직 그 굳세고 올바름을 지키면서 구이효와 서로 믿고 편안해하기 때문에 길하다.
'다른 이'는 육사효를 가리킨다. '燕(연)' 자도 편안하다는 뜻이다. 여기서 말하고자 하는 것은, 이 초구효에게는 비록 육사효가 서로 응함의 관계를 이루고는 있지만, 이 육사효와는 편안하지 않기 때문에 초구효가 오직 구이효하고만 덕을 합치하고 있다는 것이다. 중부괘는 순수하면서 잡되지 않음을 아름다움으로 여긴다. 그러나 오직 이 초구효만은 고요하게 있으면서 느낌을 주고자 하는 마음씀이 없기 때문에 길하다.

그런데 상구효는 목에 힘을 준 채 맞설 뿐만 아니라 서로 느낌을 주고받지 않으니 또한 잘못을 범하고 있는 것이다. 초구효는 구이효를 받들고 있지만 상구효는 구오효를 올라타고 있다. 그러므로 초구효는 구이효를 믿지만 상구효는 구오효를 믿을 수 없다.

「象」曰: '初九虞吉', 志未變也.

「상전」: '초구효의 헤아려보고 편안해하여 길함'은 뜻함을 변치 않기 때문이다.

雖無感陰之情, 而亦無乖違之志, 審度以求安, 而聽二之來感; 不求速合者, 不至於離, 故吉.

이 초구효에게는 비록 육삼·육사효의 음들에게 느낌을 갖고자 하는 하는 마음씀은 없지만 그렇다고 하여 이들과 어긋나게 지내겠다는 뜻함도 없다. 자세하게 헤아려보고 편안함을 구하며, 구이효가 와서 느낌을 주는 것을 받아들인다. 그런데 초구효로서는 이 구이효와 속히 합함을 구하지도 않고 그렇다고 헤어짐에도 이르지 않는다. 그래서 길하다.

九二, 鳴鶴在陰, 其子和之, 我有好爵, 吾與爾靡之.

구이: 학이 숲속 나무 그늘에서 우는데 그 새끼가 화답함이다. 나에게 좋은 술잔이 있는데, 나와 네가 연대하여 함께 어울리도록 하자.

'鶴', 高潔之鳥, 陽之象也. '陰', 林陰之下. 二雖居中, 而在下卦, 故爲陰.
'子'謂初九. 兩俱陽, 而初承二, 故爲子. '好爵', 可好之爵, 謂六三與二相
比, 而奉二爲主以尊貴之. '吾', 二自謂, '爾謂初也. '靡', 繫屬之也. 二剛
中, 而欲以誠感六三, 聯爲'兌'體, 以相和好, 得同道之初九與相倡和,
乃勸之偕合於三, 以靡繫而聯屬之, 使相孚化. 蓋唯其爲鶴之鳴, 故能
下合乎初而上感乎三. 不然, 初之不輕燕, 三之無定情, 豈易孚者乎!

'학은 고결한 새로서 양(陽)의 상징이다. '陰(음)'은 나무 숲 그늘을 의미한
다. 이 구이효는 비록 득중하여 가운데 자리에 거처하고 있지만 이
중부괘䷼ 전체로는 하괘에 있기 때문에 그늘이 된다. '子(자)'는 초구효를
가리킨다. 초구ㆍ구이효 둘 다 양인데 초구효가 구이효를 받들고 있다.
그러므로 '새끼'라고 한 것이다. '좋은 술잔'이란 둘 사이를 좋게 할 수
있는 술잔을 의미한다. 육삼효가 구이효와 서로 나란히 붙어 있는데
구이효를 주인으로 받들면서 존귀하게 여김을 말한다.[1000] '나'는 구이효

___

[1000] 왕부지는 『주역패소』에서 이 효사의 '나에게 좋은 술잔이 있는데[我有好爵]'
　구절에 대해 풀이하고 있다. '爵(작)'이 서로 술을 권하면서 주고받는 술잔을
　의미한다는 것이다. 그래서 '好(호)'도 거성(去聲)으로 읽어야 한다고 하며,
　뜻은 '서로 사이를 좋게 함[相好]'이라 하고 있다. 주인이 먼저 술을 마시고
　그 잔을 손님에게 보내주니 손님은 그 술잔에 술을 따라 마시고는 다시
　주인에게 보내주는 방식으로, 같은 잔을 주거니 받거니 하며 술을 마심으로써
　서로 화합을 다진다는 의미라는 것이다. 이는 육삼효의 음이 조급히 앞으로
　나아가려 함에, 구이효가 먼저 초구효와 서로 화합을 다져서 그 즐겁고 기뻐하
　는 분위기로 육삼효를 붙잡아 머물게 하려는 일환이라는 한다. 즉 양들이
　서로 믿음을 형성한 뒤에 다른 부류인 육삼효의 음과도 믿음을 함께하려
　함이라는 것이다. 그런데 왕부지는, 그 이전의 주석들에서는 이 의미에 대해서
　자세히 몰랐다고 하고 있다. 왕필(『周易注』), 우번(李鼎祚, 『周易集解』), 호원

가 스스로를 칭하는 말이다. '너'는 초구효를 가리킨다. '靡(미)'는 한데 묶어서 하나가 되게 한다는 의미다. 이 구이효는 굳셈으로서 득중하여 정성스러움으로써 육삼효에게 느낌을 갖고 연계하여 태괘☱의 괘체를 이루어 서로 잘 지내고 싶은 것이다. 이에 그 일환으로 자신과 같은 도(道)를 지닌 초구효를 얻어 서로 부르고 화답하면서 초구효에게 육삼효와 모두 함께하자고 권하고 있다. 즉 한데 연대하여 하나가 되어 서로 믿음으로 교화하자는 것이다. 아마 이것이 학의 울음소리이기 때문에 아래로 초구효와 화합하고 위로 육삼효에게 느낌을 가질 수 있을 것이다. 그렇지 않다면 초구효는 가벼이 편안해 하지 않고 육삼효는 일정한 마음씀이 없으니, 어찌 쉽게 믿겠는가!

「象」曰: '其子和之', 中心願也.

「상전」: '그 새끼가 화답함'이란 마음속으로 원하기 때문이다.

以誠感者, 故以誠應. 但釋初之和, 不釋三之靡, 三柔易感而初剛難燕也.

정성으로 느낌을 갖는 존재이기 때문에 정성으로써 응하는 것이다. 그런데 이 「상전」에서 초구효의 화답함에 대해서만 풀이하고 육삼효가 함께 묶이는 것에 대해서는 풀이하지 않은 까닭은, 육삼효는 부드러움이

(『周易口義』), 주진(『漢上易傳』), 정이(『易傳』), 주희(『周易本義』) 등 대부분이 '爵(작)'을 '벼슬', '작위(爵位)'로 보고 있다.

어서 쉽게 감화되지만 초구효는 굳셈이어서 술자리에 응하게 하는 것이
어렵기 때문이다.

六三, 得敵, 或鼓或罷, 或泣或歌.

육삼: 적을 만나 북을 치며 진격하기도 하고 그만두기도 한다. 소리 내어 울기도
하고 노래를 부르기도 한다.

陰之爲性, 雖同類而必疑. 四與三比, 本無相敵之情, 而三爲躁進之爻,
與四異體而不親, 見爲敵也, 甫相得而卽相猜. '鼓', 進而攻之; 四不與
競, 乃'罷'. 旣詘於四而不得進, 則'泣'. 已而爲二·五之剛, 以正相感,
則抑洽比於四, 而悅以'歌'. 無恒之情不易孚, 殆豚魚耳. 而終爲剛中所
縻繫而保其信, 無恒者且孚焉. 九二之德盛矣哉!

음의 본성은 비록 같은 부류라 할지라도 반드시 의심한다. 육사효는
육삼효와 나란히 붙어 있기 때문에 본래 서로 적이 되고자 하는 마음이
없다. 그런데 육삼효는 조급히 나아가려는 효로서, 육사효와는 괘체가
다르고[1001) 친하지 않으니 적이라 여긴다. 서로를 얻자마자 곧 서로
시기하는 것이다. '북을 침'은 진격하며 공격함을 의미한다. 그런데 육사
효가 다투려 하지 않으니 이제 육삼효는 '그만두는' 것이다. 그리고는

1001) 육삼효는 이 중부괘의 하괘인 태괘☱에 속하고, 육사효는 상괘인 손괘☴에
속한다. 그러므로 괘체가 다르다고 한 것이다.

또 이미 육사효에게 굴복하여 나아갈 수가 없으니 '소리 내어 울기도' 한다. 그러나 그만두고서는 구이·구오효의 굳셈 때문에 올바르게 서로 느낌을 주고받으니 육사효의 마음을 파고들어가 함께 친밀하게 어울리기도 한다. 그래서 기뻐서 '노래를 부르기도' 하는 것이다. 이처럼 육삼효는 항상된 마음씀이 없기 때문에 쉽게 믿을 수가 없어서 거의 돼지·물고기와 같을 따름이다. 그러나 끝내는 굳셈으로서 득중한 구이효와 연계하여 그 믿음을 보존하니, 이토록 항상됨이 없는 것도 믿음이 생기는 것이다. 그러니 구이효의 덕이 얼마나 융성한가!

「象」曰: '或鼓或罷', 位不當也.

「상전」: '북을 치며 진격하기도 하고 그만두기도 한다'는 것은 이 육삼효의 자리가 마땅한 것이 아니기 때문이다.

柔居剛位, 躁而不寧, 無定情而不易感也.

이 육삼효는 부드러움으로서 굳셈의 자리를 차지하고서는 조급해 하며 평안하지가 않다. 그리고 일정한 마음씀이 없어서 쉽게 감화되지 않는다.

六四, 月幾望, 馬匹亡, 无咎.

육사: 달이 거의 보름달이 다 되었다. 말이 짝을 잃어버리나 허물이 없다.

月以承日之施爲明, 陰陽相感之正者也. 六四承五之孚而順受之, 柔得
其位, '月幾望'之象. 陰爲陽所孚, 至矣. 兩馬爲'匹', 謂四匹三也. 陰黨盛
則與陽亢. 四柔退而不與三同其躁忌, '馬匹亡'矣. 陰孚於內, '中孚'之道
也. 與三異尙, 疑於有咎, 而正以消三之猜狠, 使久而自化, 復何咎乎!

달이 태양빛을 받아서 밝음은 음・양이 서로 느낌을 주고받는 올바른
모습이다. 이 육사효는 구오효의 믿음을 받들어서 순종하며 받아들이고,
부드러움으로서 제자리를 마땅하게 차지하고 있다. 그래서 '달이 보름달
이 다 된' 상(象)이다. 이는 음이 양으로부터 믿음을 받는 지극함이다.
말 두 마리를 '짝'이라 하는데, 여기에서는 이 육사효가 육삼효와 짝을
이루고 있음을 일컫는다. 그런데 음의 당파가 왕성하면 양에게 맞선다.
그러나 이 육사효는 부드러움으로서 물러나 있으며, 육삼효와 그 조급해
함・기피함을 함께하지 않는다. 이것이 '말이 짝을 잃어버림'이다. 음이
안에서 믿고 있는 것이 이 중부괘의 원리다. 그런데 이 육사효는 육삼효와
숭상하는 것을 달리하고 있으니 허물이 있지나 않을까 하고 의심을
받는다. 그러나 올바름으로써 육삼효의 시기를 소멸시켜버리고 서로의
관계를 항구하게 하며 스스로 감화한다. 그러니 어찌 또 허물이 있으리오!

「象」曰: '馬匹亡', 絕類上也.

「상전」: '말이 짝을 잃어버림'은 제 부류와만 함께함을 끊어버리고 윗사람과
믿음을 주고받는다는 의미다.

ㅤ'類'謂三; '上'謂上孚於五. 絕三以孚於五, 破小羣而惇大信, 感應之正,

故无咎.

'제 부류'는 육삼효를 가리킨다. 그리고 '윗사람'은 위로 구오효를 믿는다는 의미다. 말하자면 이 육사효가 육삼효와 함께함을 끊어버리고 구오효를 믿으니, 이는 소인들과 무리 지음을 깨부수고 큰 신의를 돈독히 함이다. 그리고 감응함에서의 올바름이다. 그러므로 허물이 없는 것이다.

九五, 有孚攣如, 无咎.

구오: 믿음이 있어서 연계한다. 허물이 없다.

五剛中居尊, 可以爲上之主, 而孚於同, 以感於異者也. 雖上九而不受 其孚, 而五之誠信已至, 足以攣繫乎四而使之安, 故无咎. 三・四非乘 權之中位, 陰之情豈能晏然處之而不爭哉? 二糜之, 五攣之, 乃以感異 類而說以異. 乃二得初之承, 而五不能平上之九, 則二易而五難. 孚異 尙易, 而孚同愈難. 伊川不能得之於蘇氏, 趙鼎不能得之於張浚, 亦自 處於无咎而可耳.

구오효는 굳셈으로서 득중하여 존귀한 자리를 차지하고 있으니, 이 중부괘䷼의 상괘(上卦)에서 주인 노릇을 할 수 있다. 그리고 같은 도(道)를 지닌 이들로부터 믿음을 받고 있고, 그렇게 함으로써 다른 부류의 이들에게는 느낌을 일으키고 있는 존재다. 비록 상구효가 그에 맞서며 그 믿음을 받아들이지 않고 있지만, 구오효의 정성스러움과 믿음은 이미 지극하여 충분히 육사효와 연계하여 그를 편안하게 할 수 있다. 그러므로 허물이 없는 것이다.

육삼·육사효는 이 중부괘䷼에서 권력을 행사할 수 있는 가운데 자리를 차지한 것이 아니다. 그리고 음들의 마음씀이 또 어찌 느긋하게 거처하면서 싸우지 않을 수 있겠는가! 그런데 구이효는 육삼효를 얽어매고 구오효는 육사효를 얽어맴으로써 이 다른 부류들을 감화시키니, 이들이 기뻐하며 공손해진다. 그리고 구이효는 초구효의 받듦을 얻었지만 구오효는 맞서는 상구효를 평정할 수 없다. 그래서 구이효는 쉽고 이 구오효는 어렵다. 이처럼 다른 부류에게 믿음을 주는 것은 오히려 쉽지만 같은 부류에게 믿음을 주는 것은 더욱 어렵다. 그래서 이천(伊川; 程頤)은 소씨(蘇氏; 蘇軾)의 마음을 얻을 수 없었고,[1002] 조정(趙鼎)[1003]은 장준

1002) 구체적으로 낙촉당쟁(洛蜀黨爭)을 가리킨다. 낙당(洛黨)은 정이(程頤)를 중심으로 한 당파요, 촉당(蜀黨)은 소식(蘇軾)을 중심으로 한 당파다. 각기 이들의 출신지를 따서 명명한 것이다. 이들은 왕안석(1021~1086)의 신법을 반대하며 그 폐해로부터 빨리 회복해야 한다는 점에서는 같았다. 그런데 철저하게 성현의 말을 근거로 하며 고례(古禮)와 고제(古制)의 회복을 주장하는 교조적 입장을 보인 것이 낙당이었고, 자유로운 입장에서 이를 시세에 맞게 변형시킬 것을 주장한 것이 촉당이었다. 이들이 벌인 낙촉당쟁에 대한 자세한 전말은 주672)를 참고하기 바란다.

1003) 조정(1085~1147)은 남송의 정치가며 문인이다. 북송의 휘종(徽宗) 숭녕(崇寧) 5년(1106)에 진사가 되어 고을 수령 등을 역임하였다. 고종(高宗)과 함께 남하하여 남송 초기에 상서좌복야(尙書左仆射) 동(同) 중서문하평장사(中書門下平章事) 겸(兼) 추밀사(樞密使)를 지냈고, 재상(宰相)에까지 올랐다. 조정(趙鼎)은 고종에게 악비(岳飛)·한세충(韓世忠) 등의 장수를 추천하며, 이들로 하여금 당시 남송의 군사적 역량을 효과적으로 총결집하게 하여 금나라에 맞설 것을 주장하였다. 그리고 금나라와의 화의(和議)를 극력 반대하였다. 그러자 이것이 화의파의 대표 인물인 진회(秦檜)와 충돌을 일으켰고, 이로 인해 조정(趙鼎)은 여러 유배지를 전전하는 신세가 되고 말았다. 고종이

(張浚)의 마음을 얻을 수 없었던 것이다.[1004] 그러니 이러한 경우에는 그저 스스로 허물없음대로 살아가야 할 따름이다.

「象」曰: '有孚攣如', 位正當也.

「상전」: '믿음이 있어서 연계함'은 이 구오효의 위(位)가 올바르고 마땅하기

금나라와 이제 그만 화의하고 양자강 이남에서나마 안정된 통치권을 누리고 싶어 했기 때문에, 어쩌면 이는 당연한 귀결이었는지도 모른다. 그러나 조정은 금나라와 투쟁할 것을 끝까지 주장하는 입장에서 유배지에서도 고종에게 상소를 올리며, 꿋꿋한 기상으로 자신의 입장을 견지하였다. 이러한 조정의 입장과 인물됨에 동조하는 사람들로부터 조정은 많은 동정과 지지를 받았다. 그리고 진회가 자신을 동정하는 사람들까지 귀양 보내며 박해를 가하자, 조정은 이제 죽음으로써만 자신의 항쟁의 뜻을 밝힐 수 있다고 여겨 유배지에서 절식(絶食)으로 삶을 마감하였다. 향년 63세였다. 죽기 전에 조정은 죽어서도 튼튼한 송조(宋朝)를 이루게 하겠다는 묘비명을 써놓기도 하였다. 조정은 충의로써 사람들로부터 흠앙(欽仰)을 받았으며『송사(宋史)』에는 이 조정(趙鼎)에 관한 전(傳)이 있다. 효종 때 '충간(忠簡)'이라는 시호를 받았다.

1004) 장준은 화의파의 영수인 진회(秦檜)의 행동대장 구실을 한 인물이다. 그는 남송의 고종(高宗)이 내심 화의를 바라고 있다는 것을 알고, 또 진회가 이를 앞장서서 추진하고 있다는 것을 간파하여, 진회에게 붙어 그 힘을 실어주는 구실을 했던 인물이다. 그런데 조정(趙鼎)은 항금파(抗金派)의 대표인물이고 장준은 화의파의 중심인물로서 이 두 사람이 비록 극단적으로 다른 행태를 보이기는 했지만, 왕부지는 이들이 고종과 함께 남하(南下)하여 반쪽 자리 정부를 수립하는 데 함께했다는 점에서는 같은 부류로 보는 것 같다. 장준에 대한 자세한 사항은 주768), 1004)를 참고하기 바란다.

때문이다.

唯其位之正當, 故上不能不與之孚, 而四有‘攣如’之固結也.

오직 그 위(位)가 올바르고 마땅하기 때문에 상구효로서도 그 믿음에 함께하지 않을 수 없다. 그리고 육사효는 이 구이효와 ‘연계함’이 있어서 굳게 맺어져 있다.

上九, 翰音登于天, 貞凶.

상구: 닭이 하늘로 올라감이니 올곧더라도 흉하다.

雞曰‘翰音’, 以其鳴有信也. 上九剛德, 非無信者. 然亢而居高, 自信而不下比於五, 以孚於陰, 則不自量其剛之不中, 尙小信而抗志絶物. 雞之高飛, 能幾何哉? 以其剛而不靡也, 可謂之貞. 然亦匹夫匹婦之諒耳, 凶必及之.

닭을 ‘翰音(한음)’이라 한다. 그 울음소리에 믿음이 있기 때문이다.[1005]

[1005] 이는 『예기』에 나오는 말을 근거로 한 것이다. 『예기』의 「곡례(曲禮)」 편에서는 종묘의 제례에서 제물(祭物)을 여러 가지 별칭으로 부르는 것을 열거하고 있다.(凡祭宗廟之禮, 牛曰一元大武, 豕曰剛鬣, 豚曰腯肥, 羊曰柔毛, 雞曰翰音, 犬曰羹獻, 雉曰疏趾, 兔曰明視. 脯曰尹祭, 槀魚曰商祭, 鮮魚曰脡祭. 水曰淸滌, 酒曰淸酌, 黍曰薌合, 粱曰薌萁, 稷曰明粢, 稻曰嘉蔬, 韭曰豐本, 鹽曰鹹鹺, 玉曰嘉玉, 幣曰量幣.) 그중에서 양을 ‘유모(柔毛)’라 하고, 닭을 ‘한음(翰音)’

이 상구효는 굳셈의 덕을 지니고 있기 때문에 믿음이 없는 것은 아니다. 그러나 목에 힘을 준 채 높은 자리를 차지하고 있다고 하여 스스로를 믿을 뿐 아래로 구오효와 나란히 있으면서도 친하게 지내지 않는다. 그래서 육삼·육사 두 음들에게도 믿음을 주지 않는다. 이렇게 하며 이 상구효는 자신의 굳셈이라는 것이 득중한 것이 아님에 대해서는 전혀 고려하지 않고, 오히려 다른 이들에 대한 믿음을 작게 가지며 그들의 뜻함에 저항하고 교류를 끊어버린다. 그러나 닭이 높이 날아보았자 얼마나 높이 날 수 있겠는가! 물론 이 상구효가 그 굳셈으로써 다른 이들과 연대하지 않고 있음을 '올곧다'고는 할 수 있다. 그러나 이는 필부필부(匹夫匹婦)의 믿음일 따름이다. 이래서는 흉함이 필연코 그에게 미치고 만다.

「象」曰: '翰音登于天', 何可長也!

「상전」: '닭이 하늘로 올라감'이니 얼마나 길게 갈 수 있겠는가!

飛甫起而卽墜矣. 遠於陰則不足以孚, 又不能下順乎五, 是絶物也. 一試而顚越, 所必然矣.

이라 한 것이 이채롭다. 아마 양은 털이 부드러운 것을 특징으로 잡은 것 같고, 닭은 울음을 통해 새벽을 알리는데 그것이 늘 일정하여 사람들에게 믿음을 준다는 것을 특징으로 잡은 것 같다. 그래서 후세에서는 '한음(翰音)'이라 하면 닭 대신 부르는 이름이 되었다.

닭이란 날자마자 곧 추락하게 되어 있다. 음들로부터 멀리 있어서 믿는 마음이 부족한데, 게다가 아래로 구오효에게 순종할 줄조차 모르니, 이것이 다른 이들과의 교류를 끊어버림이다. 한 번 시험해보더라도 넘어지거나 추락함은 필연이다.

●●●

小過卦艮下震上

소과괘䷽

小過. 亨利貞, 可小事, 不可大事. 飛鳥遺之音, 不宜上, 宜下, 大吉.

소과괘: 형통하며 이롭고 올곧다. 작은 일에는 가하지만 큰일에는 불가하다. 날아가는 새가 소리를 남기니, 올라가는 것은 마땅치 않고 내려가는 것이 마땅하며 크게 길하다.

二・五者, 中位而爲卦之主也. '小過'之卦畫, 陰皆據之, 又得初・上二陰以爲羽翼, 而以三・四進退危疑之地, 處陽而錮之於內, 陰之踰其涯量者甚矣, 故曰'小過'. 乃過之爲辭, 非惡也, 非罪也, 則與'否'・'剝'之消陽者異. 蓋陽雖勢微失中, 而猶處乎內, 未嘗如'剝'之削而孤・'否'之擯而之外也. 柔得中, 未嘗溢也; 自上覆之, 自下承之, 將謂護陽而保之, 而勢極於甚, 遂軼其常度, 非其罪也, 故可以亨. 陽在內, 而陰函之,以柔道行焉, 亦可以利物而不失其正. 然陰之爲道, 柔弱曲謹, 而不能勝大任, 故可小而不可大.

일반적으로 2·5효는 한 괘의 위·아래 회(悔)·정(貞) 두 괘에서 가운데 위(位)를 차지하고서 괘의 주인이 된다. 그런데 이 소과괘䷽의 괘획을 보면 음들이 모두 이 위(位)를 차지하고 있다. 뿐만 아니라 이들 자리에 있는 두 음효는 초육·상육효의 두 음을 우익(羽翼)으로 얻고 있으며, 3·4효의 나아감·물러남과 위태로움·의심함의 자리에 양(陽)들을 갖다 놓고 안에서 붙들어 매고 있다. 그래서 이 소과괘는 음들이 제 한계를 벗어남이 심하다. 그렇기 때문에 괘 이름을 약간 지나치다는 의미에서 '小過(소과)'라 한 것이다. 그러나 여기서 '지나치다'는 말은 나쁘다, 죄를 범했다는 의미가 아니다. 이 점은 비괘(否卦)䷋·박괘(剝卦)䷖가 양(陽)을 사라지게 하는 것과는 다르다. 이 소과괘에서는 양들이 비록 세(勢)가 미약하고 위·아래 회(悔)·정(貞) 두 괘에서 가운데 자리들을 잃고 있지만, 오히려 소과괘 전체로 보면 안쪽에 자리 잡고 있다. 그래서 이는 박괘(剝卦)에서 양(陽)을 삭탈하여 고립시키고 비괘(否卦)에서 양들을 물리쳐 밖에 있게 하는 것과는 일찍부터 다르다.

소과괘䷽에서는 부드러움[柔]이 득중하고 있지만 일찍이 자만에 빠져 넘치지 않을 뿐만 아니라 위에서는 덮어주고 아래에서는 받들고 있으니, 장차 "양들을 호위하고 보호한다."고 하면서도 세(勢)가 극심해지면 마침내 그 상도(常度)를 벗어나게 된다. 그러나 이는 죄가 아니다. 그러므로 형통할 수가 있는 것이다. 양들이 안에 있고 음들이 이들을 에워싸고 있으면서 부드러움[柔]의 도(道)를 가지고 행하니, 이 또한 물(物)들을 이롭게 하고 그 올바름을 잃어버리지 않음이다. 그러나 음이 하는 원리와 방식은 유약(柔弱)하고 지나치게 시시콜콜하며 삼가는 면이 있어서

큰 임무를 맡아서 해낼 수가 없다. 그러므로 작은 일에는 가하지만
큰일에는 불가하다고 하는 것이다.

乃聖人於此, 寓扶陽抑陰之深意, 故申之曰, "飛鳥遺之音, 不宜上"也,
'宜下'則'大吉'也. 鳥飛則翼竦上而軀垂下, 翼憑虛而軀載實. 翼載軀以
飛, 軀其本也. 四陰, 兩翼之象; 三ㆍ四, 其軀也. '遺之音'者, 軀之能事
也. 陽體靈而用達於遠. 音者, 鳥之靈而以宣其意者也. 音下則聲聞於
人間, 上則無聞焉. 鳥翼竦而上, 音與俱上; 軀睥睨而視下, 音與俱下.
'不宜上'者, 軀爲翼用也, 陰恃其過以挾陽而上也. '宜下'者, 翼隨軀降
也, 陽雖不及, 能斂陰以趨乎實也. 三ㆍ四雖失中而處內, 一止一動,
皆其所主; 陰雖過, 可使戢其飛揚之志, 以順剛而行, 則大吉矣. 夫失中
之剛, 豈能遽戢陰之挧飛哉! 而聖人曰陽固有可藉之資, 猶有可爲之
時, 小雖過, 何嘗不可大吉乎! 人欲行, 不足以害天, 則好貨好色而可以
王. 君子存, 猶足以制小人, 故汲黯在廷而淮南憚, '裴度'得用而'承宗'
服. '大吉'者, 終在陽而不在陰, 陰之過未足以爲陽憂也. 嗚呼! 此聖人
扶抑陰陽之微權也. 抑唯陰非固惡, 陽猶足以大吉, 而異於'否'ㆍ'剝'之
必凶也.

이에 성인께서는 바로 여기에 '양은 부추기고 음은 억누름[扶陽抑陰]'의
깊은 뜻을 담아 놓았다. 그래서 밝히기를, "날아가는 새가 소리를 남기니,
올라가는 것은 마땅치 않고"라 하고 '내려가는 것이 마땅하여' '크게
길하다'고 하고 있다. 새가 날아가기 위해서는 날개는 위로 솟구치고
몸통은 아래로 내려뜨려야 하는데, 날개는 비어 있는 허공에 의지하고
몸통은 실한 채 날개에 실려 있다. 날개가 이러한 몸통을 싣고서 날아가는

데, 몸통은 그 근본이다. 이 소과괘▤에서 네 음효는 양 날개를 상징하고 구삼·구사효의 두 양효는 그 몸통을 상징한다. '소리를 남기는 것'은 몸통이 할 수 있는 일이다. 양의 체(體)는 심령이고 용(用)은 그것을 멀리까지 전달한다. 소리라는 것은 새의 심령이 그 뜻을 펼쳐내는 것이다. 그 소리가 아래로 내려오게 되면 사람들에게 들리고 위로 올라가면 들리지 않는다. 새의 날개가 솟구쳐 위로 올라가면 소리도 더불어 올라가고, 몸통이 흘깃 아래를 내려다보면 소리도 더불어 내려온다.

그런데 '올라가는 것은 마땅치 않고'라는 것은 몸통이 날개에게 부림을 받는다는 것으로서, 음들이 양들보다 지나치다는 것만 믿고서 양(陽)들을 옆에 낀 채 올라감을 의미한다. '내려가는 것이 마땅하여'라는 것은 날개가 몸통을 따라서 하강하는 것으로서, 양이 비록 음들에게 미치지는 못하지만 얼마든지 음들을 거두어들여서 실함으로 내달을 수 있다는 의미다. 이 소과괘에서 구삼·구사효는 비록 가운데 자리를 잃은 채 안에 자리 잡고 있지만, 멈추었다 움직였다 하는 기거동작(起居動作)에서 모두 그 주인이 된다. 그래서 음들이 비록 지나치다고는 하여도 그 잘난 체 하며 거들먹거리고자하는 뜻함을 다독여서 굳셈에 순종하며 가도록 할 수 있다. 그래서 크게 길한 것이다.

그러나 가운데 자리를 잃어버린 저 양들이 어찌 잘난 체 거들먹거리는 저 음들의 뜻함을 급작스럽게 다독거릴 수 있으리오! 그래서 성인들께서는 양들에게 본디 의지할 수 있는 바탕이 있다고 말했던 것이니, 그것이 바로 때(時)다. 이 양들이 행할 수 있는 때가 있는데 비록 조금 지나치다고 한들 어찌 크게 길할 수 없겠는가! 사람에게 행하고자 하는 의욕이 있어서 행하다가 작은 잘못을 저지르더라도 그것이 하늘을 해치기에 충분하지 않다면, 설령 그가 재물을 좋아하고 여색을 좋아하더라도 얼마든지 왕 노릇을 할 수가 있다.[1006] 그리고 군자가 존재하는 것만으로

도 충분히 소인을 제압할 수 있다. 그러므로 급암(汲黯)[1007]이 조정에

1006) 맹자와 제(齊)나라 선왕(宣王)과의 대화를 바탕으로 한 것이다. 맹자가 왕도
 정치를 역설하자 선왕이 자신은 재화를 너무나 좋아하여 왕도정치를 행할
 수 없다고 빠져나가려 하였다. 그러자 맹자는 공유(公劉; 后稷의 증손자)가
 재화를 좋아하였던 예와 그에 대해 읊은 『시경』, 「대아」 편의 '공유(公劉)'라는
 시를 거론하며, 재화를 좋아하는 것이 백성과 함께하고자 하는 것이라면
 왕도정치를 못할 것이 없다고 하였다. 그러자 선왕이 다시 자신은 여색을
 너무 좋아해서 왕도정치를 행할 수 없다고 또 핑계를 대며 빠져 나가려고
 하였다. 이에 맹자는 또 태왕(太王) 고공단보(古公亶父; 공유의 9세손)가
 여색을 좋아했던 예와 그에 대해 읊은 『시경』, 「대아」 편의 '면지(綿之)'라는
 시를 거론하며 왕이 여색을 좋아하는 것에 대해 백성들이 원망함이 없이
 동의하고 나아가 기뻐하면 왕도정치를 하지 못할 하등의 이유가 없다고
 하고 있다.(『孟子』, 「梁惠王下」)

1007) 급암(?~B.C.112)은 서한의 명신(名臣)이다. 경제(景帝) 때 태자의 세마(洗馬;
 태자가 나들이할 때 앞장서서 길을 여는 사람)로 임명되었다. 무제 때는
 중대부(中大夫)에 임명되었는데, 늘 무제의 잘못을 지적하며 옳은 쪽으로만
 권면하다보니 무제가 견디지 못하고 외직인 동해군(東海郡) 태수로 전보
 조치하기도 하였다. 여기서 자못 치적이 있어 주작도위(主爵都尉)가 되었고
 9경(九卿)의 반열에까지 올랐다. 직간을 하며 정쟁(廷爭)을 불사하는 그에게
 무제는 '사직지신(社稷之臣)'이라 부르며 그를 아꼈다. 그는 흉노족과의 화친
 을 주장하기도 하였다. 나중에 작은 잘못을 범하는 바람에 관직을 박탈당한
 나머지 몇 년 동안 전원에 묻혀 지내다가 회양태수(淮陽太守)에 임명되어
 임지로 가는 도중에 죽었다.
 이 급암은 정치에서 백성을 근본으로 하였고 민중들의 질고(疾苦)를 자신의
 고통처럼 여기며 아파하였다. 언젠가 하내군(河內郡)에 불이 난 적이 있었다.
 이에 무제가 그를 파견하여 정황을 살펴보도록 하였는데, 가는 도중에 그는
 하남군의 백성들이 마침 수재(水災)를 당하고 있는 참상을 목격하였다. 그들
 의 상황은 배고픔을 못 이겨 부자간에 서로 잡아먹기까지 할 정도로 비참하였
 다. 이에 급암은 교제(矯制)의 죄를 무릅쓰면서까지 황제의 사신이라는 이름

있자 회남왕 유안(劉安)[1008]은 꺼렸으며, 배도(裴度)[1009]가 기용되자

으로 부절을 내놓고 창고를 열어 빈민을 구제한 적이 있다. 백성들이 크게 기뻐하였음은 물론이다. 돌아와서 급암은 그 참상과 자신이 교제의 죄를 범하였음을 알리고 처벌을 청하였다. 그러나 무제는 오히려 그의 현명함을 칭찬하며 풀어줄 정도였다.

1008) 유안(劉安; B.C.179~B.C.122)은 서한 패군(沛郡)의 풍현(豐縣; 지금의 江蘇省 豐縣) 출신이다. 고조 유방(劉邦)의 손자이며 유장(劉長)의 아들이다. 그의 나이 16세 되던 해(B.C.164) 문제(文帝)가 명을 내려 회남국을 셋으로 나누어 (淮南·衡山·廬江) 유장의 세 아들에게 주었는데, 그 가운데 맏아들인 유안 (劉安)이 아버지의 작위를 세습하여 회남왕이 되었다. 회남왕으로서 그는 방술지사 수천 명을 식객으로 초빙하여 함께 지냈다고 한다. 그래서 "천하의 방술지사가 대부분 그에게로 쏠렸다."(高誘, 『淮南子』, 「敍目」: 天下方術之 士, 多往歸焉.)고 할 정도였다. 그 가운데 대표 인물은 소비(蘇非), 이상(李尚), 좌오(左吳), 진유(陳由), 오피(伍被), 모주(毛周), 뇌피(雷被), 진창(晉昌) 등 8명이다. 이들을 세상에서는 '팔공(八公)'이라 부른다. 유안은 이들과 함께 『홍렬(鴻烈)』을 지었다. 지금 『회남자(淮南子)』로 불리는 것이 바로 그것이 다. 그런데 이들 중의 한 사람인 뇌피(雷被)가 회남왕의 태자 유천(劉遷)과 칼싸움 시합을 하다가 그만 상처를 입히고 말았다. 이에 태자가 원한을 갖자 후환이 두려웠던 뇌피는 장안(長安)으로 도망을 가서 회남왕이 몰래 모반을 꾸미고 있다고 고발하였다. 이 일로 막다른 골목에 이른 유안은 자살하였고, 뇌피를 제외한 인물들은 모두 체포되어 주살당했다.

1009) 배도(765~839)는 당나라 때의 문장가요 정치가다. 하동(河東)의 문희(聞喜; 지금의 山西省 聞喜)출신이다. 정원(貞元) 5년(789년) 진사에 급제하였다. 헌종(憲宗) 원화(元和) 연간에 회서(淮西)에서 둥지를 틀고 당나라를 괴롭히 던 오원제(吳元濟)를 토벌하여 그 공으로 진국공(晉國公)에 봉해졌다. 나중에 는 문종(文宗)을 옹립하는 데도 공을 세워 중서령(中書令)으로 승진하였고 죽은 뒤에는 태부(太傅)로 추증되었다. 이처럼 배도는 공을 많이 세워 유명해 졌지만 문학에서도 성취를 냈다. 만년에는 동도(東都)에 머무르며 녹야당(綠 野堂)을 짓고, 백거이(白居易), 유우석(劉禹錫) 등 명사들과 절친하게 교유하

왕승종[1010]은 굴복했던 것이다. 이처럼 '크게 길함'이란 끝내 양에게 있지 음에게 있지 않다는 것이며, 음의 지나침으로는 결코 양에게 우려함을 줄 수 없다는 것이다. 아! 이는 성인께서 '양은 부추기고 음은 억누름扶陽抑陰'을 드러내신 미묘한 방편이다. 한편 음은 본디 나쁘지 않기에 양이 오히려 족히 크게 길하다는 것이니, 이는 비괘(否卦)䷋ · 박괘(剝卦)䷖가 반드시 흉한 것과는 다르다.

「象」曰: 小過, 小者過而亨也. 過以利貞, 與時行也.

「단전」: '소과'는 작은 것이 지나치지만 형통하다는 것이다. 지나치면서도 이롭고 올곧은데, 이는 때와 함께 가기 때문이다.

였다. 그가 당시의 문사들에 대해 많이 부추겨주었는데 당시 사람들은 이를 존경하며 무겁게 받아들이지 않는 사람이 없었다고 한다.

1010) 왕승종(?~820)은 거란인으로서 승덕(承德; 河北中部) 절도사 왕사진(王士眞)의 아들이다. 원화(元和) 4년(809년), 왕사진이 죽자 왕승종은 자신이 그 후계자임을 스스로 내세우며 덕주(德州; 山東省 陵縣)와 체주(棣州; 山東省 惠民) 두 주(州)를 헌납하였다. 그리고도 이후에 숱하게 당나라 조정을 괴롭혔던 인물이다. 나중에는 성덕군 절도사(成德軍節度使)로 임명되었다가 그 이듬해(818)에 회서 지역이 평정되자 왕승종은 형세가 절박함을 느낀 나머지 당나라에 땅을 바치고 사죄하였다. 그 2년 뒤(820) 왕승종이 죽자 그의 동생 왕승원(王承元) 당나라에 귀순하였다. 왕승종에 대한 자세한 것은 주352)를 참고하기 바란다.

夫陰固不足以匹陽之德, 然亦孰非造化必有之實·太和固有之撰, 可
以通萬物之志, 與之利而得其定體之正哉! 時而乘權, 則秋冬有敷榮
之艸木, 陰雨有中節之正候, 不妨於過, 而未嘗不亨以利貞也, 唯其時
而已矣. 含陽於內, 載之以行, 則當過之時而道存焉, 可有此三德, 特不
足者元爾.

음은 본디 양과 짝짓기에는 덕이 부족하다. 그러나 또한 천지가 만물을
만들어냄 속에 반드시 있는 실질이나 우주의 거대한 조화太和 속에
있는 고유한 작용이 아니라면, 그 누가 만물의 뜻함을 통하게 할 수
있고 더불어 이롭게 하며 각 개체를 정해내는 올바름을 얻을 수 있겠는가!
때가 되어 권세를 타고 있으면, 가을·겨울이라도 번성하며 꽃이 피는
초목이 있고, 오랫동안 줄창 내리는 빗속에서도 24절기에 딱 들어맞는
기후가 있는 것이다. 이런 사소한 것들이 지나침을 방해하지 않으니
형통하여서 이롭고 올곧지 않음이 없다. 이는 오직 그 시(時)가 그러하기
때문이다. 양을 안에 함유한 채 싣고서 다니면 지나침의 때라 할지라도
그 속에 도(道)는 존재하는 것이다. 그래서 이 세 가지 덕1011)이 있을
수 있는데, 다만 '으뜸됨[元]'만 부족할 따름이다.

1011) 건괘䷀의 사덕(四德), 즉 으뜸됨[元], 형통함[亨], 이로움[利], 올곧음[貞] 가운데
뒤의 세 가지 덕을 가리킨다. 이들이 이 소과괘䷽의 괘사 속에 드러나 있다.

柔得中, 是以小事吉也. 剛失位而不中, 是以不可大事也.

이 소과괘에서는 부드러움[柔]들이 득중하였다. 그래서 작은 일에 길한 것이다. 그러나 굳셈[剛]들은 자신들의 마땅한 자리를 잃고 있을 뿐만 아니라 득중하지도 못하고 있다. 그래서 큰일에는 불가한 것이다.

> 柔可以勝小, 而大事非剛不能任. 失位不中, 雖剛不能有爲矣.
>
> 부드러움[柔]은 작은 일들이라면 맡아서 해낼 수 있다. 그러나 큰일이라면 굳셈[剛]이 아니고서는 맡아서 해낼 수가 없다. 제 마땅한 자리를 잃어버리고 득중하지도 못했으니, 비록 굳셈이라 한들 무슨 일을 할 수가 없는 것이다.

有飛鳥之象焉. "飛鳥遺之音, 不宜上, 宜下大吉", 上逆而下順也.

이 소과괘에는 날아가는 새의 상(象)이 있다. 그래서 "날아가는 새가 소리를 남기니, 올라가는 것은 마땅치 않고 내려가는 것이 마땅하여 크게 길하다."고 하는 것이다. 위로 올라가는 것은 거스르는 것이고 아래로 내려감은 순종하는 것이다.

> 三·四象鳥軀; 四陰在旁, 其翼也. 軀從翼以上, 陽爲陰小挾而從之往, 陰亢而不順陽, 逆也, 初·上以之. 翼從軀以下, 陰不挾陽而從陽, 陽居內以制外, 順也, 二·五比於三·四以之. 然九三有'或戕之凶', 以九三妄動, 不能居重以御輕也.

이 소과괘▦에서 구삼·구사효는 새의 몸통을 상징한다. 그리고 네 음효는 그 곁에 있으니 이는 날개를 상징한다. 몸통이 날개를 좇아서 위로 올라간다는 것은 양들이 작은 음들의 옆에 끼인 채 좇아가는 것인데, 이는 음들이 양들에게 맞서며 순종하지 않는 것이다. 이것이 거스름이다. 초육·상육효가 그러하다. 이에 비해 날개가 몸통을 좇아서 내려간다는 것은 음들이 양들을 끼고 가는 것이 아니라 양을 좇아서 가는 것인데, 이러함에서는 양들이 안에 자리 잡고서 밖에 있는 것들을 통제한다. 이는 순종함이다. 육이·육오효가 구삼·구사효의 옆에 나란히 붙어 있으면서 이렇게 하고 있다. 그러나 구삼효에게는 '혹은 죽여 버리기도 함의 흉함'이 있는데, 지금 구삼효가 망령되이 움직이는 까닭에 무거운 자리를 차지하였지만 가벼운 것들을 제어할 수 없는 것이다.

「象」曰: 山上有雷, '小過', 君子以行過乎恭, 喪過乎哀, 用過乎儉.

「대상전」: 산 위에 우레가 있음이 소과괘다. 군자는 이를 본받아 행동함에서 지나치게 공손하고, 상례를 치름에서 지나치게 슬퍼하며, 씀씀이에서 지나치게 검소하다.

雷在山上, 不能擊動地中, 而上入乎空, 則陰氣凝聚而盛矣. '小過', 陰之過也. 陽亢陰恭, 陽樂陰哀, 陽豐陰儉. 君子之道有過用夫陰者, 唯此三者爾. 不溺於怠惰, 不靡於嗜欲, 不流於慘殺, 則皆陽以勝陰而不失過也.

우레가 산 위에 있어 가지고는 땅속에 있는 것들을 내리치면서 격동시킬 수가 없다. 그런데 허공으로 올라가게 되면 음기는 응취하여 왕성해지는 것이다.[1012] 소과괘䷽는 음들이 지나치다. 그래서 양은 목에 힘을 주고 오만함을 내보이더라도 음은 공손하다. 그리고 양은 즐기고 음은 슬퍼하며, 양은 풍요롭고 음은 검약(儉約)하다. 이렇듯 군자가 나아가는 길에서 음들을 지나치게 사용할 수 있는 경우는 오직 이 세 가지 뿐이다. 그래서 양이 게으름에 빠지지 않고 기욕에 휩쓸려가지 않으며 참살(慘殺)로 흐르지 않는다면, 모두 양이 음을 이기며 이 세 가지 지나침을 잃어버리지 않는다.

初六, 飛鳥以凶.

초육: 나는 새이기 때문에 흉하다.

初・上在外, 張翼欲飛之象. 陰盛而偕二・五以翔, 逆理而行, 害及天下, 故凶. '以'者, 謂以飛故凶.

이 소과괘䷽에서 초육효와 상육효는 밖에 있으니 날개를 펼쳐서 날려고 하는 상(象)이다. 음이 왕성하여 육이・육오효와 함께 비상하는 것은 이치에 어긋나게 행동하는 것이고, 그 해로움이 온 세상에 미치기 때문에 흉하다. 여기서 '以(이)' 자는 날기 때문에 흉하다는 것을 말해주고 있다.

1012) 이는 소과괘䷽의 괘상을 놓고 하는 말이다.

「象」曰: '飛鳥以凶', 不可如何也.

「상전」: '나는 새이기 때문에 흉함'이니 어찌할 수가 없는 것이다.

> 明非飛鳥之凶, 而遇之者凶也. 妻挾夫, 臣挾君, 夷狄挾中國, 不可復制, 示占者宜早爲之防.

이 「상전」에서는 나는 새 자체가 흉하다는 것이 아니라 점을 쳐서 이 효를 얻은 이가 흉하다는 것을 밝혀주고 있다. 지어미가 지아비를 옆구리에 끼고 제멋대로 한다든지, 신하가 임금을 옆구리에 끼고 제멋대로 한다든지, 변방의 나라들이 중국을 옆구리에 끼고 제멋대로 하면 다시는 정상적인 제도를 회복할 수 없다. 그래서 점치는 이들에게 일찌감치 방비하는 것이 마땅하다고 적시하고 있다.

六二, 過其祖, 遇其妣, 不及其君, 遇其臣, 无咎.

육이: 돌아가신 할아버지를 뛰어넘고 돌아가신 할머니와는 딱 들어맞으며, 임금에게는 미치지 못하고 신하에는 딱 들어맞는다.[1013] 허물이 없다.

1013) 왕부지는 『주역패소』에서 이 소과괘䷽ 전체에 나오는 '過(과)' 자와 이 육이효 사에 나오는 '遇(우)' 자 및 '不及(불급)'의 의미에 대해 특별히 주해하고 있다. 그는 이전의 주석들이 '過(과)' 자에 대해 오해한 나머지 '문을 지나치다'와 같은 '經過(경과)'의 의미로 보았는데, 이는 잘못이라 한다. 그리고는 괘 이름에 입각해서 볼 때, '過(과)'는 '가득 차서 상대방을 누르려 함[求盈而勝

五・上以陰居天位, 有鬼神之道焉, 故爲'祖'・'妣'. 上, 祖也; 五, 妣也. '過其祖', 六二柔當位得中, 較上爲勝. 與五同道, '遇其妣'也. 陽爲君, 陰爲臣. 二非剛中, 於君道爲'不及', 而柔順當位, 於臣道爲得, '遇其臣'也. '小過'以陰過爲咎, 唯二以柔自靖, 爲可以免咎.

육오효와 상육효는 음으로서 하늘의 자리를 차지하고 있으니, 이들에게는 귀신의 도(道)가 있다. 그래서 '돌아가신 할아버지'・'돌아가신 할머니'라 부르는 것이다. 그중에서도 상육효는 돌아가신 할아버지이고, 육오효는 돌아가신 할머니다. '돌아가신 할아버지를 뛰어넘고'라 한 것은 이 육이효가 부드러움으로서 제자리를 마땅하게 차지하고 있고 득중하였으니, 상육효보다 낫다는 의미다. 그리고 이 육이효는 육오효와 같은 도(道)를 지니고 있기 때문에 '돌아가신 할머니와는 딱 들어맞으며'라 한 것이다.

양은 임금을, 음은 신하를 상징한다. 그런데 이 육이효는 굳셈으로서

彼의 의미요, '不及(불급)'은 '애써 발돋움하며 그렇게 되려 하였지만 미치지 못함[欲企及而不逮]의 의미로서, 이 둘은 서로 상대된다고 하고 있다. 그리고 '遇(우)'는 '딱 들어맞음[恰與之合]'이라 한다. 이러한 관점에서 그는 '臣不可過'에 대해, 신하의 공명(功名)과 권세가 그 임금을 뛰어넘어서는 안 되니, 뛰어넘는다면 이는 공(功)을 믿고 윗사람을 능멸하는 것으로서 도리에 어긋나는 신하라고 풀이하고 있다. '弗過(불과)'도 '뛰어넘을 수 없다[不能過]'로 풀이하며, '遇之(우지)'는 '서로를 얻으며 도가 합치하다[相得而道合]'로 풀이한다. 상육효사에 나오는 '弗遇過之'에 대해서는 '임금을 뛰어넘음이 지나치게 심하며 교만하게 목에 힘을 주고 맞섬[過已甚而驕亢]'으로 풀이한다. 그래서 이 상육효는 흉하다는 것이다. 이 번역에서는 왕부지의 이러한 관점에 따라 번역하기로 한다.

득중한 것이 아니어서 임금의 도(道)에는 '미치지 못하고' 있다. 그 대신 부드러움·순종함으로서 제자리를 마땅하게 차지하고 있기 때문에 신하의 도리에 대해서는 얻음이 있다. 그래서 '신하에는 딱 들어맞음'이라 한 것이다. 소과괘▦는 음이 지나침을 허물로 여기고 있다. 그러나 오직 이 육이효만은 부드러움으로서 스스로를 잘 다스리고 있기 때문에 허물을 면할 수가 있다.

「象」曰: '不及其君', 臣不可過也.

「상전」: '임금에게는 미치지 못하고'라는 것은 신하로서 임금을 뛰어넘을 수 없다는 의미다.

> 臣不可以君道自居, 安於不及而柔順, 則當過之世而无咎.

> 신하는 결코 임금의 도(道)를 자신의 원리로 삼아 행세할 수가 없다. 임금에 미치지 못함에 대해 편안해 하며 부드럽고 순종한다면, 지나침이 횡행하는 세상을 살아가면서도 허물을 면한다.

九三, 弗過防之, 從或戕之, 凶.

구삼: 뛰어넘지 않고 방지하지만, 쫓아와서 혹은 죽이기도 한다. 흉하다.

> 陰過則陽不及矣, 故曰'弗過'. 以其不能過也, 而爲二陰所迫, 乃欲防而

止之, 志大而力不足, 陰受其止, 從而戕之矣. 萇弘之所以死於晉也.
言'或'者, 二柔順而初逆, 禍自遠發也.

음이 뛰어넘게 되면 양은 그에 미치지 못하는 것이므로 '뛰어넘지 않고'라
말한 것이다. 이 구삼효는 음(陰)들을 뛰어넘을 수가 없기 때문에 두
음들에 의해 핍박을 받고 있다. 그래서 방비하여 저지하고자 하지만,
뜻함은 큼에 비해 힘이 부족하다. 음이 저지를 받자 쫓아가서 죽여
버리는 것이다. 장홍은 그래서 진(晉)나라 사람들에게 죽임을 당한 것이
다.[1014] 여기서 '혹은'이라 한 것은, 육이효의 음은 이 구삼효에게 순종하

1014) 장홍(?~B.C.492)은 장숙(萇叔)이라고도 한다. 동주(東周) 시기 촉(蜀; 지금의
四川省 资中縣) 출신이다. 동주의 저명한 학자요, 정치가다. 소년 시절부터
책읽기를 좋아하여 천문과 역수(曆數), 음률과 악리(樂理)에 정통하였다.
주(周)나라 경왕(敬王) 24~25(B.C.496~B.C.495) 때에는 공자가 악(樂)에 대해
묻기 위해 그를 탐방하였다고 한다. 그 정도로 장홍의 학식은 뛰어났다.
장홍은 자신의 직책에 충실한 사람이었다. 다만 그가 재임하는 동안 주나라는
이미 쇠망의 길로 들어서고 있었다. 이에 그는 자신의 학문적 소양으로
주나라 왕들이 당시 춘추시대의 상황에서 주도권을 되찾아 명실상부한 천자
로서의 권위를 되찾을 수 있게 하기 위해 최선을 다해 도왔다. 심지어는
귀신까지 부려서 목적을 달성하려 하였다. 그래서 주나라 경왕(周景王)은
그를 대부에 임명하였는데, 그는 늘 별점 치는 것으로 응대하였다.
B.C.492년, 진(晉)나라에서 대부 범길사(范吉射)와 중행인(中行寅)의 반란
사건이 일어났다. 이때 장홍의 윗사람은 유문공(劉文公)이었다. 이들 유씨(劉
氏)와 범길사의 범씨(范氏) 사이에는 누대에 걸쳐 혼인관계로 맺어져 있었다.
그래서 장홍은 자신의 윗사람 편을 돕고자 하는 마음 한편으로 진(晉)의
세력을 약화시키고 주(周) 왕실에 도움이 되게 하기 위해 범길사를 도왔다.
이 때문에 장홍은 당시 진(晉)의 실권자요 이들 반란의 대상이던 조씨(趙氏)로
부터 분노를 사게 되었다. 내란이 평정된 뒤에 진(晉)의 실권자이던 조앙(趙

지만 초육효는 그에 거스르니, 화(禍)가 먼 데서 발생한다는 것을 가리키고 있다.

「象」曰: '從或戕之', 凶如何也!

「상전」: '쫓아와서 혹은 죽이기도 한다'고 하니 흉함이 어떠할꼬!

道不足而志可矜, 故重爲之歎.

도(道)는 부족한데 뜻함은 긍정할 만하다. 그러므로 거듭 탄식하고 있는 것이다.

鞅)이 이를 구실로 주나라 천자인 경왕(敬王)을 핍박하였다. 진(晉)나라의 지지로 주나라 천자의 지위에 올랐던 경왕은 빨리 사건을 무마하고 민심을 안정시키기 위해 영(令)을 내려 장홍을 죽여 버리고 말았다. 만고에 빛나는 장홍의 충심이 결국 그가 충성을 다 바친 사람에 의해 죽게 되는 것으로 막을 내린 것이다. 왕부지가 여기서 예로 들고자 한 것은 바로 이 점이다. 이렇게 억울하게 죽어서인지 그가 죽은 뒤에도 피가 멎지 않고 계속 흘렀다고 한다. 촉나라 사람이 그 피를 보관하여 두었는데 3년 뒤에 그것이 푸른 옥(碧玉)으로 변했다고 한다. 『장자(莊子)』에서는 유가에서 강조하는 충(忠)을 다해 보았자 결국에는 억울하게 죽임을 당하는 예로 네 사람(關龍逢, 比干, 萇弘, 子胥)을 거론하면서 장홍도 들고 있다.(『莊子』, 「外物」: 昔者龍逢斬, 比干剖, 萇弘胣, 子胥靡, 故四子賢, 而身不免乎戮.)

九四, 无咎, 弗過遇之, 往厲必戒, 勿用, 永貞.

구사: 허물이 없다. 뛰어넘어서 지나치게 굴지 않고 영합한다. 가서는 위태로우니 반드시 경계해야 한다. 쓰지 말아야 하며 영원히 올곧아야 한다.

當陰過於盛之世, 陽宜靜處於內以待其定. 三剛而躁進, 以與陰相持, 故或戕之. 四以剛居柔, 守正而不爭, 故无咎. 以其不能過也, 而上承六五以與之遇, 庶幾撫之使順. 然五且居尊擁盛, 而未即合, 則往且危而不容不戒, 能戒則免於危矣. 戒而後免於危, 抑豈可以輕試圖功乎! '勿用'焉, 乃以永保其正. 蓋求勝不能, 求合不易, 自守以免咎, 處於不足之勢者, 其道然也.

음이 지나치게 왕성한 세상을 만났을 경우, 양은 안에서 조용하게 살아가면서 평정되기를 기다려야 한다. 그런데도 구삼효는 굳세어 가지고서 조급하게 나아가며 음과 서로 맞서보려고 하니, 혹은 죽임을 당하기도 하는 것이다. 이에 비해 이 구사효는 굳셈[剛]으로서 부드러움[柔]의 자리를 차지한 채 올바름을 지키기만 할 뿐 다투려들지 않는다. 그러므로 허물이 없다.

이 구사효의 입장에서는 육오효가 상징하는 임금을 뛰어넘어 그에게 지나치게 굴 수가 없기 때문에 위로 그를 받들면서 함께 영합한다. 그리고는 그가 어루만져주며 순종하도록 하기를 바란다. 그러나 지금 이 육오는 존귀한 자리를 차지한 채 그 융성한 세(勢)를 즐기고 있으니 구사효의 바람에 즉각 맞추어주지 않는다. 그래서 이 구사효로서는 가서는 위태로우니 경계하지 않을 수가 없는 것이다. 그래서 경계하게 되면 위험으로부터 벗어날 수가 있다. 그런데도 어찌 가벼이 공(功)을 다투려 시도할 수 있겠는가!

'쓰지 말아야(자신을 드러내지 말아야)'만 그 올바름을 영원히 보전할 수 있다. 승리를 구하여도 불가능하고 영합하기를 구하여도 쉽지 않으니, 스스로를 지키면서 허물을 면해야 한다. 자신의 세(勢)가 부족한 세상을 살아가는 이에게는 그 원리와 방식이 그러한 것이다.

「象」曰: '弗過遇之', 位不當也. '往厲必戒', 終不可長也.

「상전」: '뛰어넘어서 지나치게 굴지 않고 영합한다'고 함은 이 구사효가 차지하고 있는 자리가 마땅하지 않기 때문이고, '가서는 위태로우니 반드시 경계해야 한다'는 것은 끝내 자라날 수가 없기 때문이다.

陽失其位而屈於陰下, 不得已而遇, 非其情也. 陰已過而不相下, 雖與之遇, 交終不固, 故唯勿用爲正.

이 구사효는 양으로서 제 마땅한 자리를 잃어버린 채 음의 밑에서 굴종하면서 어쩔 수 없이 음과 영합하는 것이지 그 마음조차 그러한 것은 아니다. 그리고 육오효의 음은 벌써 뛰어넘어서 아래 것과 상대하려 들지 않는다. 그래서 비록 서로 영합하기는 하지만 그 사귐이 끝내 견고할 수가 없다. 이러한 상황에서는 오직 자신을 쓰지 않는 것(자신을 드러내지 않는 것)만을 올바름으로 삼아야 한다.

六五, 密雲不雨, 自我西郊. 公弋取彼在穴.

육오: 두껍게 낀 구름이 비로는 내리지 않으며 우리 서쪽 교외에서 밀려온다.[1015]

삼공(三公)의 주살로 저 동굴 속에 있는 것을 취하려 함이다.

以陰暗居天位, 凝而不散, 四雖欲與遇, 終不可得而和也. 陰陽和則雨;
陰亢而不受交於陽, 雲雖密, 不能雨也. 四近尊位, 其象爲三公. 六五據
位深處, 在穴之象. 四欲遇五, 而不能得, 如弋本以射飛鳥, 而施之於
穴, 固不能入, 蓋終無如之何也. 陰邪盛而志士徒勞, 故爲四重歎之.

이 육오효는 음(陰)으로서 하늘의 자리에 어둡게 거처하고 있으며 엉긴
채 흩어지지 않고 있다. 그래서 구사효가 비록 만나서 영합하려 하지만
끝내 함께 어울림을 이룰 수가 없다. 음·양이 어울리면 비가 내린다.
그런데 이처럼 음이 목에 힘을 준 채 양에게 맞서면서 그와의 사귐을
받아들이지 않으면, 구름이 아무리 두껍다 할지라도 비로 내릴 수가
없다.
구사효는 이 육오효의 존귀한 위(位)에 가깝기 때문에 삼공(三公)의
상(象)을 갖는다고 할 수 있다. 그리고 이 육오효는 매우 깊은 곳에

1015) 이 효사는 소축괘(小畜卦)䷈의 괘사와 같다. 그런데 소과괘䷽와 소축괘의
괘상은 완전히 다르다. 그럼에도 불구하고 이렇게 괘·효사로서 둘이 똑같기
때문에, 왕부지는『주역패소』에서 이에 대해 특별히 주해하고 있다. 왕부지가
『주역패소』에서 제시하고 있는 논거는, 이 소과괘의 괘상을 분석해 볼 때
두 개의 음효가 위에 있고, 가운데에 두 양효가 있으며, 맨 밑에 또 두
음효가 있다는 것이다. 이에 대해 왕부지는 두 양효가 음효들 사이를 갈라놓고
서로 교접하지 못하도록 하고 있는 상(象)이라 하고 있다. 그래서 구름이
두껍게 끼어 있을 뿐 비로는 내리지 않는 모양이라는 것이다. 특히 이 육오효의
「상전」에서 '이미 위에 있음[已上]'이라 한 것은 이러한 상(象)에서 뜻을 취한
것이라 하고 있다.

자리 잡고서 웅거하고 있기 때문에 동굴 속에 있는 상(象)이다. 그런데 구사효가 이 육오효를 만나서 영합하려 하지만 그렇게 할 수 없는 것은, 마치 주살이 본래 날아가는 새를 맞히기 위한 것이기 때문에 그것을 동굴 속으로 쏘아보았자 진실로 들어가게 할 수 없는 것과 같다. 이렇게 해가지고서는 아마 끝내 어찌할 수 없을 것이다. 음의 사악함이 왕성하여 지사(志士)로서는 한갓 헛수고만 하는 것일 따름이다. 그러므로 구사효로서는 거듭 탄식하고 있다.

「象」曰: '密雲不雨', 已上也.

「상전」: '두껍게 낀 구름이 비로는 내리지 않음'은 이미 위에 있기 때문이다.

陰已據上位, 任其蔽塞重昏而無如之何.

음이 이미 위의 자리를 차지하여 둥지를 틀고서 폐색시켜 거듭 어둡게 하는 역할을 맡고 있으니 어찌할 수가 없는 것이다.

上六, 弗遇過之, 飛鳥離之, 凶, 是謂災眚.

상육: 내려와 함께 어울리지 않으며 그 기세가 임금을 뛰어넘음이 지나치게 심하다. 날아오르는 새들에 해당하니 흉하다. 이를 '재해와 일·월식'이라 한다.

'離', 麗也, 當也. 水旱曰'災', 薄蝕曰'眚'. '弗遇', 終絶陽而不相下也.

‘過之’, 勢已過而又自驕亢以求勝也. 此則鳥飛而上, 逆之極也. 遇之者, 其凶甚矣, ‘是謂災眚’, 言其爲害之徧, 自天降災, 無可避也.

‘離(리)’는 짝이 되다, 해당하다는 뜻이다. 홍수나 가뭄을 ‘災(재)’라 하고, 일식이나 월식을 ‘眚(생)’이라 한다. ‘弗遇(불우)’는 이 상육효의 음이 끝내 양을 거절할 뿐 아래로 내려와서 서로 어울리지 않는다는 의미다. ‘過之(과지)’는 기세가 너무 지나치고 또 스스로 교만을 떨며 목에 힘을 준 채 이겨 누르려고 한다는 의미다. 이는 곧 새가 날아올라가는 모습에 해당하니, 거역함이 극에 이른 것이다. 점쳐서 이 효를 얻은 이는 그 흉함이 심하다. “이를 ‘재해와 일・월식’이라 한다.”는 것은 그 피해가 온 나라에 두루 미치는데 하늘로부터 내리는 재앙이라 피할 수가 없다는 말이다.

「象」曰: ‘弗遇過之’, 已亢也.

「상전」: ‘내려와 함께 어울리지 않으며 그 기세가 임금을 뛰어넘음이 지나치게 심하다.’는 것은 이미 목에 힘을 준 채 맞서고 있다는 의미다.

翺翔天位之上, 肆志以逞, 故害及天下.

이 상육효는 하늘의 위(位)에서도 윗자리를 차지하여 저 하늘 높이 나는 상(象)을 지니고 있다. 방자하게 뜻을 굴리면서 제멋대로 하기 때문에 그 해가 온 나라에 미친다.

●●●

旣濟卦_{離下坎上}

기제괘 ䷾

旣濟. 亨, 小利貞, 初吉終亂.

기제괘: 형통하다. 소인이 이롭고 올곧으며, 처음에는 길하지만 끝내는 혼란해진다.

'旣'者, 已然之迹也. '濟'者, 成也; 如人涉水, 已涉而事乃成也. 『周易』'乾'·'坤'竝建, 以統全『易』; 陰陽之至足, 健順之至純, 太極本然之體也, 而用行乎其間矣. '乾'以易而知險, '坤'以簡而知阻, 陰陽不雜, 自絪縕以成化; 天下之物・天下之事・天下之情, 得失吉凶, 賅而存焉, 而不憂物變事機之或軼乎其外. 乃就一時一事而言之, 大化無心, 而聽其適然之遇. 遇之適然者, 在天皆可成象, 在地皆可成形, 在物皆有其理, 在人皆有其情, 多寡盈虛・進退衰王迭相乘而卦象以昭, 物理以定. 故自'屯'・'蒙'以降, 錯之綜之, 物之所必有也, 占之所必遇也. 君子觀象以達化, 而學術・事功・出處, 所可得而學也. 然而造化之妙, 以不測爲神; 陰陽之用, 以雜而不離乎純者爲正. 故象雖詭異, 而道以不限於方所者爲無窮之大用. 其曰"一陰一陽之謂道"者, 陰陽十二皆備, 唯其所用之謂也, 非一陰而即間以一陽, 一陽而即雜以一陰, 一受其成型, 終古而不易之謂也. 經之緯之, 升之降之, 合之離之, 而陰陽之不以相間相雜, 畫井分疆, 爲已然之成迹, 則'乾'・'坤'易簡之至德, 固非人事排比位置之所能與矣.

이 괘 이름의 '旣(기)'란 이미 그렇게 된 자취를 의미하며, '濟(제)'란 이루어졌음을 의미한다. 예컨대 사람이 물을 건너감에서 이미 건넜다면 일은 곧 이루어졌다는 것과 같다. 『주역』에서는 건괘䷀·곤괘䷁ 두 괘를 아울러 세워서 전체의 『주역』을 통괄한다. 이는 음·양의 지극히 충족함[至足]과 씩씩함[健·순종함[順]의 지극히 순수함[至純]을 상징하는 태극의 본래 그러한 체(體)를 드러내는 것이다. 용(用)은 이러한 속에서 행해진다.1016) 건괘의 도(道)는 험난함을 쉽게 알고, 곤괘의 도는 꽉 막혔음을 간단하게 처리한다. 이렇듯 음·양은 서로 뒤섞이지 않은 채 저절로 인(絪)·온(縕) 운동을 하며 우주의 지어냄[造化]을 이루어낸다. 이 세상에 존재하는 모든 물(物)들, 이 세상의 모든 일들, 이 세상의 모든 실정들을 『주역』의 득·실과 길·흉 속에 다 갖추고 있다. 그러면서도 물(物)들이 변하다가, 또는 일을 벌이는 체제에서 혹시라도 그 밖으로 벗어나지 않을까를 전혀 근심하지 않는다.

그러나 이를 하나의 때·하나의 일의 관점에서 말하면, 우주의 거대한

1016) 『주역』의 64괘는 건괘䷀·곤괘䷁ 두 괘의 여러 가지 조합에 의해 이루어진다는 것이다.(왕부지의 건곤병건설에 대해서는 앞의 주110), 137), 394) 등을 참고하라.) 이는 바꾸어 말하면, 『주역』의 64괘, 384효는 결국 건괘·곤괘 두 괘로 환원된다는 의미다. 그리고 이는 다시 이 세상의 무수히 많고 다양한 존재와 현상이 결국 그 본체인 태극, 즉 음기·양기 두 기(氣)로 환원됨과 일치한다는 것이다. 그래서 음기·양기 두 기(氣)가 이 세상 모든 물(物)·사(事)의 본체이듯이, 『주역』 64괘·384효의 본체는 건괘·곤괘 두 괘라는 것이다. 그리고 건괘·곤괘 두 괘가 여러 가지 조합에 의해 나머지 괘들로 이루어지는 것이 용(用)이며, 이는 음기·양기 두 기(氣)가 인(絪)·온(縕) 운동을 하며 이 세상의 모든 존재와 현상으로 이루어진다는 것과 같다는 것이다. 즉 작용으로서의 용(用)이다.

지어냄[造化]이 어느 특정한 하나에 특별히 마음을 기울이는 것이 없으며, 되어가는 대로의 우연에 내맡긴다는 것이다. 이렇게 우연으로 되어가는 것들이 하늘에서는 모두 상(象)을 이룰 수 있고 땅에서는 모두 형(形)을 이룰 수 있으며, 물(物)들에게서는 모두 그 이치에 따르게 하고 사람에게서는 모두 마음의 작용대로 하게 한다. 그래서 우주의 이 거대한 조화 속에서는 많아졌다 적어졌다 함, 찼다 비었다 함, 나아갔다 물러났다 함, 쇠퇴했다 왕성했다 함들이 갈마들면서 상승(相乘) 작용을 하고 있는데, 『주역』에서는 64괘상을 통해 이를 환히 드러내고 있고 만물의 이치를 통해 정해진다. 그러므로 건괘·곤괘 두 괘를 제외한 나머지 준괘䷂·몽괘䷃ 이하의 괘들은 착(錯)의 관계로도 배열되고 종(綜)의 관계로도 배열되어 있는데, 이는 물(物)들에게 필연적으로 있는 것과 점을 쳐서 반드시 만나게 되어 있는 것을 반영한 것이다. 군자는 이러한 『주역』의 상(象)들을 보고서 우주의 조화를 통달할 수 있으니, 학술은 물론, 일을 벌여서 얻을 유익한 결과[事功] 및 세상에 나아가서 더불어 살아가야 할지 아니면 물러나서 조용히 은거하며 살아가야 할지 등을 이 괘상들을 통해 배울 수가 있다.

그러나 이 우주 조화의 오묘함은 인간으로서는 헤아릴 수조차 없는 신묘함을 지니고 있다. 그리고 음·양은 서로 뒤섞여서 작용하면서도 순수함에서 벗어나지 않는다. 이것이 그 올바름이다. 그러므로 『주역』의 괘상들이 비록 괴이하고 특별해 보인다 할지라도, 도(道)는 어느 특수한 쪽이나 곳에 한정되지 않은 채 무궁하게 펼쳐지는 방식으로 거대하게 작용하고 있다. 이른바 "한 번은 음이 되었다 한 번은 양이 되었다 함을 도라 한다.(一陰一陽之謂道)"고 함이 『주역』의 음·양 12위(位) 속에 다 갖추어져 있는데, 이는 오직 작용한 바가 그렇다는 것이지, 꼭 한 번 음이었으면 바로 사이를 두고 양이 되거나 한 번 양이었으면 곧바로 하나의 음이 와서 뒤섞이는 방식으로 이루어진다는 것이 아니다. 즉 이미 이루어진 모형대로만 한결같이 이루어지며 영원토록 바뀌지 않는다는 말이 아니다. 음·양은 가로로 갔다 세로로 갔다 하고, 올라갔다 내려갔다 하며, 합하기도 하고 분리되기도 하는 방식으로 작용하는데, 이들은 서로 칸막이를 치고 따로따로 존재하거나 구분됨이 없이 하나로 뒤섞이는 것이 아니고, 또 마치 바둑판 모양 정연(井然)하게 각기의 영역을 나누어 이미 드러난 자취를 이루고 있는 것이 아니다. 이러함은 건괘·곤괘 두 괘의 쉽고 간단하게 이루어냄의 지극한 덕이 해내는 것이지, 본디 사람이 일삼아 비례에 따라 위치를 배열하는 방식으로 그들에게 부여할 수 있는 바가 아니다.

以化象言之, ‘乾’·‘坤’六子之性情功效, 所殊異而交爭者, 莫水火若也. 乃當二儀函五行以絪縕於兩間, 則固不可以迹求, 不可以情辨, 不可以用分, 不可以名紀. 迨其已成, 而水與火遂判爲兩物而不相得, 然其中自有互相入而不相害之精理存焉. 其終也, 火息水暵, 而仍歸於太和. 若其一炎一寒, 一潤一燥, 一上一下者, 皆形而下之器, 滯於用而將消者也. 繇此言之, 則‘旣濟’·‘未濟’爲人事已謝之陳迹, 而非‘乾’元乘龍·‘坤’元行地之變化, 明矣. 自不知道者言之, 則曰爻有奇偶之定位, 而剛柔各當其位, 貞悔各奠其中, 初與四, 二與五, 上與三, 各應以正, ‘乾’·‘坤’之變化, 至此而大定, 而不知此有形之剛柔同異, 不足與於不測之神也.

지어내고造化 있는 상(象)을 가지고 말하면, 건괘䷀·곤괘䷁ﹶ 두 괘의 여섯 자식괘들 가운데 그 성(性)과 정(情) 및 작용하며 드러내는 효과의 측면에서 특히 다르며 교접하여 다툼을 벌이는 것으로는 물과 불만한 것이 없다.1017) 음·양 양의(兩儀)가 오행을 함유한 채 하늘과 땅 사이, 즉 우주 속에서 인(絪)·온(縕) 운동을 하는 것에 대해서는 본디 어떤 자취도 찾아볼 수 없고, 어떤 정황도 변별할 수 없다. 어떤 작용도 구분해낼 수 없고, 어떤 이름으로도 계통을 세워 적을 수 없다. 그러다 그것이 이루어지고 나서는 물과 불은 드디어 판이하게 두 개로 갈라져서 서로가 서로를 얻지 못한다. 그러나 이러한 속에서도 서로 받아들이며 서로 해를 끼치지 않는 정미한 이치가 저절로 존재한다. 그리고 마침내 불은 꺼지고 물은 말라서 여전히 이 우주의 거대한 조화[太和]로 돌아간다. 그런데 그들이 하나는 불꽃으로 타오르고 하나는 추위를 가져오며, 하나는 적셔주고 하나는 건조시키며, 하나는 위로 올라가고 하나는 내려가는 것들은 모두 형이하자로서 기(器)에 해당한다. 그래서 이들 물과 불은 이러한 작용들에 딱 한정되어 있다가 장차 사라지는 것이다. 이러한 관점에서 말하면 기제괘·미제괘는 사람의 일 가운데서도 이미 끝나서 대체되어버린 진부한 자취를 드러낸다고 할 것이다. 이들 두 괘는 결코 건괘☰의 으뜸됨이 용(龍)들을 타고서, 또 곤괘☷의 으뜸됨이 땅 위를 가면서 일으키는 것과 같은 변화를 드러내지는 않음이 명백하다. 그런데 도(道)에 대해 알지 못하는 이들은 말하기를, "괘의 여섯 효들에는 홀수·짝수로 정해진 위(位)가 있는데, 이 기제괘☲에서는 굳셈[剛]·부드러움[柔]이 각기 마땅하게 제 위(位)를 차지하고 있고 정괘(貞卦)·회괘

1017) 이 이하로는 기제괘(旣濟卦)☲·미제괘(未濟卦)☲가 모두 감괘☵·이괘☲ 두 소성괘(小成卦)의 합으로 이루어져 있는바 이들이 물과 불을 상징한다는 것을 바탕으로 논하고 있다.

(悔卦)도 각기 그 가운데 자리를 정하고 있을 뿐만 아니라[1018] 초효와 4효, 2효와 5효, 3효와 상효가 각각 제대로 응함正應의 관계에 있으니, 건괘·곤괘 두 괘의 변화가 이 기제괘에 이르러서 크게 정해졌다."라고 말한다. 그러나 이들은 이들 두 괘가 표방하고 있는 것이 모두 형체의 굳셈[剛]·부드러움[柔]이요 같고[同] 다름[異]이어서, 결코 인간의 인식 능력으로는 헤아릴 수조차 없는 신묘함에 필적할 만한 것이 못 된다는 것을 알지 못한다.

且夫一陰也而即授以一陽, 一陽也而即授以一陰, 志無定主, 道無適從, 執中而無權, 賢姦各據其安, 理欲交戰於內, 生殺不適有常, 以詭合於情事之苟安而謝其愆, 以迹相倡和而情相乖忤, 雜而不倫, 主輔體用之不立, 以斯爲道, 天可以人之智能限之, 人可以己之成法處之, 而惡能不終於亂哉! 無已, 則陰之懷土而自私者, 與陽分權而利得其所, 以行焉而自逡, 則'亨'者, '小'之亨焉耳, 若陽則固不利有此相參相伍之陰柔與之相應也. 故雖當位以正應, 而非陽剛保泰持盈之福. 故'旣濟'者, 陰之濟也; '未濟'者, 陰之未濟也. 陽不以'旣濟'居成功, 不以'未濟'求必濟; 彖與爻皆主陰而言; 二卦皆小人之道, 衰世之象也.

<hr>

1018) 기제괘의 정괘는 감괘☵이고, 회괘는 이괘☲다. 그런데 이들은 모두 가운데 효들을 위·아래의 두 효들이 대칭으로 에워싸고 있는 상(象)을 지니고 있다. 왕부지가 여기서 지적하는 것은 바로 이 점이다.

또 있다. 하나의 음이 다된 뒤에 곧바로 하나의 양에게 건네주고, 그 양이 다된 뒤에 곧바로 다시 음에게 전해주는 방식으로 진행된다면, 뜻함을 밀고 나아갈 정해진 주체가 없을 것이고 도(道)를 따를 이도 없을 것이다. 중도를 지킨답시고 그저 가운데만 움켜쥐고 있을 뿐 상황에 맞게 적당히 조처함이 없을 것이며, 훌륭한 사람이든 간사한 사람이든 각자 근거지를 확보하여 편안히 살아갈 것이다. 뿐만 아니라 이치에 맞게 살겠다고 함과 욕구에 쏠림이 한 사람의 내부에서 교전을 벌일 것이고, 살리고 죽임이 상도(常度)에 따라 이루어지지 않을 것이다. 상황의 구차하고 편안함을 얻기 위해 기만적으로 영합하며 그 잘못에 대해 사과하기도 할 것이고, 겉으로는 서로 부르짖고 화답하는 모습을 보이면서도 속마음으로는 서로 어그러지고 거스를 것이다. 이렇듯 난잡하게 뒤섞인 채 살아가면서 전혀 인륜 따위에는 구애받지 않을 것이고, 주(主)와 보(輔), 체(體)와 용(用)의 관계도 세워지지 않을 것이다. 이러함을 원리와 방식으로 하고 있다면, 하늘도 사람의 지력과 능력 속으로 들어와 한정되어 버릴 것이고, 사람들은 제각각 자신이 만든 법대로 처리할 수 있을 것이다. 그렇다면 악(惡)이 혼란 속에서 결코 끝나지 않을 것이로다!

이러한 상황에서는 어떻게 하면 제 잇속을 챙길 수 있을까에 골몰하며[1019] 자기만 생각하는 사사로움에 빠진 음(陰)의 무리들이 양(陽)과

[1019] '懷土(회토)'를 이렇게 번역해 보았다. 이 말은 원래 공자가 한 말로서 군자와 소인을 가르는 기준이다. 즉 군자와 소인을 가르는 것은 결코 신분에 있지 않고, 어떤 마음가짐으로 세상을 살아가느냐 하는 것이다. 이에 대해 공자는 "군자는 어떻게 하면 덕을 체득하고 실현할 수 있을까에 골몰하고[懷德] 소인은 어떻게 하면 잇속을 챙겨 편안하게 살 수 있을까에 골몰한다[懷土.

권력을 나눈 채 제 있는 곳에서 이로움을 얻을 것이다. 그리고는 거기에서
행동을 하며 원하는 것을 이루어낼 것이다. 그래서 이 기제괘䷾의 괘사에
서 말하는 '형통함'은 소인의 형통함일 따름이다. 이에 비해 양(陽)의
경우는 이처럼 음(陰)의 부드러움[柔]이 함께 참여하고 함께 대오를
이루면서 서로 대응하고 있으니, 진실로 이롭지 않을 것이다. 그러므로
이 기제괘의 여섯 효들이 비록 제자리를 마땅하게 차지한 채 제대로
응함[正應]의 관계를 이루고 있다 하더라도, 이는 결코 양(陽)의 굳셈[剛]
이 태평함을 보전하고 가득함을 유지한 데서 온 복(福)이 아니다. 같은
이유에서, 이 괘의 이름인 '이미 이루어짐[旣濟]은 음이 이루어진 것이며,
다음 괘의 이름인 '아직 이루어지지 않음[未濟]은 음이 아직 이루어지지
않음이다. 양은 결코 '이미 이루어짐'을 공(功)이 이루어진 것으로 보고
거기에 눌러 앉지 않으며, '아직 이루어지지 않음'이라 하여 꼭 이루려고
하지 않는다. 이처럼 이들 두 괘의 괘사와 효사들은 모두 음(陰)을 위주로
하여 말한 것이다. 그리고 모두 소인의 원리와 방식을 드러내고 있으며,
쇠미한 세상의 상(象)을 보여주고 있다.

陰乘陽而上, 以踞於至高之位, 則爲旣濟. 陰處陽下, 陽利其行而不安,
則爲'未濟'. 剛居剛, 柔居柔, 任其情之所安而據以不遷, 陽暱陰而陰感

군자는 법의 엄정함을 의식하며 살아가고 소인은 어떻게 하면 혜택을 받을
수 있을까를 의식하며 살아간다."(『논어』, 「里仁」: 子曰, "君子懷德, 小人懷土;
君子懷刑, 小人懷惠.")고 하고 있다. 그래서 '회토'는 소인들이 살아가는 데서
골몰하는 것이라 할 수 있다.

陽, 以爲交應, 則爲'旣濟'. 剛柔相濟, 易位以求通, 則相應而固相合之
道, 則爲'未濟'. 故曰, "濟者成也." 成乎得者恒於斯, 成乎失者恒於斯;
其得也, 失也; 其未盡得也, 猶未盡失也. 故'未濟'之爻, 賢於'旣濟'也.

음이 양을 올라타고 위에 있으면서 그 지고한 지위에서 거만을 떠는
것이 기제괘☷다. 이에 비해 음이 양의 아래에 있고 양이 그 행함에서
이로움을 보며 불안해하는 것은 미제괘☲다. 그리고 굳셈이 굳셈의
자리에 있고 부드러움이 부드러움의 자리에 있으면서, 그 정서의 편안함
에 내맡긴 채 둥지를 틀고 앉아 옮겨가지 않는 것, 그래서 양은 음에게서
친밀함을 느끼고 음은 양에게서 느낌을 받아 서로 교접하며 응하는
것, 이것이 곧 기제괘다. 이에 비해 굳셈과 부드러움이 서로 이루어주며
위치를 바꾸어서 통함을 구하니 서로 응하면서 화합함의 도(道)를 공고히
하는 것, 이것이 곧 미제괘다. 그러므로 "濟(제)는 이루어줌의 의미다."라
고 한 것이다. 얻음에서 이루는 것도 늘 이러함에 있고, 잃음에서 이루는
것도 늘 이러함에 있다. 그래서 그 얻음이 잃음이고, 완전히 다 얻지
못함은 완전히 다 잃어버리지 않음과 같다. 그러므로 미제괘의 효들이
기제괘의 효들보다 나은 것이다.

'旣濟'者, 天無其化, 人無其事, 物無其理. 天之化, 人之事, 物之理,
雖雜而必有純也. 至雜而不純, 唯大亂之世, 無恒之小人以售其意欲,
故所亨者唯小也, 陰無不乘剛而出其上也. 夫六位之分剛分柔, 豈非
義之必合而爲陰陽之正哉? 故可謂之'利貞'; 而要未聞剛以居剛, 柔以
居柔, 情不相得, 勢不相下者之可久居也. '初吉'者, 如涉者之乍登於
涯, 自幸其濟, 而不恤前途之險阻. 貞邪互相持以不相下, 其爲大亂之

道, 豈顧問哉! 故曰, "亨小利貞, 初吉終亂." 亂非待旣濟之後; 當其求
濟, 而亂已萌生矣.

'이미 이루어짐'이라는 것이 하늘의 지어냄[造化]에는 없다. 사람의 일에
도 없고 물(物)들에게서도 이러한 이치는 없다. 하늘의 지어냄[造化],
사람의 일, 물(物)들의 이치가 비록 복잡다단하기는 해도 거기에는 반드
시 순수함이 있다. 그런데 이 기제괘䷿처럼 지극히 잡스러우면서 순수하
지 않음은, 오직 커다란 혼란의 세상에서 항상됨이라고는 없는 소인이
그 의도와 욕구를 파는 것을 드러내고 있을 뿐이다. 그러므로 이 기제괘에
서 형통한 이는 오직 소인뿐이니, 음들이 각기 굳셈을 올라타고서 그
위로 나오지 않은 것이 없다.[1020]
한 괘의 여섯 위(位)가 굳셈으로 나뉘고 부드러움으로 나뉜 것에 어찌
꼭 의로움에 반드시 합치하며 음·양의 올바름이 아닌 것이 있겠는가!
그러므로 '이롭고 올곧다'고 할 수 있는 것이다. 그러나 요컨대 굳셈이
굳셈의 위(位)를 차지하고 부드러움이 부드러움의 위(位)를 차지하여,
정서상 서로 맞지 않고 세력상 서로 아래로 내려오겠다는 이가 없는데도
오래 유지할 수 있다는 것에 대해서는 들어본 적이 없다.
'처음에는 길하지만'이라는 말은, 예컨대 물을 건너는 이가 물가에 막
올라서는 스스로 건너기를 바라며 앞으로 헤쳐 나아가는 데서 무슨
험난함이 기다리고 있는가는 전혀 신경 쓰지 않는 것과 같다. 올곧은
쪽과 사악한 쪽이 서로 맞서고 버티면서 어느 쪽도 상대방 아래로 가겠다

1020) 초구효와 육이효, 구삼효와 육사효, 구오효와 상육효의 조합에서 모두 음이
　　　 양을 올라타고 있다.

고 하지 않음이 바로 커다란 혼란을 낳는 원리다. 이러한 상황에서 어찌 상대방을 고려하여 소중히 여기겠는가! 그러므로 이 괘사에서 "형통하다. 소인이 이롭고 올곧으며, 처음에는 길하지만 끝내는 혼란해진다."라고 한 것이다. 혼란은 꼭 이미 이루어지기까지를 기다려서 발생하는 것이 아니라, 그 이루어짐을 구할 당시에 벌써 싹트고 있는 것이다.

「象」曰: "旣濟亨", 小者亨也.

「단전」: "이미 이루어서 형통하다."는 것은 소인이 형통하다는 것이다.

『本義』云, "濟下脫小字." 然不必言小, 而下句申明之, 自通. '旣濟'之亨, 唯小者亨耳. 陰陽各當其位, 貞邪各快其志, 而相應不相制, 則陰之得志可知.

『주역본의』에서는 이 구절에서 "濟(제)' 자 다음에 '小(소)' 자가 탈락되었다."고 하는데, 꼭 '小(소)' 자를 말할 필요가 없다. 그다음 구절에서 풀어서 밝히고 있으니, 저절로 통한다. 기제괘☵의 형통함은 오직 소인들에게만 형통할 따름이다. 이 괘의 여섯 위(位)에서는 음·양이 각기 마땅히 제자리를 차지하고 있고, 올곧은 것들과 사악한 것들이 각기 제 뜻함을 유쾌하게 실현하면서 서로 응하되 서로 제압하지는 않고 있다. 그래서 음(陰)이 뜻함을 이룰 수 있다는 것을 알 수가 있다.

'利貞', 剛柔正而位當也.

'이롭고 올곧으며'란 여섯 위(位)에서 굳셈[剛]·부드러움[柔]이 올바르며 차지하고 있는 위(位)가 마땅하기 때문이다.

　以常理言之, 則利貞.

　일상의 이치를 가지고 말하여서 이롭고 올곧은 것이다.

'初吉', 柔得中也.

'처음에는 길함'은 부드러움이 득중하였기 때문이다.

　六二柔當位得中, 尚安於其分而不淫.

　육이효의 부드러움이 마땅하게 제자리를 차지한 채 득중하고 있으면서도, 자신의 본분에 편안해 하며 음란하지 않기 때문이다.

終止則亂, 其道窮也.

끝마치게 되면 혼란스러워짐은 그 도(道)가 궁하기 때문이다.

　剛柔各止其所, 以相雜而不相治. 剛已剛而剛道窮, 柔已柔而柔道亦窮; 唯其情之所安, 勢之所便, 各逞其志欲, 而大亂成矣. 非之無擧, 刺之無刺, 塗飾耳目, 而執中無權, 謂之亂德.

이 기제괘▤에서는 굳셈[剛]과 부드러움[柔]이 각각 제 거소에 멈추어 있음으로써 서로 잡되지만 서로를 다스리지는 않는다. 그래서 굳셈이 이미 굳셈을 발휘해버려서 굳셈의 도(道)가 궁해지고, 부드러움이 이미 부드러움을 발휘해버려서 부드러움의 도(道) 또한 궁해진다. 그리고 이제 오직 그 마음씀의 편안함과 세력상의 편안함이 각기 그 뜻함과 욕구를 흡족하게 하니, 크나큰 혼란이 이루어지는 것이다. 서로 간에 비난하려 해도 마땅히 비난할 거리가 없고 찔러 보려 해도 어디 찌를 만한 곳이 없다.1021) 눈과 귀를 치장하고는 중도를 지킨답시고 그저 가운데만 움켜쥐고 있을 뿐 상황에 맞게 적당히 조처함이 없다. 이를 '혼란케 함의 덕'이라 한다.

「象」曰: 水在火上, '旣濟', 君子以思患而豫防之.

「대상전」: 물이 불 위에 있는 것이 기제괘다. 군자는 이를 보고 환란이 올 것을 생각하며 미리 방비한다.

1021) 이는 맹자의 말이다. 원래 공자가 "향원은 덕을 해치는 이다."(『논어』, 「陽貨: 子曰, "鄕原德之賊也.")라고 하였는데, 이 말의 의미에 대해서 만장(萬章)이 묻자 맹자가 그 까닭을 설명하면서 드는 논거가 이것이다.(『孟子』, 「盡心下」)

水在火上, 其中必有載水而間火者, 所以防水之下注而滅火. 君子有中道, 以豫爲調燮之防, 如火可上達其氣於水, 以成燮熟之用, 而止爭相軋滅之患, 蓋以載之之道濟之也.

물이 불 위에 있다는 것은, 거기에 반드시 물을 싣고서 불과 사이를 두게 하는 것이 있다. 그래서 물이 아래로 쏟아져 불을 꺼버리지 못하도록 방지하는 것이다. 군자는 중도(中道)를 지니고 있음으로써 미리 음·양을 조화롭게 하여 예방한다. 예컨대 불이 위로 물에까지 그 기(氣)를 전달함으로써 알맞게 익히는 작용을 이루는 것처럼, 서로 다투면서 멸망해버릴 근심을 그치게 하는 것이다. 생각건대 이는 무엇을 실어주는 원리와 방식으로써 남을 이루어줌이다.

初九, 曳其輪, 濡其尾, 无咎.

초구: 바퀴를 끎이며 꼬리가 젖음이다. 허물이 없다.

二欲升, 而初以陽剛静鎮於下, 制之不行, '曳其輪'也. 初曳之, 則二之尾濡而不得濟, 故雖爲柔所乘而无咎, 此奬陽以制陰之辭也. 言'濡尾'者, 於未濟見之, 謂狐也. 取象於狐者, 狐, 陰邪之獸, 性多疑, 而妖媚以與人相亂. 陰雜於陽之中則疑; 與陽雜處而交應, 故能媚, 賤陰之辭也.

이 기제괘䷾의 육이효는 올라가려 하고 초구효는 양의 굳셈으로써 아래에서 이를 진정시키며 억제하여 가지 못하게 하고 있다. 그래서 '바퀴를 끎'이라 하였다. 초구효가 끌어대니 육이효는 꼬리가 젖어서 건너갈 수가 없다. 그러므로 이 초구효의 입장에서는 비록 부드러움을 태우고는 있지만 허물이 없는 것이다. 이는 양을 장려하여 음을 제지하게 하는 말이다.

여기서 '꼬리가 젖음'이라 한 대상이 미제괘▤에 드러나 있다. 여우를 말한다. 그런데 이렇게 상(象)을 여우에서 취한 까닭은, 여우가 음험하고 사악한 짐승이며 본성이 의심이 많을 뿐만 아니라, 홀려서 사람을 혼란하게 하기 때문이다. 음이 양들 속에 뒤섞여 있으면 의심을 낸다. 양들과 뒤섞여 있으면서 사귀며 응하기 때문에 홀릴 수 있는 것이다. 이는 음을 천하게 여기는 말이다.

「象」曰: '曳其輪', 義无咎也.

「상전」: '바퀴를 끎'은 의로움이어서 허물이 없다.

陰豈可使之濟哉! 制之不行, 君子之義也.

음을 어찌 건너게 할 수 있으리오! 그것을 제지하여 가지 못하게 함은 군자의 의로움이다.

六二, 婦喪其茀, 勿逐, 七日得.

육이: 부인이 그 수레 포장을 잃어버림이다. 쫓아가지 마라, 7일이면 얻는다.

‘茀’, 車蔽也. 二陰柔居中爲‘婦’. 婦人之車有茀, 所以蔽容貌而全其幽
貞. 六二雜於二陽之中, 而欲上行以濟, 無所敬忌, ‘喪其茀’, 則近於亂
矣. 特以居中而爲離明之主, 志本光貞, 故但戒以勿亟於馳逐, 則七日
自得, 終足以知恥而遠嫌. 言‘七日’者, 六位已窮之後, 亂定而志白也.

‘茀(불)’은 수레를 덮는 것이다. 이 육이효는 부드러움으로서 가운데
자리를 차지하였기 때문에 ‘부인(婦人)’이 된다. 부인의 수레에 덮개가
있는 것은 용모를 가려 그 그윽하고 올곧음을 보전하기 위해서다. 이
육이효는 위・아래의 두 양들 가운데 뒤섞여 있는데, 위로 올라가서
건너려고만 하여 경건함도 없고 무엇을 꺼림도 없다.
‘수레 포장을 잃어버림’은 혼란에 가깝다. 다만 가운데 자리를 차지하여
이괘(離卦)☲의 밝음의 주체가 되어 있기 때문에 뜻함이 본래 빛나고
올곧다. 그러므로 단지 쫓아가는 데 재빠르지 말라고만 경계하고 있다.
7일이면 저절로 얻어서, 마침내 족히 부끄러운 줄을 알고 혐오함을
멀리한다. ‘7일’이라 한 것은 여섯 위(位)들이 이미 궁해진 뒤에야 혼란스
러움이 안정되고 뜻함이 명백해진다는 의미다.

「象」曰: ‘七日得’, 以中道也.

「상전」: ‘7일이면 얻는다’는 것은 가운데 자리를 차지하고서 도(道)에 합치하기
때문이다.

當位則居中而合乎道, 故雖處雜亂, 而可終保其貞.

이 육이효는 마땅하게 제자리를 차지하고 있으니, 가운데 자리 잡고서 도(道)에 합치하고 있다. 그러므로 비록 잡되고 혼란한 속에 처해 있다고 는 하여도 마침내 그 올곧음을 보전할 수가 있다.

九三, 高宗伐鬼方, 三年克之, 小人勿用.

구삼: 고종¹⁰²²⁾이 귀방 정벌에 나서 3년 걸려 극복함이다. 소인은 쓰지 마라!

高宗當商道中衰, 治亂相半·貞邪相干之時, 而奮發中興, 以嘉靖殷邦. 九三處明之終, 而介於險, 以剛居剛, 而爲進爻, 故取象焉. 伐鬼方, 『詩』所謂"奮伐荊楚"也. 楚人尙鬼, 故曰鬼方. 陽之間於陰也, 始而相制, 制之不已則相攻. 三處二陰之中, 陰欲濟而陽制之不得, 故有征伐之事. 前臨'坎'險, 『詩』所謂"衺入其阻"也. 險不易擊, 故三年而後克. '小人'謂上六, 濡首之小人也, 與三相應, 嫌於相用. 功成之後, 息勞而

1022) 여기서 말하는 고종(高宗)은 상(商)나라 제23대 왕인 무정(武丁; ?~B.C.1192) 을 가리킨다. 그의 덕이 높아서 존경할만하기에 묘호를 이렇게 하였다고 한다. 무정은 반경(盤庚)의 동생인 소을(小乙)의 아들이다. 어렸을 적에 그는 밖에 역(役)을 나가서 일반 백성들과 함께 노역을 한 나머지, 백성들의 고통을 누구보다 잘 알게 되었다. 그는 즉위한 뒤에 부열(傅說)을 발탁하여 재상으로 앉혔고, 또 왕자일 적에 자신의 스승이었던 감반(甘盤)을 기용하였 다. 그래서 무정은 이 둘의 보좌에 힘입어 통치 기반을 공고히 하고 국력을 증강함으로써 상(商) 왕조를 크게 부흥시켰다. 이러한 까닭에 무정을 '중흥의 왕(中興之王)'이라 부르며 '무정 대제(大帝)'라고도 부른다. 그의 재위 기간은 59년이며, 그가 죽은 뒤에는 그의 아들 조경(祖庚)이 왕위를 계승하였다.

驕, 則小人易以售其狐媚, 故戒之以'勿用'.

고종은 상(商)나라의 도(道)가 중간에 쇠미하여져서 태평함과 혼란함이 반반씩 되고 올곧은 사람들과 사악한 사람들이 서로 간여하던 때에 떨쳐 일어나 중흥시킴으로써 은(殷)나라를 안정시킨 인물이다. 이 구삼 효는 밝음의 끝자락에 처해 있으면서 험난함에 끼어 있다.[1023] 그런데 굳셈으로서 굳셈의 자리를 차지하고 나아감의 효가 되어 있기 때문에 이러한 상(象)을 취한 것이다.

귀방을 정벌한 사실은 『시경』에서 "떨쳐 일어나 초나라를 정벌하시다." 는 것에 해당한다.[1024] 초나라 사람들은 귀신을 숭상하였기 때문에 '귀방(鬼方)'이라 부른다. 그런데 이 구삼효의 양이 음들의 사이에 있기 때문에 시작 단계에서는 서로 제어하지만, 나중에는 제어하더라도 그만 두지 않으니 서로 공격하게 된다. 이 구삼효는 양(陽)으로서 위·아래의 두 음들의 가운데에 처해 있는데, 음이 건너고자 함에도 이 구삼효의 양이 제어할 수가 없다. 그러므로 정벌하는 일이 벌어지는 것이다. 이 구삼효의 앞에는 감괘☵의 험난함이 놓여 있다. 이는 위와 동일한 시(「商頌」, '殷武')의 "점점 그 막아선 것 속으로 들어가네!"라는 구절에

1023) 이는 기제괘䷾를 위·아래 두 소성괘로 나누고 취의설에 입각하여 풀이한 것이다. 기제괘는 정괘(貞卦)가 이괘☲로서 밝음을 상징하고, 회괘(悔卦)가 감괘☵로서 험난함을 상징한다. 그런데 이 육삼효는 이괘의 끝자락에 있으면서 위의 감괘로 들어가는 즈음에 자리 잡고 있다. 그래서 이렇게 풀이한 것이다.

1024) 『시경』, 「상송(商頌)」 편의 '은무(殷武)'라는 시의 제1장에 나오는 구절이다. 전체는 "撻彼殷武, 奮伐荊楚. 冞入其阻, 裒荊之旅. 有截有所, 湯孫之緒."로 되어 있다.

해당한다. 이 험난함을 쉽게 격파할 수 없기 때문에 3년이 걸린 뒤에야
극복하는 것이다.

여기에서 '소인'이라 한 것은 상육효를 가리킨다. 상육효는 머리를 적신
소인1025)이다. 이 상육효는 이 구삼효와 서로 응하는 관계에 있지만
서로 쓰는 것에는 꺼린다. 상육효는 공(功)이 이루어진 뒤에는 더 이상
수고롭게 일하지 않고 교만해지니, 소인은 쉽게 그 여우와 같은 교태를
파는 것이다. 그러므로 '쓰지 마라!'고 경계한 것이다.

「象」曰: '三年克之', 憊也.

「상전」: '3년 걸려 극복함이다'는 것은 고달프다는 것을 의미한다.

> 前阻於險, 後復無陽剛以爲之援, 孤軍犯難, 力已憊矣. 水將下滲而息
> 火, 甚可畏也, 尙可容小人之相惑亂乎!

앞에 험난함이 막아서고 있고, 그 뒤로는 다시 양의 굳셈이 없어서
후원해주지도 않으니 외로운 군대가 어려움에 맞닥뜨려서 벌써 힘에
부쳐 고달픈 상황이다. 이는 물이 곧 아래로 새 나와서 불을 꺼버리려고
하는 형국이다. 매우 두려울 수밖에 없다. 그런데도 이러한 상황에서
소인들이 서로 미혹시키고 어지럽힘을 용납할 수 있겠는가!

1025) 사실은 술을 탐닉하는 것이 지나쳐 술독에 머리가 빠진 사람이다. 즉 알코올
　　　중독자를 의미한다.

六四, 繻有衣袽, 終日戒.

육사: 헤진 솜옷으로 새는 곳을 막아놓음이니 종일토록 경계함이다.

'繻', 程子以爲當作濡, 霑淫也. '袽', 敝絮. 四居'坎'體之下, 有滲漏霑濡之象. '衣袽', 以塞漏者. 以柔居柔, 雖有欲濟之心, 而不敢決於輕進; 旣有衣袽, 而猶'終日戒', 畏謹之至. 不言无咎, 而自不至亂可知.

'繻(수)' 자를 정자(程子)께서는 마땅히 '濡(유)'로 써야 한다고 했다.[1026] 그 뜻은 물에 젖는다는 의미다. '袽(여)'는 헤진 솜옷이다. 이 육사효는 감괘☵를 이루는 괘체의 맨 밑에 자리 잡고 있다. 그래서 물이 새어 나와 적시는 상(象)이다. 그래서 '헤진 솜옷'으로 물이 새는 것을 막는 것이다. 이 육사효는 부드러움[柔]으로서 부드러움의 자리를 차지하고 있기 때문에, 비록 건너고자 하는 마음이 있더라도 감히 가볍게 나아가는 쪽으로 결정하지 못한다. 그리고 이미 헤진 솜옷으로 막아놓고서도 오히려 '종일토록 경계'하고 있다. 이는 두려워하고 삼감이 지극한 것이다. 그런데 여기서 '허물이 없음'에 대해서는 말하지 않고 있으니, 이러한

1026) 정이(程頤)는, "이 육사효는 기제괘에서도 물을 상징하는 괘(☵)의 몸을 이루기 때문에, 배를 의미로 취한다.(程頤,『易傳』: 四在濟卦而水體, 故取舟爲義)" 고 하고서는 "'繻(수)' 자는 마땅히 '濡(유)'로 써야 한다. 물이 새어 나옴을 의미한다. 배에 구멍이 나서 물이 새게 되면 솜옷으로 막는 것이다. 솜옷을 두어서 배가 새는 것을 방비해야 함이다. 종일토록 경계하고 두려워하며 환란에 대한 우려를 게을리하지 않음을 마땅히 이렇게 해야 한다.(繻當作濡, 謂滲漏也. 舟有罅漏, 則塞以衣袽. 有衣袽以備濡漏, 又終日戒懼, 不怠慮患, 當如是也.)"라고 하고 있다.

상황이 혼란에까지는 이르지 않으리라는 것을 알 수 있다.

「象」曰: '終日戒', 有所疑也.

「상전」: '종일토록 경계함'은 의심스러운 바가 있기 때문이다.

柔退而處二陽之間, 進則恐五之不受, 退則慮三之見攻, 畏謹以持, 以視無忌憚之小人, 遠矣.

이 육사효는 부드러움으로서 물러나 위·아래 두 양효들 사이에 있다. 그런데 나아가면 구오효로부터 받아들여지지 않을까가 두렵고, 물러나면 구삼효로부터 공격을 당할까봐 우려가 된다. 그래서 두려워하고 삼가는 자세를 유지하고 있다. 이러하기 때문에 거리낌이 없이 행동하는 소인과는 거리가 먼 것이다.

九五, 東鄰殺牛, 不如西鄰之禴祭, 實受其福.

구오: 동쪽 이웃이 소를 잡아 제사를 지냄이 서쪽 이웃의 약제(禴祭)만 못하다.[1027] 실로 그 복을 받는다.

[1027] 약제(禴祭)는 봄 제사를 지칭하기도 하고 여름 제사를 지칭하기도 한다. 경우에 따라서는 사계절의 제사를 통칭하기도 하고, 불시에 지내는 제사를 의미하기도 한다. 그런데 이 약제(禴祭)에서는 가을 제사인 상(嘗), 겨울

九五介二陰之間, 剛中得位, 陰所求也. '坎'之位正北, 北以東爲上, 西爲下; 上六其'東鄰', 六四其'西鄰'也. 陰欲濟, 而憚於五之尊嚴, 故皆仰求其相濟. 四愼而居約, 薄祭之象. 上盈而僭, 太牢之祀也. 五擇於二者, 當以下比乎四爲宜. 祭而神享之曰'福'. 受四之享, 於道斯得. 東鄰汏而濡首, 物雖豐而誠不屬, 絶之可爾. 五雖剛中, 而貞妄雜進, 故戒之使知取舍焉. 朱子謂此爲文王與紂之事. 文王方服事殷而稱鄰, 又以受福自矜, 文王之至德, 周公其忍重誣之乎!

이 구오효는 두 음효들 사이에 끼어 있고, 굳셈으로서 제자리를 마땅하게 차지하고 있기 때문에, 음(陰)들에게 구함의 대상이 되어 있다. 감괘☵의 방위는 정북(正北)이다.[1028] 북쪽을 기준으로 하면 동쪽이 윗자리가 되고 서쪽이 아랫자리가 된다. 그래서 상육효는 이 구오효의 '동쪽 이웃'이

제사인 증(烝)에 비해 제수가 그다지 풍성하지 않다. 가을·겨울을 지내면서 지난해의 곡식을 대강 소진하였으니, 이는 당연하다고 하겠다. 심지어는 봄에는 보릿고개까지 있기 때문이다. 그런데 동쪽 이웃이 소를 잡는 것은 교외에서 태뢰(太牢; 소·양·돼지 등 세 희생을 갖추어서 제사 지내는 것)를 지냄을 의미한다. 그렇지만 이 구오효사에서는 동쪽 이웃의 태뢰가 서쪽 이웃의 약제보다 못하다고 하고 있다. 이에 대해 왕부지는 이곳과 『주역패소』에서 자세하게 설명하고 있다.

1028) 이는 이른바 「문왕후천도(文王後天圖)」를 기반으로 한 설명이다. 이 도(圖)에서는 정동에 진괘☳, 정서에 태괘☱, 정남에 이괘☲, 정북에 감괘☵가 자리 잡고 있는 것으로 되어 있다. 그리고 간괘☶는 북동, 손괘☴는 남동, 곤괘☷는 남서, 건괘☰는 북서쪽에 자리 잡고 있다. 이는 「복희선천도(伏犧先天圖)」와는 완전히 다르다. 「복희선천도」는 이 우주가 생성되어 나오는 순서를 드러내고 있고, 「문왕후천도」는 이 우주의 운행 원리를 드러내고 있다고 한다. 자세한 것은 앞면 그림 2. 「복희선천팔괘방위지도」를 참조하라.

되고 육사효는 '서쪽 이웃'이 된다.[1029] 이들 두 음(陰)이 건너가려 하는데 구오효의 존엄함 때문에 꺼리고 있다. 그러므로 모두들 우러러보며 건너가는 것을 그가 도와주기를 갈망하고 있다.

그런데 육사효는 행동을 삼가면서 검약하게 살아가고 있으니, 제수(祭需)를 다 갖추지 못한 채 박하게 제사를 지내는 상(象)이다. 이에 비해 상육효는 가득 차 있고 도리에 어긋나게 함부로 제사를 지내니, 태뢰(太牢)의 제사를 지내는 상(象)이다. 이러한 상황에서 구오효가 둘 중의 하나를 선택한다면 당연히 아래에 있는 육사효를 택하는 것이 옳다고 여길 것이다. 제사를 지내자 신(神)이 흠향(歆饗)하는 것을 '복(福)'이라 한다. 그런데 육사효가 바치는 것을 흠향함은, 육사효의 도리에 합당하기 때문이다. 이에 비해 동쪽 이웃은 사치하며 머리를 적시는 이다. 그래서 비록 제물은 풍성하지만 정성이 미치지 못한다. 그래서 거절해야 할 따름이다. 이는, 구오효가 비록 굳셈으로서 득중하기는 하였지만, 올곧은

1029) 왕부지는 『주역패소』에서 이에 대해 설명하고 있다. 윗사람이 아랫사람에게 임할 적에는 신분이 높은 사람이 왼쪽에 서고 신분이 낮은 사람들이 오른쪽에 선다고 한다. 그래서 윗사람이 북쪽에서 남쪽을 바라보고 있다면 왼쪽이 동쪽으로서 신분이 높은 사람들이 서 있고, 오른쪽이 서쪽으로서 신분이 낮은 사람들이 서 있게 된다. 예(禮)와 관련된 문헌들에서는 모두 이렇게 기술하고 있다는 것이다. 제사상 차림의 원리도 이와 같다. 그러므로 천자를 상징하는 이 구오효사의 입장에서 보면, 동쪽 이웃은 상육효가 되고, 서쪽 이웃은 육사효가 된다. 그런데 상육효는 이미 다 건너갔다고 하여 교만하고, 육사효는 건너가야 할 입장이기 때문에 행동을 삼간다. 그러므로 이 구오효는 오직 육사효에게만 복을 준다는 것이다. 그런데 상육효는 지극히 높은 자리에 올라 도리에 어긋나게 함부로 천자가 하늘과 땅에게 지내는 제사(郊禮)를 지내고 있으니, 신(神)이 그 제물을 흠향(歆饗)하지도 않고 복을 주지도 않는다는 것이다.

이들과 망령된 이들이 이처럼 뒤섞여서 나아가니, 이를 경계하여 어느 쪽을 버리고 어느 쪽을 취할지 알도록 하는 것이다.

그런데 주자(朱子)는 이를 문왕과 주(紂)에 관한 일로 보았다. 그렇다면 문왕은 한창 은나라에 복속(服屬)하여 섬기고 있는데 '이웃'이라 칭했다는 것이고, 또 복을 받았다고 스스로 자랑한다는 것이 되고 만다. 문왕의 지극한 덕을 어찌 주공이 차마 이렇게 거듭 속이겠는가!1030)

「象」曰: '東鄰殺牛', 不如西鄰之時也. '實受其福', 吉大來也.

「상전」: '동쪽 이웃이 소를 잡아 제사를 지냄'은 서쪽 이웃이 때에 맞추어 제사를 지내는 것만 못하기 때문이다. '실로 그 복을 받는다'는 것은 길함이 크게 온다는 것이다.

1030) 왕부지는 효사의 지은이를 주공(周公)으로 보기 때문에 이렇게 말하고 있는 것이다. 그리고 왕부지는 『주역패소』에서 이 구오효사에 대한 『주역본의』의 풀이에 문제가 있음을 지적하고 있다. 첫째는 문왕은 당시 은나라에 복종하며 섬기는 데서 정성을 다하였고, 둘째는 문왕이 주(紂)왕으로부터 마음대로 정벌을 해도 되고 마음대로 사람을 죽여도 된다고 하는 대권을 상징하는 부월(鈇鉞)까지 받은 입장으로서 이들 사이에는 군주와 신하의 관계에 있기 때문에, 문왕은 은나라와 나란히 설 수도 없고 '이웃'이라 칭할 수도 없다는 것이다. 만약에 그렇다고 한다면, 이는 문왕이 은왕에게 맞섰다는 의미가 되니, 결국 이 효사를 지은 주공이 그의 아버지이기도 한 문왕의 덕을 덮어버리는 셈이 된다는 것이다.

'禴祭', 夏祀. 以時舉者, 儉而有節之謂. '吉大來'者, 錫福於四, 人神交
綏. 四之愼於濟, 吉道也, 乃於四不言吉, 而於此言之, 四之畏謹, 無徼
福之心也.

'약제(禴祭)'는 여름 제사다. '때'에 맞추어서 거행하기 때문에 검소하면서
도 절약한다는 의미가 있다. '길함이 크게 옴'이란 육사효에게 복을
하사함인데, 사람과 신(神)이 교접하며 위무함이다. 육사효가 건너감에
서 신중한 것이 이렇게 길함을 불러오는 것이다. 그런데 정작 육사효사에
서는 '길하다'고 말하지 않고 이 「상전」에서 말하는 까닭은, 육사효가
두려워하고 삼가며 요행으로 복을 바라는 마음이 없기 때문이다.

上六, 濡其首, 厲.

상육: 그 머리를 적심이다. 위태롭다.

陰六居上, 恃得位得應而猛於濟, 水淹其頂而不恤, 危矣哉! 陰之亨至
此而極, 陰之亂至此而不可弭矣. 陰陽相雜, 各安其所, 而變化之道窮.
過此而無可爲者, 則唯撓亂以成乎'未濟'; 陰陽向背十二位, 自然之理
數也.

이 상육효는 음으로서 목에 힘을 주고 교만을 떨며 맨 윗자리를 차지하고
있는데, 지금 자신이 제자리를 얻었고 응하는 이도 있다는 것을 믿고서
건너감에서 맹렬하다. 그리고 물이 그 머리를 적시는 것조차 괘념치
않는다. 위태롭도다! 음의 형통함은 여기에 이르러서 극에 달하고, 음의

혼란함은 여기서 이르러서는 그칠 수가 없다. 음·양이 서로 뒤섞인 채 각기 제 거소에서 안주하고 있으니, 변화의 도(道)는 다한 것이다. 이를 지나쳐서 더 이상 무슨 일을 할 수 없게 되면, 오직 요란스럽기만 하여 '아직 건너지 못했다는 의미의 미제괘䷿를 이루게 된다. 이는 음·양이 12위(位)에서 앞쪽으로 왔다 뒤쪽으로 갔다 하면서 드러내는 자연스러운 이치다.

「象」曰: ‘濡其首厲’, 何可久也!

「상전」: "그 머리를 적심이다. 위태롭다."고 하니, 어찌 오래갈 수 있으리오!

天下無有各據其所安之位, 相雜相合而可久者. ‘濡其首’, 則耳無所聞, 目無所見, 不知物變之至, 陰且消, 而陽亦失其位矣.

이 세상에는 각기 그 편안한 자리를 차지한 채 서로 뒤섞이고 서로 함께 있으면서 오래갈 수 있는 것이란 없다. '그 머리를 적심'이면, 귀로 무슨 소리를 들을 수가 없고 눈으로 무엇을 볼 수가 없으니, 물(物)들의 변함이 이르더라도 알 수가 없다. 이래서는 음이 사라져버릴 뿐만 아니라 양도 그 자리를 잃어버리는 것이다.

●●●

未濟卦_{坎下離上}
미제괘 ䷿

未濟. 亨, 小狐汔濟, 濡其尾, 无攸利.

미제괘: 형통하다. 작은 여우가 물을 거의 다 건넜는데 그 꼬리를 적심이다.
이로울 바가 없다.

'未濟', 陰未濟也. 陰起於初, 進於三, 躋於五, 俱失其位, 爲陽所覆,
而不得達於上, 故未濟也. 以'離'·'坎'言之, 火炎上, 而已上則散; 水流
下, 而已下則涸, 各遂其情而不相爲用, 則火與水皆不足以成化, 亦未
濟也.

이 괘의 이름을 나타내는 '아직 건너지 못함未濟'이란 음이 그렇다는
의미다. 이 괘에서 음들은 초효에서 일어나 3효에로 나아가고 5효에
올랐지만, 다 제자리를 잃고 있는 것들이다. 게다가 양들이 뒤덮고 있으니
위에까지 다다를 수도 없다. 그러므로 '아직 건너지 못함'인 것이다.
이를 이 괘의 소성괘들인 이괘☲와 감괘☵의 관점에서 말하면, 이괘가
상징하는 불은 위로 타오르는데 이미 다 타서 올라가 버리면 흩어져버리
고 만다. 그리고 감괘가 상징하는 물은 아래로 흘러가는데 이미 다
내려가 버리면 그 자리가 말라버린다. 이처럼 불과 물이 각자의 사정을
이룰 뿐 서로가 서로에게 쓰임이 되지를 않는다.[1031] 그래서 불과 물이

모두 지어냄[造化]을 이루어내기에는 부족하다. 이 또한 '아직 건너지
못함'이다.

陰未濟而陽上達, 陰不能揜, 乃不言陽之濟, 而言陰未濟; 三陰失位,
三陽亦失, 抑不言陽未濟, 而但言陰. 蓋陽氣之流行, 上窮碧霄, 下徹黃
壚, 無往而非其體之所在, 無往而非其用之所行; 天包地外, 亦入地中,
升降出入, 行焉而皆得, 化焉而皆成, 故曰"時乘六龍以御天". 若陰之
升而成功於兩間, 非陽襲其內以震起之, 則凝滯而不足以資變著之
生. 陽覆於上, 不爲鼓盪以升, 而陰不濟矣. 故旣濟・未濟, 皆以陰道
之成毁言, 而陽不與焉.

음은 아직 다 건너지 못했는데 양은 위에 도달해 있고, 음은 엄폐할
수가 없다. 그런데 '양의 건넘'을 말하지 않고, 음의 '건너지 못함'을
말하고 있다. 그리고 이 미제괘䷿에서는 세 음이 모두 제자리를 잃고
있지만 세 양도 모두 제자리를 잃고 있다. 그런데도 양이 건너지 못했다고
는 하지 않고 단지 음이 그랬다는 것만을 말하고 있다.
그 까닭에 대해 생각건대, 양기의 유행함은 위로는 저 푸른 하늘 멀리까지
그리고 아래로는 저승에 이르기까지, 그 어디를 가더라도 그 본체의
소재가 아닌 곳이 없고, 어디를 가더라도 그 작용이 행해지지 않는 곳이

1031) 이 미제괘䷿에서 이괘☲는 위에 있고, 감괘☵는 아래에 있다. 그래서 서로
간에 전혀 영향을 미치거나 쓰임이 되지 못한 채, 불은 그냥 위로 타오르다
끝나버리고, 물은 그냥 아래로 다 흘러내려가 버린 뒤 그 자리가 말라버리는
상(象)이 되어 있다.

없다. 하늘은 땅 밖을 휩쌀 뿐만 아니라 땅속으로 들어가기도 하는데, 오르락내리락하고 들고나면서, 행하면 모두 다 얻고 지어냄[化]에서는 모두 다 이루어낸다. 그러므로 "때에 맞게 여섯 마리의 용이 끄는 탈것을 타고서 하늘을 부린다."[1032]고 하는 것이다.

그런데 음(陰)이 하늘과 땅 사이에서 올라가서 공(功)을 이루는 것을 보면 이와 다르다. 양이 그 속으로 엄습하여 떨쳐 일으키지 않으면 음은 엉긴 채 그대로 정체(停滯)해 있으니, 다양하게 변화하며 번성하는 생명체들의 바탕이 되기에 부족하다. 그리고 양이 그 위에 덮고 있으니, 고무하고 격탕함으로써 올라가게 하지 않는다면 음으로서는 건너갈 수가 없는 것이다. 그러므로 기제·미제괘에서는 모두 음의 도(道)의 이루어짐과 허물어짐으로써 말하는 것이며, 양은 더불어서 말하지 않는 것이다.

'亨'者, 陰之亨也. 陰得中, 而麗乎剛以爲明, 故亨. 旣亨矣, 而又云"小狐汔濟, 濡其尾, 无攸利"者, 得位而居則亨, 欲行焉則无利也. '未濟'三陽皆失位矣, 陰陽相間而陽道窮, 然而陽失位而陰亦不得, 則陰之不利未足以爲病. 故擬之以小狐濡尾, 若有幸辭焉. 狐者, 淫或之獸也, 雜處以交於人, 而更利於濟, 則爲人道之患. 故於其麗於明也, 則迪之以君子之道而許其亨; 於其弱而無力, 狂而妄逞, 則明告以凶咎而止其愿; 『易』之所以曲爲裁成也.

1032) 「단전」, 건괘䷀에 나오는 말이다.

이 미제괘䷿ᆞ 괘사의 '형통함'이란 음의 형통함을 말한 것이다. 음이 득중한 채 양의 굳셈에 붙어서 밝음을 내고 있기 때문에 형통한 것이다. 그런데 이렇게 이미 형통한 것인데 또 "작은 여우가 물을 거의 다 건넜는데 그 꼬리를 적심이다. 이로울 바가 없다."고 하는 것은, 음들이 제자리를 얻었으니 거기에서 그대로 살아가고 있으면 형통하지만 어디로 가려고 하면 이롭지 않다는 의미다.

이 미제괘䷿ᆞ의 세 양효는 모두 제 마땅한 자리를 잃은 것들이다. 그리고 음과 양이 하나씩 하나씩 서로 엇갈리게 칸을 이루고 있다. 그래서 양의 도(道)가 궁하다. 그러나 양들이 제자리를 잃고 있지만 음들도 제자리를 얻지 못하고 있으니, 음들이 이롭지 않음이 꼭 병통이 되지는 못한다. 그러므로 '작은 여우가 그 꼬리를 적심'으로 유비하여 마치 안타까이 여기는 듯이 말하는 것이다. 그런데 여우는 음험하여 사람을 홀리는 짐승이다. 사람과 뒤섞여 살며 사람과 부닥치게 되고 더욱이 이들이 건넘에서 이롭게 되면, 사람이 할 일을 하는 데서 근심거리가 된다. 그러므로 이들이 밝음에 붙어 있음에 대해서는 군자의 도리로 이끌면서 형통함을 허용하지만, 이들이 약하여 힘이 없으면서도 미쳐 날뛰며 제멋대로 굴면 흉함과 아쉬워함으로써 분명하게 알려주어서 그 사특함을 멈추게 하는 것이다. 『주역』은 이처럼 완곡하게 재제하여 이루어내고 있다.

嗚呼! '既濟'·'未濟'之世, 難矣哉! 非人事之有此也, 氣數然也. 天下豈有旦善而夕惡, 左君子而右小人者哉! 亦豈有刑與賞相參以成治, 欲與理相錯以成德者哉! '既濟'之世, 已成乎雜糅之局, 而據爲得; '未濟'

之世, 未成其各得之利, 而猶有所憂疑, 則未濟愈矣. 小狐濡尾而无攸利, 未始非陽之利也. 『易』以二卦終, 則以見陰陽之交感以成乎雜亂, 其變之極, 且至於如此; 險阻之極至, 非'乾'‧'坤'之易簡, 莫能知其變而定之以大常也.

오호라! 기제괘䷾‧미제괘䷿의 세상은 어려운 것이도다! 사람이 하는 일에는 이와 같은 것들이 있지 않다. 기(氣)의 운행 도수(度數)가 이러한 것이다. 이 세상에 어찌 아침에는 좋다가 저녁에는 나쁜 것이 있고, 왼쪽은 군자인데 오른쪽은 소인인 것이 있으리오! 또한 어찌 형벌을 줌과 상을 줌을 서로 뒤섞어서 이루어내는 태평성대가 있으며,[1033] 욕구와 이치를 서로 뒤섞어서 이루는 덕이 있겠는가! 기제괘의 세상은 이미 잡스럽게 버무려진 국면이니, 있는 곳에 그대로 거처하는 것이 득이다. 그리고 미제괘의 세상에서는 아직 그 각기 얻은 이로움을 성취하지 못하고 있어 오히려 근심이 되고 의심이 되니, 건너가지 않는 것이 더 낫다.

작은 여우가 꼬리를 적시며 이로울 바가 없다고 하는 것도, 애당초 양의 이로움이 아닌 것이 아니다. 『주역』이 이들 두 괘로 끝을 맺고 있는 것은, 음‧양이 교감하여서 잡되고 혼란스러움을 이루는 것을 보여주기 위함이다. 그 변함의 극이 또한 이와 같음에 이른다는 것이다. 이토록 험난하고 가로막음의 극함이 이른 경우에는 건괘䷀‧곤괘䷁

1033) 형벌을 줄 사람에게는 형벌을 주고 상을 줄 사람에게는 상을 주어야지, 형벌을 줄 사람에게 상을 준다거나 상을 줄 사람에게 형벌을 주어서는 안 된다는 것이다. 또 하나의 일로 형벌과 상을 동시에 주어서는 안 된다는 것이다. 이렇게 해서는 태평성대를 이룰 수가 없다는 것이다.

두 괘의 덕인 평이함과 간결함이 아니고서는 그 변함을 알아서 위대한 상도(常度)로써 안정시킬 수가 없다.

「彖」曰: '未濟亨', 柔得中也.

「단전」: '미제괘의 형통함'은 부드러움이 득중하였기 때문이다.

六五得中, 柔道亨矣. 虛中以受陽, 承剛而麗之以明, '未濟'之愈於'旣濟'以此. 故'旣濟'言'亨小', 而未濟言'亨'. 柔道得, 則剛志亦行.

이 미제괘䷿에서는 육오효가 득중하고 있으니 부드러움[柔]의 도(道)가 형통한 것이다. 이 육오효가 자신을 비우고서 양을 받아들일 뿐만 아니라 굳셈을 받들며 그에 붙어서 밝음을 발하고 있다. 바로 이러한 이유에서 미제괘가 기제괘보다 나은 것이다. 그러므로 기제괘에서는 '소인에게 형통함'이라 하였지만, 이 미제괘에서는 그냥 '형통하다'고 하고 있다. 부드러움의 도를 얻었으니, 굳셈의 뜻함도 행해진다.

'小狐汔濟', 未出中也.

'작은 여우가 물을 거의 다 건넜는데'라는 것은 아직 가운데로부터 벗어나지 못했다는 것이다.

合三陰而謂之'小狐', 以其秉陽之間而居其位也. '未出中'者, 欲上濟而止於五, 未達乎上也. 陽位極於五, 陰位極於上. 上者, 陰之尊位也. '汔'者, 將至未至之辭. 陰不達上, 僅至於五, 故爲'汔濟'.

이 미제괘䷿의 세 음효를 합하여 '작은 여우'라 한 것이다. 이들이 양효들의 사이를 파고 들어가서 그곳을 자리삼아 거처하고 있기 때문이다. '아직 가운데로부터 벗어나지 못했다'는 것은 위로 건너가려 하지만 5효에서 그치고 상효까지는 다다르지 못했다는 의미다. 양의 위(位)는 5효에서 극에 이르고 음의 위(位)는 상효에서 극에 이른다. 상효는 음의 존귀한 자리다. '거의'라는 말은 장차는 이를 테지만 아직은 이르지 못했다는 말이다. 음이 상효에 다다르지 못하고 겨우 5효까지 이르렀기 때문에 '거의 건넘'이 된다.

'濡其尾无攸利', 不續終也.

'그 꼬리를 적심이다. 이로울 바가 없다.'는 것은 끝마침으로 이어지지 않는다는 의미다.

三躁進, 五居尊, 初乃滯於下, 不能相繼以上升, 陰之不利也.

이 미제괘䷿의 세 음효를 보면, 3효는 나아감에 조급해하고, 5효는 존귀한 자리를 차지하고 있으며, 초효는 여전히 맨 아래에 정체해 있다. 그래서 이들로서는 서로 이어받아가며 위로 올라갈 수가 없다. 이는 음에게 불리함이다.

雖不當位, 剛柔應也.

비록 모두들 제 마땅한 자리들을 차지하고 있지는 않지만, 굳셈[剛]·부드러움[柔]들이 모두 응하고 있다.

'旣濟'亦剛柔應, 而獨於'未濟'言之者, '旣濟'當位, 則剛以居剛, 柔以居柔, 各擅其所利而恣其情之所安, 則雖應而志不相下. '未濟'不當位, 以剛居柔, 以柔居剛, 剛者不傲, 可以交陰而不驕, 柔者不靡, 可以交陽而不吝, 寬猛相劑, 刑賞相資, 溫厲相節, 則以感焉而通, 故五·上皆言'有孚', 以柔之有剛, 剛之有柔也. 在他卦則固以當位而應者爲亨利, 而此二卦異焉. 陰陽雜而相間, 各有時位之可據, 則易以起疑, 貌合而情不親, 固異於他卦之純焉而無互競之情也. 不當位而應以無疑, 故'未濟'六爻皆愈於'旣濟'.

기제괘䷾도 굳셈[剛]·부드러움[柔]이 응하고 있지만 유독 이 미제괘䷿에서만 이에 대해 말하는 까닭은 이러하다. 즉 기제괘에서는 여섯 효들이 모두 마땅한 제자리들을 차지하고 있어서 굳셈들은 굳셈의 자리에 거처하고 있고 부드러움들은 부드러움의 자리에 거처하고 있다. 그래서 이들은 각기 그 이로운 바를 제멋대로 누리며 그 마음씀이 편안한 대로 방자하게 굴고 있다. 그래서 서로들 응하고는 있지만 그 누구도 상대방의 아래로 갈 뜻이 없다. 이에 비해 미제괘의 여섯 효들은 모두 마땅한 제자리들을 차지하고 있지 않다. 굳셈들은 부드러움의 자리에 거처하고 있고, 부드러움들은 굳셈의 자리에 거처하고 있다. 그래서 굳셈들도 오만을 부리지 않고 음과 교제하며 교만하지 않을 수 있다. 그리고 부드러움들도 휩쓸리지 않고 양과 교제하며 아쉬워할 일을 하지 않을 수 있다. 그리하여 관용과 맹렬함이 서로 배합하여 상승효과를 내고, 형벌과 시상이 서로 도움을 주며, 온화함과 매서움이 서로 조절해주니, 이렇게 하여 서로 간에 느낌을 주고받으며 통하게 된다. 그러므로 이 미제괘의 육오효와 상구효에서는 모두 '믿음성이 있음'을 말하고 있는데, 이는 부드러움에게 굳셈이 있고 굳셈에게 부드러움이 있기 때문이다. 다른 괘들에서는 본디 마땅한 제자리를 차지한 채 응하는 것만이 형통하고 이로웠는데, 이들 두 괘는 이와 다른 것이다.

기제괘☲☵처럼 음・양이 뒤섞인 채 하나씩 하나씩 서로 엇갈리게 칸을 이루고 있으면서 각기 제 시(時)・위(位)에 맞게 거처를 삼고 있는 경우에는 쉽게 의심을 일으킨다. 그래서 겉으로 드러나는 모습으로는 화합하는 것처럼 보여도 정(情)으로는 친하지 않다. 이는 진실로 다른 괘들이 순수하며 서로 간에 경쟁할 마음이 없는 것과는 다르다. 그런데 각기 제 마땅한 자리들을 차지하고 있지 않으면서도 의심함이 없이 응하고 있기 때문에, 미제괘의 여섯 효들은 모두 기제괘의 그것들보다 낫다.

「象」曰: 火在水上, '未濟', 君子以愼辨物居方.

「대상전」: 불이 물 위에 있음이 미제괘니, 군자는 이를 본받아 물(物)들을 변별하고 각기 제자리에서 거처하도록 둠에서 신중함을 다한다.

'居方'者, 隨物之性情功效, 而處之以其所安, 各居其分位, 不相紊也. 愼於辨, 則知之明; 愼於居, 則處之當矣. 火本上, 水本下, 不相濟也. 置水火上, 以成熟變之功, 而患亦隨之, '旣濟'所以必防. 辨之明, 而使各居其所, 雖未有功, 自可無過. 蓋天下之物, 一物自爲一物, 貞淫美惡, 本不相雜. 知其異, 乃可統其同, 而水火之爭以息, 不可不愼也.

'居方(거방)'이란 물(物)들의 성(性)과 정(情) 및 이들이 일으키는 효과에 따라 그 편안해 함대로 처리하고 각기 그 나뉜 위치에 거처하게 하여 서로를 문란하지 않게 함이다. 변별함에서 신중히 함은 앎이 밝은 것이고, 거처함에서 신중함은 처신함이 타당한 것이다. 불은 본래 위로 올라가고 물은 본래 아래로 내려가니, 둘은 서로 이루어주지 않는다. 물을 불 위에 올려놓으면 삶아서 익히는 효과를 내지만 거기에는 우환 또한 따른다. 그래서 기제괘䷾에서는 반드시 방비한 것이다.

변별함이 분명하여 각기 그 거소에서 살아가게 두면, 비록 아직 공(功)을 이룬 것은 아니라 할지라도 저절로 허물은 없을 수 있다. 생각건대 이 세상에 존재하는 것들을 보면, 하나의 물(物)이 스스로 하나의 물(物)이 된다. 그래서 올곧은 것들과 음란한 것들, 아름다운 것들과 추악한 것들이 본래 서로 잡스럽게 뒤섞이지 않는다. 그 다름을 알아야 이에 그 같음을 통괄할 수 있다. 물과 불은 꺼지게 함으로써 다투니, 이들에 대해서는 신중히 하지 않을 수 없다.[1034]

1034) 물과 불처럼 물(物)들을 잘 구별하여 각기 제자리에서 제 구실을 하며 존재하도록 하여야 한다는 것이다. 그러면 물(物)들은 각기 나름대로 존재하며 살아가게 된다는 것이다. 그렇지 않고 이들을 구별하지 않은 채 한데 뒤섞어 놓으면 문란해진다는 것이다.

初六, 濡其尾, 吝.

초육: 그 꼬리를 적심이다. 아쉬워함이 있다.

柔弱在下, 欲濟而不能, 故有此象. 象言'无攸利者, 統三陰而言也. 此言'吝者, 爲初六一爻言也. 初无求利之心, 利亦違之, 爲吝而已.

이 초육효는 부드럽고 약함으로서 맨 밑에 있으니 건너가고자 하지만 불가능하다. 그러므로 이러한 상(象)이 있다. 그런데 괘사에서 '이로울 바가 없다'고 한 것은 이 미제괘䷿의 세 음효들을 통틀어서 한 말이고, 여기서 '아쉬워함이 있다'고 한 것은 이 초육효 하나에 대해서만 말한 것이다. 이 초육효는 이로움을 추구하는 마음이 없으니 이로움 또한 이 초육효를 비켜간다. 그래서 아쉬워함이 될 따름이다.

「象」曰: '濡其尾', 亦不知極也.

「상전」: '그 꼬리를 적심'은 역시 어떻게 이를지를 모르기 때문이다.

'極'如詩'誰因誰極'之極. 初爲上二陰所引而欲濟, 以至於濡, 所託非其人, 柔而暗也.

'極(극)'은 『시경』의 "누구를 통해 누구에게 이르러야 하나!"[1035]라고 한 곳에서의 '이르다極'와 의미가 같다. 이 초육효는 위 두 음효들에게 이끌려 건너고자 하는데 꼬리가 젖어버린 상황에 이르고 만 것이다.

의탁한 사람이 제대로 된 사람이 아닌 것이다. 초육효 자체가 유약하고 어두워서 무엇을 잘 모르기 때문에 이러한 결과를 초래한다.

九二, 曳其輪, 貞吉.

구이: 바퀴를 끎이며 올곧아서 길하다.

柔欲濟, 而二以剛中止之, 初是以有濡尾之吝. 裁陰而不使得志, 得正
而吉矣.

초육효의 부드러움이 건너고자 하는데 이 구이효가 굳셈으로서 득중하여 이를 저지하고 있다. 이 때문에 초육효에게는 꼬리를 적시고 마는 아쉬워함이 있다. 이렇게 이 구이효는 초육효라는 음을 싣고 가면서 그 뜻함을 이루지 못하게 하고 있으니, 올바름을 얻어서 길한 것이다.

「象」曰: 九二貞吉, 中以行正也.

「상전」: 구이효의 올곧아서 길함은 득중하여 올바름을 행하기 때문이다.

1035) 『시경』, 「국풍(國風)・용풍(鄘風)」 편의 「재치(載馳; 수레를 몰고 말을 달리며)」라는 시에 나오는 일부분이다. 당시 위(衛)나라의 제후가 나라가 곤고한 상황에 처하여 대국의 힘을 빌려 이를 타개하고 싶은데 누구를 통해 누구에게 가야할지를 모르겠다고 탄식하는 구절이다.

剛不當位, 本非正也. 居中而不過, 以剛處柔, 而善其閑勒, 則中以得正矣. 陰陽之相間, 陰起乎下以上進, 未易禁其淫泆, 而初六卑柔, 則猶可禁止. 道宜剛斷以裁抑之, 而又不欲過激. 二唯剛柔相劑, 而以中道行之, 故處於二陰之間, 而不爲其所忌. 奚必大正以相治, 而後得爲貞乎!

『주역』의 괘들에서는 일반적으로 굳셈[剛]이 제자리를 마땅하게 차지하고 있지 않으면 본래는 올바르지 않다. 그러나 이 구이효는 가운데 자리를 차지하고서도 지나치지 않고, 굳셈으로서 부드러움을 다루면서 그가 나대지 못하도록 잘 단속하고 있다. 그래서 가운데 자리에 있으면서 올바름을 얻는 것이다. 음·양이 하나씩 하나씩 서로 엇갈리게 칸을 이루고 있는 상황에서 음이 아래에서 일어나 위로 나아가려 하면 그 음란함을 금하기가 쉽지 않다. 그러나 초육효가 비천하고 유약하니 금지할 수 있다.

이 구이효가 구사하는 원리와 방법은 굳세고 과단성이 있어서 제재하고 억누름에 알맞은데, 그렇다고 하여 또한 그에게 지나치게 과격하게 대하려 하지도 않는다. 구이효는 오직 굳셈과 부드러움을 서로 잘 배합하여 중도(中道)로써 행하고자 하는 것이다. 그러므로 두 음효들 사이에 처해 있으면서도 그들에게 기피의 대상이 되지 않고 있다. 그러니 어찌 꼭 크게 올바름으로써 서로 다스려야 하고, 그러한 뒤에라야 올곧음을 얻겠는가!

六三, 未濟征凶, 利涉大川.

육삼: 다 이루지 못하며 정벌을 나가서는 흉하다. 큰 하천을 건넘에 이롭다.

三爲進爻, 乘險而上進, 力弱而志剛, 以之行焉, 其凶必矣. 然而'利涉
大川'者, 當險難之極, 無必全之道. 不顧利害而求上承乎剛, 甯武子以
之. 至於此, 則吉凶非其所謀, 無可避之患也. 凶而云'利'者, 可益見『易』
之言利, 皆以合義利物爲利, 而非如「火珠林」之類, 以快志而得財, 爲
小人所喩之利也.

3효는 나아감의 효(爻)다. 그런데 지금 험난함을 타고서 위로 나아가는데
힘이 약하면서도 뜻함만 굳세어서 이렇게 가고 있다. 그래서 흉하리라는
것은 필연이다. 그런데도 '큰 하천을 건넘에 이롭다'고 한 까닭은, 이토록
험난함이 극한 상황에서 이 육삼효에게는 꼭 자신을 보전하게 하겠다는
도(道)가 없기 때문이다. 이 육삼효는 이해타산 따위는 전혀 고려하지
않고 위로 굳셈을 받드는 것만을 임무로 삼고 있다. 영무자가 바로
이렇게 하였다.[1036] 이러한 경우에는 길·흉이 전혀 도모함의 대상이
되지 않으니, 피할 수 있다고 하는 환란도 없다. 그런데 흉하다고 하면서도
'이롭다'고 하는 것을 보면,『주역』에서 말하는 '이로움'이라는 것이 무엇
인지를 잘 알 수 있다. 그것은 다름 아니라 모두 의로움에 합치하고
물(物)들을 이롭게 하는 이로움이다. 이는 「화주림」[1037] 따위에서 제

1036) 영무자(甯武子)는 춘추시대 위(衛)나라의 대부 영유(甯兪)를 가리킨다. 시호
ᅠᅠᅠᅠ가 무자(武子)다. 영무자가 위(衛)나라의 성공(成公)을 보필할 때의 자세가
ᅠᅠᅠᅠ바로 이러하였다. 당시 성공을 보필하는 것이 자신에게 불리하였지만 이해타
ᅠᅠᅠᅠ산을 따르지 않고 오로지 그는 주군을 보필하는 충성심으로만 보필하였던
ᅠᅠᅠᅠ것이다. 그래서 당시 성공의 신하들이 주군을 잘못 보필한 책임을 물어
ᅠᅠᅠᅠ죽임을 당하였음에도 불구하고, 영무자만은 그 충성심을 참작하여 면직하는
ᅠᅠᅠᅠ것으로 끝났다. 공자는 이 영무자를 대단히 높이 평가하였다. 그에 대해서는
ᅠᅠᅠᅠ주127)을 참고하기 바란다.

뜻하는 것을 상쾌하게 실현하고 재물을 얻는 것을 소인들이 이해하는
이로움으로 여기는 것과는 전혀 다르다.

「象」曰: '未濟征凶', 位不當也.

「상전」: '다 이루지 못하며 정벌을 나가서는 흉함'은 이 육삼효의 위(位)가
마땅하지 않기 때문이다.

> 位不當而欲上進則必凶. '未濟'之位皆不當, 獨於此言之, 以其志可取
> 而窮於時也.

말하자면 위(位)가 마땅치 않은데도 위로 나아가고자 하니 필연코 흉하다
는 것이다. 이 미제괘䷿에서는 여섯 효가 모두 마땅치 않은 자리에
와 있는데, 유독 이 육삼효에서만 이에 대해 말하고 있다. 그 까닭은,
이 육삼효의 뜻함은 긍정적으로 보아줄 수 있지만 그것이 시(時)에서
궁하기 때문이다.

九四, 貞吉悔亡. 震用伐鬼方, 三年有賞於大國.

구사: 올곧고 길하며 후회함이 없다. 격동하며 평안하지 않기에 귀방(鬼方)

1037) 「화주림」에 대해서는 주326)을 참고하기 바란다.

정벌에 나서는데 3년이 되어야 큰 나라로부터 상을 받는다.

> 以剛居柔, 當陰陽交持之世而不失其正者也, 故不當位, 本有'悔'而可
> 以'亡'. '震', 動而不寧之謂. 居二陰之間, 不能寧處, 則必有征伐之事.
> '伐鬼方', 下臨坎險而治之也. 剛柔有節, 興師而不暴, 則克之雖難, 而
> 功成受賞矣. '大國', 謂主兵者非奉五之命, 故賞非天子頒之.

이 구사효는 굳셈으로서 부드러움의 자리를 차지하고 있는데, 음·양이
교접하며 버티고 있는 상황 속에서 그 올바름을 잃어버리지 않는 이다.
그러므로 제자리를 마땅하게 차지하고 있지 않기 때문에 본래 '후회함'이
있어야 하지만 '없을' 수가 있다. '震(진)'은 격동하며 평안하지 않음을
일컫는 말이다. 이 구사효는 두 음효들 사이에 있으니 평안하게 거처할
수가 없다. 그래서 반드시 정벌에 나서야 할 일이 생긴다. '귀방 정벌'이란
이 구사효가 아래로 감괘☵의 험난함에 임하여 다스림을 가리킨다.
그런데 이 구사효는 굳셈과 부드러움을 잘 조절하여 상승효과를 내고
군대를 동원하더라도 포악하게 굴지 않는다. 그래서 비록 극복하기는
어렵다 하더라도 공(功)이 이루어져 상을 받게 되는 것이다. '큰 나라'라고
만 한 까닭은 군대를 동원한 주된 임무가 천자를 상징하는 구오효의
명(命)을 받들고자 함이 아니기 때문이다. 그러므로 이 상은 천자가
주는 것이 아니다.

「象」曰: '貞吉悔亡', 志行也.

「상전」: '올곧고 길하며 후회함이 없다'는 것은 뜻함을 행한다는 의미다.

陰之未濟, 陽志得行, 剛柔得宜, 不憂陰之憑險以相難矣.

음은 아직 건너지 못하고 있는데 양의 뜻함을 행할 수 있으니, 굳셈(剛)과 부드러움(柔)이 알맞음을 얻은 것이다. 그래서 음이 험난함에 빙자하여 서로 어렵게 한다는 것을 근심할 필요가 없다.

六五, 貞吉无悔, 君子之光, 有孚, 吉.

육오: 올곧고 길하며 후회함이 없다. 군자의 광명이며 믿음성이 있다. 길하다.

以柔居剛而履中, 未出乎中而不求上進, 安其位而知止, 故得正以吉, 而固无悔. 處陰陽交雜之世, 獨能虛中以麗乎二陽, 而著其文明, 雖非大人之造, 而允爲'君子之光'. '君子'者, 以位言, 則守成而不徼功之令主; 以德言, 則希聖而不躐等之純儒. 以是而孚於陽, 雖用異而志同, 陰之以不求濟而得吉者也. 凡言孚者, 皆陰與陰遇, 陽與陽合, 此與上九獨別, 以其位言也. 『易』之不可爲典要, 辭亦有之, 存乎人之善通耳.

이 육오효는 부드러움으로서 굳셈의 자리를 차지하고 있지만 중도(中道)를 실현하고 있다. 그리고 아직 가운데 자리를 벗어나 위로 나아가기를 추구하지도 않고, 그 지위에 편안해 하며 멈출 줄을 안다. 그러므로 올바름을 얻어서 길한 것이며, 진실로 후회함이 없다. 이 미제괘䷿처럼 음·양이 교접하며 뒤섞인 세상 속에서 이 육오효만이 자신을 비운 채 두 양들 사이에 끼어 있으면서 그 밝고 환함을 드러내고 있다. 이것이 비록 대인으로서 지어낸 것은 아니라 할지라도 진실로 '군자의 광명'임에는 틀림없다.

여기서 '군자'란 이 육오효가 차지하고 있는 위(位)를 가지고 말한 것이다. 이 육오효는 이룬 것을 지키며 공(功) 따위는 요행으로라도 바라지 않는 현덕한 주체를 상징한다. 이 육오효가 지닌 덕으로써 말한다면, 성인됨을 희구하지만 수준을 건너뛰지 않고 차근차근 밟아 나아가는 순유(純儒)에 해당한다. 바로 이러함으로써 양(陽)에게 믿음을 주니, 비록 서로 작용함은 다르다 할지라도 뜻함은 같다. 그래서 음으로서 건너기를 추구하지 않는 것 때문에 길함을 얻는 것이다.

무릇 '믿음성'이라 한 것은 모두 음과 음이 만나고 양과 양이 화합하는 경우에 말하는데, 이 육오효와 상구효의 경우는 독특하게 이들과는 다른 경우에 해당한다. 이는 이 육오효가 차지하고 있는 위(位)를 가지고 말한 것이다. 『주역』을 풀이하면서 일정불변한 틀을 만들어 모든 괘들에 일률적으로 적용해서는 안 된다(不可爲典要)고 함이 이처럼 괘·효사들에도 드러나 있다. 이것을 얼마나 정확히 해석하여 통달해내느냐는 전적으로 『주역』을 읽는 사람에게 달려 있다.

「象」曰: '君子之光', 其暉吉也.

「상전」: '군자의 광명'이란 그 광휘로움이 길하다는 의미다.

> '暉', 光之散於虛而遙被於物者. 五之有光, 二陽發之, 故其吉在暉. 資陽爲德而不自求成, 所謂"魯無君子, 斯焉取斯"也.

'暉(휘)'는 빛이 허공에서 발산하며 아득히 물(物)들에게 가피(加被)함을 의미한다. 이 육오효의 광명은 위·아래의 두 양효들이 발하는 것이다.

그러므로 그 길함은 이 광휘로움에 있다. 양들에게 도움을 받아 덕을 이룬 채 자신의 성공 따위는 구하지 않는 것이다. 이른바 "노(魯)나라에 군자가 없었다면 이 사람이 어디에서 이 군자다움을 취했겠는가!"[1038]라고 하는 말이 이에 해당한다.

上九, 有孚于飮酒, 无咎. 濡其首, 有孚失是.

상구: 술을 마시는 데서 믿는 이가 있고 허물이 없다. 그 머리를 적심이다. 믿음성이 있지만 이것을 잃어버린다.

> 上九以剛居柔, 故與三相得, 而不拒其求濟之情, 遂相信以交歡, 固非咎也. 乃陰之爲性, 不可與耽者也. 處陰陽交雜之時, 志易以淫. 若以居高而無位之故, 失其所守, 不能如二之'曳輪'·四之下伐, 以相裁抑, 則將爲六三所染而濡其首; 其有孚也, 正其所以失乎'是'也. '是'者, 當其可之謂.

이 상구효는 굳셈으로서 부드러움의 자리를 차지하고 있다. 그러므로 육삼효와 서로 죽이 맞아서는 그가 건넘을 구하는 마음을 거절하지 못하고 마침내 서로 믿으며 환락을 나눈다. 그래서 진실로 허물이 없다.

1038) 공자가 자신의 제자 자천(子賤)을 군자라 칭하며 칭송하는 말이다.(『논어』, 「公冶長」: 子謂子賤, "君子哉若人! 魯無君子者, 斯焉取斯?") 자천은 성은 복(宓)씨, 이름은 부제(不齊)였다. 공자는 이 자천의 인물됨을 이렇게 높이 평가하였고, 사위로 삼기까지 하였다.

그러나 음의 본성은 더불어 탐닉할 만한 것이 못된다. 음·양이 교접하며 뒤섞여 있는 때에 쉽게 음일(淫佚)에 뜻함을 두기 때문이다. 마치 높은 자리를 차지하고 있지만 지위가 없기 때문인 것과도 같이 그 지켜야 할 바를 잃어버린다. 그래서 구이효가 '바퀴를 끌고' 구사효가 아래로 가서 정벌하는 것처럼 육삼효에 대해 이 상구효로서는 제재하고 억누를 수가 없다. 그리고 장차 육삼효에게 물들어서 '그 머리를 적심'이 된다. 그 믿음이 있었어도 바로 '이것'을 잃어버렸기 때문이다. 여기서 '이것'은 당연히 그렇게 될 수 있는 것을 일컫는 말이다.

「象」曰: '飮酒濡首', 亦不知節也.

「상전」: '술을 마심이요 머리를 적심'이란 절제할 줄을 모름이다.

以剛節柔, 故與三宴好而無損. 乃以兩俱失位之故, 遂相與放逸而淫溺, 則且自失節, 何以節彼哉! 君子雖當時不可爲, 猶不忘正大之矩, 與臣言忠, 與子言孝, 雖混迹卜肆, 自有名教在我之責存於心; 柳下惠和而不易其介, 無往而非道, 亦何至有'濡首'之辱哉!

굳셈으로써 부드러움을 절제케 하기 때문에 육삼효와 좋은 주연(酒宴)을 갖으면서도 손실이 없다. 그러나 이들 둘 다 제자리를 잃은 것들이기 때문에 마침내는 서로 함께 될 대로 되라 하며 음란함에 빠져 들어가게 된다. 그래서 스스로도 절개를 잃어버렸으니 상대방을 어찌 절제케 하겠는가!
군자는 비록 당시에는 할 수 없다 하더라도, 오히려 올바르고 큰 규범을 잊어버리지 않는다. 그래서 신하와는 충(忠)을 담론하고 아들과는 효(孝)를 담론하니, 비록 제 신분을 드러내지 않고 속세에 끼어들어가 점집을 차려놓고 점을 쳐서 호구를 면한다 하더라도 저절로 명교(名教)가 자신을 책망함이 마음속에 보존되어 있다. 류하혜(柳下惠)[1039)가 그러하였다. 그는 남들과 어울리면서도 절개를 바꾸지 않고 어디를 가든 도(道)대로 살지 않음이 없었다. 이렇게 한다면 또한 어찌 '머리를 적심'의 치욕이 이르겠는가!

1039) 맹자는 류하혜를 성인 가운데서 남들과 잘 어울리는 특징이 있는 것으로 평가하고 있다.(『孟子』, 「萬章下」: 孟子曰, "伯夷聖之淸者也, 伊尹聖之任者也, 柳下惠聖之和者也.)

왕부지(王夫之)

　1619년 9월(음): 중국 호남성(湖南省) 형주부(衡州府; 오늘날의 衡陽市) 왕아평(王衙坪)의 몰락해가는 선비 집안에서 아버지 왕조빙(王朝聘; 1568~1647)과 어머니 담씨(譚氏) 부인 사이에 3남으로 태어났다. 어려서의 자(字)는 '삼삼(三三)'이었고, 성장한 뒤의 자(字)는 '이농(而農)'이었다. '부지(夫之)'는 그 이름이다. 왕부지의 호는 대단히 많다. 대표적인 것만을 소개하면, 강재(薑齋), 매강옹(賣薑翁), 쌍길외사(雙吉外史), 도올외사(檮杌外史), 호자(壺子), 일호도인(一瓠道人), 선산노인(船山老人), 선산병수(船山病叟), 석당선생(夕堂先生), 대명전객(大明典客), 관아생(觀我生) 등이다. 호는 20개가 넘는데, 스스로는 '선산유로(船山遺老)'라 불렀다. 왕부지와 함께 명조(明朝)의 세 유로(遺老)로 불리는 황종희(黃宗羲; 1610~1695)보다는 9살 아래고, 고염무(顧炎武; 1613~1682)보다는 6살 아래다. 동시대에 활약한 대학자 방이지(方以智; 1611~1671)보다는 8살 아래다.

　1622년(4세): 자신보다 14살 연상의 큰형 왕개지(王介之; 1605~1687)에게서 글을 배우기 시작하다. 왕개지는 그의 자(字)를 좇아 '석애(石崖)선생'으로 불렸는데, 경학(經學)에 조예가 깊은 학자로서 『주역본의질(周易本義質)』과 『춘추사전질(春秋四傳質)』 등의 저술을 남겼다. 왕부지는 9살 때까지 이 왕개지로부터 배우면서 많은 영향을 받았다. 그런데 왕부지는 7살에 13경을 다 읽을 정도여서 '신동(神童)'으로 불렸다.

　1628년(10세): 아버지에게서 경전을 배우기 시작하다.

　1637년(19세): 형양(衡陽)의 재야 지주인 도씨(陶氏)의 딸에게 장가들다. 이해부터 숙부 왕정빙(王廷聘)에게서 중국의 역사를 배우기 시작하였다.

　1638년(20세): 장사(長沙)의 악록서원(嶽麓書院)에 입학하다. 동학인 광붕승(鄺鵬升) 등과 함께 '행사(行社)'라는 독서 동아리를 만들어 경전의 의미와 시사(時事)에 대해 토론하였다.

　1639년(21세): 관사구(管嗣裘)·곽봉선(郭鳳躍)·문지용(文之勇) 등 뜻이 맞는 벗들과 함께 '광사(匡社)'라는 동아리를 꾸려 정권의 잘잘못과 예측 불가능할 정도로 급변해가는 시사에 대해 토론하며 대안을 세웠다.

　1644년(26세): 청나라 세조(世祖)가 북경에 천도하여 황제로 즉위하고 청나라 왕조를 세웠다. 왕부지는 명나라 멸망에 비분강개하며 『비분시(悲憤詩)』100운(韻)을 짓고 통곡하였다. 그리고 형산(衡山)의 쌍길봉(雙吉峰)에 있는 흑사담(黑沙潭) 가에 초가집을 짓고 거처하며 '속몽암(續夢庵)'이라 불렀다.

1646년(28세): 비로소『주역』을 공부할 뜻을 세우고『주역패소(周易稗疏)』4권을 지었다. 아버지로부터『춘추』를 연구하여 저술을 내라는 명을 받았다. 도씨(陶氏) 부인과 사별하였다.

1647년(29세): 청나라 군대가 형주(衡州)를 함락시키자 왕부지 일가는 흩어져 피난길에 올랐다. 이 도피 생활 중 그의 아버지가 서거하였다.

1648년(30세): 왕부지는 형산(衡山) 연화봉(蓮花峰)에 몸을 숨긴 채『주역』공부에 더욱 매진하였다. 그러다가 기회를 타서 벗 관사구(管嗣裘)·하여필(夏汝弼)·성한(性翰; 승려) 등과 함께 형산 방광사(方廣寺)에서 거병하였다. 그러나 이 의병활동이 실패로 돌아가자 밤낮으로 험한 산길을 걸어가 당시 조경(肇京)에 자리 잡고 있던 남명정부 영력(永曆) 정권에 몸을 맡겼다. 병부상서 도윤석(堵允錫)의 추천으로 한림원 서길사(庶吉士)에 제수되었으나 부친상이 끝나지 않은 이유로 사양하였다.

1649년(31세): 왕부지는 조경(肇京)을 떠나 구식사(瞿式耜)가 방어하고 있던 계림(桂林)으로 갔다. 그리고는 다시 계림을 떠나 청나라 군대의 수중에 있던 형양(衡陽)으로 돌아와 어머니를 모시고 살게 되었다.

1650년(32세): 부친상을 마친 왕부지는 당시 오주(梧州)에 자리 잡고 있던 남명 정부를 다시 찾아가 행인사행인(行人司行人)의 직책을 맡게 되었다. 그런데 조정의 실세인 왕화징(王化澄)의 비행을 탄핵하다 그의 역공을 받아 투옥되었다. 농민군 수령 고일공(高一功; 일명 必正)의 도움으로 간신히 죽음을 면한 왕부지는 계림으로 가서 구식사(瞿式耜)의 진영에 합류하게 되었다. 그러나 청나라 군대가 계림을 핍박하는 바람에 다시 피난길에 올라 산간 오지에서 나흘을 굶는 등 갖은 고초를 겪었다. 이해에 정씨(鄭氏)부인과 재혼하였다.

1654년(36세): 상녕(常寧)의 오지 서장원(西莊源)에서 이름을 바꾸고 복식을 바꾼 채 요족(瑤族)에 뒤섞여 살았다. 이때의 경험으로 왕부지는 중국 소수민족들의 생활상을 알게 되었고, 이들에 대한 인식을 바꾸게 되었다. 그리고 명나라 멸망으로부터 얻은 교훈을 정리하는 저술활동에 몰두할 결심을 굳힌다.

1655년(37세): 진녕(晉寧)의 산사(山寺)에서『주역외전』을 저술하였고,『노자연(老子衍)』 초고를 완성하였다.

1657년(39세): 4년 가까이 지속된 도피생활을 마치고 서장원에서 돌아와 형산 쌍길봉 (雙吉峰)의 옛 거처 속몽암(續夢庵)에서 기거하게 되었다. 그리고 유근로(劉近魯)의 집을 방문하여 6천 권이 넘는 장서를 발견하고는 그 독파에 시간가는 줄을 몰랐다.

1660년(42세): 속몽암으로부터 형양(衡陽)의 금란향(金蘭鄕; 지금의 曲蘭鄕) 고절리(高節里)로 거처를 옮겼다. 수유당(茱萸塘) 가에 초가집을 짓고 '패엽려(敗葉廬)'라 부르며 기거하였다.

1661년(43세): 정씨부인과 사별하였다. 정씨부인의 이해 나이는 겨우 29세였다. 아내의 죽음에 깊은 상처를 받은 왕부지는 그 쓰라린 감정을 애도(哀悼) 시로 남긴다.

1662년(44세): 남명(南明)의 영력제(永曆帝)가 곤명(崑明)에서 오삼계(吳三桂)에게 살해 당했다는 소식을 듣고 『삼속비분시(三續悲憤詩)』 100운(韻)을 지었다.

1665년(47세): 여전히 패엽려에 기거하며 『독사서대전설(讀四書大全說)』 전 10권을 중정(重訂)하였다.

1669년(51세): 장씨(張氏)부인을 세 번째 부인으로 맞이하였다. 이해에 30세부터 써오던 근고체 시집 『오십자정고(五十自定稿)』를 펴냈다. 그리고 『속춘추좌씨전박의(續春秋左氏傳博議)』 상·하권을 지어서 부친의 유명(遺命)에 부응하였다. 수유당(茱萸塘) 가에 새로이 초가집 '관생거(觀生居)'를 짓고 겨울에 이사하였다. 그 남쪽 창가에 유명한 "六經責我開生面(육경책아개생면), 七尺從天乞活埋(칠척종천걸활매)"라는 대련(對聯)을 붙였다. 뜻은 "육경이 나를 다그치며 새로운 면모를 열어 보이라 하니, 이 한 몸 하늘의 뜻을 좇으며 산채로 묻어 달라 애걸하네!" 이제부터는 육경 공부가 하늘의 뜻인 줄 알고 거기에 온 생애를 걸겠다는 다짐으로 보인다. 중국 산천을 이민족에게 내준 것, 자신이 그것을 만회하기 위해 애썼지만 결국 부질없음으로 돌아간 것 등이 모두 하늘의 뜻이라 여기며, 이제 자신의 갈 길을 육경 공부로 정하였다는 것이다. 이것이 스스로 자부하는 문화민족으로서 한족(漢族) 지식인에게 허락된 길이라는 깨달음을 반영한 것으로 보인다.

1672년(54세): 『노자연(老子衍)』을 중정(重訂)하였다. 그러나 불행히도 그의 제자 당단홀(唐端笏)이 이것을 빌려갔다가 그 집이 불타는 바람에 그만 소실(燒失)되고 말았다. 지금 전해지는 것은 그가 37세 때 지은 초고본이다.

1676년(58세): 상서초당(湘西草堂)에 거처하기 시작하다. 『주역대상해(周易大象解)』를 지었다.

1679년(61세): 『장자통(莊子通)』을 짓다.

1681년(63세): 『상종락색(相宗絡索)』을 지었다. 그리고 제자들의 요청에 의해 『장자(莊子)』 강의용 『장자해(莊子解)』를 지었다.

1685년(67세): 병중임에도 제자들의 『주역』 공부를 독려하기 위해 『주역내전』 12권과 『주역내전발례』를 지었다.

1686년(68세): 『주역내전』과 『주역내전발례』를 중정(重訂)하였고, 『사문록(思問錄)』 내·외편을 완성하였다.

1687년(69세): 『독통감론(讀通鑑論)』을 짓기 시작하다. 9월에 병든 몸을 이끌고 나가 큰형 왕개지(王介之)를 안장(安葬)한 뒤로 다시는 바깥출입을 하지 않았다.

1689년(71세): 병중에도 『상서인의(尙書引義)』를 중정(重訂)하였다. 이해 가을에 「자제묘석(自題墓石)」을 지어 큰아들 반(攽)에게 주었다. 여기에서 그는, "유월석(劉越石)의❶ 고독한 울분을 품었지만 좇아 이룰 '명(命)'조차 없었고❷, 장횡거(張橫渠)의 정학(正學)을 희구했지만 능력이 부족하였다. 다행히 이곳에 온전히 묻히나❸ 가슴 가득 근심을 안고 세상을 하직하노라!"❹라고 술회하고 있다.

1690(72세): 『장자정몽주(張子正蒙注)』를 중정(重訂)하였다.

---

❶ 유곤(劉琨; 271~318)을 가리킨다. '월석(越石)'은 그의 자(字)다. 유곤은 서진(西晉) 시기에 활약했던 인물이다. 그는 건무(建武) 원년(304년) 단필제(段匹磾)와 함께 석륵(石勒)을 토벌하게 되었는데, 단필제에 농간에 의해 투옥되었다가 죽임을 당하였다. 나중에 신원되어 '민(愍)'이라는 시호를 추서 받았다. 이처럼 자기도 모르는 사이에 진행된 일 때문에 정작 이적(夷狄)을 토벌하려던 입지(立志)는 펴보지도 못하고 비명에 간 유곤의 고분(孤憤)을 왕부지는 자신의 일생에 빗대고 있다.

❷ 이해는 명나라가 청나라에 망한 지 벌써 48년의 세월이 흐른 뒤이다. 왕부지는 명조(明朝)의 멸망을 통탄해 마지않았고, 끝까지 명조에 대한 대의명분을 지키며 살았다. 이처럼 한평생을 유로(遺老)로 살았던 비탄(悲嘆)이 이 말 속에 담겨 있다.

❸ 이 말은 그와 더불어 청조(淸朝)에 저항하였던 황종희(黃宗羲), 고염무(顧炎武), 부산(傅山), 이옹(李顒) 등이 비록 끝까지 벼슬을 하지 않으면서도 치발령(薙髮令)에는 굴복하여 변발을 하였음에 비해, 왕부지 자신만은 이에 굴하지 않고 죽을 때까지 머리털을 온존하며 복색(服色)을 바꾸지 않았음을 술회하는 것처럼 보인다.

❹ 王之春, 『船山公年譜』(光緖19年板), 「後篇」, 湖南省 衡陽市博物館, 1974: 抱劉越石之孤憤, 而命無從致; 希張橫渠之正學, 而力不能企. 幸全歸于玆邱, 固銜恤以永世."

1691년(73세): 『독통감론(讀通鑑論)』 30권과 『송론(宋論)』 15권을 완성하였다.

1692년(74세): 정월 초이튿날(음) 지병인 천식으로 극심한 고통 속에 서거하다.

[저서]

왕부지는 중국철학사에서 가장 방대한 양의 저술을 남긴 인물 중의 한 사람으로 꼽힌다. 대표적인 것만 꼽아도 다음과 같다.

『주역내전(周易內傳)』, 『주역외전(周易外傳)』, 『주역대상해(周易大象解)』, 『주역고이(周易考異)』, 『주역패소(周易稗疏)』, 『상서인의(尙書引義)』, 『서경패소(書經稗疏)』, 『시경패소(詩經稗疏)』, 『시광전(詩廣傳)』, 『예기장구(禮記章句)』, 『춘추가설(春秋家說)』, 『춘추세론(春秋世論)』, 『춘추패소(春秋稗疏)』, 『속춘추좌씨전박의(續春秋左氏傳博議)』, 『사서훈의(四書訓義)』, 『독사서대전설(讀四書大全說)』, 『설문광의(說文廣義)』, 『독통감론(讀通鑑論)』, 『송론(宋論)』, 『영력실록(永曆實錄)』, 『장자정몽주(張子正蒙注)』, 『사문록(思問錄)』, 『사해(俟解)』, 『악몽(噩夢)』, 황서(『黃書』), 『노자연(老子衍)』, 『장자해(莊子解)』, 『장자통(莊子通)』, 『상종락색(相宗絡索)』, 『초사통석(楚辭通釋)』, 『강재문집(薑齋文集)』, 『강재시고(薑齋詩稿)』, 『곡고(曲稿)』, 『석당영일서론(夕堂永日緒論)』, 『고시평론(古詩評選)』, 『당시평선(唐詩評選)』, 『명시평선(明詩評選)』

김진근

연세대학교 철학과에서 학부, 대학원을 마침(문학사, 문학석사, 철학박사. 지도교수: 裵宗鎬·李康洙)
북경대학 고급진수반(高級進修班) 과정 수료(지도교수: 朱伯崑)

- 연세대학교, 덕성여대 등에서 강의
- 한국교원대학교 교수(현재)
- 국제역학연구원(國際易學硏究院) 상임이사
- 한국동양철학회(韓國東洋哲學會) 감사(전)
- 한국교원대학교 도서관장(전)

[대표 논문]
- '강남스타일'과 극기복례
- 왕부지의 『장자』 풀이에 드러난 '무대' 개념 고찰
- 왕부지의 겸괘 「대상전」 풀이에 담긴 의미 고찰
- '互藏其宅'의 논리와 그 철학적 의의
- 船山哲學的世界完整性硏究(中文) 외 30여 편

[저서]
- 왕부지의 주역철학
- 주역의 근본 원리(공저)

[역서]
- 완역 역학계몽
- 역학철학사(전8권, 공역) 외

한 국 연 구 재 단
학술명저번역총서
[동 양 편]　613

주역내전 ❹

초판 인쇄　2014년　12월 01일
초판 발행　2014년　12월 15일

지 은 이 | 왕부지(王夫之)
옮 긴 이 | 김진근(金珍根)
펴 낸 이 | 하운근
펴 낸 곳 | 學古房

주　　소 | 서울시 은평구 대조동 213-5 우편번호 122-843
전　　화 | (02)353-9907　편집부(02)353-9908
팩　　스 | (02)386-8308
홈페이지 | http://hakgobang.co.kr/
전자우편 | hakgobang@naver.com,　hakgobang@chol.com
등록번호 | 제311-1994-000001호

ISBN　　978-89-6071-455-7　94140
　　　　978-89-6071-287-4　(세트)

값 : 28,000원

■ 이 저서는 2011년 정부(교육과학기술부)의 재원으로 한국연구재단의 지원을 받아 수행된
　연구임 (NRF-2010-421-A00022).
　This work was supported by National Research Foundation of Korea Grant funded
　by the Korean Government (NRF-2010-421-A00022).

이 도서의 국립중앙도서관 출판시도서목록(CIP)은 서지정보유통지원시스템 홈페이지
(http://seoji.nl.go.kr)와 국가자료공동목록시스템(http://www.nl.go.kr/kolisnet)에서 이용하실
수 있습니다.(CIP제어번호: CIP2014034845)